W0311699

OSCAR PISTORIUS

OSCAR PISTORIUS

Die Suche nach der Wahrheit

JOHN CARLIN

Deutsch von Sonja Kerkhoffs
und Bernd Gockel

EDEL

1

Nicht den Schnellen gehört im Wettlauf der Sieg, … sondern jeden treffen Zufall und Zeit.

KOH 9,11

Er balancierte auf den Stümpfen seiner amputierten Beine, hielt eine 9-mm-Pistole mit beiden Händen umklammert und schoss viermal auf eine Tür im Badezimmer in der obersten Etage seines Hauses. Es war die Toilettentür. Irgendjemand war dahinter.

Verwirrt und unter Schock stehend taumelte er auf die durchlöcherte Tür zu und versuchte, sie zu öffnen. Sie war verschlossen. »Oh Gott! Was habe ich getan?«, schoss es ihm durch den Kopf.

Seine Ohren waren noch so betäubt vom lauten Knallen seiner Schüsse, dass er seine eigenen Schreie nicht hörte. Er eilte durch einen schmalen Gang ins Schlafzimmer und stützte sich dabei an der Wand ab, um nicht umzufallen. Im Schlafzimmer öffnete er eine Schiebetür, die auf den Balkon hinausführte, und schrie: »Hilfe! Hilfe! Hilfe!« Seine Beinprothesen standen neben dem Bett. Er zog sie an, rannte ins Badezimmer zurück und versuchte vergebens, die Toilettentür einzutreten. Er schrie immer verzweifelter. Wieder rannte er ins Schlafzimmer. Nun schnappte er sich einen Kricketschläger, den er dort aufbewahrte, um sich im Falle eines Falles gegen Einbrecher wehren zu können. Er kehrte ins Badezimmer zurück und hieb mit aller Kraft auf die verriegelte Tür ein. Endlich gab eines der massiven Holzelemente nach, sodass er die Hand durch den entstandenen Spalt strecken und die Tür aufschließen konnte. Und da lag sie, seine Freundin, auf dem Boden zusammengesackt, ihr Kopf auf der Klobrille. Ihre blauen Augen blickten leer, Blut quoll aus ihrem Arm, ihrer Hüfte und ihrem Kopf. Sie bewegte sich nicht, aber vielleicht, so hoffte er, atmete sie noch. Der widerwärtige metallische Geruch, der von ihren Wunden aufstieg, raubte ihm fast die Sinne, doch er nahm all seine Kraft zusammen, um ihren glitschigen, blutverschmierten Körper von der Toilette zu heben. Durch die Finger seiner Hand, mit der er ihren Kopf stützte, sickerte Blut. Er legte ihren Körper auf den weißen Marmorboden im Bad und flehte Gott unter Tränen an, ihr Leben zu retten. Er griff nach einem Handtuch, beugte sich über sie und versuchte, die Blutung an ihrer Hüfte zu stillen. Doch während er völlig aufgelöst und verzweifelt auf ihren zertrümmerten Schädel und die leblosen Augen starrte, dämmerte ihm, dass selbst Gott angesichts der schrecklichen Kopfschusswunde nichts mehr ausrichten konnte – dieses Grauen konnte durch nichts wieder ungeschehen gemacht werden.

Es war Donnerstag, der 14. Februar 2013. Valentinstag. Die Schüsse wurden zwischen 3:12 Uhr und 3:14 Uhr abgefeuert. Sie fielen in einem Haus im Silver Woods Estate, einer bewachten Villensiedlung am Ostrand der südafrikanischen Hauptstadt Pretoria. Es gehörte dem »Blade Runner« Oscar Pistorius, dem weltberühmten 26-jährigen Sportler, der als erster behinderter Sprinter an den Olympischen Spielen teilgenommen hatte, dem »schnellsten Mann ohne Beine«. Er hatte die Schüsse abgefeuert. Sein Opfer war Reeva Steenkamp, 29 Jahre alt, Model und aufstrebender Star einer südafrikanischen Reality-TV-Serie. Durch ihren Tod erlangte sie über Nacht weltweit traurige Berühmtheit.

Um 3:19 Uhr griff Pistorius zum ersten Mal zum Telefon und rief seinen Nachbarn und Freund Johan Stander, den Manager von Silver Woods, an. Eine Aufzeichnung des Telefonats belegt, dass der Anruf

24 Sekunden dauerte. »Johan, bitte, bitte, kommen Sie zu meinem Haus«, schrie er. »Ich habe Reeva erschossen. Ich dachte, sie sei ein Einbrecher. Bitte, bitte, bitte, kommen Sie schnell.« Anschließend rief er den Notruf an. Dort riet man ihm, er solle versuchen, Reeva selbst ins Krankenhaus zu bringen. Als Letztes telefonierte Pistorius mit dem Wachdienst von Silver Woods. Alle drei Gespräche fanden in einem Zeitraum von fünf Minuten statt.

Stöhnend und schluchzend hob Pistorius in einem ungeheuren Kraftakt den blutüberströmten Körper seiner Freundin auf und trug sie auf seinen Armen aus dem Badezimmer über den Flur zu einer grauen Marmortreppe, wobei ihr Kopf leblos auf seiner Schulter hing. Die Pistole, mit der er geschossen hatte, war nicht mit normaler 9-mm-Munition geladen. Wäre dem so gewesen, hätte Reeva vielleicht noch eine Überlebenschance gehabt. Stattdessen enthielt ihr Magazin Dumdumgeschosse, die ihr Ziel nicht einfach nur durchschlagen, sondern sich nach dem Aufprall in der Einschussstelle verformen und eventuell zersplittern, wodurch sie größtmöglichen Schaden anrichten.

Als er mit der toten oder sterbenden Frau auf den Armen die Treppe halb hinabgestiegen war, betrat der Wachmann Pieter Baba sein Haus durch den Vordereingang; hinter ihm erschienen wenige Augenblicke später Stander und dessen erwachsene Tochter Carice. Bei ihnen stand kurz darauf auch Frankie Chiziweni, ein junger Mann aus Malawi, der auf Pistorius' Grundstück lebte und dort als Gärtner und Haushälter arbeitete.

Durch seinen Tränenschleier hindurch sah Pistorius, wie ihn alle vier anstarrten und bestürzt ihre Hände vors Gesicht hielten. Er brüllte sie an, ihm zu helfen, aber einen Schreckensmoment lang standen sie nur wie angewurzelt da, ohne glauben zu können, was sie mit eigenen Augen sahen. Es war unfassbar: Vor ihnen stand ihr sanftmütiger, zuvorkommender Nachbar, der Nationalheld Oscar Pistorius, und auf seinen Armen trug er Reeva Steenkamp, das immer lächelnde, warmherzige Fotomodel, das in den vergangenen Monaten oft bei ihm zu Besuch gewesen war. Sie hatte ein T-Shirt und Shorts an, ihre langen Beine hingen schlaff herab. Er trug lediglich ein paar glänzende

Basketballshorts, die ihm über die Knie reichten und den oberen Teil seiner hautfarbenen Prothesen bedeckten. Hinter ihm verlief eine blutige Spur die Treppe hinab, bis dahin, wo er stand. Blut rann ihm den Rücken hinab, durchtränkte ihre Kleider, ihr blondes Haar, seine Shorts, es rann ihm über seine Beine, über seinen nackten Oberkörper, seine Schultern – in Strömen.

Stander, der älteste der vier Hinzugekommenen, überwand als Erster seine Schockstarre. Er sagte, dass ein Krankenwagen unterwegs sei, und wies Pistorius an, Reeva auf einen Teppich neben einem Sofa im Wohnzimmer in der Nähe des Hauseingangs zu legen. Pistorius ging auf die Knie, legte sie behutsam ab und suchte in ihrem zertrümmerten Gesicht verzweifelt nach einem Lebenszeichen. Er öffnete ihren Mund und legte ihr dabei einen Finger zwischen die Lippen, als wollte er sie dadurch zum Atmen animieren. Die andere Hand presste er auf die Wunde an ihrer rechten Hüfte, wo die Blutung am stärksten war. Doch all seine Bemühungen waren vergebens. Es gab kein Anzeichen dafür, dass sie noch lebte. Und die Blutung ließ sich auch nicht stoppen. Carice Stander drückte ein Handtuch auf Reevas Hüfte, fragte Pistorius, ob er ein Seil oder Klebeband habe, mit dem man die Blutung der dritten Wunde stillen könnte, und nährte so seine vage Hoffnung, dass sie noch irgendetwas tun konnten, um ihr Leben zu retten. Es war inzwischen zehn Minuten her, seit er die Schüsse abgefeuert hatte. Ihre Augen waren geschlossen, und sie gab nicht den geringsten Ton von sich. Verzweifelt suchte Pistorius an der Innenseite ihrer Handgelenke nach ihrem Puls, aber da war nichts. »Bitte, Gott, bitte, lass sie am Leben. Sie darf nicht sterben!«, betete er. »Bleib bei mir, Liebste, bleib bei mir!«

Zwei Minuten nachdem die anderen hinzugekommen waren, betrat mit dem Arzt Johan Stipp ein fünfter Zeuge das Haus. Stipps Haus war nur etwa hundert Meter entfernt. Er war von den Schüssen aus dem Schlaf gerissen worden.

»Was ist passiert?«, fragte der Arzt.

»Ich habe auf sie geschossen. Ich hielt sie für einen Einbrecher. Ich habe auf sie geschossen«, schrie Pistorius, während er mit seinem Finger immer noch in ihrem Mund herumnestelte, um ihre Zähne, die fest zusammengepresst waren, irgendwie auseinanderzubekommen.

Dr. Stipp war zwar Radiologe, kein Notarzt, doch um die Vitalfunktionen zu überprüfen, musste man kein Spezialist sein. Er hatte wenig Hoffnung für Reeva, weil er sah, dass die Schädeldecke aufgebrochen war und Hirnmasse herausquoll. Er tastete an der Innenseite ihr Handgelenk ab: kein Puls. Er hob ihr rechtes Augenlid: die Pupille zog sich nicht zusammen. Es gab keinen Zweifel: Sie war hirntot, die Verletzungen waren tödlich.

Der Rettungswagen kam um 3:43 Uhr. Zwei Notärzte bestätigten Stipps Diagnose und erklärten Reeva für tot.

Schluchzend, jeder Hoffnung beraubt, schleppte sich Pistorius die Treppe hinauf. In Carice Stander stieg Panik auf. Ihr wurde klar, dass die Waffe, mit der er geschossen hatte, da oben noch irgendwo herumliegen musste und fürchtete, er würde tun, was sie an seiner Stelle vielleicht getan hätte. Sie lief ihm hinterher und überlegte, wie sie ihn davon abhalten könne, sich selbst eine Kugel durch den Kopf zu jagen – doch ihre Sorge war unbegründet, im Moment zumindest. Pistorius taumelte in Tränen aufgelöst durch den Flur zu seinem Schlafzimmer. Ein Teil von ihm sehnte sich danach, auch tot zu sein, doch genauso sehnte er sich nach Verständnis und Vergebung. Beides suchte er nicht bei seiner Familie, die zweifellos zu ihm stand, sondern bei seinem Freund Justin Divaris, jenem Mann, der ihn und Reeva vor ein paar Monaten miteinander bekannt gemacht hatte. Pistorius ging in sein Schlafzimmer und rief mit seinem Handy Divaris an. Das war um 3:55 Uhr.

»Es hat einen schrecklichen Unfall gegeben. Ich habe Reeva erschossen«, erklärte er Divaris, der zuerst gar nicht begriff oder glauben konnte, was er da hörte. Er bat Pistorius, sich erst einmal zu beruhigen und dann zu wiederholen, was er gesagt hatte. »Ich habe Reeva erschossen. Es war ein Unfall.« Wie schlimm denn die Verletzungen seien?, wollte Divaris wissen. »Ich habe sie getötet. Ich habe mein Baby getötet«, heulte Pistorius. »Gott möge mich zu sich nehmen.«

Nach diesem Gespräch traf die Polizei bei Pistorius ein. Zunächst erschien ein weißer Colonel in Zivil mit ein paar uniformierten Beamten im Schlepptau, und um 4:15 Uhr traf der Polizeiermittler Hilton Botha ein. Botha übernahm die Leitung der Tatortuntersuchung, ließ das Haus versiegeln und wies einen Polizeifotografen an, mit der Arbeit zu beginnen. Dieser lichtete zunächst von allen Seiten den mit Handtüchern abgedeckten Leichnam von Reeva Steenkamp ab und machte dann Ganzkörperaufnahmen von Pistorius in seinen blutdurchtränkten Basketballshorts; der leere Blick in den Augen des Blade Runners auf diesen Fotos steht in krassem Gegensatz zu der schieren Kraft, die seine durchtrainierten, blutverschmierten Schultern ausstrahlen. Botha, der es normalerweise mit Verbrechen in Armenvierteln zu tun hatte, staunte über all den Marmor und die Größe des Hauses, über die kostspieligen Accessoires und Gemälde, die Regale voller Pokale und Medaillen, den schrecklichen Kontrast zwischen der peniblen Ordnung in Pistorius' Heim und dem schrecklichen Anblick, den sein Opfer bot.

Als der Fotograf hinaufging, um das Schlafzimmer und das Badezimmer zu fotografieren, wo die tödlichen Schüsse gefallen waren, zog sich Pistorius in die Küche zurück, wo er weiter weinte, würgte und sich übergab. Ein Polizist folgte ihm und fragte ihn, warum er erbrochen habe. Wegen des Blutgeruchs an seinen Händen, antwortete Pistorius. Ob er sie waschen dürfe? Der Polizist erlaubte es ihm, und so drehte er den Hahn auf und wusch alle physischen Spuren ab, die ihn mit der Frau verbanden, die er geliebt hatte. Wortlos beobachtete er, wie die rote Flüssigkeit durch die Spüle in den Abfluss rann.

Knapp dreieinhalb Monate zuvor, an einem herrlichen Frühlingstag, hatte er Reeva kennengelernt. Justin Divaris, der Freund, den er 40 Minuten nach den Schüssen angerufen hatte, hatte die beiden einander vorgestellt. Divaris hatte die südafrikanischen Verkaufskonzessionen für Rolls-Royce, McLaren und Aston Martin. Seine Bekanntschaft mit Pistorius war für beide Seiten gewinnbringend. Pistorius war ein großer Autonarr, und Divaris lieh ihm am Wochenende gelegentlich das ein oder andere extravagante Modell aus seinem Showroom, darunter auch einen weißen Rolls-Royce. Im Gegenzug dafür übernahm Pistorius eine Art Botschafterrolle für die von Divaris vertriebenen Automarken. Dazu zeigte er sich regelmäßig auf angesagten Events, bei denen Divaris die neuen Modelle seiner Luxusmarken vorstellte. Es gab dort Kunden, die einen Aston Martin bar bezahlen konnten. Optisches Highlight waren neben den Luxuskarossen aparte junge Damen in High Heels und Minikleidern, die Divaris' Firma eigens für diese Events bei Modelagenturen in Johannesburg und Kapstadt buchte. Eines dieser Models war Reeva. Sie war eine wahre Schönheit und fiel Divaris auf Anhieb auf. Da sie sich auch für Autos interessierte, stellte Divaris sie Pistorius am 4. November 2012 vor, als beide eines seiner Events am Kyalami Grand Prix Circuit besuchten, einer heute nur noch selten für Rennen genutzten Motorsportrennstrecke, die auf halbem Weg zwischen Pretoria und Johannesburg liegt.

Für Pistorius war es Liebe auf den ersten Blick. Vor Gericht sagte er später aus, dass es sofort bei ihm »gefunkt« habe. Reeva, die drei Jahre älter war als er, war eine auffallend schöne, schlanke, hochgewachsene und selbstsichere Frau, die auch weltgewandter war als die einige Jahre jüngere Exfreundin von Pistorius, von der er sich wenige Wochen zuvor nach einer 18-monatigen Beziehung getrennt hatte. Auch Reeva fühlte sich auf Anhieb zu Pistorius hingezogen. Abgesehen von Nelson Mandela war er zu jener Zeit der größte Star in Südafrika. Trotzdem war er auf eine gewisse Weise schüchtern, was andere für ihn einnahm. Oscar Pistorius war ein höflicher und zuvorkommender junger Mann mit einer weichen, sanften Stimme, der zudem auch noch sehr gut aussah. Auf seinen unter seinen Jeans versteckten Prothesen war er etwa 1,82 Meter groß, hatte einen durchtrainierten Körper, attraktive hohe Wangenknochen und einen sanftmütigen, fröhlichen Blick.

Als Pistorius Reeva einlud, ihn noch am selben Abend zu einer Gala anlässlich der Verleihung eines südafrikanischen Sport-Awards zu begleiten, sagte sie sofort zu. Und als sie wenig später ein paar Minuten für sich hatte, rief sie sofort eine enge Freundin an, um die sagenhaften Neuigkeiten mit ihr zu teilen: Sie hatte ein Date mit dem berühmten Blade Runner! Wie berühmt und beliebt der tatsächlich war, wurde ihr wenige Stunden später erst so richtig klar, als sie zusammen mit Pistorius im Blitzlichtgewitter der Fotografen stand und das Gefühl vermittelt bekam, dass sie das aufregendste Paar des Abends seien. Sie trug ein kurzes, cremefarbenes Fransenkleid mit hochhackigen Schuhen, er – von den Medien vielfach als bestgekleideter Mann Südafrikas gefeiert – zeigte sich in einem taillierten schwarzen Anzug mit weißem Hemd und schwarzer Krawatte. Doch so umschwärmt sie auch waren, an diesem Abend waren sie mehr mit sich selbst beschäftigt als mit irgendeinem anderen Besucher des glanzvollen Sportevents. Bis drei Uhr früh unterhielten sie sich sehr angeregt.

Dreieinhalb Monate waren seitdem vergangen, inzwischen war es fünf Uhr früh am 14. Februar 2013. Der Rettungswagen mit Reevas Leichnam war bereits fort. Pistorius' Haus war mit gelbem Polizeiband abgesperrt und überall waren Ermittlungsbeamte bei der Arbeit. Man hatte ihm keine Handschellen angelegt, aber er hätte ohnehin nirgendwohin fliehen können. So bekannt wie er in Südafrika war, hätte er sich niemals unbemerkt aus dem Staub machen können. Botha, der leitende Ermittlungsbeamte, sagte ihm, er solle in die Garage gehen und vorerst dort bleiben.

Alles, was in den nächsten Stunden geschah, nahm Pistorius nur verschwommen durch einen Tränenschleier wahr. Sein Anwalt, ein großer Mann namens Kenny Oldwadge, sprach mit ihm. Sein älterer Bruder Carl war der erste Verwandte am Tatort. Später kamen noch sein Onkel Arnold Pistorius und seine jüngere Schwester Aimée hinzu. Ihn in diesem Zustand zu erleben, setzte ihr sehr zu. Arnold, das Oberhaupt der Familie, hielt sich im Hintergrund, während Aimée und Carl ihren zitternden Bruder in die Arme nahmen. Für Pistorius war die 24-jährige Aimée wie eine beste Freundin. Carl war normalerweise der weniger emotionale von beiden; er war der kräftige, wilde, burschikose Freund aus Kindertagen, der auf dem Schulhof immer ein wachsames Auge auf seinen Bruder hatte. Doch jetzt war er ebenso niedergeschmettert wie seine Schwester; beide saßen schweigend neben ihm und nahmen ihn abwechselnd immer wieder in die Arme, während er weinte.

Nach einer ganzen Weile erklärten die Beamten Pistorius, dass er jetzt mit ihnen kommen müsse. Er streifte ein graues Kapuzenshirt über und nahm im Fond eines Streifenwagens Platz. Man brachte ihn zu einem nahegelegenen Revier, wo man ihm mitteilte, dass er sich gemäß Strafprozessordnung in einem Krankenhaus diversen Tests zu unterziehen habe. Anschließend gesellte sich ein kleiner glatzköpfiger Mann in Zivil zu ihm, der sich als Leiter der Abteilung für forensische Psychologie vorstellte.

Colonel Gerard Labuschagne hatte um 8:03 Uhr, knapp fünf Stunden nach der Schießerei, über einen Tweet einer südafrikanischen Tageszeitung von den Ereignissen in Pistorius' Haus erfahren. Die Meldung lautete: »Oscar Pistorius erschießt Freundin im eigenen Haus.« Labuschagne war von dieser Nachricht ebenso erschüttert wie der Rest der Öffentlichkeit und konnte ebenso wenig wie alle anderen glauben, was er las . Ab neun Uhr waren die ersten Bilder von Pistorius' abgeriegeltem Haus auf TV-Bildschirmen und Computermonitoren auf der ganzen Welt zu sehen, daneben Aufnahmen von einem lächelnden Blade Runner, Arm in Arm mit Steenkamp. Labuschagne rief einen seiner Vorgesetzten an und erhielt den Befehl, so schnell wie möglich zu Pistorius aufs Revier zu kommen. Er und sein Vorgesetzter gingen davon aus, dass in Ermangelung eines Augenzeugen Pistorius' psychische Verfassung so kurz nach dem Zwischenfall wichtige Aufschlüsse über die tatsächlichen Ereignisse in der Tatnacht liefern könne. Für Chefermittler Hilton Botha, der bereits seit 24 Jahren im Polizeidienst tätig war, lag der Fall klar auf der Hand. Er hatte Dutzende Fälle wie diesen erlebt und war sich sicher, dass es sich um einen Fall von Mord handelte, vorsätzlich begangen nach einem Beziehungsstreit.

Labuschagne, der bereits davon gehört hatte, dass Pistorius angab, versehentlich auf seine Freundin geschossen zu haben, weil er sie für einen Einbrecher gehalten hatte, vermutete, dass er vor Gericht eine Abwehrhaltung einnehmen könnte. Natürlich war denkbar, dass Pistorius irgendwann auch ein Geständnis ablegte. Denn wie lange konnte jemand wohl an der ziemlich unwahrscheinlich klingenden Geschichte, er habe geglaubt, ein Einbrecher hätte sich in seiner Toilette eingeschlossen, festhalten? Nichtsdestotrotz wollte Labuschagne das Verhalten des Verdächtigen unmittelbar nach der Tat so genau wie möglich beobachten, und die Fahrt ins Krankenhaus war für ihn eine gute Gelegenheit, Pistorius mehrere Stunden lang zu beobachten und sich einen Eindruck davon zu verschaffen, ob er die Wahrheit sagte oder nicht.

Labuschagne begleitete den Sportler zum Wagen, der ihn ins Krankenhaus fahren sollte. Er verzichtete darauf, Fragen zu stellen. Es reichte ihm, ihn zu beobachten. Während Pistorius mit einem Beamten auf der Rückbank des Wagens Platz nahm, setzte sich der Psychologe auf den Beifahrersitz. Auch auf dem Weg ins Krankenhaus sprach er nicht mit ihm. Nur einmal, als er ein verdächtiges Auto im Rückspiegel entdeckte, in dem er mehrere Pressefotografen vermutete, riet Labuschagne Pistorius den Kopf einzuziehen, um auf diese Weise vielleicht ein wenig das Vertrauen des Verdächtigen zu gewinnen.

Die Beamten brachten den Verdächtigen in ein Krankenhaus im Bezirk Mamelodi, eine Gegend, in die sie einen Weißen 25 Jahre zuvor niemals gebracht hätten.

Mamelodi war ein armes, dicht besiedeltes Wohnviertel am äußersten Rand von Pretoria. Unter dem Apartheidregime war es von Gesetz wegen ein reines Schwarzenviertel gewesen. Aber auch nach dem Ende der staatlich organisierten Rassentrennung änderte sich daran nichts. Politisch war Südafrika von Grund auf reformiert worden, seit Nelson Mandela 1994 zum Staatsoberhaupt gewählt worden war, arm blieb Mamelodi trotzdem, ebenso wie Hunderte ähnlicher Townships. Dem Problem der Armut und Ungleichheit mussten sich nun Mandelas politische Erben stellen, eine Aufgabe, die sich nur schrittweise bewältigen ließ und die durch Inkompetenz in den Behörden und die unvermeidbar korrumpierenden Strukturen, die sich nach zwanzig Jahren an der Spitze der südafrikanischen Regierung im Afrikanischen Nationalkongress (ANC), der Partei Nelson Mandelas, entwickelt hatten, nicht leichter wurde. Moralische und politische Fragen hatten für diese Regierung einst denselben Stellenwert besessen, doch durch das politische Alltagsgeschäft war dieses Ideal mehr und mehr auf der Strecke geblieben, wobei die Herausforderungen, denen sich das Land inzwischen stellen musste, im internationalen Vergleich gar nicht mehr so einzigartig waren.

Dennoch konnte die Regierung auch Erfolge vorweisen. Während innerhalb der Bevölkerung die Unzufriedenheit mit der Partei, die das schwarze Südafrika einst befreit hatte, stetig zunahm, verbesserte sich in Vierteln wie Mamelodi immerhin die Versorgung mit Strom und fließendem Wasser. Zudem war ein farbiger Mittelstand herangewachsen, zu dem etwa sechs der insgesamt fünfzig Millionen Südafrikaner zählten – eine Entwicklung, die unter dem Apartheidregime völlig undenkbar gewesen wäre. Die damalige Regierung hatte alles daran gesetzt, um ein System zu erhalten, in dem Farbige kein Mitspracherecht besaßen, in dem ihnen vorgegeben wurde, was sie tun durften und was nicht, wo sie zu leben hatten und wo nicht, welche Krankenhäuser, Busse, Züge, Parks, Strände, öffentliche Toiletten und Telefonzellen sie benutzen durften. Es ging einzig darum, die Menschen nach Hautfarbe voneinander zu trennen und den Weißen allein aufgrund ihrer Rassenzugehörigkeit Privilegien zu sichern. Doch diese Zeiten waren vorbei. Mitglieder der neuen schwarzen Mittelschicht hatten sich inzwischen in besseren, ehemals rein weißen Wohnvierteln niedergelassen, auch in Pistorius' direkter Nachbarschaft in Silver Woods. Mindestens drei von ihnen waren von den nächtlichen Schüssen auch geweckt worden und wurden später als Zeugen im Mordprozess gehört. Und noch eines hatte sich ganz unzweifelhaft positiv verändert: Es gab mittlerweile einen kulturellen Austausch zwischen Menschen unterschiedlicher Hautfarbe. Dementsprechend war der Blade Runner für alle Südafrikaner ein Star gewesen, egal ob sie Weiße oder Schwarze waren, für sie war er größte südafrikanische Held seit Nelson Mandela.

Wäre er 24 Stunden zuvor nach Mamelodi gekommen, hätte er bei den Menschen dort Begeisterungsstürme ausgelöst. Jetzt, um einen Eklat zu vermeiden und Pistorius einen unangenehmen Empfang zu ersparen, war die Polizei darauf bedacht, seinen Aufenthalt in dem für das Viertel zuständigen Krankenhaus möglichst geheim zu halten.

Labuschagne und der Mann, der (wie einst Mandela) über Nacht zu Südafrikas prominentestem Häftling geworden war, verbrachten fast drei Stunden miteinander in der Klinik, die meiste Zeit davon allein in einem kleinen Behandlungsraum – Laubuschagne auf einem Stuhl sitzend, Pistorius auf einem Krankenbett liegend. Irgendwann erschien ein Arzt, nahm Proben von den Partikeln unter Pistorius' Fingernägeln und untersuchte seinen Körper auf Kratzer und Prellungen. Nach einer weiteren Wartezeit folgten Blut- und Urintests, die Pistorius schweigend über sich ergehen ließ. Die Tests fielen alle negativ aus. Pistorius hatte weder Alkohol noch illegale Drogen zu sich genommen, und es gab keine physischen Anhaltspunkte für eine körperliche Auseinandersetzung. Nichts, was man vor Gericht gegen ihn würde verwenden können. Umso wichtiger wurde es, Pistorius, so lange er die nächtlichen Ereignisse noch unmittelbar vor Augen hatte, eine entsprechende Reaktion zu entlocken. Der Psychologe stand allerdings vor dem Problem, dass Pistorius' Anwälte der Polizei bereits untersagt hatten, den Sportler zu dem, was in der Nacht geschehen war, direkt zu befragen. Und so hatte er seit der Tat noch mit keinem Beamten gesprochen – sieht man einmal von den wenigen Wortwechseln beim Eintreffen der Polizei in seinem Haus ab.

Auf der Suche nach einem Thema, mit dem sich das Eis brechen ließ, erwähnte Labuschagne, dass er und Pistorius offenbar dieselbe High School in Pretoria besucht hätten. Er redete über Sport und stellte seinem Gegenüber Fragen zum Laufen, doch Pistorius, dem unentwegt Tränen über die Wangen rannen, ließ sich nicht auf ein Gespräch mit ihm ein. Wenn überhaupt, erhielt der Psychologe nur einsilbige Antworten. Doch dann löste eine seiner Fragen bei Pistorius einen Wutausbruch aus. Labuschagne hatte ihn gefragt, ob er etwas essen wolle.

»Wie können Sie nur glauben, dass ich jetzt etwas essen kann?«, schrie er ihn an. Auf so eine Reaktion hatte Labuschagne nur gewartet, der ein paar Minuten später noch einmal dieselbe Frage stellte, um erneut eine solche Antwort zu provozieren. Ob er wirklich sicher sei, dass er nichts essen möge, fragte er. Pistorius reagierte genauso fassungslos wie zuvor und begann so laut zu heulen, dass man ihn bis auf den Klinikflur hören konnte. Pistorius' Verwandte Aimée und Arnold, die gerade mit zwei uniformierten Beamten auf dem Weg zu ihm waren, hörten ihn auch. Sie waren gekommen, um Pistorius frische Kleidung zum Wechseln zu bringen. Die würde er brauchen, weil die Polizei nicht über eine Freilassung auf Kaution befinden konnte und er die Nacht in einer Zelle verbringen musste, bevor er am nächsten Tag dem Haftrichter vorgeführt werden würde. Aimées und Arnolds Besuch war ebenso kurz wie bedrückend. Man hatte ihnen eingeschärft, keinen körperlichen Kontakt mit dem Verdächtigen zu suchen. Als sie gegangen waren, legte Pistorius sich wieder aufs Bett und wirkte noch niedergeschlagener als zuvor.

Um etwa 16 Uhr brachten Labuschagne und zwei weitere Beamte ihn zurück aufs Revier, wo er das erste Gespräch mit seinem Anwalt Brian Webber führte. Pistorius kannte Webber, seit er 13 Jahre alt war. Er war mit seinem Sohn zur Schule gegangen und viele Jahre lang sehr eng mit ihm befreundet gewesen. Damals hatte er auch gelegentlich bei den Webbers übernachtet. Der Anwalt hatte Pistorius immer sehr gemocht und später seine sportliche Karriere aufmerksam verfolgt. Es fiel ihm schwer, bei dieser ersten Unterredung die nötige professionelle Distanz zu wahren, nicht zuletzt angesichts der engen, nach Urin stinkenden Zelle, in der der Jugendfreund seines Sohnes die erste Nacht seiner Haft verbringen musste.

Labuschagne konnte der Staatsanwaltschaft am Ende des Tages nur wenig Substanzielles bieten. Aus dem Gemütszustand des Verdächtigen ergaben sich keinerlei Widersprüche. Er wirkte ganz ohne Zweifel wie jemand, dessen Leben von einem Moment auf den anderen in die Brüche gegangen war. Nichts von dem, was er gesagt oder getan hatte, ließ Rückschlüsse darauf zu, ob er Reeva Steenkamp vorsätzlich getötet hatte, wovon die Polizei ausging, oder ob es sich um einen schrecklichen Unfall handelte, wie Pistorius es in seinem ersten Anruf nach den Schüssen erklärt hatte.

2

Gefühle, die nicht ausgesprochen werden, verschwinden nicht einfach. Sie liegen gewissermaßen lebendig begraben unter der Oberfläche und kommen später in hässlicher Form wieder zum Vorschein.

SIGMUND FREUD

Oscar Pistorius kam am 22. November 1986 mit einer fibularen Hemimelie zur Welt. Diese Krankheit zeichnet sich durch das angeborene Fehlen oder die Unterentwicklung des Wadenbeins aus. Worauf dieser äußerst selten auftretende Geburtsfehler zurückzuführen ist, hat die Forschung noch nicht herausgefunden. Jedenfalls gab es bei Pistorius' Eltern keine familiäre Vorbelastung. Bei dem späteren Sportler fehlten von Geburt an beide Wadenbeine, sodass seine Unterschenkel ungewöhnlich kurz waren. Die Knöchel waren nur halb ausgebildet und die Fersen zeigten zur Seite statt nach hinten. Sein Spann war nicht konvex, sondern konkav, d.h. sein Fuß besaß keine natürliche Wölbung, sondern eher eine Einbuchtung. Statt fünf Zehen besaß das Baby nur zwei. Den Eltern des kleinen Jungen war auf Anhieb klar, dass ihr Sohn auf diesen mickrigen verdrehten Füßen niemals würde stehen, geschweige denn laufen können.

Sheila Pistorius, geborene Bekker, war auf einen Namen getauft worden, der unter den weißen Südafrikanern, die sich selbst als »English-speakers« bezeichnen (weil sich in Südafrika jeder zu irgendeiner Art von Stammeszugehörigkeit historisch verpflichtet fühlt) und die etwa 40 Prozent der Gesamtbevölkerung ausmachen, sehr beliebt war. Sie kümmerte sich um den Haushalt, während ihr Mann, Henke Pistorius, mal mehr, mal weniger erfolgreich als Unternehmer sein Glück versuchte. Als Oscar geboren wurde, liefen die Geschäfte sehr gut, sodass er seiner Familie den relativ hohen Lebensstandard der gehobenen südafrikanischen Mittelschicht zur Zeit des Apartheidregimes bieten konnte. Die Familie lebte in einem großen Haus hoch oben auf einem Hügel in Constantia Kloof in der reichen, pulsierenden Großstadt Johannesburg, etwa 60 Kilometer von der Hauptstadt Pretoria entfernt.

Wie die überwiegende Mehrheit der weißen Südafrikaner war Henke Bure. Die Buren hatten sich seit dem 17. Jahrhundert am Kap angesiedelt und aus dem Niederländisch der frühen Siedler ihre eigene Sprache, das Afrikaans, entwickelt. Henke blickte mit Stolz auf die Geschichte seiner Vorfahren zurück. Er war Calvinist und wie so viele Buren ein Waffennarr. Schon als Kind war ihm beigebracht worden, dass der jährlich als Feiertag begangene Gelübdetag ein entscheidender Moment in der Geschichte seiner Vorfahren war. Am 16. Dezember 1838 provozierte eine Gruppe von Buren, die infolge der Annexion des Kaplandes durch Großbritannien und der damit verbundenen politischen Veränderungen in der Region nach Norden weitergezogen waren, die ihnen feindlich gesinnten Zulu zu einem Angriff auf ihr Lager. Aus dieser Schlacht am Blood River gingen sie als Sieger hervor: 470 über Schusswaffen verfügende Trekker bezwangen eine nur mit Speeren bewaffnete Zulu-Armee von etwa 10 000 Mann. Angesichts ihrer immensen zahlenmäßigen Unterlegenheit gaben die Buren Gott im Vorfeld der Schlacht ein feierliches Versprechen ab: Sollten sie siegen, würden sie den Tag der Schlacht fortan der Verehrung Gottes widmen.

Ganz im Geiste dieses historischen Ereignisses legte Henke wenige Minuten nach der Geburt seines Sohnes ein ganz persönliches Gelübde ab. Kurz vor der Niederkunft hatte er dem Geburtshelfer noch erklärt, dass es ihm gleich sei, ob seine Frau einen Jungen oder ein Mädchen zur Welt brächte, solange das Kind nur zehn Finger und zehn Zehen habe. Als er dann die missgebildeten Füße seines neugeborenen Sohnes sah, hielt er das Baby mit beiden Händen hoch und erklärte vor den Augen der Mutter, des Arztes und der anwesenden Schwestern: »Dies hier ist mein Sohn Oscar und ich erkläre vor Gott, dass ich ihn allzeit lieben und zu ihm stehen werde, solange ich lebe.«

Sheila und Henke Pistorius mussten sich angesichts seines Geburtsfehlers alsbald für eine von mehreren Behandlungsmethoden entscheiden: Letztlich ging es um die Frage, ob chirurgische Maßnahmen zur Wiederherstellung des Bein- und Fußapparats die richtige Wahl waren, oder eine Amputation. Insgesamt konsultierten die Eltern elf Ärzte im In- und Ausland. Einige rieten zu einer operativen Korrektur beider Beine, andere schlugen eine rechtsseitige Amputation und die Operation der linken Seite vor. Zu der beidseitigen Operation unterhalb des Knies entschlossen sich die Eltern schließlich, nachdem sie ausgiebig mit dem südafrikanischen Arzt Gerry Versfeld gesprochen hatten.

Ohne den Rat des Orthopäden Dr. Versfeld, eines Weißen, der damals in einem Krankenhaus in Soweto arbeitete, wo ausschließlich Schwarze behandelt wurden, hätten Henke und Sheila Pistorius einen so drastischen Eingriff wahrscheinlich nicht gewagt und ihr Sohn Oscar wäre womöglich nie ein so erfolgreicher und berühmter Sprinter geworden, und auch Reeva Steenkamp hätte er dann wohl nicht kennengelernt. Die Entscheidung seiner Eltern stellte somit die Weichen für seinen weiteren Lebensweg.

Oscar Pistorius war Dr. Versfeld, der die Amputation persönlich durchführte, sein Leben lang dankbar dafür, dass dieser ihm durch seinen Eingriff letztlich den Weg zum Weltruhm bereitete und ihm sogar ermöglichte, bei den Olympischen Spielen antreten zu können.

Wären seine Unterschenkel in jungen Jahren nicht amputiert worden, hätte er seine ganze Kindheit hindurch bis als junger Erwachsener eine Vielzahl an Operationen über sich ergehen lassen müssen.

Die Ärzte hätten seine Beine schrittweise verlängern und versuchen müssen, die Form seiner Füße in einer Reihe komplizierter Eingriffe zu korrigieren. Über einen Zeitraum von 16 bis 18 Jahren wären dazu acht bis zehn Operationen nötig gewesen. Und selbst dann wäre das Ergebnis noch alles andere als perfekt gewesen. Eine natürliche Wölbung hätten die Ärzte seinen Füßen nicht geben können. Sie wären immer verkrüppelt geblieben, und viel beweglicher wären sie auch nicht geworden. Als Kind und Jugendlicher hätte Pistorius all seine Kraft in einen sehr eingeschränkt funktionierenden Körper stecken müssen, und dennoch hätte er sich nur wie ein alter Mann in den eigenen vier Wänden bewegen können: vom Bett ins Badezimmer, mal kurz was aus der Küche holen – viel mehr wäre nicht drin gewesen. Ein Sprinter zu werden – undenkbar! Eine Strecke von 200 Metern zu überwinden, die Distanz, über die er mit einer Zeit von 21,97 Sekunden seine erste Goldmedaille gewann, hätte ihn Ewigkeiten gekostet. Seine Beine hätten keinerlei Federung besessen, keine Sprungkraft, wie Dr. Versfeld es ausdrückte. Stattdessen hätte er sich mit aller Kraft darauf konzentrieren müssen, zuerst den einen Fuß und dann den anderen zu heben. Später konnte sich Pistorius gut vorstellen, was der Arzt damit gemeint hatte. Im Lauf der Zeit war er einigen Menschen begegnet, die mit ganz ähnlichen Behinderungen zur Welt gekommen waren wie er, auch wenn meist nur ein Bein betroffen war. Er dagegen konnte sich sicher sein, dass man seine Behinderung nicht bemerkte, sofern er nur lange Hosen trug.

Zur Dankbarkeit, die er Dr. Versfeld gegenüber empfand, kam gegenseitige Sympathie. Aus der zunächst rein beruflichen Beziehung zwischen dem Arzt und der Familie Pistorius entwickelte sich nach und nach eine enge Freundschaft. Die Versfelds waren oft zu Gast bei Pistorius' Eltern, und niemand bereute die Entscheidung, die sie getroffen hatten.

Dr. Versfeld rechnete es sich nie als Verdienst an, dass die Eltern sich so entschieden, wie sie es taten. Immer wenn sie sich bei ihm bedankten, erklärte er ihnen, dass er nichts weiter getan habe, als sie über eine bestimmte Möglichkeit zu informieren; die Verantwortung für den Entschluss, den sie letztendlich gefasst hatten, lag ganz allein bei ihnen. Dr. Versfeld war ein großer und schlanker Mann, sanftmütig und bescheiden, wenngleich er sich seiner beruflichen Fähigkeiten durchaus bewusst war. Als Kind hörte Pistorius oft, wie er sich im Gespräch mit seinen Eltern über die Vorstellung lustig machte, dass er mit seiner Berufswahl einer Art höherer Berufung gefolgt sei. »Das liegt alles nur daran, dass ich als Junge unglaublich gerne mit Holz gebastelt habe«, erklärte er mit einem verschmitzten Lächeln. »In der Schule hatte ich in Geometrie die besten Noten. Und dann habe ich Medizin studiert, da war es ganz natürlich, dass ich mich auf orthopädische Chirurgie spezialisiere. Schon als ich noch Holzarbeiten gemacht habe, musste ich viele Löcher bohren, Formen sehr akkurat zuschneiden und Winkel ausmessen. Und jetzt verdiene ich damit mein Geld.«

Doch wenn er sich daran erinnert, was in ihm vorging, als die Zeit gekommen war, den elf Monate alten Säugling zu operieren, wird er sehr ernst. Später gab er zu, dass es ihm ungeheuer schwer gefallen war, in diesem Fall die in seinem Beruf unerlässliche professionelle Distanz zu wahren.

»Meine Gefühle im Zaum zu halten, war nicht leicht. Es war alles andere als einfach, aber der Kopf sagte mir, dass ich das Richtige tat. Ich musste halt sehen, dass der Kopf die Oberhand behielt. Aber dennoch hat es mich große Überwindung gekostet, einem so kleinen Baby die Gliedmaßen abzutrennen.«

Auch rein technisch gesehen war die Aufgabe nicht leicht zu bewältigen. Es war nicht damit getan, einen Knochen durchzusägen und alles, was sich unterhalb der Schnittstelle befand, zu beseitigen. Einen Teil des geschädigten Fußes wollte Dr. Versfeld erhalten, um dem Jungen ein gewisses Maß an Mobilität zu ermöglichen, auch wenn er nicht auf seinen Prothesen stand, auf die er für den Rest seines Lebens angewiesen sein würde. Der zu erhaltende Teil war der Fersenballen, ein »natürliches Kissen« wie Dr. Versfeld es nannte, »ein sehr spezielles, aus kompakten Fettkügelchen bestehendes Gewebe«. Das Ziel des Arztes war es, beide Fersenballen – die ähnlich wie das Knie große Lastenträger sind – aus dem Fuß zu entfernen und sie unterhalb des Schienbeinstumpfs zu replantieren. So würde Oscar in der Lage sein, kurze Distanzen später auch auf seinen Stümpfen zurückzulegen. Hätte man lediglich einen Schnitt unterhalb des Schienbeinkopfs gemacht, wäre das unmöglich gewesen. Die Haut besitzt an dieser Stelle keinerlei Fettpolster und ist so empfindlich, dass sie unter Belastung sehr schnell wund würde. Ohne eine Replantation des Fersenballens hätte Oscar auf seinen Stümpfen nicht aufrecht stehen können, ohne das Gleichgewicht zu verlieren.

Um die Fersenballen zu entfernen, musste Dr. Versfeld zunächst das Gewebe sehr nah am Fersenknochen abtrennen. Anschließend musste er die Achillessehne vom Ballen lösen, den Knöchel exartikulieren und die Sehnen entfernen, bevor er den freigelegten Ballen an den Schienbeinstumpf anfügen konnte. Jeder einzelne dieser Schritte verlangte höchste Konzentration. Dr. Versfeld führte die Operation manuell durch und verließ sich allein auf sein Augenmaß. Ganze vier Stunden dauerte der Eingriff, zwei Stunden pro Bein. Es war eine qualvolle Ewigkeit für die wartenden Eltern, aber es sollte sich lohnen: Später konnte sich der kleine Oscar auf seinen kurzen, dünnen, spitz zulaufenden Stümpfen ziemlich gewandt in der elterlichen Wohnung bewegen.

Hätte man die Amputation auf einen späteren Zeitpunkt verschoben, hätte Pistorius' Kindheit ganz anders ausgesehen. Man einigte sich darauf, die Amputation mit elf Monaten vorzunehmen, weil Kinder in diesem Alter in der Regel ihre ersten Schritte tun. Drei Monate darauf fand sich Familie Pistorius im Sprechzimmer von Trevor Brauckmann wieder, dem Prothetikspezialisten aus Pretoria, der Oscars erste Prothesen anfertigte. Der kleine Mann besah sich die zwei hölzernen Stelzen, die Brauckmann ihm gab, ganz genau. Mit nicht weniger Interesse beobachtete er dann, wie seine Stümpfe in die Ansatzstücke der Prothesen eingepasst wurden. Er hielt sich zunächst an zwei parallel zueinander verlaufenden Stangen fest, die er jedoch schnell losließ, um ganz verzückt im Behandlungsraum herumzulaufen und sich, wie alle Kleinkinder, die zum ersten Mal auf eigenen

Beinen stehen, seiner neuen Selbstständigkeit zu erfreuen. Die Eltern hatten dem Termin mit gemischten Gefühlen entgegengesehen, sie waren hin- und hergerissen zwischen Hoffnung und Selbstvorwürfen. Zu sehen, wie begeistert ihr Sohn seine neuen Gliedmaßen annahm, machte sie überglücklich.

In den folgenden Jahren lernte Pistorius mit seinem großen, ungestümen Bruder Carl draußen herumzurennen. Und nicht nur hierbei bestärkte ihn seine Mutter, die ihm einimpfte, sich niemals anmerken zu lassen, dass er sich körperlich benachteiligt fühlte. Mit einer anderen Einstellung wäre Pistorius vermutlich nie auf die Idee gekommen, sich mit den schnellsten Sprintern der Welt messen zu wollen. Wenn er an seine Kindheit zurückdenkt, erinnert er sich lebhaft an Fußballspiele auf asphaltiertem Boden und Ascheplätzen, an Mountainbike-Ausflüge mit seinem großen Bruder, daran, wie er auf Bäume kletterte, von denen er nicht nur einmal runterfiel und dann mit etlichen blauen Flecken heimkam. Woran er sich allerdings auch erinnert, sind die vielen schmerzhaften Wunden und Blasen an seinen Stümpfen, die ihn oft so sehr quälten, dass er sich manchmal monatelang nicht bewegen konnte – von gehen ganz zu schweigen – und alleine zu Hause bei seiner Mutter bleiben musste, statt mit seinen Freunden in die Schule zu gehen.

Es waren letztlich diese schmerzhaften Erfahrungen, die seinen Charakter formten, ihn abhärteten und ihm eine Zähigkeit verliehen, von der Versfeld voll höchster Anerkennung sprach, als er 2004 nach Athen reiste, um bei Pistorius' erstem paralympischen Rennen dabei zu sein. Er war unter der jubelnden Menge, als der damals erst 17-Jährige dort seine erste Goldmedaille gewann. Versfeld war stolz auf die geradezu unglaublichen Leistungen und freute sich darüber, wie bescheiden Pistorius nach diesen – wie auch all seinen weiteren – Triumphen blieb.

Nichts hatte für den Arzt auf das hingedeutet, was sich neun Jahre später ereignete. Nichts von dem, was sein berühmtester Patient in den 26 Jahren, die er ihn kannte, gesagt oder getan hatte, hatte ihn jemals einen derartigen Kontrollverlust fürchten lassen. Der Mensch, der das getan hatte, erklärte Versfeld Freunden gegenüber, war ein Fremder für ihn. Das alles schien völlig absurd.

Alles andere als absurd war viele Jahre zuvor die Entscheidung von Pistorius' Eltern für eine Amputation und gegen die chirurgische Korrektur des Geburtsfehlers ihres Sohnes gewesen. Nichtsdestotrotz erwies sie sich später gewissermaßen als eine Art faustischer Pakt mit dem Teufel. Pistorius erreichte und bekam alles, was er sich je erträumt hatte, doch er musste einen hohen Preis dafür zahlen. Hätten Sheila und Henke Pistorius auf andere Ärzte gehört, wäre ein völlig anderer Mensch aus ihrem Sohn geworden, sein Leben wäre in ganz anderen Bahnen verlaufen, was geschehen war, wäre nicht geschehen. Oscar wäre an einen Rollstuhl gefesselt gewesen und durch die zigfachen Operationen, denen er sich als Heranwachsender hätte unterziehen müssen, hätte er viel öfter für längere Zeit nicht zur Schule gehen können. Seine Persönlichkeit hätte sich infolgedessen ganz anders entwickelt. Seiner Mutter wäre es wohl kaum so erfolgreich gelungen, ihn davon zu überzeugen, ein ganz normaler Junge zu sein. Sie hätte andere Methoden zur Steigerung seines Selbstwertgefühls entwickeln müssen. Seine Klassenkameraden hätten ihn bestenfalls bemitleidet, wenn er mit dem Rollstuhl angekommen oder durch die Schule gehumpelt wäre; vielleicht hätten sie sich aber auch über ihn lustig gemacht. Mit etwas Glück hätten ihn diese Erfahrungen stark und klug gemacht, viel wahrscheinlicher ist jedoch, dass er sich irgendwann wie ein durch seine Behinderung stigmatisierter Außenseiter vorgekommen wäre und sich am liebsten vor aller Welt versteckt hätte.

Genauso fühlte er sich auch, nachdem er die tödlichen Schüsse auf seine Freundin abgefeuert hatte. All das Elend und die Schmach, die ihm als Heranwachsender erspart geblieben waren, empfand der 26-Jährige nun auf einen Schlag in den frühen Morgenstunden des 14. Februar 2013. Seine Beziehung zu der schönen, weltgewandten Reeva Steenkamp zeigte der Welt, dass er es geschafft hatte, dass er nicht nur in der Sportarena, sondern auch im Leben auf dem Siegertreppchen stand. Reevas Leben, und damit in gewisser Weise auch sein eigenes auszulöschen, verurteilte ihn letzten Endes zu dem Schattendasein, das zu führen er sein ganzes Leben lang mit aller Kraft vermieden hatte. Einige empfanden angesichts seines Schicksals Mitleid mit ihm, andere verachteten ihn gerade deshalb umso mehr – und alles, was er sich so hart erkämpft hatte, war von einem Moment auf den anderen für immer in unerreichbare Ferne gerückt.

3

Von einem, der nicht klug genug war – doch zu sehr liebte.

SHAKESPEARE, *Othello*

In seiner Gefängniszelle hatte er lediglich eine Decke, mit der er sich auf den Betonboden legen konnte. Aber in der ersten Nacht nach seiner Tat hätte er ohnehin nicht schlafen können. Seit er ein kleiner Junge war, hatte er sich immer vor Verbrechern gefürchtet, jetzt wusste er, wie es sich anfühlte, einer zu sein. Dieses Gefühl verstärkte sich noch am nächsten Morgen – es war Freitag, der 15. Februar 2013. Begleitet von einem Polizeikonvoi fuhr man ihn zum Gericht im Zentrum von Pretoria. Dort wurde er dem Haftrichter vorgeführt, der bestätigte, was er bereits ahnte: Die Staatsanwaltschaft klagte ihn wegen vorsätzlichen Mordes an. Bei dem Wort »Mord« brach Pistorius in Tränen aus. Seine Schwester Aimée, die mit seinem Onkel und einigen anderen Familienmitgliedern direkt hinter ihm saß, schlug die Hände vors Gesicht und weinte.

Die Entscheidung über eine Freilassung auf Kaution wurde auf eine Anhörung am kommenden Dienstag vertagt und in die Hände des Richters Desmond Nair gelegt. Unter dem Apartheidregime hätte dieser erfahrene und angesehene Jurist aufgrund seiner indischen Abstammung keine Karriere machen können. In Südafrika, wo es ähnlich wie in Deutschland kein Geschworenengericht gibt, besitzen die Richter eine enorme Entscheidungsbefugnis. Von ihnen wird erwartet, an jeden Fall völlig unvoreingenommen und unparteiisch heranzugehen. Verteidiger wie Staatsanwälte setzen sich gründlich mit den privaten und professionellen Biografien der Richter auseinander, um womöglich auf Hinweise zu stoßen, wie die aktuelle Verhandlung im eigenen Interesse in eine bestimmte Richtung gesteuert werden könnte. Pistorius' Anwälte glaubten einen Ansatzpunkt bei einem bemerkenswerten Fall von 2011 gefunden zu haben, in dem Nair das Urteil fällte.

Es handelte sich um den Fall des weißen Rugbyspielers »Bees« Roux, eines Buren, der wegen Totschlags an einem schwarzen Polizisten angeklagt war. Bei einer Besprechung im Vorfeld der eigentlichen Anhörung, an der neben Roux, seinem Anwalt und dem Staatsanwalt auch der Bruder und die Ehefrau des Opfers teilnahmen, brachte Roux gegenüber den Anwesenden sein aufrichtiges Bedauern zum Ausdruck und schilderte den Tathergang aus seiner Sicht: Es sei Nacht gewesen und er habe geglaubt, der Beamte habe ihn ausrauben wollen. Daher schlug der hochgewachsene Roux auf den Polizisten ein, der sofort das Bewusstsein verlor. Roux habe noch versucht, ihn wiederzubeleben, doch es war bereits zu spät. Mit Tränen in den Augen entschuldigte sich Roux bei den Angehörigen des Opfers und flehte sie an, ihm zu vergeben. Und das taten sie tatsächlich. Zuerst nahm der Bruder des Opfers, der ebenfalls weinte, Roux in die Arme, dann dankte die Witwe ihm in einer kurzen Ansprache für seine Aufrichtigkeit und erklärte, dass auch sie ihm vergeben wolle. Der Staatsanwalt schlug daraufhin vor, dass sich Roux der fahrlässigen Tötung für schuldig bekenne und der Familie des Opfers ein Schmerzensgeld zahle, woraufhin man ihn im Gegenzug zu einer Haftstrafe von fünf Jahren, die zur Bewährung ausgesetzt wurde, verurteilte. Nair als vorsitzender Richter ließ sich auf diesen Vorschlag ein – und Roux war ein freier Mann.

Würde Nair die Parallelen zwischen den beiden Fällen erkennen und Pistorius' Kautionsantrag ebenso wohlwollend beurteilen wie den von Roux? Pistorius' Anwälte wollten das gerne glauben. Zudem gab es noch einen weiteren Umstand, der etwas mit seinem persönlichen Umfeld zu tun hatte und sie zuversichtlich stimmte, dass Nair nachsichtig sein könnte. Sie hatten herausgefunden, dass die Familie des Richters gerade selbst einen schweren Schicksalsschlag zu verarbeiten hatte: Nairs Cousine hatte sich und ihre Kinder umgebracht. Die Anwälte von Pistorius hofften, dass Nair bei der Anhörung am kommenden Dienstag aufgrund seines persönlichen Schmerzes empfänglich wäre für die extreme Situation des Angeklagten, dem seine Qualen förmlich ins Gesicht geschrieben standen, und dass er deshalb zu dessen Gunsten urteilen würde.

Doch bis Dienstag war es noch lange hin, und während die Beamten Pistorius vom Gerichtssaal aus zu einem Einsatzwagen führten, mit dem er auf ein Revier in den mittelständischen und ehemals rein weißen Stadtteil Brooklyn gebracht wurde, kreisten seine Gedanken beständig um seine Tat und all das Schreckliche, das ihm noch bevorstand. Er musste noch mindestens vier weitere Nächte im Gefängnis verbringen, und falls man ihn nicht auf Kaution freiließ, blieb er auf jeden Fall bis zum Ende des Prozesses, dessen Dauer nicht absehbar war, hinter Gittern. Sollte man ihn dann für schuldig befinden, würde er den Großteil seines restlichen Lebens in der Gesellschaft von Schwerverbrechern verbringen. 25 Jahre Haft drohten ihm – mindestens –, falls man ihn im Sinne der Anklage des vorsätzlichen Mordes für schuldig befand.

Angesichts der Journalisten und Fotografen, die sich vor dem Sitzungssaal und dem Gerichtsgebäude drängten und den Polizeiwagen, in dem er abgeführt wurde, belagerten, wurde ihm schlagartig bewusst, welche Wellen sein Fall in der Öffentlichkeit schlug. Und das mediale Interesse wurde angesichts der mysteriösen Umstände von Reevas Tod noch zusätzlich befeuert. Wäre das, was sich in den frühen Morgenstunden des Valentinstags in seinem Haus abgespielt hatte, völlig unstrittig gewesen, hätte man von vornherein gewusst, dass er Reeva Steenkamp entweder vorsätzlich erschossen hatte oder ihr Tod ein tragischer Unfall gewesen war, wäre das Interesse an seinem Fall bei Weitem nicht so groß und so lang anhaltend gewesen. Was den Reiz an der Geschichte Monat für Monat auf einem gleichbleibend hohem Niveau hielt, war die Tatsache, dass man über das, was sich in der Tatnacht ereignet hatte, bis zuletzt nur spekulieren konnte. Tag für Tag diskutierten zahllose Menschen überall auf der Welt darüber, ob Pistorus seine Freundin nun vorsätzlich erschossen hatte oder nicht.

Seine Prominez und Reevas Schönheit trugen zusätzlich dazu bei, dass der Fall von sehr vielen mit einer gewissen Leidenschaft diskutiert wurde – wobei dies wohl vor allem mit Pistorius zu tun hatte, den die meisten Menschen als öffentliche Person offenbar gut genug zu kennen glaubten, um ein vermeintlich fundiertes Urteil über ihn fällen zu können. Unabhängig von der Prominenz war es das Mysteriöse der Tat, das die Öffentlichkeit bewegte, ähnlich wie bei zwei anderen berühmten zeitgenössischen Kriminalfällen. Der erste ist der des 2007 in Portugal spurlos verschwundenen Mädchens Madeleine McCann, der zweite der von Amanda Knox, die – ebenfalls im Jahr 2007 – des Mordes an Meredith Kercher beschuldigt wurde. In beiden Fällen diskutierten weltweit Millionen Menschen im Gefühl, genau zu wissen, was in der Tatnacht geschehen war.

Im Fall McCann war man vielfach der Meinung, dass die Eltern des Mädchens, beides Ärzte, ihr Kind mit einer Überdosis Schlaftabletten unabsichtlich getötet und die Leiche danach fortgeschafft haben müssten, während sie der Welt vormachten, dass das Mädchen entführt worden sei. Ähnlich im Fall Knox, wo viele überzeugt waren, dass die angeklagte Amerikanerin keinesfalls unschuldig sei, wie sie beteuerte, sondern sich vielmehr an einer satanistischen Gruppensexorgie beteiligt habe, in deren Folge ihre Freundin Meredith grausam zu Tode gekommen sei. Andere waren sich hingegen absolut sicher, dass Amanda Knox – ebenso wie die McCanns – die volle Wahrheit sagte und ein Opfer schändlicher Verleumdungen sei.

Tatsächlich verriet das, was all diese Leute taten, wenn sie die Medien nach Informationen durchforsteten, die ihre Meinung untermauerten, mehr über sie selbst, über ihre Vorurteile und Beweggründe, als über das, was wirklich passiert war. Denn die Wahrheit kannten nur jene ihnen völlig fremden Menschen, an deren persönlichen Dramen sie sich ergötzten.

Ein weiterer aufsehenerregender Fall, der Parallelen aufwies, war der Mordprozess gegen den amerikanischen Footballspieler O.J. Simpson. Auch er wurde weltweit mit großem Interesse verfolgt. Bei Simpson war es ähnlich wie bei Pistorius: Berühmter Sportler tötet schöne Frau, die er liebte. Die Mehrheit der Amerikaner war überzeugt, dass der Footballspieler des Mordes an seiner Ex-Frau Nicole Brown schuldig war – und das noch bevor der Mordprozess 1995 in Los Angeles überhaupt begonnen hatte. Doch hier enden auch schon die Übereinstimmungen. Der Fall Simpson folgte einem klassischen Krimischema: Eine Leiche war entdeckt worden, und die Polizei musste ermitteln, wer der Mörder war. Den sah man schließlich in Simpson, woraufhin es zur Aufgabe der Polizei und der Staatsanwaltschaft wurde, den Beweis für seine Tat zu erbringen.

In Pistorius' Fall stellten sich die Fragen nach dem Wer, Wann, Wo und Wie gar nicht. Und rassistische Motive konnte man auch ausschließen – wobei das für Pistorius natürlich kein großer Trost war. Im Fall Simpson war der Verdächtige ein Farbiger, sein Opfer eine Weiße gewesen, dementsprechend gespalten war die Meinung dazu in der amerikanischen Öffentlichkeit. Das war in Pistorius' Fall ganz anders, wo es keine eindeutig ethnisch motivierte Parteinahme für oder gegen den Verdächtigen gab. Der namhafte farbige Publizist Justice Malala schrieb einmal: »Wir Südafrikaner können Oscar Pistorius nicht laufen sehen, ohne das Gefühl zu haben, zusammenbrechen, weinen und vor Freude jubeln zu müssen.« Das zu wissen, war für Pistorius immer sehr beglückend.

Es erfüllte ihn als Südafrikaner mit Stolz, dass die Menschen in seiner Heimat mit ihrer Apartheidvergangenheit in ihrer Bewunderung für erfolgreiche nationale Sportler – nicht nur für ihn – farbenblind waren. Südafrikaner ganz gleich welcher Hautfarbe hatten Rugbyspieler wie den Weißen Francois Pienaar und den Mulatten Bryan Habana sowie Cricketspieler wie den asiatischen Moslem Hashim Amla und den Farbigen Makhaya Ntini ins Herz geschlossen. Pistorius erinnerte sich an die Worte Nelson Mandelas, dass der Sport wie wenig anderes in der Lage sei, Rassenschranken zu überwinden. Niemand wollte sich ausgeschlossen fühlen, wenn es einen Sieg der Nationalmannschaft zu feiern gab.

Was Pistorius von all den gerade genannten Sportlern unterschied, die ihre Landsleute ebenso begeistert hatten wie er selbst, war seine besondere Physis. Sie machte ihn zu einem Symbol für das unermüdliche Streben der Nation, das schwere Erbe der Vergangenheit hinter sich zu lassen. Jeder Südafrikaner nahm Anteil an seinen Erfolgen, die das Nationalgefühl der Unbezwingbarkeit stärkten, das alle Südafrikaner, gleich welcher Hautfarbe, einte. Jeder hatte sich mit Pistorius identifiziert, weil er das Selbstverständnis der Südafrikaner personifizierte, den unbedingten Willen, sich nicht unterkriegen zu lassen. Die Buren, deren Vorfahren im frühen 19. Jahrhundert von der Kapregion aus nach Norden gezogen waren, um ein unwirtliches Land zu kolonialisieren und fruchtbar zu machen, wurden nie müde, sich selbst und alle, die ihnen zuhörten, daran zu erinnern, dass das, was sie ausmache, sich am besten mit dem Begriff »Überlebende« in Worte fassen lasse. Überlebende sind per definitionem Pragmatiker. Dieser gemeinsamen Erfahrung ist es zu verdanken, dass schwarze wie weiße Südafrikaner, anders als so manche ethnische Gruppen anderswo, denen es nicht gelingt, alte Fehden zu überwinden, in der Lage waren, das Apartheidregime hinter sich zu lassen und sich zu versöhnen. Südafrikaner betrachten sich selbst als eine Nation, die Probleme angeht und löst, und aus eben dieser Tatkraft erwuchs eine ganz eigene südafrikanische Haltung, die sich vor Zeiten zwar unter den Buren herausgebildet hatte, inzwischen aber so etwas wie das Lebensgefühl und den Nationalcharakter aller Südafrikaner ausmachte. Einen Plan aufstellen und die Dinge anpacken, darum geht es. Und wenn man sich Pistorius' Lebensgeschichte vor diesem Hintergrund ansah, schien sie eine strahlende Erfolgsstory des typisch südafrikanischen Kampfgeistes zu sein, dessen Mantra ist: »Wir werden dieses Hindernis überwinden. Uns wird schon etwas einfallen. Irgendwie werden wir es schon schaffen.«

Durch seine internationalen Erfolge hatte Pistorius den Menschen in aller Welt gezeigt, dass Südafrikaner tatsächlich aus härterem Holz geschnitzt sind. Er war für alle ein Vorbild: Wenn er trotz seines schweren Schicksals die Dinge anpacken und es bis ganz nach oben schaffen konnte, dann konnte es jeder. Pistorius hielt seinen Landsleuten einen ihnen schmeichelnden Spiegel vor, der sie genauso zeigte, wie sie sich sehen wollten.

Doch damit war es nun vorbei. Jetzt repräsentierte er den Bodensatz Südafrikas. Obschon die Menschen ihn nur durch die Medien kannten, kaum etwas über Reeva Steenkamp wussten und rein gar nichts über das, was sich in der Tatnacht zwischen ihnen ereignet hatte, sahen viele in ihm nun das Monster, das seine Freundin vorsätzlich getötet hatte, nicht etwa in Panik, sondern in Rage, und sie verlangten eine Strafe, die dem Verbrechen angemessen war und überdies die unmissverständliche Botschaft aussenden sollte, dass Frauen in Südafrika genug gelitten hatten.

Wie es zu diesen heftigen Reaktionen kam, wird nachvollziehbarer anhand der Statistiken. Südafrika steht bezüglich seiner Mordrate im internationalen Vergleich auf Rang zehn; 2013 ereigneten sich dort durchschnittlich 45 Morde pro Tag. Was Gewalt gegen Frauen anbelangt, ist das Land sogar unangefochten weltweiter Spitzenreiter. Alle vier Minuten wird in Südafrika eine Frau oder ein Mädchen – meist ein Teenager, gelegentlich aber auch ein Kind – vergewaltigt, alle acht Stunden wird eine Frau von ihrem Mann oder Lebenspartner getötet. Dieses Phänomen hat in Südafrika sogar einen eigenen Namen, es nennt sich »Intimate Femicide«. In den Augen vieler Südafrikaner hatte Pistorius den erschütternden Statistiken einen weiteren Zähler hinzugefügt. In den Wochen und Monaten nach Steenkamps gewaltsamem Tod war die Presse voll von Kommentaren und Leserbriefen, die seinen Fall in den Kontext von Gewalt gegen Frauen rückten.

Er hasste das. Er hasste die Ungerechtigkeit, die darin lag, dass die Menschen seine Schuld voraussetzten, ohne dass er überhaupt die Gelegenheit gehabt hatte, seine Version der Geschichte vor Gericht schildern zu können, und es beschämte ihn zutiefst, dass man ihn als Frauenhasser darstellte. Umso mehr, als sich Reeva selbst aktiv für Frauenrechte eingesetzt und Vergewaltiger scharf verurteilt hatte. Und Pistorius hatte sie darin immer unterstützt, hatte ihre Empörung und ihr Entsetzen über ein gerade aktuelles Verbrechen geteilt, bei dem der Täter derart brutal vorgegangen war, dass selbst Präsident Jacob Zuma bei seiner alljährlichen Rede zur Lage der Nation darauf eingegangen war.

Am 3. Februar 2013 wurde ein 17-jähriges Mädchen namens Anene Booysen aus einer armen ländlichen Gemeinde bei Kapstadt auf einer Baustelle nahe einer Bar, wo sie den Abend mit Freunden verbracht hatte, vergewaltigt, verstümmelt und halbtot zum Sterben liegengelassen. Ein Arzt, der versucht hatte, ihr das Leben zu retten, soll Presseberichten zufolge gesagt haben, dass ihr der Täter nach der Vergewaltigung den Bauch aufgeschlitzt und die Gedärme herausgezogen habe. Pistorius und Reeva hatten über den Fall gesprochen und waren beide über das bestialische Verbrechen so entsetzt wie der Rest der Nation. Reeva teilte ihre Gefühle auch auf Instagram mit. »Ich bin heute Morgen in einem glücklichen, sicheren Heim aufgewacht«, schrieb sie. »Das war nicht jedem vergönnt. Verurteilt die Vergewaltigung in SA. RIP Anene Booysen. #rape #crime #sayNO.« Noch am 13. Februar hatte sie an einer Rede gearbeitet, die sie zwei Tage später im Gedenken an Anene Booysen und zu Ehren der »Black Friday Campaign for Rape Awareness« vor Schülern einer Johannesburger Schule halten sollte.

Es fällt nicht leicht, sich vorzustellen, wie eine Frau mit einem derart ausgeprägten sozialen Gewissen, die solch eine Rede vorbereitet, das Bett gleichzeitig mit einem Monster teilt. Dennoch haben viele genau das gedacht, insbesondere die Frauenliga des Afrikanischen Nationalkongresses, der Partei Nelson Mandelas. Pistorius wurde Zeuge, wie Angehörige der Frauenliga vor dem Gerichtsgebäude, in dem sein Kautionsantrag verhandelt wurde, seinen Kopf forderten. »Echte Männer vergewaltigen nicht und töten keine Frauen«, hieß es auf einem Plakat, »Pistorius soll im Gefängnis verrotten« auf einem anderen. Lulama Xingwana, Ministerin für das Ressort Frauen, Kinder und Behinderte, war ebenfalls unter den Demonstranten und forderte lautstark, den Antrag auf Freilassung auf Kaution abzulehnen.

Dieselbe Ministerin ging sogar so weit, die Buren und ihre Kultur im Allgemeinen für Reevas Tod verantwortlich zu machen. »Junge Buren, die im calvinistischen Glauben erzogen wurden, sind davon überzeugt, dass sie eine Frau besitzen, dass sie ein Kind besitzen, dass sie alles besitzen, und dass sie daher auch ein Leben nehmen können, einfach weil es ihnen gehört.« Später entschuldigte sie sich für ihre Worte und nahm ihre Aussagen zurück, vielleicht weil sie durch Gespräche mit anderen farbigen Frauen begriffen hatte, dass es sich nicht um ein rein ethnisches Problem handelte und dass es in Südafrika keine soziale Schicht gab, deren Männer ein Monopol auf den tugendhaften Umgang mit Frauen für sich beanspruchen konnten.

Einiges von dem, was Henke Pistorius im Zusammenhang mit der Tat seines Sohnes äußerte, war genauso wenig hilfreich wie die unbedachten Worte der Ministerin. Am Tag, nachdem sein Sohn Reeva Steenkamp erschossen hatte, sagte er gegenüber der Presse, der Afrikanische Nationalkongress sei nicht in der Lage, Weiße vor Verbrechen zu schützen, daher sähen sich Menschen wie er dazu genötigt, sich zu bewaffnen. Die rassistischen Untertöne, die in dieser Aussage mitschwangen, weil Henke nicht begriff, dass Schwarze viel stärker unter der landesweiten Kriminalität zu leiden haben als Weiße, sorgten in der Öffentlichkeit für einen großen Aufschrei und brachten seinen Sohn noch mehr in Verruf – falls das überhaupt möglich war. Henke machte alles noch viel schlimmer, als er in völliger Verkennung der Lage sagte: »In unserer Familie achten wir das Leben viel zu sehr, als dass wir bei jeder sich bietenden Gelegenheit zur Waffe griffen. Ich war durchaus schon in Situationen, wo ich von einer Waffe hätte Gebrauch machen können, aber wir sind dazu erzogen worden, das Leben anderer sehr hoch zu schätzen.«

Die lautstarke Empörung derer, die überzeugt waren, dass Henkes Sohn das Leben seiner Freundin so wenig wertgeschätzt hatte, dass er sie vorsätzlich ermordete, hallte quer durchs ganze Land. Sie hatten Reeva zwar nicht gekannt, aber ihr Tod ging ihnen sehr nahe. In ihrem

Schicksal spiegelte sich alles, was Frauen in Südafrika in Angst und Schrecken versetzte. In ihrem Land war eine Kultur der Gewalt alltäglich, die Männer für das Leid, das sie anderen zufügten, abstumpfte – selbst wenn sie diesen anderen nahestanden oder mit ihnen befreundet waren. Das Männlichkeitsideal war in Südafrika derart pervertiert, dass das Misshandeln und Vergewaltigen von Frauen – nicht zuletzt auch durch Polizisten – fast schon etwas Alltägliches und Normales war. Tag für Tag wurden überall im Land mit Waffen jeder Art Menschen bedroht, verletzt oder ermordet. In Südafrika kamen Männer, die einen Mord begingen, ungestraft davon. Vor diesem Hintergrund bot Pistorius' aufsehenerregender Fall die Gelegenheit, ein Exempel zu statuieren und zu zeigen, dass nicht das Recht des Stärkeren gilt. Die Feministinnen, die auf Rache sannen, wollten Pistorius stellvertretend für alle Frauenhasser brennen sehen.

Tatsächlich hatte die Strafe für Pistorius längst begonnen, noch bevor die Staatsanwaltschaft im Prozess überhaupt eine Anschuldigung gegen ihn erhob, ja sogar noch vor seiner Anhörung im Zusammenhang mit seinem Kautionsantrag. In seiner Zelle im Polizeirevier Brooklyn, wohin er nach seinem ersten Gerichtstermin verbracht wurde, schlief er abermals auf dem nackten Boden. Aimée, Carl und sein Onkel Arnold versuchten zu trösten, verstärkten dadurch aber eher Pistorius' Leid. Der Kontrast zwischen dem unbeschwerten Leben, das sie wenige Tage zuvor noch geführt hatten, und ihrer aktuellen Lage führte ihnen überdeutlich vor Augen, wie sehr sich das Leben von ihnen allen auf einen Schlag verändert hatte.

Pistorius war nicht mehr der Wundersprinter, der eine strahlende Zukunft vor sich hatte. Er war ein Häufchen Elend, gefangen im Körper eines durchtrainierten Athleten, der ein Verbrechen begangen hatte, das sich nicht wiedergutmachen ließ. Zumindest nicht in diesem Leben. Onkel Arnold, der in schweren Zeiten Trost und Beistand bei Gott suchte, kannte einen Pfarrer, der bereit war, Pistorius in seiner Zelle zu besuchen. Der Geistliche verbrachte viele Stunden an der Seite des gefallenen Stars, las ihm aus der Bibel vor und sprach über Gottes unergründliche Wege und seine unermessliche Gnade. Pistorius kam dadurch ein wenig zur Ruhe, dennoch fand er während der sechs Tage und Nächte, die er in der Zelle verbrachte, kaum Schlaf. Er aß wenig und litt unter chronischen Kopfschmerzen. Weder geistig noch körperlich war er in der Lage, sich mit seinen Anwälten auseinanderzusetzen, die von ihm dringend eine schlüssige Schilderung der Ereignisse in der Tatnacht benötigten, damit sie ihre Strategie für die Anhörung vorbereiten konnten.

Seine Verteidiger waren für Pistorius keine Fremden. Er wurde vertreten durch Brian Webber und Kenny Oldwadge; Letzterer war für seinen Mandanten in der Vergangenheit bereits zweimal vor Gericht tätig gewesen. Verglichen mit dem, worum es jetzt ging, konnte man diese älteren Fälle allerdings nur als Lappalien betrachten. 2009 war Pistorius mit einem Speedboot in einen Holzpier gekracht, wobei er sich den größten Schaden selbst zugefügt hatte: Er hatte sich den Kiefer und ein paar Rippen gebrochen und zwei Tage lang im Koma gelegen; sein Gesicht musste mit 180 Stichen genäht werden. Im zweiten Fall war er von einer Frau verklagt worden, die ihm vorwarf, ihr – die zum Tatzeitpunkt selbst betrunken gewesen war – auf einer Party in seinem Haus eine Tür vors Gesicht geschlagen zu haben. In beiden Fällen hatte Oldwadge Pistorius geholfen, um eine gerichtliche Verurteilung herumzukommen. Der Sportler betrachtete Kenny und Brian nicht nur als seine Anwälte, die er für ihre Dienste bezahlte, sondern auch als seine Freunde.

Im Gegensatz zu anderen, die seinen Prozess später beobachteten, kam Pistorius gar nicht auf die Idee, dass es unter Umständen besser gewesen wäre, sich durch Anwälte vertreten zu lassen, die seine Situation von einer wesentlich nüchterneren und damit professionelleren Warte aus beurteilen konnten. Eingesperrt in seine Zelle, beruhigte es ihn sehr, zu wissen, dass sich mit Kenny und Brian Freunde um seine Angelegenheiten kümmerten. Wollte er auf Kaution freikommen, musste er mit ihnen eine eidesstattliche Erklärung vorbereiten, und das hieß, die Ereignisse der Tatnacht minutiös zu rekonstruieren und schriftlich niederzulegen. Er hatte zwei Nächte lang nicht geschlafen, war verwirrt und orientierungslos. In seiner Zelle gab es nicht einmal eine Sitzgelegenheit, auch keinen Tisch, an dem man etwas aufschreiben konnte. Für die beiden Anwälte, die gemeinsam über mehr als 40 Jahre Berufserfahrung verfügten, war es das emotional aufreibendste und formal schwierigste Mandantengespräch, das sie je geführt hatten. Pistorius brach immer wieder in Tränen aus und musste sich wiederholt übergeben. Trotz allem gelang es ihnen letzten Endes irgendwie, sein mentales Chaos so weit zu ordnen, dass sie eine augenscheinlich schlüssige Schilderung dessen zu Papier bringen konnten, was sich in der Tatnacht in seinem Haus ereignet hatte. Und sie hofften, Richter Nair mit diesem Schriftstück dazu bewegen zu können, Pistorius vorläufig auf freien Fuß zu setzen.

Am frühen Morgen des 19. Februar öffnete sich Pistorius' Zellentür. Wenige Augenblicke später brachte ihn ein Einsatzwagen quer durch Pretoria zum Gerichtsgebäude, in dem über seinen Kautionsantrag entschieden wurde.

Eine Meute Pressefotografen erwartete ihn. Eigentlich war das für ihn nichts Neues. Paparazzi waren ihm seit jeher auf Schritt und Tritt gefolgt. Er war es gewohnt, dass sie sich in Scharen um ihn drängten, um ein Bild von ihm zu erhaschen, sobald er vor irgendeinem Hotel in London oder Paris vorfuhr. Bei den Paralympischen Spielen in Athen, als er seine erste Goldmedaille gewann, hatte ihn diese massive mediale Aufmerksamkeit noch sehr irritiert, wenngleich auch nicht wenig geschmeichelt. Acht Jahre später, als er bei den Olympischen Spielen in London seinen größten Triumph feierte, war das Medienspektakel für ihn bereits zur Routine geworden. Er hatte in der Zwischenzeit längst gelernt, sich vor den Kameras immer perfekt zu verkaufen und immer das passende Gesicht aufzusetzen. Seine PR-Leute waren stets in der Nähe, um ihm zu helfen, sobald er Hilfe brauchte, dabei war er ein Naturtalent und imstande, sich jederzeit wie ein erfahrenes Model strahlend lächelnd in Szene zu setzen. Wenn er sich öffentlich äußerte, wusste er immer genau, wann er sich besser zurückhielt, wann Höflichkeit und Bescheidenheit gefragt waren und wann er mit Dankbarkeitsbezeugungen die Leute für sich einnehmen konnte. Wer nicht wusste, wie sorgfältig er sich auf diese Termine und Begegnungen vorbereitete, beneidete ihn um die scheinbare Leichtigkeit, mit der er sich der Welt präsentierte.

In Wahrheit war er viel unsicherer, als er es sich anmerken ließ. Manchmal fühlte er sich kurz vor einem Presseauftritt wie betäubt und fragte sich, wer dieser Mann namens Oscar Pistorius, den er da spielte, eigentlich war. Von Kindheitsbeinen an hatte er einen Schutzschild um sich herum errichtet und gelernt, seine wahren Gefühle nicht preiszugeben. Noch tapferer und stärker fühlte er sich, wenn er eine Frau an seiner Seite hatte. Anfangs war das seine Mutter gewesen; sie hatte in seinem Leben eine wesentlich wichtigere Rolle gespielt als sein Vater. Ab seinem 17. Lebensjahr folgte dann mehr oder weniger ohne große Pausen eine Beziehung der nächsten.

Pistorius' erste Freundin hieß Nandi und war seine absolute Traumfrau: hübsch, relativ vernünftig für ihr Alter und außerordentlich loyal. Und loyal blieb sie ihm gegenüber bis heute. Selbst Jahre später, nach seinem tiefen Fall, kam kein negatives Wort über ihn über ihre Lippen. Es hatte mit dem Erfolg zu tun, dass er sich veränderte, und so trennte sie sich irgendwann von ihm. Es dauerte vielleicht einen Monat, dass er über das Ende der Beziehung traurig war, dann lernte er Vicky kennen. Auch in sie verliebte er sich unsterblich, was er ihr am Valentinstag eindrucksvoll demonstrierte, als er die Bäume und den Zaun rund um ihr Haus mit zweihundert Luftballons schmückte und ein »Ich liebe dich, Tiger«-Graffito auf die Fahrbahn vor ihrer Einfahrt sprühte. (Seinen allerersten romantischen Vorstoß wagte Pistorius übrigens ebenfalls an einem Valentinstag. Er war damals acht Jahre alt und schenkte einer Mitschülerin eine Rose.) Als es mit Vicky vorbei war, trat Jenna in sein Leben. Es folgten viele weitere Frauen, manche davon älter als er, andere jünger. Irgendwann lernte er Samantha kennen, mit der er 18 turbulente Monate lang liiert war. Ihr folgte kurz nach seinem 26. Geburtstag schließlich Reeva. Er war überzeugt, mit ihr endlich die Richtige gefunden zu haben.

Die einzige Frau, die ihm jetzt zur Seite stand, während er sich auf die Anhörung vorbereitete, war Aimée, seine Seelenverwandte. Sie würde bei der Verhandlung anwesend sein, ebenso wie sein Bruder Carl. Aber Carl war labil. Wie Pistorius neigte er zu plötzlichen Stimmungsschwankungen. In einem Augenblick höflich und ruhig, konnte er schon im nächsten völlig außer sich geraten. Auch er war seinem Bruder gegenüber loyal, aber nicht so verlässlich wie Aimée, die von den drei Geschwistern die Beständigste war. Sie war zwar die Jüngste, aber dennoch reflektierter und reifer als ihre Brüder, denen sie immer wieder Halt geben konnte. Aimée war ein durch und durch aufrichtiger Mensch, ohne Arglist und Hintergedanken. Oscars Beziehungen zu Frauen waren immer auf gewisse Weise kompliziert gewesen. Es war immer ungeheuer viel Leidenschaft im Spiel gewesen und immer um alles oder nichts gegangen. Die Beziehung zwischen ihm und seiner Schwester war demgegenüber von Unbeschwertheit, Selbstverständlichkeit und liebevoller Vertrautheit geprägt.

Dennoch halfen ihm weder ihre Anwesenheit vor Gericht noch sein angeborenes Talent für makellose öffentliche Auftritte dabei, die Fassung nicht zu verlieren. Als der Wagen, der ihn zur Anhörung brachte, vor dem Gerichtsgebäude anhielt und er die Menge erblickte, die dort auf ihn wartete, riss der Panzer, den er mit so viel Mühe um sich herum errichtet hatte. Die Kameras – einst Ausdruck der großen Bewunderung, die ihm zuteil geworden war – verspotteten mit ihrem Blitzlichtgewitter nun den Champion, der er einst gewesen war.

Beschämt und verängstigt stieg er aus dem Wagen, flankiert von zwei Beamten, die sich mit ihm in der Mitte einen Weg durch die dicht gedrängt stehenden Fotografen bahnten, die mit allen Mitteln versuchten, ein ausdrucksstarkes Bild von ihm zu schießen. Spätestens im Gerichtssaal konnte er sich nicht mehr verstecken. Seine Körpersprache sagte alles: Dieser Mann war völlig verzweifelt. Anwesende Familienmitglieder grüßte er mit einem düsteren Kopfnicken. Mit gesenktem Kopf schlurfte er in den Saal und wirkte dabei nur noch wie ein Schatten des Helden, als den ihn die Welt einst betrachtet hatte. Ein ganzes Jahrzehnt lang hatte er die Menschen begeistert, jetzt empfanden sie bei seinem Anblick nur noch Mitleid oder Verachtung. Die böse Frage, die vielen durch den Kopf ging, war, ob ihn das, was er Reeva Steenkamp angetan hatte, mehr schmerzte als das Leid, das er sich mit seiner Tat selbst zugefügt hatte.

Der für die Anhörung zur Kautionsfrage zuständige Staatsanwalt, Gerrie Nel, war sich seiner Antwort auf diese Frage völlig sicher, und er hatte keine Scheu, Pistorius damit zu konfrontieren. Nels Aufgabe bestand nicht darin, seinen Schmerz nachzuvollziehen, sondern ihn zu verstärken, und so zeichnete er vor Richter Nair das Porträt eines herzlosen, von sich selbst eingenommenen, ruhmsüchtigen Menschen, dem es zuzutrauen ist, einen vorsätzlichen Mord zu begehen.

In früheren, unschuldigeren Zeiten war Pistorius' ärgster Rivale ein junger, beidseitig amputierter Brasilianer gewesen, der versucht hatte, ihm den Rang als schnellster paralympischer Sprinter abzulaufen. Jetzt hieß sein Gegner Nel, und bei der Auseinandersetzung mit ihm ging es nicht um den Sieg über 200 m, sondern um die Frage, ob er die nächsten 25 Jahre hinter Gittern verbringen müsste oder nicht. Nel, der auch im Mordprozess als Staatsanwalt fungierte, hätte als Strafverteidiger in einer Kanzlei das Fünffache seines tatsächlichen Gehalts verdienen können. Einige seiner Kollegen meinten, ihm fehle das Selbstbewusstsein, um freiberuflich zu arbeiten, ohne den Staat im Rücken. Andere hielten ihn für einen Idealisten, dem die südafrikanische Rechtsordnung am Herzen lag. Auf jeden Fall war Nel zäh und couragiert. Als Staatsanwalt waren ihm Drohungen von einflussreichen Politikern oder skrupellosen Kriminellen, die enge Kontakte zu Auftragskillern pflegten, nichts Neues.

In seine schwarze Robe gekleidet, erklärte er Richter Desmond Nair, die Staatsanwaltschaft sei überzeugt, dass der Angeklagte in dem Moment, als er schoss, genau gewusste habe, auf wen er zielte. Es sei unstrittig, erklärte er, dass das Opfer durch »mehrere Schusswunden« zu Tode gekommen sei, dass der Angeklagte vier Schüsse auf die Badezimmertür abgefeuert habe, von denen drei das Opfer trafen, und zwar in die Hüfte, den rechten Arm und den Kopf. Uneins seien sich Staatsanwaltschaft und Verteidigung lediglich über die Motive des Täters. Die Staatsanwaltschaft gehe davon aus, dass er vorsätzlich gehandelt habe, wobei Vorsatz nicht zwangsläufig bedeute, dass Pistorius den Mord an Reeva Steenkamp bis ins Detail geplant habe. Die Staatsanwaltschaft müsse lediglich beweisen, dass er entschlossen gewesen sei, ihr Leben zu beenden, bevor er abdrückte.

Sollte Nel mit dieser Darstellung unter anderem auch daran gelegen gewesen sein, eine Reaktion des Manns auf der Anklagebank hervorzurufen, konnte er definitiv einen Teilerfolg verbuchen. Pistorius, dem es ohnehin schwer fiel, sich vor Gericht zusammenzureißen, zuckte zusammen, als er zum ersten Mal von offizieller Seite hörte, dass man ihn des vorsätzlichen Mordes an Reeva anklagte, vergrub sein Gesicht in den Händen und man sah, wie seine Schultern bebten.

Nel verwandelte daraufhin die Vorlage, die Pistorius ihm durch diese Reaktion bot, zu einem Treffer: »Es ist durchaus möglich«, sagte er mit einem schiefen Blick ins Publikum, »dass sich bei jemandem, der einen anderen Menschen erschossen hat, Selbstmitleid breitmacht.« Aimée schlug daraufhin die Hand vor den Mund und schüttelte den Kopf, entsetzt über Nels Unverfrorenheit. Doch der Staatsanwalt war immer noch nicht fertig. Es sei möglich, fuhr er fort, dass sich der Angeklagte bemitleide, weil er denke: »Ich muss jetzt ins Gefängnis, das ist das Aus für meine Karriere.«

Nels Herzlosigkeit hatte durchaus Methode. Er wollte verhindern, dass die Öffentlichkeit und vor allem der Richter Sympathien für den Angeklagten entwickelten. Er wollte, dass sie ihn verachteten.

Während sich Pistorius auf die Anhörung vorbereitet hatte, war ihm klar gewesen, dass es den Leuten schwerfallen würde, seiner Schilderung der Tat Glauben zu schenken. Ihm war bewusst, dass sie dachten, an seiner Stelle würden sie lügen. Auch seinen Anwälten war klar, wie schwer es werden würde, die Öffentlichkeit und erst recht einen Richter davon zu überzeugen, dass er die Wahrheit sagte. Es war unbedingt erforderlich, seine Darstellung plausibel zu machen oder – wie andere es ausdrückten – sich eine gute Geschichte auszudenken. Ton und Inhalt der eidesstattlichen Erklärungen, die dem Richter vorgelegt wurden, mussten sorgfältig abgewogen werden. Ein britischer Medienberater warnte Pistorius' Anwälte davor, zu dick aufzutragen. Man folgte seiner Empfehlung, anders als ursprünglich geplant, in der

Erklärung nicht zu erwähnen, dass Pistorius Reeva nicht nur sehr geliebt habe, sondern sie sogar hatte heiraten wollen. Das sei aber doch absolut wahr, insistierte er, doch man wog die Stimmung in der Öffentlichkeit und damit auch die mögliche Einstellung des Richters sorgfältig ab und kam zu dem Schluss, dass es im Gerichtssaal, in dem es von Journalisten und Schaulustigen nur so wimmelte, zu einem Aufschrei kommen könnte, wenn diese Hochzeitspläne erwähnt würden. An der eigentlichen Sachlage, aufgrund derer der Richter in der Kautionsfrage entschied, änderte dieser Umstand überdies nicht das Geringste.

Alle Anwesenden vernahmen Pistorius' Schluchzen, als Oldwadge begann, die eidesstattliche Erklärung zu verlesen.

»Am 13. Februar 2013 waren wir um etwa 22 Uhr in unserem Schlafzimmer. Sie machte ihre Yogaübungen und ich lag im Bett und schaute fern. Meine Prothesen trug ich nicht. Nachdem Reeva ihre Übungen beendet hatte, kam sie ins Bett, und wir schliefen beide ein. Wir waren sehr verliebt, und ich hätte nicht glücklicher sein können.

Ich habe extreme Angst vor Einbrechern, die auch vor Gewalttaten nicht zurückschrecken, wenn sie in fremde Häuser eingedrungen sind. Ich habe bereits Todesdrohungen erhalten. Auch bin ich selbst schon Opfer von Gewaltverbrechen und Einbrüchen geworden. Daher liegt nachts, wenn ich schlafen gehe, immer meine Waffe, eine 9-mm-Parabellum-Pistole, unter meinem Bett.«

Pistorius gab an, in den frühen Morgenstunden des 14. Februar aufgewacht zu sein und sich daran erinnert zu haben, dass er einen Ventilator auf seinem Schlafzimmerbalkon stehengelassen hatte. Er ging auf seinen Stümpfen hinaus, um ihn zu hereinzuholen. Als er die Schiebetüren hinter sich schloss, hörte er »Bewegung« aus dem Bad, das über einen schmalen Flur vom Schlafzimmer aus zu erreichen war.

»Angst überkam mich. Das Badezimmerfenster ist nicht vergittert, und ich wusste, dass Handwerker, die am Haus zu tun hatten, ihre Leitern draußen stehengelassen hatten. Obschon ich keine Prothesen trug, konnte ich mich auf meinen Stümpfen fortbewegen. Ich glaubte, dass jemand in mein Haus eingedrungen war. Ich war zu verängstigt, um das Licht anzumachen. Ich holte meine 9-mm-Pistole unter dem Bett hervor. Auf dem Weg ins Bad schrie ich, dass er/sie mein Haus verlassen solle/sollen, Reeva rief ich zu, dass sie die Polizei verständigen solle.

Ich schoss auf die Toilettentür und rief Reeva zu, sie solle die Polizei rufen. Sie antwortete nicht. Ich verließ, mich rückwärts bewegend, das Badezimmer, immer mit einem Auge auf der Badezimmertür. Es war stockfinster im Schlafzimmer, und ich ging davon aus, dass Reeva im Bett lag. Als ich dort war, merkte ich, dass sie gar nicht im Bett lag. In dem Moment dämmerte mir, dass Reeva die Person in der Toilette gewesen sein könnte.«

Wäre er einer der Zuschauer gewesen und hätte seine eigene Lage aus der Distanz heraus beurteilen können, hätte er diese Darstellung wohl selbst nur schwer glauben können. Ganz abgesehen davon, dass er gar nicht bemerkt haben wollte, dass seine Freundin nicht im Bett lag, als er mit der Waffe in der Hand ins Badezimmer lief, blieb die Frage offen, wie er auf den Gedanken kam, dass sich ein vermeintlicher Einbrecher ausgerechnet in der Toilette verstecken würde. Was hätte ein Einbrecher wohl gerade dort zu finden gehofft? Es war mehr als lächerlich, zu erwarten, dass die Leute ihn tatsächlich für so einfältig hielten. Es dauerte daher auch nicht lange, bis man sich über seine Argumentation lustig machte. Bilder von Badezimmertüren mit der Aufschrift »Bin auf der Toilette – bitte nicht schießen« verbreiteten sich wie ein Lauffeuer in den sozialen Netzwerken. Es waren Witze, über die er wahrscheinlich selbst gelacht und die er über seinen Twitter-Account verbreitet hätte, wäre ein anderer Star betroffen gewesen.

Pistorius' Anwälte waren alles andere als begeistert davon, die Hauptpunkte ihrer Verteidigungsstrategie bereits im Rahmen der Anhörung zur Kautionsfrage darlegen zu müssen. So verzweifelt wie Pistorius war angesichts der Aussicht, mehrere Monate – oder, wie sich später herausstellte, ein ganzes Jahr – hinter Gittern verbringen zu müssen, bevor es zur eigentlichen Hauptverhandlung kam, zwang ihn diese Aussicht geradezu dazu, dem Gericht eine detaillierte Darstellung der Abläufe in der Tatnacht aus seiner Sicht vorzulegen. Das bedeutete auch, dass er bereits jetzt eingestehen musste, dass er die tödlichen Schüsse auf Reeva abgefeuert hatte. Seinen Verteidigern blieb dadurch nichts anderes übrig als zuzugeben, dass er vorsätzlich auf jemanden geschossen hatte, während sie zugleich beweisen mussten, dass er nicht vorgehabt hatte, seine Freundin zu erschießen. Auf diese Version der Geschichte, die nur sehr wenig Interpretationsspielraum bot, musste er sich daher lange vor der eigentlichen Hauptverhandlung festlegen, was der Staatsanwaltschaft ausreichend Zeit ließ, sie zu zerpflücken. Der erfahrene Strafverteidiger Barry Roux, der die Verteidigung nicht nur während der Anhörung, sondern auch im Verlauf des späteren Mordprozesses leitete, beklagte die Notwendigkeit, seine Karten so früh auf den Tisch legen zu müssen, erkannte allerdings auch, dass ihm gar keine andere Wahl blieb.

Was Pistorius nicht wusste, war, dass etliche südafrikanische Juristen, die nicht in den Fall involviert waren, jedoch ebenso sehr in seinen Bann gezogen wurden wie der Rest der Öffentlichkeit, ihm kaum Chancen einräumten, ohne Freiheitsstrafe davonzukommen – selbst wenn er vorerst auf Kaution freikam. Wer in Südafrika des vorsätzlichen Mordes angeklagt wird, muss nicht zwangsläufig für dieses Vergehen verurteilt werden; das Urteil kann auch über ein geringeres Vergehen erfolgen. Es liegt im Ermessen des Richters, die Tat einer anderen Kategorie von Tötungsdelikten zuzuordnen, was aber durchaus auch zu einer Freiheitsstrafe führen würde. Bestenfalls, so glaubten viele Juristen, würde Pistorius der fahrlässigen Tötung für schuldig befunden werden, und in diesem Fall gab es für die Strafmaßfestsetzung einen großen Ermessensspielraum. Wenn er Glück hatte, kam er auf Bewährung frei, andernfalls konnte er zu einer Freiheitsstrafe von bis zu 15 Jahren verurteilt werden.

Solche Gedanken musste sich Pistorius im Verlauf der Anhörung allerdings gar nicht machen. An einem Punkt nahm die Verhandlung für die Verteidigung sogar eine unerwartet positive Wendung. Zu verdanken war dies Hilton Botha. Botha war der leitende Ermittler gewesen, der für die Untersuchung in Pistorius' Villa kurz nach den tödlichen Schüssen verantwortlich war. Ein hartgesottener, abgehärteter Beamter, der keinerlei Mitleid empfunden hatte, als Pistorius unter der Last seiner grauenvollen Tat neben Reevas Leiche zusammengebrochen war. Eigentlich hätte er mit seiner Aussage die Argumentation der Staatsanwaltschaft stützen sollen, doch letzten Endes schadete er der Anklage mehr als er ihr nützte.

Ähnlich wie im Fall O.J. Simpson, an den sich die anwesenden amerikanischen Journalisten unmittelbar erinnert fühlten, stellte sich heraus, dass Botha bei der Tatortbesichtigung grobe Schnitzer unterlaufen waren. So war er beispielsweise überall herumgetrampelt, ohne Rücksicht auf eine sorgfältige Spurensicherung zu nehmen. Zudem erwies sich Botha im Verlauf der Befragung durch Barry Roux als reichlich unzuverlässiger Zeuge und letztlich wenig kompetenter Ermittler.

Zunächst hatte Botha erklärt, die Schüsse durch die Toilettentür wären von schräg oben abgefeuert worden, was bedeutet hätte, das Pistorius während der Tat seine Prothesen getragen haben müsste und nicht, wie er angab, auf seinen Stümpfen gelaufen war. Als Roux Botha jedoch vorhielt, dass es für diese Behauptung gar keine Beweise gäbe, ruderte der Ermittler zurück und gab zu, dass dies stimme.

Botha erwähnte auch eine Zeugin, die vor den tödlichen Schüssen, zwischen zwei und drei Uhr morgens, einen Streit zwischen zwei Personen in Pistorius' Haus gehört haben wollte. Im Kreuzverhör musste er gegenüber Roux dann allerdings einräumen, dass er nicht genau wisse, ob die Zeugin zu diesem Zeitpunkt 300 oder 600 Meter vom Tatort entfernt gewesen war und dass die Zeugin gar nicht sagen konnte, ob die Stimmen, die sie gehört hatte, von Pistorius und Steenkamp stammten. Eine weitere Behauptung seitens Botha, nämlich dass er am Morgen nach der Tat Steroide in Pistorius' Haus entdeckt habe, entschärfte Roux, indem er das Gericht ohne große Mühe davon überzeugte, dass Botha auch diese Aussage nicht mit Beweisen untermauern könne, sondern es sich bei dem, was der Ermittler als Dopingmittel identifiziert habe, in Wahrheit um ein harmloses pflanzliches Heilmittel gehandelt habe.

Roux's Strategie bestand vornehmlich darin, die Argumentation der Staatsanwaltschaft auseinanderzunehmen. Allerdings rief er auch eine eigene Zeugin auf, eine Frau, die Reeva gut gekannt hatte und die die Beweisführung der Verteidigung mit der Aussage, dass ihre Freundin den Angeklagten »sehr geliebt« habe, stützte.

Nel konterte, indem er argumentierte, dass – fragwürdiger Zeuge hin oder her – völlig unstrittig sei, dass Pistorius jemanden erschossen habe, dass es ziemlich unerklärlich sei, warum er sich nicht davon überzeugt habe, dass Reeva wirklich im Bett lag, bevor er zu seiner Waffe griff, warum er beim ersten Anzeichen einer Gefahr nicht nach ihr gerufen habe und warum sie nicht nach dem ersten Schuss sofort laut aufgeschrien habe, was ihm unmissverständlich klar gemacht haben müsste, dass sie die Person im Bad war. Zuletzt erhielt seine Argumentation einen reichlich populistischen Einschlag, als er erklärte, dass es ein Schlag ins Gesicht aller je zu Opfern von Gewaltverbrechen gewordenen Südafrikanerinnen sei, wenn Pistorius auf Kaution freikäme. Er riet dem Richter, keine reinen »Lippenbekenntnisse« abzulegen, wenn es darum ging, die Gewalt gegen Frauen in Südafrika zu bekämpfen, sondern vielmehr harte Maßnahmen dagegen zu ergreifen.

Der Richter maß diesem Appell nur wenig Gewicht bei. Für sein Urteil beschränkte er sich auf die Analyse der konkreten Beweise und belastbaren Aussagen, die ihm vorlagen. Während der zweistündigen Verlesung des Richterspruchs erörterte er im Detail die Argumente für und gegen eine Freilassung auf Kaution, wobei er keinerlei Hinweise darauf gab, wie sein Urteil letztendlich ausfallen würde. Dieses Geheimnis lüftete er erst am Ende seiner Darlegungen. Die Luft im Gerichtssaal war zum Reißen gespannt. Pistorius hätte ein Leben im Gefängnis, Seite an Seite mit Mördern, nicht ertragen können. Selbst wenn seine Mithäftlinge ihn in Ruhe ließen, musste er sich fragen, wie er mit der Erinnerung an das, was er getan hatte, weiterleben könnte, ohne eine Tante, Schwester, Cousine oder Großmutter an der Seite zu haben, die ihn tröstete.

Während Nair seinen Richterspruch verlas, nährte er in einem Augenblick Pistorius' Hoffnungen, im nächsten zerstörte er sie wieder. Er gestand die Ermittlungsfehler der Polizei ein, betonte aber auch die »evidenten Ungereimtheiten« in der Schilderung des Tatablaufs durch den Angeklagten. Er habe – so drückte er sich aus – eine ganze Reihe von Problemen mit dieser Version der Geschichte. Allerdings war auch die Beweisführung der Staatsanwaltschaft nicht niet- und nagelfest, wobei man aber auch nicht verlangen könne, dass die Anklage zu diesem frühen Zeitpunkt schon alle Puzzleteilchen zusammengesetzt habe. Die Fluchtgefahr schätzte Nair bei Pistorius aufgrund seiner Behinderung und seines auch international hohen Bekanntheitsgrades als vergleichsweise gering ein. Ebenso wenig fürchtete er durch ihn eine »Bedrohung der öffentlichen Sicherheit«.

Daher gab er am 22. Februar 2013, acht Tage nach der Tat, dem gestellten Kautionsantrag gegen eine Zahlung von 1000000 Rand (zum damaligen Zeitpunkt umgerechnet ca. 85000 Euro) statt. Außerdem musste Pistorius dem Gericht seinen Pass aushändigen sowie sämtliche Waffen, die sich in seinem Besitz befanden (abgesehen von der Tatwaffe, die bereits von der Polizei sichergestellt worden war). Danach stand es ihm frei, nach Hause zu gehen bzw. zu seinem Onkel Arnold, wo er nach der Anhörung unterkam.

Pistorius weinte vor Erleichterung, doch draußen auf den Straßen Südafrikas waren viele empört über die Entscheidung des Richters. Das Ganze roch für sie stark nach Vorzugsbehandlung – Rechtsprechung spezial für Reiche. Es schien gleichzeitig eine Beleidigung der vielen Tausend Menschen – 46000 lautete die offizielle Zahl für ganz Südafrika – zu sein, die zu jener Zeit in dreckigen Gefängniszellen auf ihre Verhandlung warteten und denen zum Teil weitaus geringere Verbrechen zur Last gelegt wurden, oder gegen die die Beweislast weitaus weniger erdrückend war. Ein von einer Zeitung exemplarisch herangezogener Fall war der eines 50-jährigen, schwarzen Querschnittsgelähmten namens Ronnie Fakude, bei dem es nicht um Mord, sondern um Betrug ging und der zwei Jahre lang hinter Gittern auf den Beginn seines Prozesses hatte warten müssen.

Für südafrikanische Kolumnisten war der Ausgang der Anhörung ein gefundenes Fressen. Gerechtigkeit und Gleichheit vor dem Gesetz waren das Erbe, das Nelson Mandela seiner Nation hinterlassen hatte. Die Vorzugsbehandlung, die einem reichen Weißen durch einen Richter zuteil geworden war, stellte diese Ideale in Frage. Was ein Richter schon einmal über Gerechtigkeit in Großbritannien gesagt hatte, galt auch für Südafrika: Gerechtigkeit stand hier allen Menschen offen wie die Türen des Ritz. Pistorius hatte sich dank seines Vermögens die allerbesten Anwälte leisten können, das und – wie viele fanden – die Hilfe eines leicht zu beeindruckenden Richters hatten ihm unverdienterweise die Freiheit beschert – vorläufig zumindest.

Pistorius stand nicht der Sinn danach, über derlei Fragen nachzugrübeln. Für ihn und seine Familie war Barry Roux der Held der Stunde. So unbeirrbar und akribisch, wie er an den Fall herangegangen war, den viele seiner Kollegen für aussichtslos hielten, war er seinem Ruf, einer der besten südafrikanischen Strafverteidiger zu sein, gerecht geworden. Dennoch war die Sache für ihn noch nicht abgeschlossen. Er legte Berufung gegen die Auflagen ein, und so überraschend es auch war, er kam damit durch. In einem zweiten Urteil wurden das Ausreiseverbot und das von Richter Nair auferlegte Alkoholverbot als »unangemessen und unfair« zurückgewiesen.

Einen weiteren Teilsieg errang die Verteidigung, als Hilton Botha von dem Fall abgezogen wurde, nachdem ans Licht gekommen war, dass er im Zusammenhang mit einem Fall aus dem Jahr 2011 mit zwei weiteren Beamten des versuchten Mordes angeklagt worden war; ihm und seinen Kollegen wurde vorgeworfen, auf eine Gruppe Verdächtiger in einem Kleinbus geschossen zu haben. Die Anklage geriet mit ihrer Beweisführung damit vorläufig stark ins Schleudern.

Die erste Runde vor Gericht ging damit an Pistorius. Statt der grünen Häftlingskluft dufte er vorläufig seine eigenen Sachen tragen, durfte essen, was er wollte, und in seinem eigenen Zimmer im Haus seines Onkels schlafen. In sein eigenes Haus zurückzukehren, hätte er nicht ertragen. Seine Familie spendete ihm Trost, wenn die Erinnerungen an Reeva seine Schuldgefühle unerträglich machten. Trost fand er auch bei dem Gedanken an eine andere Frau, die seinen Charakter geprägt und weitaus tiefere Spuren in seinem Leben hinterlassen hatte als Reeva oder irgendeine andere Frau, die er je geliebt hatte: seine Mutter. Auf der Innenseite seines rechten Bizeps hatte sich Pistorius Sheilas Lebensdaten tätowieren lassen.

4

Wenn man der unbestrittene Liebling der Mutter gewesen ist, so behält man fürs Leben jene Zuversicht des Erfolges, welche nicht selten wirklich Erfolg nach sich zieht.

SIGMUND FREUD

Für Sheila Pistorius stand von Anfang an fest, dass sie ihren Sohn nicht auf eine Sonderschule für behinderte Kinder schicken würde. Oscar besuchte zunächst eine ganz normale Grundschule, und als die Zeit kam, sich für eine weiterführende Schule zu entscheiden, schlug Sheila die Pretoria Boys High School vor, an der nur die besten und stärksten Schüler eines Jahrgangs aufgenommen wurden.

Die Absolventen der Pretoria Boys High waren durchweg Gewinnertypen, absolute Überflieger. Viele Ehemalige machten später Karriere als Sportler, Politiker, Wirtschaftsbosse oder Juristen. Die in ganz Südafrika hoch angesehene Institution war im Jahr 1901 gegründet worden. Sie orientierte sich am Vorbild der strengen und ehrwürdigen britischen Privatschulen, der sogenannten Public Schools. In den Jahren des Apartheidregimes durften die Pretoria Boys High ausschließlich weiße Schüler besuchen. Doch schon um die Zeit von Nelson Mandelas Haftentlassung nahm man dort erste schwarze Schüler auf, weshalb die Schule rasch als aufgeklärte Institution galt. Dieser Ruf hatte sich im Mai 1994 zur Amtseinführung Nelson Mandelas als südafrikanischer Staatspräsident so sehr gefestigt, dass die Schüler der Pretoria Boys High offiziell eingeladen wurden, an diesem wichtigen Ereignis, zu dem bedeutende Gäste aus der ganzen Welt erwartet wurden, teilzunehmen.

Im Jahr 2000, ein Jahr bevor der damals 13-jährige Oscar Pistorius auf die High School ging, hatten er und Sheila ein Gespräch mit Bill Schroder, dem Rektor der Pretoria Boys High. Schroder war ein Hüne von einem Mann, streng, aber gerecht und warmherzig. Er sorgte sich wie ein Vater um seine Schüler, wobei an seiner Highschool die andernorts längst als unzeitgemäß abgeschaffte Prügelstrafe noch immer als Ultimo Ratio betrachtet wurde. Das Schulmotto *Virtute et Labore*, mit Tugend und Mühe, nahm er sehr ernst und beherzigte diese Werte.

Im Verlauf des Gesprächs, das in Schroders Arbeitszimmer stattfand, fühlte sich dieser zunehmend unwohl in seiner Haut – ein ungewohntes Gefühl für den gestandenen Mann. Die damals 42-jährige Sheila Pistorius war eine attraktive Frau mit einem freundlichen Lächeln und einem temperamentvollen Wesen. Schroder, der eher gewohnt war, andere zu beeindrucken, als selbst beeindruckt zu werden, erinnerte sich noch Jahre später lebhaft an das Gespräch mit ihr. Viele Eltern, die er während seiner Berufsjahre kennengelernt hatte, hat er längst vergessen, diese Dame aber, so sagte er, »war die beeindruckendste Frau, die mir je begegnet ist – ziemlich außergewöhnlich, sie hatte etwas ganz Besonderes an sich.«

Ein solch imposantes Gebäude wie die Schule mit ihrem riesigen Grundstück hatte Pistorius noch nie gesehen, der gesamte Komplex war sehr beeindruckend. Ein düsterer Steintorbogen markierte den Eingang. Das Hauptgebäude sah aus wie ein viktorianischer Palast aus rotem Backstein. Die Wände zierten lateinische Inschriften. Mit auf Holztafeln geschriebenen Namen wurde der Ehemaligen gedacht, die in den beiden Weltkriegen ihr Leben gelassen hatten. Um das Gebäude herum verteilten sich auf einer Fläche von etwa 40 Hektar mehrere

Rugby- und Cricketfelder, auf denen eine ganze Reihe der berühmtesten Sportler Südafrikas trainiert hatten. Aus der Sicht eines Kindes war allein das schon ein respekteinflößender Anblick. Der Autorität ausstrahlende Mann, der ihm schräg gegenüber hinter seinem Schreibtisch saß, verstärkte diesen Eindruck noch. Äußerlich merkte man Pistorius davon jedoch nichts an. Der Junge schien in sich zu ruhen, während er schweigend zuhörte, wie Schroder und seine Mutter sich Gedanken über seine Zukunft machten, über seine Stärken und Schwächen sprachen und über die Sportarten, die er ausüben konnte.

Nicht zuletzt das Thema Sport war es, was Schroder sich zunehmend unwohler fühlen ließ. Die Frage, die ihm durch den Kopf ging, seit Mutter und Sohn sein Arbeitszimmer betreten hatten, konnte nicht länger unausgesprochen bleiben. An der Pretoria Boys High hatte man noch nie einen behinderten Schüler ohne Beine gehabt – zumindest nicht, seit er dort Rektor war. Noch heikler wurde das Ganze dadurch, dass sich Pistorius zunächst nur als Tagesschüler einschrieb, jedoch später als Vollzeitschüler das Internat besuchen wollte (an der Pretoria Boys High bot man beide Möglichkeiten an). Die Schule – und damit in letzter Instanz Schroder als Rektor – übernahm eine große Verantwortung, wenn sie diesen Schüler aufnahm. Schließlich schaffte es Schroder doch noch, seine Bedenken behutsam anzusprechen: »Ja, aber … wird er zurechtkommen?«

Sheila Pistorius sah ihn verblüfft an. Sie tauschte einen Blick mit ihrem Sohn, der nur die Achseln zuckte. »Ich fürchte, ich kann Ihnen nicht folgen«, antwortete sie. »Was meinen Sie?« Schroder murmelte etwas von der besonderen Situation des Jungen, seinen, ähm … Beinprothesen. »Ah«, sagte Sheila Pistorius lächelnd, »ich verstehe. Aber machen Sie sich darum bitte keine Gedanken. Das ist überhaupt kein Problem. Er ist völlig normal!« Sie erklärte, dass sie sich des Rufs der Pretoria Boys High als stark auf den Sport ausgerichteter Schule durchaus bewusst sei, und dass gerade das einer der Gründe sei, warum ihr Sohn dort hingehen wolle. Anschließend zählte sie einige der Sportarten auf, die Pistorius seit seiner frühesten Kindheit ausgeübt hatte: Cricket, Rugby, Fußball, Mountainbikefahren und Ringen, worin er so gut war, dass er sogar mehrere Wettkampfmedaillen gewonnen hatte. Auch im Hinblick auf seine Alltagsmobilität, wenn er nachts zur Toilette müsse oder Ähnliches, gebe es nichts zu befürchten. Seine Prothesen zöge er vor dem Zubettgehen aus, erklärte Sheila, doch kurze Wege könne er auch auf seinen Stümpfen zurücklegen. Der Junge bekräftigte ihre Ausführungen mit einem eifrigen Nicken. Schroder sah erst ihn an, dann seine Mutter. Hätte er nur einen Hauch von Unbehagen in ihrer Stimme oder irgendwelche Anzeichen von Zweifel in seiner Mimik entdeckt, hätte er womöglich gezögert, den Jungen an der Schule aufzunehmen. Doch derlei Anzeichen gab es nicht im Geringsten. Erleichtert und zufrieden verabschiedete er sich von Mutter und Sohn. Der Junge würde sich gut einfügen. Er freue sich schon darauf, sagte er Sheila, ihren Sohn zu Beginn des nächsten Schuljahrs, im Januar 2001, als Schüler willkommen zu heißen.

Für Pistorius hätte es noch eine Alternative zur Pretoria Boys High gegeben, eine zweite renommierte Highschool in Pretoria, die Afrikaanse Hoër Seunskool. Der Konkurrenzkampf zwischen den beiden Lehranstalten war groß, insbesondere beim Rugby. Pistorius' Vater Henke war auf die Afrikaanse Hoër Seunskool gegangen. Oscar, der auch Afrikaans sprach, entschied sich jedoch für die Schule, in der die Unterrichtssprache Englisch war, was überdies auch die Sprache war, in der er sich mit seiner Mutter unterhielt.

Seine Eltern hatten sich scheiden lassen, als Pistorius sechs war. Henke war ins rund 1000 Kilometer entfernte Port Elizabeth gezogen – was, wie der Zufall es wollte, genau die Stadt an der südafrikanischen Südostküste war, in der Reeva Steenkamp aufwuchs. Der Familie zufolge hielt Henke sich nicht standhaft an den Schwur, den er am Tag der Geburt seines Sohnes so enthusiastisch abgelegt hatte. Er machte sich nicht gänzlich aus dem Staub, zumindest anfangs nicht. Er sah seine drei Kinder alle zwei Wochen, und sie genossen die Zeit mit ihm. Aber bezüglich der finanziellen Unterstützung haperte es. Bis zur Scheidung war Henke der Einzige in der Familie gewesen, der Geld verdiente, und danach kam er seinen finanziellen Verpflichtungen nicht immer nach. Meist war er einfach nicht in der Lage dazu. Sein

Haupteinkommen erzielte Henke mit dem Handel von Kalkdünger, aber er war einfach kein Geschäftsmann, dazu fehlte ihm das entsprechende Talent. Manchmal liefen seine Geschäfte gut, dann wieder überhaupt nicht. Er gründete Unternehmen so schnell wie er sie wieder abwickelte, sodass der Rest der Familie nur die Köpfe schüttelte, insbesondere Henkes Brüder, die allesamt erfolgreiche Unternehmer waren.

Sheila und die Kinder mussten in ein kleineres Haus umziehen, und die Mutter war zum ersten Mal im Leben gezwungen, sich eine Arbeit zu suchen. Sie fand eine Stelle als Schulsekretärin, wodurch das bis dahin sehr geregelte Familienleben bei den Pistorius ziemlich durcheinandergewirbelt wurde. Vor allem hatte Sheila nicht mehr so viel Zeit, sich um das Kind zu kümmern, das ihre Zuwendung am meisten brauchte. Auch bei der medizinischen Versorgung ihres Sohnes musste sie fortan Abstriche machen. Einen privaten Orthopädietechniker konnte sie sich einfach nicht mehr leisten, und so ließ sie stattdessen die Prothesen für ihren schnell wachsenden Sohn nun in einem öffentlichen Krankenhaus anpassen. Die Pistorius waren einst eine wohlhabende weiße Familie gewesen in einem Land, in dem sich Weiße in der Regel keine Sorgen um ihr materielles Auskommen machen mussten. Nachdem ihr Mann sie verlassen hatte, musste Sheila Pistorius jedoch jeden Pfennig zweimal umdrehen.

Ihr Glück – und zwanzig Jahre später auch das ihres Sohnes – war, dass der Rest des Pistorius-Clans ziemlich vermögend war und dass dieser eher entfernt verwandte Teil der Familie – anders als das schwarze Schaf Henke – durchaus bereit war, sie zu unterstützen. Und so finanzierte nicht etwa Henke das Haus, in das Sheila mit den Kindern umzog, sondern sein wohlhabender Bruder Arnold. Auch die Großmutter väterlicherseits unterstützte die Familie finanziell. Sie hatten zu kämpfen, aber sie mussten nicht hungern. Sheila hatte so wenig Vertrauen in ihren Ex-Mann, dass sie Arnold und dessen Frau – mit fast schon erschreckendem Weitblick – eines Tages bat, für ihre Kinder zu sorgen, falls ihr irgendwann einmal etwas zustoßen sollte. Dazu waren die beiden gerne bereit. Als Pistorius schließlich auf die

Pretoria Boys High wechselte, war es ebenfalls Arnold und nicht Henke, der für das Schulgeld aufkam.

Sheila dankte ihrem Schwager für seine Unterstützung, aber vor allem dankte sie Gott. Sie war eine gläubige und engagierte Christin, sie sang im Kirchenchor, reiste zu den Heiligen Stätten nach Jerusalem und erzog ihre Kinder im christlichen Glauben. Das Leben konnte zuweilen hart und grausam sein, wie Jesus am eigenen Leib erfahren hatte, aber der liebe Gott war gütig, er hatte einen Plan. »Nichts passiert ohne Grund«, erklärte Sheila ihrem Sohn. Hinter dem scheinbar willkürlichen Leid, das man erdulden müsse, stecke eine göttliche Vorsehung, eine tiefere Wahrheit. Der liebe Gott war Sheilas Fels in der Brandung, und sie war ein Fels für ihren Sohn. Er nahm an, was sie ihn lehrte, besuchte regelmäßig den Gottesdienst und betete täglich – nicht nur als Kind, auch später als Erwachsener. Sheila war das Zentrum seines kindlichen Universums, die Frau, die dafür gesorgt hat, dass in ihm die Überzeugung reifte, dass er vielleicht anders war als andere, aber trotzdem tun könne, was immer er wolle, wenn er sich voll und ganz mit Körper und Seele dafür einsetze. Auf sie, nicht auf seinen Vater führte er später seinen leidenschaftlichen Ehrgeiz zurück.

Mit den Jahren sah Pistorius seinen Vater immer seltener. Es war seine Mutter, die ihm beibrachte, sich nicht in Selbstmitleid zu ergehen, keine Schwäche zu zeigen, wenn andere ihn wegen seiner Prothesen hänselten, wie es in der Grundschule hin und wieder vorgekommen war. Und sie lehrte ihn, dass man neugierige Fragen von Fremden am besten mit Witzen im Keime erstickt. Er solle sagen, dass seine Füße von einem großen weißen Hai abgebissen worden seien, oder von den großen Vorzügen seiner Prothesen schwärmen. Zum Beispiel konnte er in sie bedenkenlos einen Nagel hineinschlagen, was er manchmal tatsächlich tat, um arglosen neuen Bekannten einen Schrecken einzujagen.

Sheila hielt Wort und machte im Umgang mit ihren Kindern tatsächlich keinen Unterschied zwischen dem behinderten Sohn und seinen beiden Geschwistern. Als er schon berühmt geworden war, ließ es sich Pistorius nicht nehmen, allen möglichen Journalisten bestimmt an die hundert Mal dieselbe Geschichte zu erzählen, nämlich wie seine Mutter ihm jeden Morgen, wenn er sich für die Schule fertigmachte, in demselben Tonfall auftrug, sich die Prothesen anzuziehen, in dem sie seinen Geschwistern sagte, sie sollen sich die Schuhe anziehen. Dass er gerade diese Anekdote für das beste Beispiel hielt, um seine Erziehung zu veranschaulichen, die ihn darin bestärkt hatte, sich über die körperlichen Einschränkungen hinwegzusetzen, verdeutlicht, wie wichtig seine Mutter für ihn war und wie beharrlich sie versuchte, ihn dafür zu entschädigen, dass sie ihn mit diesem unvollkommenen Körper in die Welt gesetzt hatte. Dennoch stieß Pistorius unweigerlich an Grenzen. Es waren Phasen, die sich gelegentlich über mehrere Monate hinziehen konnten. Die Blasen und Schürfwunden an seinen Stümpfen waren zum Teil so schmerzhaft, dass er nicht zur Schule gehen konnte. In dieser Zeit pflegte ihn seine Mutter, sie verarztete seine Wunden und tröstete ihn, strich mit der Hand über sein Haar, während sein Kopf auf ihrem Schoß lag.

Dadurch, dass sie sich weigerte, eine körperliche oder geistige Benachteiligung Oscars aufgrund seiner Behinderung hinzunehmen, trieb Sheila ihren Sohn zu außergewöhnlichen Leistungen an. Sie wäre im Traum nicht auf die Idee gekommen, dass er irgendwann einmal weltberühmt werden würde, was sie aber wusste, war, dass die komischen kleinen Holzbeine, die er als Kind trug, bei anderen Neugier und manchmal auch Spott hervorrufen würden. Um ihm nicht das leiseste Gefühl zu geben, sonderbar zu sein und sich schämen zu müssen, gab sie ihm einen entscheidenden Rat mit auf den Weg: Vergiss niemals, dass die anderen immer das in dir sehen, was du selbst in dir siehst. Pistorius hörte auf seine Mutter und nahm sich ihre Worte zu Herzen. Was sie nicht bedacht hatte, war, dass er dadurch, dass er die Wahrheit vor sich selbst und vor anderen herunterspielte, kurzfristig zwar an Selbstbewusstsein gewinnen mochte, auf lange Sicht jedoch Schwierigkeiten bekam, weil er nicht in der Lage war, sich seinem wahren Ich in seinem unvollständigen Körper zu stellen. Das war für seine emotionale Entwicklung eher problematisch. Manchmal musste sich Pistorius deswegen vielleicht stärker verstellen, als er tatsächlich wollte, musste lachen und sich nach außen hin stark geben, während er tatsächlich unglücklich war oder sich schwach fühlte. Äußerlich entwickelte er dadurch zwar ein hohes Maß an Selbstachtung, zahlte dafür aber mit einer gewissen inneren Zerrissenheit. Denn letzten Endes war es ihm unmöglich, der Mensch zu sein, der er sein wollte, weil er ihn nicht mit dem Menschen, der er war, in Einklang bringen konnte. Der Kampf darum, immer als normal betrachtet zu werden und als jemand, der sich mit seiner Behinderung abgefunden hat, verlangte von ihm ein gewisses Maß an Selbsttäuschung, was Ängste schürte und Stress erzeugte.

Ein Kind, das so sehr an seiner Mutter hängt wie Pistorius es tat, ist sich dieses inneren Zwiespalts allerdings kaum bewusst. Er machte sich zu eigen, was sie ihm beibrachte, und folgte mit tapferer Miene ihrem Vorbild, wenn sie auf Fragen, wie sie denn mit einem Kind ohne Beine zurechtkäme, entgegnete, dass das alles gar kein Problem sei.

Sheila Pistorius spielte ihre Rolle überzeugend. Erst als er erwachsen war, erkannte ihr Sohn, dass auch ihr eigenes Leben seine Schattenseiten hatte, die sie vor anderen zu verbergen suchte. Da waren zum Beispiel die Verzweiflung und der Kummer über ihre unglückliche Ehe, später dann ihr aufreibendes Leben als alleinerziehende Mutter mit drei Kindern, die gerade so über die Runden kam. Freunde und Bekannte sahen in ihr immer die resolute, gut gelaunte Frau; von ihrem Kummer und ihren Sorgen bekamen sie nur wenig mit. Alle hatten von ihr denselben Eindruck wie der Rektor der Pretoria Boys High. Auch andere Lehrer, die sie kennenlernten, staunten wie »lebhaft, teilnahmsvoll und einzigartig« sie war, wie »quirlig und aufgeräumt«. Ganz genauso beschrieb sie ihr Sohn, als die Presse begann, sich für seine Vergangenheit zu interessieren.

Vielleicht war er sogar noch als Erwachsener davon überzeugt, dass zu Hause alles wunderbar gewesen sei. Vielleicht war es ihm dermaßen zur Gewohnheit geworden, unangenehme Wahrheiten zu verleugnen, dass ihm gar nicht bewusst wurde, dass sich seine Mutter oft in den Schlaf trank. Manchmal war sie sogar so betrunken und schlief so fest, dass sie nachts nicht aufwachte, wenn ihre beiden Jüngsten sie riefen. Dann schlüpfte ihr Ältester Carl in die Rolle des Vaters und versuchte, den Zustand der Mutter vor seinen Geschwistern zu verbergen.

Pistorius blieb es so erspart, seine Mutter als Wrack eines von Pech und Fehlentscheidungen geprägten Lebens betrachten zu müssen, sondern er sah sie als Überlebenskünstlerin und moralisches Vorbild. Alles, was sie ihm beibrachte, lässt sich auf zwei Sätze reduzieren, die so zentral sind, dass er sie auch ganz zu Anfang auf der ersten Seite seiner Autobiografie *Blade Runner* zitiert – fünf Jahre bevor er Reeva Steenkamp erschoss, zu einer Zeit in seinem Leben, in der es für ihn das Wichtigste war, so schnell zu laufen, wie er nur konnte. Als ihr Sohn gerade fünf Monate alt war, schrieb Sheila eine Botschaft für ihn auf, die sie ihm vorlesen wollte, wenn er erwachsen war. Diese Botschaft lautete: »Der wahre Verlierer ist nicht derjenige, der als Letzter durchs Ziel geht. Der wahre Verlierer ist derjenige, der danebensitzt und sich dem Wettbewerb erst gar nicht stellt.«

Sein ganzes Leben lang blieb seine Mutter die Stimme seines Gewissens. Es ist unglaublich und erschreckend zugleich, wie treffend ihr Leitspruch war – und wie unsagbar traurig, dass es ihr nicht vergönnt war, mitzuerleben, wie ihr Sohn bei etlichen internationalen Wettbewerben antrat, losrannte und tatsächlich als Erster durchs Ziel lief.

Sheila hat in den letzten 15 Jahren ihres Lebens ihre ganze Energie darauf verwendet, das Leben ihres Sohnes nicht so qualvoll werden zu lassen, wie es vom Schicksal vorherbestimmt zu sein schien. Es stand allerdings nicht in ihrer Macht, ihn davor zu bewahren, als Jugendlicher ihren eigenen tragischen Tod verkraften zu müssen.

Acht Jahre nach ihrer Scheidung, acht Jahre in denen sie als Mutter alles gegeben und unermüdlich dafür gesorgt hatte, irgendwie über die Runden zu kommen, heiratete Sheila Bekker einen Piloten, den sie etwa ein Jahr zuvor kennengelernt hatte. Pistorius hatte diese Beziehung zunächst mit gemischten Gefühlen betrachtet. Aber mit der Zeit fasste er Vertrauen zu dem neuen Freund seiner Mutter. Er dachte, dass, wenn sie mit diesem Mann glücklich war, er das auch sein sollte.

Im November 2001 fand die Hochzeit statt. Schon im darauffolgenden Monat wurde Sheila krank. Die Ärzte entdeckten einen schweren Leberschaden, stellten jedoch die falsche Diagnose. Sie tippten auf Hepatitis und verschrieben Sheila entsprechende Medikamente, die sie jedoch nicht vertrug. Sheila kam ins Krankenhaus, wo sich ihr Zustand zusehends verschlechterte. Henke bewies daraufhin, dass er zwar seine Fehler hatte, aber beileibe kein Ungeheuer war, sondern – wie es vor allem einige Frauen in der Familie betonten – auch eine liebenswürdige und durchaus vernünftige Seite hatte. Seit der Trennung hatte er zu seiner Ex-Frau nur noch sporadisch Kontakt, wobei sein Umgang mit ihr immer herzlich war. Er hatte sie verlassen und damit tief gekränkt, aber um der Kinder willen hatte sie sich ihre Verbitterung darüber nie anmerken lassen. Jetzt, wo Sheila dringend Hilfe benötigte, wollte Henke sie nicht im Stich lassen. Er wandte sich an seinen alten Freund Gerry Versfeld und sprach mit ihm über die Möglichkeiten einer Lebertransplantation. Dr. Versfeld stellte daraufhin Kontakte zu einigen Spezialisten her. Doch es war bereits zu spät.

Sheilas Tod kam für alle völlig überraschend, weil sie niemandem erzählt hatte, wie schlimm es wirklich um sie stand – was absolut typisch für sie war. Es war der 2. März 2002, Pistorius hatte gerade Geschichtsunterricht; er war in seinem zweiten Jahr an der Pretoria Boys High. Auf einmal kam Bill Schroder ins Klassenzimmer und sagte ihm, dass sein Vater am Schultor auf ihn warte. Zusammen mit seinem Bruder Carl stieg er in Henkes Mercedes, und der Vater raste zum Krankenhaus. Als sie endlich neben Sheilas Bett standen, hatten sie noch zehn Minuten Zeit, sich von ihr zu verabschieden. Andere Familienmitglieder und Freunde waren bereits um Sheila versammelt. Was sie machten, glich jedoch mehr einer Totenwache als einem Abschied. Sheila starb im Koma liegend, mit zahlreichen Schläuchen im Körper, ohne noch einmal jemanden erkannt zu haben. Sie war erst 44 Jahre alt.

Pistorius war damals 15, und er fühlte sich, als hätte er einen Teil von sich selbst verloren. Vollkommen überwältigt von seiner Trauer und zum ersten und einzigen Mal in seinem Leben erschüttert in seinem Glauben an Gott, versuchte er kurzzeitig, sich mit Marihuana zu betäuben. Er war völlig orientierungslos und praktisch gesehen Vollwaise. Denn mehr als das kurzzeitige Aufflackern väterlicher Zuwendung in der akuten Notsituation hatte Henke nicht zu bieten gehabt. Bevor Pistorius sich zwei Jahre später ernsthaft aufs Sprinten konzentrierte, sah er seinen Vater höchstens zweimal im Jahr. Zu ihm zu ziehen war keine Option für ihn; das Internat war der Ort, der so etwas wie Heimat noch am nächsten kam. Die Ferien verbrachte er bei seiner Tante Diana, der Schwester seiner Mutter, oder bei der Familie seines Onkels Arnold, von der seine kleine Schwester Aimée adoptiert worden war. Aimée war nach dem Tod der Mutter zunächst zu ihrem Vater nach Pretoria gezogen, hielt es jedoch kaum zwei Monate lang dort aus. Und so ließ sie heimlich ihrem Onkel Arnold und seiner Frau Lois durch deren Töchter ausrichten, dass sie lieber bei ihnen leben würde. Sie kamen dem Wunsch ihrer Nichte nach und nahmen sie als fünfte Tochter in ihre Familie auf. Als Reeva starb, lebte sie immer noch bei ihnen.

Aimée und Carl weinten bei der Beerdigung ihrer Mutter, ihr Bruder nicht. Als Oscar nach der Trauerfeier ins Internat zurückkehrte, erzählte er nur wenigen Klassenkameraden, was geschehen war. Doch als er am nächsten Morgen aufwachte, konnte er plötzlich gar nicht mehr aufhören, zu weinen. Mit gerade mal 15 Jahren seine Mutter zu verlieren, ist für jedes Kind ein schrecklicher Verlust, doch für Pistorius war es noch mehr als das. Seine Mutter war der allerwichtigste Mensch für ihn, sie war seine Stütze und sein größtes moralisches Vorbild. Sie hatte seinen Charakter geprägt, seine Stärken ebenso wie seine Schwächen, und selbst nach ihrem Tod beeinflusste sie den Lauf seines Lebens noch in einem Maß, das erst viel später offenbar wurde, als ihn die nächste Tragödie ereilte.

Abgesehen von der Trinkerei hatte Sheila noch eine weitere Eigenart besessen, die Pistorius lieber aus seiner Erinnerung verbannte, wenngleich sie ihn nachhaltig prägte: Sheila hatte eine ungeheure Angst vor Einbrechern gehabt. Sie hatte in der ständigen Furcht gelebt, dass jemand in ihr Haus eindringen könne. Oft schreckte sie mitten in der Nacht aus dem Schlaf hoch und meinte, irgendein Geräusch gehört zu haben. Dann griff sie zum Telefon und rief die Polizei an, weckte die Kinder, nahm sie mit in ihr Schlafzimmer, schloss die Tür ab und wartete, bis die Beamten kamen. Ihre Angst war nicht unbegründet. Nachdem Henke sie verlassen hatte, war sie mit den Kindern nicht nur in ein kleineres Haus, sondern auch in ein weniger behütetes Viertel gezogen. In der Zeit, in der sie dort lebten, wurde tatsächlich mehrmals bei ihnen eingebrochen. Sheila zog daraus eine verhängnisvolle Konsequenz, um sich und ihre Kinder zu schützen: Wenn sie zu Bett ging, lag unter ihrem Kopfkissen seit jener Zeit immer eine geladene Pistole.

5

Mauern aus Stein machen noch kein Gefängnis.

RICHARD LOVELACE, *An Althea, aus dem Gefängnis*

Das ganze Jahr über, während er auf dem Anwesen seines wohlhabenden Onkels festsaß und auf den Beginn seiner Verhandlung wartete, wurde Pistorius immer wieder heimgesucht von der qualvollen Erinnerung an die Geräusche, Bilder und Gerüche jener verhängnisvollen Nacht. Nur zu gern hätte er sein Vermögen und seinen Ruhm dafür gegeben, um die Zeit noch einmal zurückdrehen und das, was er getan hatte, ungeschehen machen zu können. Doch das war unmöglich. Die Schüsse, die er abgefeuert hatte, konnte er nicht wieder rückgängig machen.

Nur selten gab es Momente, in denen ihn seine Erinnerung nicht quälte, in denen er die Schreie in seinem Kopf und den grauenhaften Blutgeruch, den er ständig in der Nase hatte, für kurze Zeit vergessen konnte, doch ein richtige Pause gönnte ihm sein Gewissen nicht. Sein einziger Trost war, dass seine Familie ihm vergab und zu ihm hielt, ganz gleich, was geschehen war. Onkel Arnold und seine Frau Lois, deren Töchter und Schwiegersöhne, andere Onkel und Tanten, Carl und vor allem Aimée – ebenso wie andere entfernte, Pistorius aber dennoch nahestehende Verwandte – waren jederzeit bereit, sich ohne große Worte zu machen zu ihm zu setzen und ihm Mut zu machen, dass er, da sein bisheriges Leben nun vorbei war, die Kraft finden werde, noch einmal ganz von vorne anzufangen.

Vor Pistorius wäre niemand auch nur im Traum auf die Idee gekommen, dass ein beidseitig Unterschenkelamputierter irgendwann einmal zu den schnellsten 400-m-Läufern der Welt gehören könnte. Dank seiner Popularität hatte es der zuvor mehr oder weniger stiefmütterlich behandelte Behindertensport, den er dominierte, seit er mit 17 seine erste Goldmedaille gewonnen hatte, überhaupt erst richtig ins Bewusstsein der Öffentlichkeit geschafft. Ihm war es zu verdanken, dass behinderten Sportlern – und in der Konsequenz letztlich behinderten Menschen insgesamt – weltweit mehr Respekt entgegengebracht wurde, was ihnen wiederum half, ein neues Selbstverständnis und damit ein neues Selbstwertgefühl zu entwickeln.

Der Sport hatte sein öffentliches Image geprägt und ihm eine ganz ungeahnte Karriere ermöglicht. Doch ihm war klar, dass die öffentliche Wahrnehmung von nun an weniger bestimmt war durch seine sportlichen Erfolge oder die positiven Entwicklungen, die er angestoßen hatte, als vielmehr durch die Ereignisse in jener verhängnisvollen Nacht. Dadurch, dass er Reeva getötet hat, ist es undenkbar geworden, dass er jemals wieder ins Rampenlicht zurückkehren könnte. Dieser Teil seines Lebens liegt unwiderruflich hinter ihm.

Er brauchte einen neuen Lebensinhalt, eine Aufgabe, der er sich widmen konnte. Eine schien sich geradezu aufzudrängen.

Jetzt, da die Hauptverhandlung ihre ersten Schatten vorauswarf, musste er sich so konzentriert wie möglich auf seinen Auftritt vor Gericht vorbereiten. Dazu musste er sich jedoch erst einmal ein Leben nach der Hölle, in die er durch Reevas Tod hinabgestürzt war, vorstellen können. Seine Anwälte empfahlen der Familie, ihn in seinem Glauben an einen günstigen Verhandlungsausgang zu bestärken und gemeinsam mit ihm zu überlegen, wie er sich anschließend rehabilitieren könne. Ihnen bereitete Sorge, wie er sich wohl vor Gericht halten würde, und sie fürchteten, dass er im kritischen Moment, wenn er in den Zeugenstand treten und dem Staatsanwalt im Kreuzverhör Rede und Antwort stehen müsse, zusammenbrechen würde. Pistorius konnte sich hingegen überhaupt nicht vorstellen, wie es ihm angesichts der vielen gräulichen Details der Tatnacht gelingen sollte, genau das nicht zu tun, doch er war es seiner Familie schuldig, es zumindest zu versuchen.

Allen war von Anfang an klar gewesen, dass Pistorius unter keinen Umständen wieder in das Haus ziehen konnte, in dem er Reeva erschossen hatte. Und als sein Onkel Arnold ihm vorschlug, bei ihm zu wohnen, in dem Haus, in dem auch seine Schwester die letzten zehn Jahre gelebt hatte, musste er nicht zweimal überlegen, um das Angebot anzunehmen.

Dort konnte er sich ganz in seinen Kummer versenken – in zugegebenermaßen ziemlich stilvoller Umgebung. Arnolds Anwesen lag in den Hügeln von Waterkloof Ridge, wo Pretorias Hautevolee und die ausländischen Botschafter residierten. Sein Haus unterschied sich deutlich von denen seiner Nachbarn. Im Vergleich zu den dort typischen mediterran angehauchten luftigen Residenzen mit pastellfarben getünchten Wänden und Terrakottaziegeln auf den Dächern wirkte sein robustes rotes Backsteinhaus fast schon wie eine militärische Befestigungsanlage. Ein wasserloser Graben und ein Wachhäuschen, das rund um die Uhr mit einem Sicherheitsposten besetzt war, schirmten das Gebäude nach vorne hin ab. Auf einem Schild neben der Toreinfahrt war der Name des Hauses zu lesen: »Bateleur« – der englische Name für eine afrikanische Adlerart (dt.: Gaukler), die sich von Schlangen ernährt.

Arnold Pistorius brüstete sich gerne damit, dass er in »einem afrikanischen Haus« lebe. Ein ganzes Jahrzehnt lang hatte er das ursprünglich von einem Pfarrer bewohnte Gebäude mit seiner Frau Lois umbauen lassen. Gemeinsam hatten sie die hochwertigsten Natursteine, Ziegel und Hölzer, die in Afrika zu bekommen waren, ausgewählt und die besten Handwerker der Region beauftragt, die gewünschten Modernisierungsarbeiten auszuführen. Die Schlafzimmer auf der zweiten Etage erreichte man über eine imposante Holztreppe. Im Erdgeschoss befanden sich neben einer geräumigen Eingangshalle ein Wohnzimmer, ein Esszimmer, ein Arbeitszimmer und die Küche. In allen Räumen standen große und kleine Skulpturen von Giraffen, Elefanten, Leoparden und Pavianen. An den Wänden hingen Gemälde mit Szenen aus dem afrikanischen Busch. Von den hohen Fenstern im rückwärtigen Teil des Hauses sah man direkt den großen kreuzförmigen Swimmingpool und weiter hinten auf einem Hügel auf der anderen Seite des Tals das beeindruckendste architektonische Wahrzeichen Südafrikas, die Union Buildings, in denen die südafrikanische Regierung seit 1910 ihren Sitz hatte.

Arnold Pistorius regierte sein Haus von dem Zimmer aus, in dem er auch seinen Geschäfte nachging: ein dunkel gehaltenes Arbeitszimmer mit braunen Ledersesseln und einem schwarzen Büffelkopf an einer Wand; hier bewahrte er auch eine Sammlung alter Waffen auf. Für Arnold legte dieser Raum Zeugnis ab von seinem Nationalstolz als Afrikaner, er war Ausdruck seiner Autorität als burischer Hausherr sowie seines materiellen Erfolgs. Arnold war ein hochgewachsener, schlanker Mann Anfang 60, der einen weißen Bart trug und nie müde wurde zu erklären, dass man sich als Bure mit dem gleichen Recht Afrikaner nennen durfte wie als Zulu, als Xhosa oder als Mitglied irgendeines anderen südafrikanischen Volksstammes. Seine Familie, so argumentierte er, lebte bereits länger in Afrika als so manche amerikanische Familie in Amerika.

In der Post-Apartheid-Ära hatte sich Arnold Pistorius beachtlich geschlagen. Statt den Schwanz einzuziehen, sich zu verkriechen und darüber nachzudenken, nach Australien auszuwandern, was viele andere Weiße nach Mandelas Wahlsieg 1994 getan hatten, hatte er die Demokratie von Anfang an als Chance betrachtet. Obschon sie für die Apartheid verantwortlich und 27 Jahre lang Mandelas Kerkermeister gewesen waren, wollte der neue schwarze Staatspräsident keine Rache an den Buren nehmen. Um den Frieden nicht zu gefährden, schien es ihm geraten, das Vermögen der weißen Südafrikaner nicht anzutasten. Und um die Konjunktur anzukurbeln, ermutigte er seine einstigen Feinde sogar, in ihr Land zu investieren. Arnold Pistorius war einer derjenigen, die Mandela beim Wort nahmen. In der Zeit des Umbruchs bildete sich eine aufstrebende schwarze Mittelschicht heraus – etwas, das zur Zeit des Apartheidregimes völlig undenkbar gewesen wäre. Arnold hatte für diese neue Mittelschicht ein paar schöne große Einkaufszentren gebaut, was eine sehr lukrative Idee war. Einen Teil der Gewinne investierte er in Wildreservate im Kruger Nationalpark, wo die Tiere, die als Skulpturen sein Haus zierten, in freier Wildbahn lebten.

Seinen Neffen ließ Arnold gern bei sich in dem großen Haus wohnen, das unter anderem über den Luxus eines privaten Kinos und eines großzügigen Fitnessraums, in dem es die allerneusten Geräte gab, verfügte. Letzteren nutzte Pistorius eifrig. Allerdings lebte er seit dem »Zwischenfall«, wie die Familie die Ereignisse in der Nacht zum Valentinstag inzwischen nannte, nicht im Haupthaus, sondern in einem geräumigen Gartenhaus oder – wie Arnold gerne sagte – »Cottage« am Ende einer langen Treppe im Garten, unterhalb des Swimmingpools, direkt neben einem Teich mit drei Schwänen – die Arnold zufolge jeden bissen, der ihnen zu nahe kam. Das Gartenhaus ähnelte den Hotelsuiten, in denen Pistorius als erfolgreicher Spitzensportler oft übernachtet hatte. Es bestand aus einem Schlafzimmer, einem großen Wohnzimmer und einem Bad. Das Kino, der Pool, der Fitnessraum und das Bataillon an Hausangestellten, die sich um das Anwesen kümmerten, hinzugezählt, genoss Pistorius bei seinem Onkel Fünf-Sterne-Luxus mit allem Komfort. Dennoch war er hier praktisch gesehen ein Gefangener. Die Laufbahn des Hochleistungsportcenters in Pretoria, auf der er immer trainiert hatte, war für ihn jetzt tabu. Früher hatte er das Bad in der Öffentlichkeit gesucht, jetzt schreckte er davor zurück. Früher hatten die Fans ihn belagert, inzwischen wendeten sich sehr viele von ihm ab. Aber er brauchte doch Gesellschaft, brauchte ständige Zuwendung wie ein Kind. Er bekam sie von den drei Frauen, die ihm am nächsten standen: seiner Tante Lois, Arnolds eleganter Gattin, seiner Cousine Maria, die vier Jahre älter war als er und zusammen mit ihrem Mann und ihrem Kind im Nachbarhaus lebte, sowie seiner kleinen Schwester Aimée, der treusorgendsten von allen, die er seit dem Tag ihrer Geburt vergötterte, deren makellose kleine Füße es ihm angetan hatten, als er drei Jahre alt war und sie noch ein Baby, nach deren Gesellschaft er sich in den ersten Wochen nach Reevas Tod in jedem wachen Augenblick sehnte. Aimée arbeitete als Analystin bei einer südafrikanische Investmentbank, wo sie ihre Kollegen mit ihrer schnellen Auffassungsgabe, ihrer Intelligenz und ihrem für ihr Alter erstaunlichen Finanztalent beeindruckte.

Schwester, Cousine und Tante leisteten Pistorius in seinem Gartenhaus abwechselnd Gesellschaft. Sie saßen schweigend bei ihm, redeten mit ihm, wenn er reden wollte, und nahmen ihn in den Arm, wenn er weinte. Die drei übernahmen also gewissermaßen die Rolle der verstorbenen Mutter.

Die vierte Frau, bei der Pistorius Trost suchte, war seine Großmutter väterlicherseits, Gerti Pistorius, die auch in Pretoria lebte. Gerti hatte skandinavische Wurzeln, und nach ihren Hochzeitsbildern aus dem Jahr 1943 zu urteilen, war sie einmal eine außergewöhnliche Schönheit gewesen, die einen sehr attraktiven Mann geheiratet hatte, der ebenfalls noch lebte. Das Paar hatte, was glamouröse Auftritte anbelangte, in der Familie Maßstäbe gesetzt, und erst ihr berühmter Enkel hatte sich in dieser Hinsicht mit ihnen messen können. Gerti war in ihren amputierten Wunderknaben immer vernarrt gewesen und hatte nie den Moment vergessen, als er als ganz kleines Bürschchen zum ersten Mal mit seinen Prothesen zu ihr kam und rief: »Oma! Oma! Guck mal, ich hab Zehen!« Sie war unglaublich stolz auf seine Leistungen, und überall in ihrem Haus hingen Fotos von ihm, wie er in seinem einteiligen Lycradress und mit seinen Karbonprothesen über die Aschenbahn sprintet oder mit einer Goldmedaille um den Hals auf dem Siegertreppchen steht.

Gelegentlich wurde es Pistorius in seinem goldenen Käfig zu eng und er wagte es, das Refugium für einen kleinen Ausflug zu verlassen. Er fuhr dann zu seiner Großmutter oder besuchte mit Aimée oder Maria ein italienisches Restaurant in einem nahegelegenen Einkaufszentrum. Es war ein einfaches Lokal mit Resopaltischen und Plastikstühlen, in dem die Angestellten Pistorius freundlich empfingen, ihm die

Hand schüttelten und so taten, als sei nichts gewesen. Dem Drängen der Ehemänner seiner Cousinen nachgebend, ging er gelegentlich mit ihnen in das angesagte japanische Restaurant Koi. Mit diesen Besuchen in seinem Lieblingslokal gelang es ihm, einen Hauch von Normalität vorzutäuschen. Ab und an konnte er es sich während der einjährigen Wartezeit auf die Hauptverhandlung auch nicht verkneifen, mit ein paar Kumpeln, die er aus Johannesburg kannte, auf eine Party oder in eine Bar zu gehen. Im Nachhinein bereute er diese Ausflüge, weil die Medien jedes Mal Wind davon bekamen und ihn als kaltblütigen Mörder darstellten, den sein Verbrechen und seine Schuld nicht davon abhielten, sich wie eh und je zu vergnügen. Um einfach mal rauszukommen, fuhr Pistorius oft mit seinem weißen Audi weite Strecken über Land. Autofahren war für ihn schon immer mehr gewesen als eine praktische Art der Fortbewegung. Es war ein Ventil für seine innere Nervosität. Er fuhr sehr schnell, war aber dennoch ein ruhiger und bedachter Fahrer. Allerdings machte er sich jetzt nicht mehr alleine auf, sondern nahm immer jemanden aus der Familie mit. Manchmal, wenn er in eine sehr abgelegene Gegend kam und ein vertrauenerweckendes Lokal entdeckte, brachte er auch den Mut auf, anzuhalten und einen kleinen Imbiss zu sich zu nehmen. Riskant war das trotzdem. Hin und wieder wurde er bei solchen Zwischenstopps erkannt und wüst beschimpft.

Was immer Pistorius tat, ob innerhalb oder außerhalb der Mauer von Arnolds Anwesen, er war selten allein. Und auch wenn seine Familie stets bemüht war, ihm mit einem Lächeln zu begegnen, und er gelegentlich sogar zurücklächelte, war seine Trauer ansteckend und seine Gegenwart bedrückend. Denn er schaffte es nie lange, das Leid und die Schande, die er denen zugefügt hatte, die er liebte, zu vergessen. Seine Scham war jetzt eine ebenso wenig zu ignorierende Tatsache wie einst seine großen Erfolge. Er war so hilfsbedürftig wie ein trauriges kleines Kind. Sie nannten ihn nicht Oscar, sondern »Ozzie«, wie seine Mutter es immer getan hatte. Manchmal saß er auf einem der braunen Ledersessel im Arbeitszimmer seines Onkels und lehnte seinen Kopf an Lois' oder Aimées Schulter, während sie ihm schweigend übers Haar strichen. Weder konnte er es ertragen, allein zu sein, noch wollten diejenigen, denen er am Herzen lag, ihn alleine lassen. Gott und die Familie – das war für Pistorius' Familie das Wichtigste.

Arnold hatte in dieser Tragödie die Rolle des standhaften Patriarchen übernommen. Obschon ihm Reevas tragischer Tod ebenso naheging wie allen anderen, versuchte er, einen nüchternen Blick auf die Lage zu bewahren und mit seiner calvinistischen Einstellung und seinem geschäftsmännischen Pragmatismus seinem Neffen beizustehen. Er versuchte, noch einen klaren Kopf zu behalten und sich der Dinge anzunehmen, die geregelt werden mussten. In den ersten Tagen nach der Tat fungierte er als eine Art (Presse-)Sprecher der Familie, äußerst bedacht darauf, in jeder Situation den richtigen Ton anzuschlagen. Den Steenkamps sprach er im Namen seiner ganzen Familie sein Beileid aus und erklärte, dass sein Neffe wie betäubt sei in seinem Schock und seiner Trauer. Zugleich bestritt er gegenüber der Presse entschieden, dass seine Neffe Reeva vorsätzlich getötet haben könnte. Vor einem ganzen Bataillon an Fernsehkameras erklärte er: »Wir zweifeln nicht daran, dass diese Anschuldigung jeglicher Grundlage entbehrt und dass selbst die Staatsanwaltschaft, auch auf Grundlage der von ihr selbst gesammelten forensischen Befunde, die Möglichkeit eines vorsätzlichen Mordes, ja überhaupt irgendeiner Form des Mordes ausschließen wird.« Er hatte es sogar übernommen, Reevas Mutter, June Steenkamp, anzurufen, um vorzufühlen, ob sein Neffe persönlich mit ihr sprechen könne, worauf June Steenkamp allerdings keinen Wert legte. »Ich habe Ihnen nichts zu sagen, und ich will auch nicht hören, was Sie mir zu sagen haben«, erklärte sie Arnold. »Dann tut es mir sehr leid, Sie belästigt zu haben«, antwortete er, bevor er den Hörer auflegte.

Arnold war es wichtig, anwesend – und aus seiner Sicht Herr der Lage – zu sein, wenn Pistorius' Anwälte oder PR-Berater zu einer Besprechung ins Haus kamen. Die Anwaltskosten waren immens, und obschon Pistorius seine Rennpferde verkauft und auch andere Vermögenswerte zu Geld gemacht hatte, schrumpften seine Ersparnisse zusehends. Sein Onkel musste für einen Teil seines Unterhalts aufkommen. Für Arnold war das allerdings nicht das Hauptproblem. Er musste wiederholt mit ansehen, wie die Oscars Hände zitterten und eine weitere Tränenflut ein schwarzes Loch ankündigte, in das sein Neffe fiel – was sich auch auf die anderen Familienmitglieder auswirkte. Seine Depression war auch ihre Depression geworden, weil sie gar nicht anders konnten, als sich selbst in seine Lage zu versetzen und sich vorzustellen, wie sie sich fühlen würden, wenn sie in seiner Haut steckten. Auf das Finanzielle kam es nicht an. Wichtiger war es, Ozzies angeschlagene Psyche zumindest halbwegs wieder ins Gleichgewicht zu bringen. Oscar Pistorius vor einem Selbstmordversuch zu bewahren, hatte absoluten Vorrang.

Die Sorge, dass er sich etwas antun könnte, war berechtigt. Pistorius dachte natürlich darüber nach, sich das Leben zu nehmen. Er fühlte sich wertlos. Bei all der Schuld, die er auf sich geladen hatte, sah er keinen Sinn darin, morgens aufzustehen und den Tag zu beginnen. Jede Motivation war ihm abhanden gekommen, alles, was er vor sich sah, war eine durch und durch freudlose Zukunft. Sich seiner einstigen Erfolge zu erinnern, war kein Trost, im Gegenteil. Er hatte kein Ziel mehr.

Jeder in der Familie spürte, dass Pistorius' Lebenswille in den Wochen nach Reevas Tod an einem seidenen Faden hing. Es blieb unausgesprochen, aber alle hatten Angst, dass er sich umbringen könnte. Und wieder war es Arnold, der die Sache in die Hand nahm.

Schnell stand für ihn fest, dass sein Neffe unter einer posttraumatischen Belastungsstörung litt. Die von ihm zu Rate gezogene Literatur enthielt unter anderem in den USA erhobene Statistiken über Fälle, in denen Personen – aus welchen Gründen auch immer – für den Tod eines geliebten Menschen verantwortlich waren und daran verzweifelten. Diesen Erhebungen zufolge nahmen sich 20 Prozent der Betroffenen das Leben. Arnold berichtete dem Rest der Familie von diesen Erkenntnissen und legte allen nachdrücklich ans Herz, Ozzies Stimmungsschwankungen genauestens zu beobachten und ihm immer wieder klarzumachen, dass es sich lohne, weiterzuleben, dass das Leben trotz allem einen Sinn habe. Das bedeutete natürlich auch, ihn an

Gott, dessen Ratschlüsse unergründlich waren, zu erinnern und ihm jeden Tag vor Augen zu führen, dass die Familie den Glauben an ihn nicht verloren hatte und er ihr weiterhin am Herzen lag. Seine Tante Lois versuchte ihm eine Perspektive zu eröffnen: »Wenn du eine Aufgabe im Leben hast und an Gott glaubst, kannst du verstehen, warum die Dinge nicht immer so laufen, wie wir sie uns vorstellen. Menschen machen Fehler. Keiner von uns ist perfekt.«

Pistorius glaubte an Gott, aber er konnte nicht verstehen, wie Gott – wenn es denn tatsächlich für alles einen Grund gab, wie seine Mutter ihm beigebracht hatte – Reevas Tod hatte geschehen lassen und damit die vollkommene Liebe, die er in ihr gefunden zu haben glaubte, hatte zerstören können. Mit dieser Frage quälte er sich jeden Abend, wenn er im Bett lag und versuchte, einzuschlafen. Und falls es ihm dann wirklich vergönnt war, ein paar Stunden Schlaf zu finden, wachte er am nächsten Morgen auf und war wieder verzweifelt. Für ein, zwei Sekunden, während er sich noch den Schlaf aus den Augen rieb, erinnerte er sich nicht an das, was geschehen war. Dann jedoch war alles wieder da. Wie sollte er diesen Tag durchstehen? Wie sollte er diesen Albtraum, der sein Leben nun war, ertragen?

In den ersten Wochen nach der Tat war seine Familie dankbar für jede Stunde, die verging, ohne dass Pistorius sich das Leben nahm. Sie beobachteten ihn genau, versuchten seine Gedanken zu lesen, wenn sie sich vor den Mahlzeiten zum Gebet um den Esstisch herum versammelten und dabei in alter burischer Tradition die Hände reichten. Aber es war schwer, mit dem ständigen Druck zu leben, daher wagte Arnold eines Tages den Schritt nach vorn. Er nahm Pistorius beiseite und fragte ihn, ob er noch einen Sinn in seinem Leben sehe. Ob er über die Hauptverhandlung hinausblicken könne, sich vorstellen könne, für das, was er getan hatte, zu büßen und nach dem Ende seiner Sühnezeit gestärkt und ein besserer Mensch zu sein. Konnte er sich überhaupt vorstellen, wie viel Überwindung und Anstrengung es ihn kosten würde, sich ein neues Leben aufzubauen? Weitaus mehr jedenfalls, als nötig waren, um Weltrekorde zu brechen und bei den Olympischen Spielen an den Start zu gehen. Konnte er seine Verzweiflung überwinden? Pistorius verstand diese Fragen nur zu gut und begriff sofort, worauf sein Onkel hinauswollte. Zugleich war ihm klar, dass er seiner Familie schon genug Leid zugefügt hatte und er ihnen eine schier unerträgliche Last aufbürdete, wenn er nun auch noch dem egoistischen Drang nachgab, sich das Leben zu nehmen. Ja, entgegnete er daher auf die Fragen seines Onkels, er sehe noch einen Sinn in seinem Leben. Er werde sein Bestes tun und mit Gottes Hilfe einen Neuanfang wagen. Arnold entschloss sich, seinen Worten zu glauben.

Dennoch war die Familie weiterhin wachsam und ließ ihn nicht aus den Augen, wenn er schweigend über das Grundstück seines Onkels schlenderte, an seinem Computer saß oder mit seinem Handy hantierte, im Fitnessraum trainierte oder versuchte, sich auf das Lesen von Biografien zu konzentrieren – wobei immer eine Bibel in greifbarer Nähe war. Das Einzige, das er sich im Fernsehen anschauen konnte, waren Tierdokumentationen, alles andere verstärkte nur seinen Kummer oder seine Ängste. Romanzen, die quälende Erinnerungen hervorriefen, waren für ihn ebenso unerträglich wie Filme, in denen Gewaltszenen zu sehen waren.

Er trug jetzt immer eine Brille mit schwarzem Gestell, war oft unrasiert, hatte sichtlich an Gewicht verloren und wirkte eingefallen und verschüchtert. Mit seiner zurückhaltenden Höflichkeit, seiner fast schon femininen Gestik und seinem ruhigen Tonfall wirkte er eher wie ein zurückgezogen lebender Gelehrter als wie ein Sportler, eher wie ein Seminarist, der sich auf die Priesterweihe vorbereitet, als wie die geschmeidige Naturgewalt, die die ganze Welt einst den Blade Runner nannte.

Bei Arnold und Lois zeigte sich Pistorius von seiner besten Seite und beachtete streng alle religiösen Vorschriften. Fremde und ältere Familienmitglieder sahen in ihm das Idealbild eines weltentrückten Christen. Mit ein paar sehr engen Freunden nahm er sogar regelmäßig an Gebetskreisen und Bibelstunden teil, die ein Pastor im Wohnzimmer seines Onkels abhielt. Aber sein Leben bestand nicht ausschließlich aus Frömmigkeit und Reue. Es gab auch ein paar Momente, in denen er – nicht zuletzt dank der Medikamente, die er nahm – die von ihm verschuldete Tragödie vergaß, und sich wie jeder andere 26-Jährige verhielt. Urplötzlich konnte sich seine Stimmung jedoch wieder verdüstern, selbst wenn er mit Menschen zusammen war, in deren Gesellschaft er sich wohlfühlte, und er brach ein Gespräch mitten im Satz ab. Es war nicht schwer, sich vorzustellen, was Pistorius in diesen Augenblicken durch den Kopf ging, welcher Film vor seinem inneren Auge ablief und welche Geräusche er zu hören glaubte: die vier Schüsse, die Tür, der Cricketschläger, mit dem er darauf eindrischt, der grausame Anblick, der ihn dahinter erwartete.

Er hatte ihr Leben zerstört, sein Leben und das Leben, das sie gemeinsam hätten haben können. Schon an dem Tag, an dem sie sich kennengelernt und bis drei Uhr morgens angeregt miteinander unterhalten hatten, hatte er gewusst, dass sie die Richtige für ihn war. Sie war wunderschön und klug, keck und freundlich und sozial engagiert. Sie hatte einfach alles, was er an einer Frau attraktiv fand, und ihm war auf Anhieb klar, dass er sie heiraten und mit ihr eine Familie gründen wollte.

Etwa eine Woche nach ihrer ersten Begegnung musste Pistorius nach Schottland fliegen, weil ihm die Universität von Strathclyde den Ehrendoktortitel verleihen wollte. Er hatte dort tätige Wissenschaftler bei der Entwicklung preisgünstiger, alltagstauglicher Beinprothesen für mittellose Behinderte in Afrika unterstützt. Eigentlich wollte er damals rund um die Uhr nur mit Reeva zusammen sein. Wenn er nicht bei ihr sein konnte, bombardierte er sie per Handy mit Kurznachrichten. Er legte beim Umwerben und Flirten in diesen ersten Wochen denselben Ehrgeiz an den Tag, den er auch im sportlichen Wettkampf zeigte. Sein Übereifer irritierte sie zunächst ein bisschen. Freunden erzählte sie, dass sie sein intensives Werben mit gemischten Gefühlen sah. Sie war durchaus fasziniert von ihm, bezeichnete ihn sogar als »Rockstar«, fürchtete jedoch, in einer Beziehung mit ihm zu wenig Luft zum Atmen zu haben. Er war sich seiner Gefühle für sie anfangs sicherer als sie ihrer Gefühle für ihn. Doch es dauerte nicht länger als einen Monat, bis sie sich sicher war, eine feste Beziehung mit Pistorius führen zu wollen.

Sie interessierte sich für seinen Sport, begleitete ihn zum Training, begeisterte sich wie er für exklusive Sportwagen und sprach mit ihm gemeinsam das Tischgebet. Sie gaben sich Kosenamen: »meine Baba«, »mein Schatzi«, »mein Engel«. Sie zog nicht zu ihm, übernachtete jedoch gelegentlich bei ihm, wenn er unterwegs war, und lernte mit der Zeit einige seiner Nachbarn in Silver Woods kennen. Als er ihr erzählte, dass er vorhabe, Anfang des nächsten Jahres nach Johannesburg zu ziehen und dort ein Haus zu kaufen, sahen sie sich gemeinsam in Möbelgeschäften um. Sie schienen entschlossen, sich eine gemeinsame Zukunft aufzubauen.

Ein Kopfschuss hatte diesen Träumen ein Ende gesetzt und sie durch albtraumhafte Bilder und Geräusche ersetzt, die Pistorius nun Tag und Nacht verfolgten. Sich in glückliche Erinnerungen zu flüchten, war das Einzige, was ihm geblieben war. Es tat ihm gut, sich an die lebende Reeva zu erinnern. Allein in seinem Luxuscottage, dachte er an die kurze Zeit zurück, die sie miteinander verbracht hatten, träumte von dem Leben, dass er mit ihr zu führen gehofft hatte, und von den Kindern, die sie miteinander hätten haben können. So wie er sie damals geliebt hatte, liebte er sie noch immer, und er würde sie auch für den Rest seines Lebens lieben. Wenn diejenigen, die an seinen Gefühlen zweifelten, ihn in seinem Gartenhaus hätten sehen können, hätten sie ihm geglaubt. Das Erste, was man sah, wenn man hereinkam, war ein großes gerahmtes Porträt von Reeva. Die professionelle Schwarz-Weiß-Aufnahme hatte etwas von einem Marienporträt in einer katholischen Kirche. Reeva lächelte, und sie schaute ein wenig keck und seltsam wissend.

6

Wer seine Feigheit überwindet, überwindet die ganze Welt.

THOMAS HUGHES, *Tom Browns Schuljahre*

Alles, was ihr könnt, kann ich auch«, sagte sich Oscar Pistorius, als er mit 14 auf die Pretoria Boys High School wechselte. Es dauerte nicht lange, bis er das unter Beweis stellen musste.

Alle Schulanfänger machten einen dreitägigen Ausflug auf eine abgelegene Farm. Es war noch früh im Jahr, in Südafrika war gerade Hochsommer und im High Veld, dem nach Norden hin abfallenden südafrikanischen Hochland, war es extrem trocken und heiß. Ideale Bedingungen also, um den Frischlingen bei einer zünftigen Kletterpartie in der zerklüfteten Bergregion Gelegenheit zu geben, sich zu beweisen.

An der Pretoria Boys High herrschte ein militärischer Geist. Wie ein ehemaliger Schulsprecher berichtete, versuchte man die Neuen zunächst mürbe und gefügig zu machen, um sie dann ganz im Geiste der Schule, die sich selbst als Eliteschmiede verstand, wieder aufzubauen. Disziplin, Kameradschaft und Rituale bestimmten das Leben in der Gruppe. Unter den Ehemaligen der elitären Highschool waren neben angesehenen Richtern, Politikern und Unternehmern auch eine ganze Reihe erfolgreicher Sportler, die Südafrika bei internationalen Wettbewerben repräsentierten, vor allem Rugbyspieler: die Schule war für ihr erfolgreiches Rugbyteam berühmt.

Den Schülern wurde eingeschärft, dass sie einer ehrwürdigen Tradition verpflichtet waren. Falls nötig, mit aller Härte. Wer vergaß, vor einem Erwachsenen die Schulmütze zu ziehen oder ihn mit »Sir« bzw. »Madam« anzusprechen, musste mit Konsequenzen rechnen. Das soll nicht heißen, dass die Lehrer keine Nachsicht übten. Angesichts seiner Behinderung hätten sie Pistorius die Kletterpartie sicher erspart, wenn er darum gebeten hätte. Das tat er jedoch nicht.

Die Aufsicht bei dem Schülerausflug führte Paul Anthony, ein Rugbylehrer, der damals in seinen Vierzigern war und den Großteil seines Lebens an der Pretoria Boys High verbracht hatte, zunächst als Schüler, dann als Lehrer. Die meisten seiner Schützlinge kamen in angemessener Zeit den Berg rauf und wieder runter, nur ein halbes Dutzend hing auf dem Rückweg etwas hinterher. Diesen Nachzüglern fuhr Anthony mit einem Kleinbus entgegen, um sie einzusammeln.

»Damals begegnete ich Ozzie zum ersten Mal«, erinnert er sich. »Ich war ziemlich überrascht, als ich seine Holzbeine sah.« Pistorius trug Shorts, schwitzte wie verrückt und war über und über mit dem rotem Staub bedeckt, der im High Veld überall aufgewirbelt wird. »Seine Beine waren an den Stellen, wo sie mit den Prothesen in Kontakt kamen, wundgescheuert und bluteten«, erzählt Anthony. »Ich sagte ihm, er solle in den Bus steigen. Vier oder fünf andere Jungs hatten mein Angebot schon angenommen. Aber er wollte nicht. Ich ließ nicht locker und sagte: ›Komm schon, das ist keine Schande. Guck dir die anderen an, die sind auch eingestiegen.‹ Aber er wollte einfach nicht mitkommen. Er war der Letzte, der zurückkam, aber er ist die ganze Strecke allein gelaufen. Mich hat seine Hartnäckigkeit sehr beeindruckt.«

Ein Jahr später begegnete Anthony Pistorius wieder; diesmal war der Junge in Begleitung seiner Mutter. Anthony stellte jedoch zunächst keine Verbindung zwischen diesem Schüler und dem »Jungen vom Bergausflug« her. Pistorius trug lange Hosen, und weder er noch seine Mutter erwähnten seine Prothesen. Wenn Anthony heute über diese Begegnung nachdenkt und über den Einfluss, den die Mutter auf die Entwicklung ihres Sohnes gehabt haben mag, sieht er im Nachhinein durchaus einen Zusammenhang zwischen ihrer überbordenden Fröhlichkeit und seinem stoischen Tatendrang. Und noch etwas war bemerkenswert. Zwei Monate nach der geschilderten Begegnung starb Sheila Pistorius. Als Anthony davon erfuhr, erkannte er, dass sie und ihr Sohn eine entscheidende Eigenschaft gemeinsam hatten. Von der Krankheit, die sie von innen auffraß, hatte sich Sheila bei dem Treffen mit ihm nicht das Geringste anmerken lassen. Auch sie hatte offensichtlich ein Talent dafür, ihre Schmerzen zu unterdrücken.

Das Treffen zwischen Anthony, Pistorius und seiner Mutter fand zu Beginn des Schuljahrs 2002 statt. Pistorius wollte ins Internat einziehen und Anthony war der Leiter des Hauses, dem der Junge zugeteilt worden war. In den zwei Jahren, in denen er die Funktion des »Housemasters« bekleidete, übernahm Anthony für Pistorius die Rolle eines Ersatzvaters. Dass Pistorius' Behinderung kein größeres Problem darstellen würde, erkannte Anthony gleich am ersten Abend.

»Es war 21:30 Uhr und ich unterhielt mich noch ein wenig mit den Schülern, die bereits im Bett lagen. Ozzie war gut gelaunt, als ich zu ihm kam. Er sagte, er fände es toll, hier zu sein. Außerdem hatte er eine Frage. Er habe keine Zeit gehabt, sich die Zähne zu putzen und wollte wissen, ob er das nachholen könne. Als er aus dem Bett sprang, staunte ich nicht schlecht. Er lief auf seinen Stümpfen, war dabei aber richtig flink und geschickt. Ich war völlig baff. Und dann kam er zurück, als ob nichts gewesen wäre.«

Einige Monate später stand ein weiterer Schulausflug an. Diesmal ging es an einen sogenannten Rockpool oder Gezeitentümpel. Es gab dort eine Rutsche, auf die die Jungs kletterten, um sich ins Wasser zu stürzen. Direktor Bill Schroder führte Aufsicht. Er hatte bislang nicht besonders viel mit Pistorius zu tun gehabt und erschrak, als er sah, wie wagemutig der Junge war. »Wenn sie aus dem Wasser kamen, mussten sie erst einen steilen, unebenen Fels hochklettern, bevor sie sich wieder auf die Rutsche stürzen konnten«, erinnert sich Schroder. »›Lass das sein!‹, rief ich ihm zu. Er lief auf seinen Stümpfen, wo die Haut extrem dünn war, und hätte sich an den rauen Felskanten leicht verletzen können. Aber er war sich sicher, dass er es konnte. Er flehte mich an, ihn klettern zu lassen, wild entschlossen, genau das zu tun, was die anderen auch taten.«

»Er ließ es nie soweit kommen, dass man Mitleid mit ihm hätte haben müssen«, so Anthony. »Man konnte nur staunen, wie unglaublich motiviert er war, was für ein Selbstvertrauen er besaß und wie sehr er einem die Befangenheit darüber nahm, dass er keine Beine hatte. Er schien deswegen keine Komplexe zu haben. Nie hat er den Eindruck erweckt, ein Junge ohne Beine sein.«

Wie seine Schulkameraden auf seine Behinderung reagierten, war indes etwas ganz anderes. Teenager gehen nicht gerade zimperlich miteinander um, schon gar nicht an einer Schule, wo Selbstvertrauen und eine gewisse Härte als Tugenden gelten und es eine absolute Schmach wäre, heulend zu einem Lehrer zu laufen, wenn man drangsaliert und gehänselt wird. Es war an der Pretoria Boys High vollkommen normal, dass Mitschüler, die zu dick oder zu dünn waren, eine zu große Nase hatten oder irgendeiner Minderheit angehörten, damit aufgezogen wurden. Man wurde verhöhnt und angerempelt und musste lernen, damit klarzukommen. Oder wie ein ehemaliger Schüler meinte: »Man musste sich seine Streifen verdienen.«

Seine Mitschüler zogen Pistorius wegen seiner Behinderung auf. Eines Nachts spielten sie ihm einen Streich, der deutlich machte, dass er trotz seines großen Wagemuts der Verletzlichste von allen war. Pistorius wachte mitten in der Nacht auf und sah, dass es um ihn herum brannte. Jemand rief, dass alle das Gebäude verlassen sollten. Er streckte die Hand nach seinen Prothesen aus, aber sie standen nicht am Fußende seines Bettes, wo er sie immer abstellte. Panisch blickte er um sich, aber er konnte sie nirgends entdecken. In seiner Autobiografie schrieb er in Erinnerung daran: »Ich war kurz davor, in Tränen auszubrechen, hatte panische Angst, nicht fliehen zu können und sterben zu müssen.«

Wie sich herausstellte, hatten seine Mitschüler die Stahlschränke im Schlafsaal mit Feuerzeugbenzin besprüht und angezündet. Noch lange, nachdem die Flammen gelöscht waren, lachten sie über die Angst, die sie Pistorius eingejagt hatten.

Wenn der Zwischenfall bei ihm irgendwelche Spuren hinterlassen hatte, war ihm das jedenfalls nicht anzumerken. Er war wie immer sehr bedacht darauf, als »einer der Jungs« angesehen zu werden, und erzählte auch seinem Housemaster Paul Anthony nichts von dem Vorfall. Wenn man von seinen Schulkameraden an der Pretoria Boys High irgendetwas lernte, dann, dass man sich unter allen Umständen zusammenzureißen hatte, auch wenn man körperliche oder seelische Qualen litt. Selbstmitleid war absolut tabu, und wer auf Mitgefühl hoffte, hatte schlechte Karten.

Nach dem Ende seiner Schulzeit kam Pistorius allerdings wiederholt auf diesen Zwischenfall zu sprechen. Noch Jahre später, als er längst berühmt war, erwähnte er diese Geschichte in einer Reihe von Interviews. Was er dabei allerdings nicht erzählte, war, dass er fast geheult und um sein Leben gefürchtet hatte. Das berichtete er erst in seiner Autobiografie. Aber selbst darin versuchte er den gemeinen Streich herunterzuspielen und ihn als Spaß darzustellen, den er als Beispiel dafür anführte, dass er mit seiner Behinderung locker umgehen konnte und die Dinge so hinnahm, wie sie nun mal waren.

Pistorius ließ sich während seiner Schulzeit durch nichts aufhalten. Nicht einmal durch Rugby, die wohl härteste und am meisten Körpereinsatz fordernde Mannschaftssportart. In den einzelnen Fächern wurde an der Pretoria Boys High einiges verlangt, und Pistorius biss sich überall mehr schlecht als recht durch. Doch Rugby war das Aushängeschild der Schule, und auch wenn man ansonsten nicht gerade zu den Intelligentesten zählte, wurde man doch als Held angesehen, wenn man es geschafft hatte, in der ersten Rugbymannschaft zu spielen. Pistorius gelang zwar nicht der Sprung bis ganz nach oben, doch er schaffte es immerhin bis in die Jugendmannschaft.

Paul Anthony erinnert sich an ein Spiel gegen eine Schule aus Johannesburg. Er hatte sich vorher besorgt gefragt, was wohl geschehen würde, wenn der Junge angegriffen und an den Beinen umklammert würde. Und genau das passierte auch. Ein gegnerischer Spieler ging Pistorius von der Seite an, als er mit dem Ball unterm Arm am Spielfeldrand entlanglief – und staunte nicht schlecht, als sich Pistorius' Beine plötzlich lösten, der aber wieder aufstand und auf seinen Stümpfen weiterlief. »Das Spiel wurde kurz unterbrochen«, erinnert sich Anthony. »Er zog sich die Prothesen wieder an und spielte einfach weiter. Ozzie schaffte es immer wieder, andere zu verblüffen. Ich war an diesem Tag ganz besonders beeindruckt, wie schnell er war.«

Das war auch Francois van der Watt aufgefallen, der für Pistorius' Karriere noch eine entscheidende Rolle spielen sollte, ansonsten mit der Schule allerdings nichts zu tun hatte. Der 14-jährige Pistorius war in seinem ersten Jahr an der Pretoria Boys High beim Laufen so unglücklich gestürzt, dass eine seiner Prothesen zu Bruch gegangen war. Hilfesuchend wandte er sich an seine in Pretoria lebende Großmutter Gerti. Er brauchte so schnell wie möglich neue Prothesen. Statt den langjährigen Prothetik-Spezialisten ihres Enkels in Johannesburg zu informieren, dessen Praxis 45 Fahrtminuten entfernt lag, rief Gerti bei einer Praxisgemeinschaft in Pretoria an, deren Nummer sie im Telefonbuch gefunden hatte. Francois van der Watt nahm ihren Anruf entgegen.

»Es war purer Zufall, dass ausgerechnet ich ans Telefon ging«, erinnert er sich. »Es arbeiteten noch andere Prothesenbauer in der Praxis. Ich hatte gerade erst angefangen, war noch ganz neu in dem Job. Sie beschrieb mir das Problem und fragte: ›Können Sie uns helfen?‹ Ich sagte ihr, sie solle den Jungen vorbeischicken.«

Eigentlich hatte van der Watt, ein großer, breitschultriger Mann mit kräftigen Händen, Landwirt werden sollen. Der 1970 geborene Bure war nahe der Ortschaft Bethlehem im Oranje-Freistaat, einer im Herzen Südafrikas gelegenen Provinz, aufgewachsen. Die Apartheidpolitik wurde dort besonders rigoros praktiziert; es war die einzige Region im Land, in der sich Menschen indischer Abstammung nicht niederlassen durften. Wie die meisten weißen Kinder – und auch viele weiße Erwachsene –, die dort lebten, hatte van der Watt keine Ahnung davon, wie man farbige Mitbürger in seiner Heimat behandelte. Seine Kindheitserinnerungen kreisen um das Leben auf der elterlichen Farm und darum, wie sein Vater ihn regelmäßig im Morgengrauen aus dem Bett holte, damit er die Kühe melken half.

Nach seinem Highschool-Abschluss zog van der Watt nach Bloemfontein, in die Hauptstadt des Oranje-Freistaats, um dort Agrarwirtschaft zu studieren – allerdings eher, weil er sich der Familie wegen dazu verpflichtet fühlte, als dass es ihm ein Herzenswunsch gewesen wäre. So kam es, dass er sich bald wesentlich mehr für das ungewöhnliche Fachgebiet Orthetik und Prothetik interessierte, das sein Zimmergenosse studierte. Zum Entsetzen seiner Eltern schmiss van der Watt wenig später sein agrarwirtschaftliches Studium und wechselte auf das Pretoria Technikon, um dort das zu studieren, was ihn tatsächlich interessierte. Es war der Beginn einer erfolgreichen Karriere, die ihn bis nach Winnie im US-Bundesstaat Texas führte, wo er heute als Vertreter für einen Beinprothesenhersteller arbeitet. Er heiratete eine Amerikanerin, mit der er zwei Kinder hat, und ist stolzer Besitzer von zwei Pferden. Seine allererste Stelle jedoch – »halb Arzt, halb Ingenieur«, wie er sie selbst charakterisiert – bekam er in jener Praxis in Pretoria, in der Gerti Pistorius an jenem schicksalhaften Tag anrief.

»Mir war sofort klar, dass man die Prothesen nicht mehr reparieren konnte«, erinnert sich van der Watt. »Das war ein völlig überholtes Holzmodell, wie man es noch aus den 50er-Jahren kannte. Und sie waren völlig hinüber.«

Er versprach, für den Jungen neue, bessere Prothesen zu besorgen, mit denen er laufen und Sport treiben konnte. »Er war ziemlich schüchtern«, erinnert sich van der Watt, »aber ich fand schnell heraus, dass er hart im Nehmen war und immer bis an seine Grenzen ging.« Pistorius kam mehrmals zur Anprobe vorbei, bis die neuen Prothesen richtig saßen. Und irgendwann im Lauf dieser Zeit kam ihm eine Idee.

»Es war im Jahr 2000 kurz vor den Olympischen Sommerspielen und den Paralympics. Ich fand die Idee der paralympischen Idee total faszinierend und hatte von irgendwoher einen Promofilm für die Spiele bekommen. Ich dachte, Oscar solle sich das mal ansehen. Er hatte noch nie etwas von Behindertensport gehört, und als er da in meiner Praxis saß und das Video sah, war er völlig hin und weg. Man spürte, wie es ihm in den Fingern juckte. Was er in dem Video sah, eröffnete ihm ganz neue Perspektiven.«

Was er jetzt brauchte, waren sogenannte Cheetah-Carbon-Prothesen, wie sie die Sprinter bei den Paralympischen Spielen benutzen. Die Originalprothesen waren viel zu teuer, daher entschloss sich van der Watt, angespornt durch seinen ehrgeizigen jungen Patienten, selbst ein Paar zu konstruieren. Jedoch hatte er keinerlei Erfahrung mit dem Werkstoff Carbon. Daher nahm er Kontakt zu jemandem auf, der als Flugzeugbauer mit diesem Material arbeitete, und zeichnete ihm auf einem Stück Papier ein Modell der Prothese auf, die ihm vorschwebte. Dabei orientierte er sich an den bei den Paralympics verwendeten High-Tech-Prothesen, die von ihrer Form her den Läufen eines Gepards nachempfunden waren.

»Dieser Flugzeugbauer fertigte mir die Prothesen an, und ich konstruierte die Schäfte für Oscars Stümpfe.« Van der Watt hat noch ein Foto von der ersten Anprobe. Pistorius wirkt darauf buchstäblich stolz wie Oscar.

»Wir fuhren zur Laufbahn, um die Belastbarkeit zu testen. Oscar lief los, aber die Prothesen brachen schon nach fünf Minuten. Ich habe bestimmt fünf oder sechs Paar gebaut, bevor wir eins hatten, das ganz blieb.«

Die Haut an Pistorius Stümpfen platzte auf und blutete, während er über die Aschenbahn sprintete. Das Problem war die starke Reibung an den Kontaktstellen. Doch aufgeben kam für ihn nicht in Frage.

Oscars Beharrlichkeit spornte van der Watt zusätzlich an. Die beiden fühlten sich wie auf einer geheimen Mission. Geheim, da zwar Pistorius' Mutter, die van der Watt für sein Engagement sehr dankbar war, wusste, woran sie arbeiteten, in der Schule von ihren Experimenten jedoch niemand etwas ahnte. Es gab natürlich auch an der Pretoria Boys High eine Aschenbahn, doch sie führten ihre Tests lieber woanders durch, wo niemand so leicht etwas davon mitbekommen konnte.

Die Enttäuschung war natürlich groß, wenn wieder ein Paar seiner in mühsamer Handarbeit angefertigten Prothesen zu Bruch ging, doch führte gerade dieses ausgiebige Experimentieren dazu, dass van der Watt mit der Zeit ein enormes Fachwissen über die Funktionsweise der Spezialprothesen erwarb. Er wurde eine so große Koryphäe auf diesem Gebiet, dass man ihn zehn Jahre später als technischen Berater für die US-amerikanische Paralympics-Mannschaft engagierte.

Worauf es bei der Entwicklung einer Beinprothese besonders ankommt, ist die Passgenauigkeit des Schafts, in den der Stumpf gesteckt wird. »Man muss ihn sich wie einen Schuh vorstellen«, erklärt van der Watt. »Die Passform muss unbedingt stimmen. Der Schaft darf weder zu locker, noch zu fest sitzen, er muss ganz exakt eingestellt sein.« Der zweite entscheidende Punkt ist die korrekte Ausrichtung des Fußes. Er muss genau im richtigen Winkel angebracht werden, dort, wo beim Abstoß die maximale Energie freigesetzt und die eigene Körperkraft am effizientesten genutzt werden kann. Hinzu kommt, so van der Watt, dass das Gewicht und die Länge der Prothesen optimal auf die Kraft und die Größe des Läufers abgestimmt werden müssen.

Am wichtigsten ist jedoch die Passgenauigkeit. »Wenn man läuft, kommt man bei jedem Auftritt mit dem Zweieinhalb- oder Dreifachen des eigenen Körpergewichts auf dem Boden auf. Wenn eine Prothese zu locker oder zu fest sitzt, fügt man sich nicht nur Schmerzen zu, sondern büßt auch an möglicher Geschwindigkeit ein.«

Erst 2001 hatte van der Watt ein Paar entwickelt, das stabil genug war und mit dem sich Pistorius rundum wohlfühlte. An der Schule spielte er immer noch Rugby und trug dabei seine Alltagsprothesen. Aber alle zwei Wochen experimentierte er auf der Laufbahn mit den speziell angefertigten Cheetahs. Damals, kurz vor seinem 15. Geburtstag, war eine Teilnahme an den Paralympics für ihn noch kein Thema. Van der Watt sah natürlich, dass Oscar sehr schnell war, doch fehlten ihm Vergleichswerte von potenziellen Konkurrenten im Behindertensport. »Für mich war er ein ganz normales, etwas schüchternes Kind, das aber auch ein kleiner Spaßvogel sein konnte. Er lachte viel und machte makabere Scherze. So tackerte er sich zum Beispiel Heftklammern in die Beine, um Leute zu erschrecken, die nicht wussten, dass er Prothesen trug«, erzählt van der Watt. »Ich machte lediglich meinen Job für einen netten Jungen aus Pretoria, da steckten weder ein Plan noch irgendein höheres Ziel dahinter. Ich hab diesem Jungen einfach geholfen, ein etwas besseres Leben zu führen.«

Pistorius fand es großartig, mit den neuen Prothesen zu laufen, obwohl seine Leidenschaft nach wie vor Rugby war, jene Sportart, die an der Pretoria Boys High am meisten zählte. Doch dass er diesen Sport über kurz oder lang an den Nagel hängen musste, war absehbar. Das Unvermeidbare geschah kurz nach seinem 16. Geburtstag, bei einem Spiel gegen eine andere Schule. Zwei große gegnerische Spieler nahmen Pistorius hart in die Zange, wobei sich seine Prothesen lösten und abfielen. Pistorius verletzte sich schwer an den Knien. Noch während er am Boden lag, schrie ihn einer der Zuschauer an, er solle aufstehen und sich nicht länger wie ein Mädchen herumwinden. Pistorius stand das Spiel noch irgendwie bis zum Ende durch, doch ihm war endgültig klar, dass er als Rugbyspieler keine allzu großen Zukunftsaussichten hatte.

Er ging zu Gerry Versfeld, dem er blind vertraute und der ihm ein intensives, dreimonatiges Rehabilitationsprogramm verordnete. In der letzten Phase dieser Maßnahme war jede Menge Lauftraining vorgesehen, um das verletzte Knie wieder zu stärken. Anfang 2004 nahm Pistorius dieses Lauftraining an der Universität von Pretoria unter der Leitung des Leichtathletiktrainers Ampie Louw auf.

Louw war ein großer, raubeiniger Bure Mitte 40, der es sich in den kommenden zehn Jahren zur Aufgabe machte, mit Pistorius all die zahlreichen Stellschrauben zu nutzen, um das Letzte aus ihm herauszukitzeln, sodass seine ohnehin hohe Laufgeschwindigkeit noch um ein paar Millisekunden verbessert werden konnte. Ende Januar 2004, knapp zwei Monate nach seinem ersten Training mit Louw, trug das neue Fitnessprogramm erste Früchte. Pistorius ging für die Pretoria Boys High bei einem Leichtathletikwettbewerb in Bloemfontein an den Start.

Unter den so neugierigen wie irritierten Blicken seiner Gegner, die sich teils ein Schmunzeln nicht verkneifen konnten, bereitete sich Pistorius auf das 100-Meter-Rennen vor. Die meisten Zuschauer waren fest davon überzeugt, dass er es reiner Gefälligkeit der Verantwortlichen an der Pretoria Boys High zu verdanken hatte, hier antreten zu dürfen – und dass er zweifellos als Letzter ins Ziel kommen würde. Doch weit gefehlt: Pistorius gewann! Und der stürmische Applaus, der danach aufbrandete, bot bereits einen kleinen Vorgeschmack auf die Welle der öffentlichen Begeisterung, die ihn bald tragen sollte.

Als letzte Disziplin stand an diesem Tag die 4x100-Meter-Staffel auf dem Programm. Wenn die Jungs der Pretoria Boys High dieses Rennen gewannen, war ihnen der Gesamtsieg sicher. Paul Anthony war nicht vor Ort, weil er gerade mit seiner Frau im Urlaub war, doch per Telefon war er mit einem anderen Lehrer verbunden, der den Staffellauf live verfolgte. »Wir lagen an vierter oder fünfter Stelle und drohten, auf den letzten Platz zurückzufallen, als Oscar den Stab übernahm«, erinnert sich Anthony. »Mit einem Mal schrie mein Kollege: ›Oh, mein Gott, der Junge fliegt ja!‹ Und das war nicht mal übertrieben. Er zog unaufhaltsam am restlichen Feld vorbei und kam tatsächlich als Erster durchs Ziel. Unglaublich, wir hatten gewonnen!

Nachdem ich aufgelegt hatte, konnte ich es immer noch nicht fassen. Zu meiner Frau sagte ich: ›Ich weiß, dass er schnell ist, aber ich hatte keine Ahnung, wie schnell. Es ist nicht zu glauben. Das ist ein Wunder, ein wahres Märchen. Irgendwer muss doch mal über den Jungen schreiben.‹ Denn mein Kollege hatte recht: Der Junge ohne Beine konnte fliegen!«

Von jenem Tag an ging alles ziemlich schnell. Es stellte sich heraus, dass Pistorius mit der Zeit, in der er die 100 Meter gelaufen war – 11,72 Sekunden –, den paralympischen Weltrekord für beidseitig amputierte Sprinter eingestellt hatte. Er war knapp eine halbe Sekunde darunter geblieben.

Rugby war damit abgehakt. Wenn für ihn alles optimal liefe, würde er ein mäßig guter Spieler im Schulteam werden – mehr war für ihn nicht drin. Im Laufen fand er endlich den Trost und die Bestätigung, die er seit dem Tod seiner Mutter vermisst hatte. Zudem schien diese Sportart perfekt zu ihm und seinem Temperament zu passen. Um als Sprinter erfolgreich zu sein, war er ganz allein auf sich gestellt und auf niemanden sonst angewiesen. Je stärker er sich forderte und seine Grenzen auslotete, desto schneller wurde er.

Er war 17 und hatte noch eineinhalb Jahre bis zu seinem Highschoolabschluss, als er zum ersten Mal bei den südafrikanischen Behindertenspielen antrat und sich mühelos für die Paralympischen Spiele in Athen 2004 qualifizierte – auch wenn er zunächst überrascht war, sich plötzlich unter Behinderten wiederzufinden, einer Gruppe von Menschen, mit der er, wie man ihm sein Leben lang beigebracht hatte, nichts gemein hatte. Mit einem Mal tauchte sein Name immer wieder in den Nachrichten auf, er drehte einen Fernsehwerbespot, erhielt Sponsorengelder, kaufte sich sein erstes Auto und entdeckte seine Leidenschaft fürs schnelle Fahren. Das Autofahren war etwas, wobei seine Behinderung keinerlei Rolle spielte und er das Gefühl genoss, alles unter Kontrolle zu haben.

Im Juni, drei Monate vor den Spielen in Athen, meldete er sich bei Francois van der Watt, der sich gerade in den USA niedergelassen hatte.

»›Ich bin in der südafrikanischen Mannschaft. Ich brauche neue Beine‹, erklärte er mir«, erinnert sich van der Watt. »Ich schlug ihm vor, zu mir rüberzufliegen, und das tat er dann auch. Ich nahm Maß, fertigte die Schäfte an, stellte alles optimal ein, und so bekam er seine ersten Cheetahs. Sie halfen ihm, auf der Karriereleiter eine Stufe weiter nach oben zu klettern.«

Der Flex-Foot-Cheetah war seit den frühen 1990er-Jahren die Prothese der Wahl für alle paralympischen Leichtathleten, und auch Pistorius nutzte sie während seiner gesamten Karriere. Seine ersten Wettbewerbserfahrungen sammelte er mit ihnen in Oklahoma. Van der Watt hatte ihm empfohlen, an den Endeavor Games für behinderte Sprinter teilzunehmen. Er lief die 200 Meter gegen den schnellsten Amerikaner und gewann. Die regionale Presse war völlig aus dem Häuschen. Es war das erste Mal, dass Pistorius außerhalb Südafrikas Schlagzeilen machte.

»Wir teilten uns ein Zimmer in Oklahoma City«, erzählt van der Watt, »und ich war fasziniert, wie fokussiert Oscar war, wie entschlossen, sein Bestes zu geben. Dass es sein erstes großes Rennen außerhalb von Südafrika war, schien ihn überhaupt nicht zu belasten. Als ich dann sah, wie er lief, wie er sich in der Öffentlichkeit verhielt und mit der Presse umging, war ich mir völlig sicher, dass er ein einzigartiges Talent besaß und ein ganz großer Sportler werden würde.«

Zunächst stand Athen an. Wie würde er sich dort schlagen? In einem gigantischen Stadion vor einer riesigen Menschenmenge? Als Leichtathlet hatte er gerade einmal acht Monate Erfahrung gesammelt. Und hier trat er gegen eine Menge Routiniers an, Männer, die fünf oder sogar zehn Jahre älter waren als er, viele davon nur einseitig amputiert. Zudem hatte Louw eine technische Schwäche bei ihm ausgemacht: Er kam nicht schnell genug vom Startblock weg, zumindest nicht schnell genug, um den 100-Meter-Lauf bei der damaligen paralympischen Konkurrenz gewinnen zu können. Auf den 100 Metern konnten sich seine Gegner dadurch einen zu großen Vorsprung verschaffen, sodass er in dieser Disziplin nicht auf einen Sieg hoffen durfte. Trotzdem nahm er an dem Rennen teil, doch Louw hielt es in dieser Phase seiner Karriere für das Beste, sich auf den 200-Meter-Lauf zu konzentrieren, weil er da mehr Zeit hatte, den Vorsprung der anderen bis zum Ziel wieder wettzumachen.

Gerry Versfeld war extra nach Athen geflogen, um Pistorius laufen zu sehen. Obschon ihm als Spezialisten der Umgang mit Amputierten vertraut war, war er erstaunt, so viele schlanke und fitte Sportlerinnen und Sportler mit fehlenden Gliedmaßen zu sehen. »Das hat selbst mir die Augen geöffnet. Es war das erste Mal, dass ich sah, wie Menschen mit Behinderungen solche Leistungen vollbringen«, so Versfeld. »Die Botschaft, die hiervon ausging, lautete: Das hier sind keine Wracks, sondern talentierte Menschen, die Teil unserer Gesellschaft sind.«

Ludwig Guttmann, der gut ein halbes Jahrhundert zuvor die Idee hatte, behinderte Menschen für den Wettkampfsport zu begeistern, war ebenfalls Arzt gewesen. Der deutsche Jude war Anfang 1939 vor der Verfolgung durch die Nationalsozialisten nach England geflohen.

Nach dem Zweiten Weltkrieg behandelte der renommierte Neurochirurg ehemalige Soldaten mit Rückenmarksverletzungen in dem bei London gelegenen Stoke Mandeville Hospital. Eines Tages kam er auf die Idee, für seine Patienten einen Sportwettbewerb auszurichten. Und so rief er 1948, am selben Tag, an dem in London die Olympischen Sommerspiele eröffnet wurden, einen Wettbewerb ins Leben, der unter dem Namen Stoke Mandeville Games bekannt wurde. Dieser Sportwettkampf war der Vorläufer der zwölf Jahre später in Rom ausgetragenen ersten offiziellen Paralympischen Spiele.

Wohl kein anderer Sportler hatte der Guttmannschen Idee so viel zu verdanken wie Oscar Pistorius. Mit gerade einmal 17 Jahren stahl er bei den Paralympischen Spielen in Athen 2004 allen die Schau. »Sein einziges Problem waren die Startschwierigkeiten«, erinnert sich Gerry Versfeld. »Trotzdem schaffte er es, auf den 100 Metern die Bronzemedaille zu holen. Beim 200-Meter-Lauf hatte er auch einen schlechten Start erwischt. Innerhalb von Sekundenbruchteilen lag er zehn Meter zurück und hatte vier, fünf Läufer vor sich. Aber dann machte er richtig Dampf – so was hatte man noch nicht gesehen. Von vorne betrachtet schwankt er ein bisschen hin und her, aber von der Seite, so wie ich ihn gesehen habe, war sein Lauf absolut perfekt. Es war das Erstaunlichste, was ich je gesehen habe. Ich war wahnsinnig stolz auf ihn.«

Er war der jüngste Sprinter im Feld, aber er gewann nicht nur das Rennen, sondern stellte mit seiner Zeit von 21,97 Sekunden auch einen neuen Weltrekord auf.

Bill Schroder, der Rektor der Pretoria Boys High, war begeistert. Pistorius' Triumph war auch ein Triumph für die Schule. Zugleich war Schroder aber auch besorgt. »Er hatte seine Mutter in einem Alter verloren, in dem man sehr, sehr empfindsam ist und leicht den Halt verliert, und dann wurde er über Nacht zur nationalen Ikone, zum südafrikanischen Wunderkind. Er war erst 17 und wurde von der Presse überschwänglich gefeiert, selbst Frauenzeitschriften rissen sich um Interviews mit ihm. Jeder Junge in seinem Alter würde unter solchen Umständen überschnappen, und für ihn kam noch erschwerend hinzu, dass er seine Mutter verloren hatte. Was seinen Vater anging – soweit ich das mitbekam –, begann der sich erst für ihn zu interessieren, als er berühmt war. Was es für ihn noch mal schwerer machte als für andere, war, dass er keine Beine hatte. Ich machte mir wirklich Sorgen, wie er mit all dem klar kommen würde, zumal mir bewusst war, dass wir in der Schule die Einzigen waren, die ihm Halt und Orientierung geben konnten.«

Schroeder lag es fern, ihm eine Sonderstellung einzuräumen. Pistorius hingegen glaubte, sich genau das jetzt verdient zu haben. Jetzt, da er mit einem Mal berühmt geworden war, glaubte er, für ihn gelten eigene Gesetze. Doch an der Pretoria Boys High war nach wie vor Schroders Wort Gesetz. Und so gerieten die beiden in Pistorius' letztem Schuljahr nach seinem Erfolg in Athen zwangsläufig aneinander.

Das erste Mal ging es um einen Wagen, den Pistorius von einem Sponsor geschenkt bekommen hatte. Schroder bestand darauf, dass er das Auto wieder abgab. Pistorius protestierte zunächst dagegen, gab dann aber widerwillig nach. Zur zweiten großen Auseinandersetzung kam es, als Pistorius bat, vom Unterricht freigestellt zu werden, um an einem Leichtathletikwettbewerb in Finnland teilnehmen zu können. Schroder verweigerte die Freistellung. Pistorius beharrte drauf, dass er teilnehmen müsse, weil dies eine Chance sei, die vielleicht nie wiederkäme. Es ging nicht um einen Behindertenwettbewerb, sondern einen regulären Wettkampf mit internationalen nicht-behinderten Sportlern. Bei dem Disput ging es hoch her, wie sich Schroder erinnert. »Er sagte: ›Ich muss unbedingt fahren.‹ Ich entgegnete: ›Wenn du das tust, brauchst du nicht mehr zurückzukommen.‹ Ich machte ihm klar, dass die Regeln an der Schule für alle gelten, auch für ihn, und dass keiner, also auch er nicht, eine Vorzugsbehandlung bekäme. Das waren die unverrückbaren Prinzipien, die seit jeher an unserer Schule galten. Ich setzte mich durch, er blieb. Aber ich weiß, dass er stinksauer auf mich war. Ich hörte, wie er mich anderen gegenüber als ›Mr. Fucking Schroder‹ bezeichnete.«

Ganz abgesehen von den Prinzipien gab es noch einen weiteren, praktischen Grund dafür, dass Schroder Pistorius nicht vom Unterricht freistellen wollte. Der ältere Schüler hatte seine Pflicht als Schlafsaalaufsicht zu erfüllen.

In dieser Funktion trug Oscar die Verantwortung für einen ganzen Saal voller Schulanfänger. Er hatte für seinen kleinen Zuständigkeitsbereich eine ähnliche Machtbefugnis wie Schroder für die ganze Schule. Freilich war Pistorius gerade mal 18 Jahre alt, und wie bei jedem anderen in diesem Alter bestand die Gefahr, dass er seine Macht missbrauchte.

Genau dies behauptete nach dem tragischen Tod von Reeva Steenkamp auch jemand: dass Oscar damals seine Macht missbraucht hätte. Unter denjenigen, die überzeugt waren, dass er seine Freundin vorsätzlich ermordet hatte, verbreitete sich schnell das Gerücht, dass er als Schlafsaalaufseher ein gemeiner Tyrann gewesen war.

Auch einige Lehrer haben irgendwie davon gehört, dass Pistorius eine gewalttätige Ader gehabt haben soll – dass er manchmal »ausgerastet« sei, wie jemand sich ausdrückte – und Jüngeren gedroht haben soll. Aber an der Pretoria Boys High war das nichts Ungewöhnliches. Mehrere Ehemalige berichten, dass die ersten Jahre für sie dort der »blanke Horror« gewesen seien. Dass die Aufseher, denen sie unterstellt waren, sie als Schuhputzer oder Zimmermädchen missbraucht und keine Skrupel gehabt hätten, sie willkürlich wegen angeblicher Verstöße gegen die Schulordnung zu bestrafen. Ein Ehemaliger erinnerte sich: »Man lebte in der ständigen Angst, des Verstoßes gegen die Regeln bezichtigt zu werden. Innerhalb der Hierarchie des Internats- und Haussystems gehörte man zur untersten Klasse, und das war die der Sklaven.«

Gebote mit harter Hand durchzusetzen, war an der Pretoria Boys High die Norm. Dass Jüngere und Schwächere schikaniert wurden, gehörte dazu. Für Interne war das besonders hart. Es war wie ein Boot Camp, sind sich einige Ehemalige einig, eine perfekte Vorbereitung aufs Militär. Die Schlafsaalaufseher waren so etwas wie Oberfeldwebel, die frei schalten und walten konnten, Demütigungen und Züchtigungen inklusive. Was im zivilen Leben verboten und strafbar war, war hier bis zu einem gewissen Grad alltäglich. Sich bei Lehrern über harte

Bestrafungen und Übergriffe zu beschweren, galt unter den Schülern als absolutes Tabu. Dann wäre man für immer unten durch gewesen. Dass sich die Internen nicht beschwerten, solange sie im Internat waren, hieß allerdings nicht, dass nicht wenigstens einige in den Ferien zu Hause ihren Eltern von ihren schlimmen Erfahrungen berichteten. Ein paar Internatsschüler erwähnten dabei auch den Jungen ohne Beine.

Bill Schroder erinnert sich, dass sich »ein paar Eltern« darüber beschwert hätten, wie dieser Wunderknabe mit ihren Kindern umging. Schroder erklärt, dass er den Beschwerden nachgegangen, aber auf keinen Vorfall gestoßen sei, der »schlimm genug war, um auf meinem Schreibtisch zu landen«. Seiner Meinung nach war es richtig, ihn für das Schikanieren nicht zurechtzuweisen. Ein Polizist wäre möglicherweise anderer Meinung gewesen. In der reinen Männerwelt der Pretoria Boys High wurde vieles toleriert, was außerhalb der Schulmauern nicht geduldet worden wäre. Es war nicht von der Hand zu weisen, dass ihre Schüler nach ihrem Abschluss leichter als andere mit dem Gesetz in Konflikt geraten konnten. So wie im Fall eines Ehemaligen, der in den 1980er-Jahren seinen Abschluss an der Pretoria Boys High gemacht hatte. Er war ein besonders aufsässiger Schüler gewesen, der sich nicht um das ungeschriebene Gesetz scherte, dass man jemanden, der am Boden liegt, nicht mehr tritt. Sein Leben endete damit, dass er zuerst seine Freundin, eine ehemalige Schönheitskönigin, tötete, und dann sich selbst.

7

Es gibt kein größeres Leid, als sich im Unglück an glückliche Zeiten zu erinnern.

DANTE ALIGHIERI, *Die Göttliche Komödie*

Das große Porträt, das an der Wand des Gartenhauses hing, war nicht das einzige Bild von Reeva, mit dem sich Pistorius umgab. Auf einem Tisch lag eine Fotocollage mit Aufnahmen von ihr und ihm bei öffentlichen Auftritten – ein prominentes Vorzeigepaar im Blitzlichtgewitter der Pressefotografen. Auf seinem Laptop hatte Pistorius private Aufnahmen, die sie beide in weniger einstudierten Posen zeigten, miteinander scherzend oder einander verliebt in die Augen sehend. Auf einer Schwarz-Weiß-Aufnahme sieht man Reeva in Pistorius' Arm schlafend: sie die sicher geborgene Unschuld, er der liebevolle Beschützer.

Er konnte seinen Erinnerungen nicht entrinnen und schlief in seinem weichen Daunenbett nicht besser als auf dem harten Boden der Gefängniszelle. Weder am ersten Abend in seinem Gartenhaus, noch am zweiten, noch in den folgenden drei Wochen, bis die Ärzte schließlich die richtige Mischung aus Beruhigungsmitteln und Antidepressiva für ihn gefunden hatten.

Pistorius' Schwester Aimée übernahm für ihren Bruder die Rolle der Mutter. Auch Carl stand ihm immer zur Seite, doch es war Aimée, der er sich am meisten öffnete, die er am ehesten an sich ranließ. Sein Schmerz war auch ihrer, und sie versuchte alles, um seine Qualen zu lindern. Auch Aimée wohnte bei Arnold und Lois; ihr Zimmer lag in der oberen Etage des Haupthauses. Und selbst wenn sie gerade nicht stundenlang bei ihm saß, war sie für ihren Bruder immer erreichbar, bereit, alles stehen und liegen zu lassen, wenn sie gebraucht wurde. Er war ein erwachsener Mann, aber vollkommen verzweifelt und hilflos wie ein Kind.

Manchmal rief Pistorius seine Schwester mitten in der Nacht an und riss sie aus dem Schlaf, weil er wieder einmal von seinen quälenden Erinnerungen geplagt wurde oder weil er irgendein seltsames Geräusch gehört hatte.

Eines Nachts war es so schlimm, dass er aus dem Bett sprang und sich in einem Schrank verbarrikadierte, von wo aus er seine Schwester anrief. Sie rannte in den Garten, die Treppen hinab, am Swimmingpool vorbei bis hinunter zur Hütte und redete dort so lange auf ihren Bruder ein, bis er aus dem Schrank gekrochen kam. Dann hielt sie ihn im Arm, bis sein Anfall vorüber war.

Was die Familie nicht gleich erkannte, war, dass Pistorius' Schlaflosigkeit unter anderem auch daher rührte, dass er gar nicht einschlafen wollte. Die Medikamente, die er nahm, halfen zwar, das eine Problem in den Griff zu bekommen, verursachten zugleich aber ein anderes: Die Bilder, die er im Wachzustand mit Mühe und Not verdrängen konnte, drängten im Schlaf in sein Unterbewusstsein, was die regelmäßigen schrecklichen Albträume zeigten. Panisch und schweißgebadet wachte er auf, den Geruch von Reevas Blut in der Nase, sodass er erst würgen und sich dann erbrechen musste.

Zwölf Tage nach ihrem Tod und eine Woche nach ihrer Beerdigung in ihrer Heimatstadt Port Elizabeth wurde auf dem Anwesen von Onkel Arnold ein Gedenkgottesdienst für Reeva abgehalten. Die schrecklichen Erinnerungen, die ihn plagten, konnte Pistorius damit zwar nicht vertreiben, allerdings hatte es immerhin etwas Tröstliches, sich um die Vorbereitungen zu kümmern. Er schmückte den Bereich um den Swimmingpool mit Blumen, verteilte überall auf dem Boden Kerzen und hing ein überlebensgroßes Bild von Reeva an einen Baum. Rund 20 Personen nahmen an dem Gedenkgottesdienst teil, darunter einige Familienmitglieder wie Pistorius' Bruder und Schwester, sowie ein paar Freunde, die weiterhin zu ihm hielten. Einer von ihnen war Justin Divaris, der ihn mit Reeva bekannt gemacht hatte und den Pistorius 40 Minuten nach der Tat angerufen hatte.

In ihrer Beziehung zu Pistorius war Reeva das Aschenputtel. Ihre Familie kam aus völlig anderen Verhältnissen als seine – von Luxusautos, Fünf-Sterne-Hotels, Erste-Klasse-Reisen und Prachtvillen konnten die Steenkamps nur träumen. Sie waren Weiße, aber sie waren arm, und diese Kombination war in Südafrika äußerst selten. Henke Pistorius hat immer mit Geld um sich geschmissen, und Sheila war es nach ihrer Scheidung nicht leicht gefallen, sich über Wasser zu halten, nichtsdestotrotz war der Name Pistorius' immer ein Türöffner. Reevas Leben sah völlig anders aus.

Geboren am 19. August 1983 in Kapstadt, der Metropole an der Atlantikküste, zog Reeva, als sie noch klein war, mit ihrer Familie nach Port Elizabeth, Kapstadts mittelloser Schwesterstadt am Indischen Ozean. Port Elizabeth ist ein schmuckloses, verschlafenes Nest, das keinerlei Profit aus seinen langen Sandstränden und seiner sonnigen Lage zu schlagen versteht.

Barry Steenkamp verdiente sein Geld als Trainer für Galopprennpferde und war damit mal mehr, mal weniger erfolgreich, ähnlich wie Henke Pistorius. Sein Einkommen ließ sich allerdings nicht im Geringsten mit dem von Henke vergleichen. Barry hatte einen Sohn aus erster Ehe mit in die Beziehung gebracht, seine Frau June eine Tochter. Als June mit Reeva schwanger wurde, hatte sie schon lange nicht mehr daran geglaubt, noch einmal ein Kind bekommen zu können. Das kleine Haus, in dem die Familie lebte, war kaum komfortabler als eine der Baracken in den Townships, in die zu Apartheidzeiten die Farbigen verbannt waren. Es stand auf einem ziemlich verwahrlosten Grundstück inmitten des Wohnviertels Miramar. Mit seinen grauen Wänden und dem einfachen Zinkdach fiel es zwischen all den roten Backsteingebäuden, in denen die besser verdienenden Nachbarn lebten, ziemlich auf. Von Reevas Elternhaus war es nicht weit zur St. Dominic's Priory, einer katholischen Schule für Kinder aller Hautfarben. Ihre Lehrer erinnern sich an sie als fleißige, liebenswürdige und unkomplizierte Schülerin.

Als Teenager schaffte es Reeva bei der Wahl zur Miss Port Elizabeth bis in die Finalrunde. Reevas Interessen gingen zu jener Zeit jedoch in eine ganz andere Richtung. Sie wollte Jura studieren. Die Studiengebühren konnten sich ihre Eltern nicht leisten, aber ehrgeizig wie sie war, schaffte sie es, ein Stipendium zu bekommen. Sie war 22, als sie 2005 ihren Abschluss an der Nelson Mandela University in Port Elizabeth machte.

Danach änderte sie allerdings ihre Pläne und begann zu modeln, wobei sie schon ein Jahr nach ihrem Studienabschluss einen ersten großen Erfolg verbuchen konnte: Nachdem sie sich ihre dunklen Haare blond gefärbt hatte, bekam sie von dem internationalen Kosmetikkonzern Avon Cosmetics einen Vertrag als »weißes Gesicht« der südafrikanischen Werbekampagnen angeboten (es gab noch drei Kolleginnen, die die schwarzen, indischen und farbigen Frauen repräsentierten).

Als Tochter eines Rennpferdtrainers war es kein Wunder, dass Reevas große Leidenschaft das Reiten war. Als Teenager stand sie jeden Morgen in aller Frühe auf, um die Pferde zu reiten, die ihr Vater trainierte. In Fachkreisen werden solche Hilfskräfte »Bereiter« genannt. Beim »Bereiten« lernte Reeva dann auch den Mann kennen, mit dem sie ihre erste ernsthafte Beziehung hatte, die sechs Jahre hielt. Sie hatte sich in den Jockey Wayne Agrella verliebt – einen kleinen Mann mit einem großen Namen im südafrikanischen Galoppsport.

Die beiden hätten heiraten können. Reeva hätte, wie ursprünglich geplant, als Juristin Karriere machen können, und gemeinsam hätten sie es vielleicht geschafft, Reevas Eltern aus der Armut herauszuhelfen, wie Reeva es sich während ihrer Schul- und Studienzeit immer erträumt hatte. »Macht euch keine Sorgen«, hatte sie ihnen oft gesagt, »ich kümmere mich schon um euch.«

Nach einem Unfall während ihrer Studienzeit sah es jedoch so aus, als müssten sich ihre Eltern für den Rest ihres Lebens um Reeva kümmern. Es war sehr ernst: Reeva hatte sich bei einem Reitunfall zwei Wirbel gebrochen. Der Unfall markierte einen schicksalhaften Einschnitt in Reevas Leben. Sechs Wochen lag sie im Krankenhaus, ohne dass es Gewissheit gab, ob sie jemals wieder würde laufen können.

Aber glücklicherweise wurde sie wieder vollständig gesund und trug keine bleibenden Schäden davon. Sie brachte ihr Jurastudium zu Ende und entschloss sich, ihr Leben zu ändern. Sie ging nie wieder reiten, trennte sich von Agrella – dem später vor Gericht emotionaler Missbrauch vorgeworfen wurde –, entschied sich, auf eine Karriere als Model zu setzen, und zog wie viele ehrgeizige Südafrikaner, die in der Provinz aufgewachsen sind, nach Johannesburg. Ihre Eltern, vor allem ihr Vater, hatten Zweifel, ob es klug war, die juristische Laufbahn auf Eis zu legen.

Kurz nach ihrer Ankunft in Johannesburg ließ Reeva sich das Wort »Lioness« (dt.: Löwin) auf einen Knöchel tätowieren und machte sich voller Zuversicht daran, die Welt zu erobern. Der Erfolg ließ zunächst jedoch auf sich warten. Mit knapp 1,70 Meter war Reeva für ein Model relativ klein, und obschon sie von der Agentur Ice Model unter Vertrag genommen und auch ziemlich schnell für ein paar Shootings gebucht wurde, brauchte sie Jahre, um so viel Geld beiseitezulegen, dass sie ihren Eltern finanziell etwas unter die Arme greifen konnte. Während Pistorius bereits weltweit Schlagzeilen machte und seine ersten Millionen verdiente, wartete sie wie so viele Models auf den Durchbruch. Fünf ebenso frustrierende wie glückliche Jahre verbrachte sie auf diese Weise in der Geburtsstadt von Oscar Pistorius.

Reeva hatte einen großen Freundeskreis und ging oft aus, vor allem zum Tanzen. Gelegentlich arbeitete sie als Moderatorin für Fashion TV South Africa und regte sich über die Zickigkeit ihrer Model-Kolleginnen auf. Sie kam mehr schlecht als recht über die Runden, jedoch vermisste sie ihre Eltern. Ein wenig Trost fand sie bei dem Geschäftsmann Warren Lahoud, in den sie sich Anfang 2008 verliebte und mit dem sie gut vier Jahre zusammen war. Derweil ließ der Durchbruch als Model immer noch auf sich warten. Während eines Besuchs in Port Elizabeth im Oktober 2008 kam es zu einem Zwischenfall, der als düsteres Vorzeichen auf die Tragödie vom Valentinstag viereinhalb Jahre später gesehen werden kann. Reeva war mit ihrer Mutter allein zu Hause, als Einbrecher gewaltsam in ihr Elternhaus eindrangen. Während die Einbrecher alles durchwühlten, hatten sich Reeva und ihre Mutter in einem der Zimmer eingeschlossen und eine Viertelstunde lang schweigend und starr vor Angst dort drinnen ausgeharrt. Dieses Erlebnis verstörte sie so sehr, dass sie psychologische Hilfe in Anspruch nahm.

2009 lief es für Reeva beruflich schon ein klein wenig besser, doch erst 2010 ging es karrieremäßig wirklich voran. Reeva wurde für Anzeigen von Toyota, Pin-Pop-Lollipops, Hollywood-Kaugummi und Cardinal-Bier gebucht. Dabei war ihr größter Wunsch, es einmal auf das Cover eines Hochglanzmagazins zu schaffen. Einen ersten Schritt in diese Richtung machte sie, als sie nach Bazaruto in Mosambik flog, wo sie als Kalender-Girl für das Männermagazin *FHM* posierte. Ende 2011 folgte dann der lang ersehnte Durchbruch: Sie kam aufs Cover der Dezemberausgabe von *FHM*. »Es ist eine große Ehre für mich, das Covergirl zu sein, und dann auch noch gleich von der Dezemberausgabe. Ich bin gespannt, wie es weitergeht«, sagte sie in einem Interview mit dem *Herald,* einer Tageszeitung aus Port Elizabeth, in der man sie voller Stolz auf die Tochter der Stadt als »Schönheit mit Köpfchen« bezeichnete.

Anschließend folgte eine ganze Reihe interessanter Jobs, und Mitte 2012 bot man Reeva an, in Jamaika an der für das südafrikanische Fernsehen produzierten Reality-Show *Tropika Island of Treasure* mitzuwirken. Ausgestrahlt wurde sie am Ende zwei Tage nach ihrem Tod, was viele pietätlos fanden. Am Ende der Sendung sagt Reeva: »Man verliebt sich in das Verliebtsein … Ich bereue nichts, bin über nichts verbittert … Wichtig ist, wie man am Ende damit umgeht. Man zieht entweder etwas Gutes daraus oder etwas Schlechtes. Man muss nur ehrlich zu sich selbst sein und seinen Stolz bewahren und seine Selbstachtung.«

Dazu gehörte für Reeva auch, sich von ihrem langjährigen Partner Warren Lahoud zu trennen. Reevas Eltern waren erschüttert, als sie von der Trennung erfuhren, weil sie Warren für einen anständigen Kerl und »Gentleman« hielten, der ihrer Tochter ein sorgenfreies Leben ermöglichte. Wobei Reeva inzwischen selbst genug Geld verdiente, um sie zu unterstützen. Das war auch dringend nötig, denn in letzter Zeit war es ihnen immer schwerer gefallen, allein über die Runden zu kommen. Barry Steenkamp arbeitete schon länger nicht mehr mit Galopprennpferden und versuchte sich nun mit dem Straßenverkauf von Brennholz, das er selbst im Busch geschlagen hatte, über Wasser zu halten. Reevas Mutter June backte indes Kuchen und schmierte Sandwiches, die sie auf einer Galopprennbahn außerhalb von Port Elizabeth an die Pferdewetter verkaufte. (In einem ihrer letzten Gespräche mit ihren Eltern erzählte Reeva, dass sie gerade umgerechnet knapp 80 Euro an sie überwiesen habe, damit sie sich das von einem Pay-TV-Sender ausgestrahlte *Tropika Island of Treasure* ansehen könnten.)

Auch wenn es für Reeva gut lief, verdiente sie kein Vermögen. In den Monaten vor ihrem Tod hatte sie keine eigene Wohnung, sondern lebte in einem Zimmer bei den Eltern ihrer besten Freundin, der Visagistin Gina Myers. Der Stadtteil, in dem sie nun lebte, gehört zweifellos nicht zu Johannesburgs attraktivsten. Ein Grund mehr, sich höhere Ziele zu stecken. Wie sie ihrem Agenten erzählte, war ihr Vorbild die für ihre Schönheit, ihre Intelligenz und ihren Humor bekannte Hollywoodschauspielerin Cameron Diaz. Zudem bewegte Reeva sich jetzt immer öfter in höheren Kreisen, was dazu führte, dass sie ab und an auch Prominente kennenlernte. Es gab Gerüchte über eine Affäre mit Francois Hougaard, einem berühmten und außerordentlich gut aussehenden Rugbyspieler. Reevas Twitter-Postings in der zweiten Jahreshälfte 2012 lassen jedenfalls den Schluss zu, dass die beiden ein Verhältnis hatten.

Aber dann lernte das aufstrebende Model den berühmtesten aller jungen Südafrikaner kennen, den reichen und überaus höflichen Oscar Pistorius, der auf eine faszinierende Art zugleich lässig und elegant war. Und plötzlich war sie berühmt. Über Nacht waren die beiden zum neuen Traumpaar der Nation geworden. Die Zeitungen und Zeitschriften war voll mit Fotos von ihnen. Sie hatte es geschafft und war selbst zu einer Prominenten geworden. Das hätte sie sich in ihren kühnsten Träumen nicht ausgemalt. Freilich tat sich Reeva schwer damit, so sehr im Zentrum des öffentlichen Interesses zu stehen. Ihr machte es anfangs deutlich mehr aus, dass alle Augen und Kameras immer auf sie gerichtet waren, egal wohin sie ging, als Pistorius, der an den ganzen Rummel längst gewöhnt war. Aber es gab für Reeva keine Frage: Sie war gewillt, diesen Preis zu zahlen. Er liebte sie, und wenn man sich die Fotos der beiden anschaut, die er in seinem Gartenhaus wie einen Schatz hütete, liebte sie ihn auch.

Dieser Gedanke tröstete Pistorius während des von ihm organisierten Gedenkgottesdienstes auf dem Anwesen seines Onkels. Zugleich aber quälte er ihn auch. Er weinte fast die ganze Zeit über, während er etwas tat, was er für seine religiöse Pflicht hielt und von dem er sich eine kathartische Wirkung erhoffte.

Obschon es sich bei dem Gottesdienst um eine rein private Angelegenheit handelte, erfuhr auch die Öffentlichkeit davon, und zwar durch eine offizielle Erklärung einer sogenannten Reputationsmanagement-Agentur, die für Pistorius arbeitete. Zyniker, von denen es in Südafrika eine ganze Menge gibt, mutmaßten, der eigentliche Zweck dieser Veranstaltung sei, die Welt davon zu überzeugen, dass Pistorius Reeva geliebt habe und sie deswegen niemals vorsätzlich ermordet haben könnte, wie die Polizei behauptete. Shashi Naidoo, eine von Reevas Freundinnen, die bei ihrer Beisetzung in Port Elizabeth dabei gewesen war, sagte: »Ich halte das für einen jämmerlichen Versuch, die öffentliche Meinung zu beeinflussen.« Ähnlich sahen das auch eine ganze Reihe von Kommentatoren der verschiedenen südafrikanischen Tageszeitungen.

Pistorius versuchte, dieses Gerede nicht an sich heranzulassen. Bevor er Reeva erschossen hatte, hatte er per Handy regelmäßig die sozialen Netzwerke durchforstet oder war mit seinem Laptop durchs Internet gesurft. Das tat er inzwischen nicht mehr. Trotzdem ließ sich der gewaltige Shitstorm, der von allen Seiten über ihn hereinbrach, nicht ignorieren. Die vorherrschende Meinung war, Pistorius sei ein Lügner, der für lange in den Knast gehöre.

Viele Menschen, die früher zu ihm aufgeblickt hatten, verachteten ihn jetzt. Das Anwesen seines Onkels war für Oscar Pistorius ein Refugium, das ihn vor den neugierigen Blicken der Außenwelt schützte, dennoch blieb ihm nicht verborgen, dass ihm viele Menschen in Südafrika seine Version der Geschichte nicht abkauften. In einem Land, in dem Gewalt an der Tagesordnung war, war er für sie plötzlich nur ein Mörder mehr.

Schon durch seine Behinderung hatte er ein feines Gespür dafür entwickelt, wie er bei anderen ankam, und als er berühmt wurde, hatte er diesen Sinn noch mehr verfeinert. Er hatte sein ganzes Leben im Spiegel der anderen gelebt, immer darauf bedacht, welchen Eindruck er hinterließ. In seiner großen Erfolgsphase vor Reevas Tod hatte er stets ein bescheidenes Auftreten an den Tag gelegt. Unter der Anleitung erfahrener Medienexperten bei Nike und anderen Sponsoren, die von seinem Erfolg profitierten und aus reinem Eigeninteresse sicherstellen wollten, dass er sich keinen Fauxpas leistete, hatte er gelernt, sich strikt an ein festgelegtes Drehbuch zu halten. Doch dieses Drehbuch war jetzt umgeschrieben worden. Früher gab es en masse Schlagzeilen wie »Der Blade Runner mit dem großen Herzen holt eine weitere Goldmedaille«. Jetzt hieß es: »Weltberühmter Sportler erschießt die Frau, die er liebt«. Früher hatte er das Bild, das sich die Öffentlichkeit von ihm machte, beeinflussen können. Jetzt konnte er das nicht mehr. Dennoch stand er weiterhin im Fokus des öffentlichen Interesses, die ganze Welt blickte auf ihn und die Tragödie, in die er verstrickt war. Dagegen kam keine Reality-Show an, und er hatte keine Chance, sich vor der Welt zu verstecken.

Einen ersten Vorgeschmack auf den Shitstorm, dem er jetzt ausgesetzt war, hatte Pistorius allerdings schon fünfeinhalb Monate vor den tödlichen Schüssen auf Reeva bekommen. Zugetragen hatte sich der für Empörung sorgende Zwischenfall in London. Pistorius stand damals auf dem Gipfel seines Erfolgs.

Auf eine Niederlage gegen den Brasilianer Alan Oliviera im 200-Meter-Finallauf bei den Paralympics hatte Pistorius ziemlich unsportlich reagiert. Es war, als hätte er einen kurzen Moment lang vergessen, wie hart er am Image des liebenswürdigen Champions gearbeitet hatte, als hätte er nicht mitbekommen, dass er live im Fernsehen zu sehen war. Er hatte seinen Ausfall damals bereut und bereute ihn jetzt umso mehr, da er ein gefundenes Fressen für seine Gegner war, die ihre These bestätigt sahen, dass er von Anfang an ein Schwindler gewesen sei. »Oscar ist doch kein Heiliger«, lautete eine der Schlagzeilen damals.

Ihm war klar, dass er besser den Mund gehalten und dem Gewinner gratuliert hätte, dennoch hielt er seine Wut – auch im Nachhinein – für gerechtfertigt. Oliviera, der ihn noch kurz vor der Ziellinie überholt hatte, war ebenfalls beidseitig unterschenkelamputiert. Pistorius war davon überzeugt, dass er unnatürlich lange Prothesen getragen hatte, die seine Schrittlänge künstlich vergrößerten. Nichtsdestotrotz hätte er mit seiner langjährigen Erfahrung wissen müssen, dass es nicht immer ratsam ist, die Wahrheit offen auszusprechen. »Das war kein faires Rennen«, hatte er in einem Fernsehinterview erklärt. »Der Kerl hat unglaublich lange Beine.« Als er Oliviera ein Jahr zuvor gesehen habe, sei er fast einen ganzen Kopf kürzer gewesen. »Das ist absolut lächerlich!«, hatte er geschnaubt und war davongestampft.

Besonders niederschmetternd war, dass die im TV-Studio zu einer Gesprächsrunde versammelten Gäste, die das Rennen und seine Reaktion darauf verfolgt hatten, völlig hilflos waren und gar nicht wussten, wie sie auf den Ausbruch reagieren sollten. Sie waren weniger schockiert als peinlich berührt gewesen, zumal sich Pistorius bis dato immer unglaublich souverän und fair verhalten hatte. Ebenso wie die nicht weniger verwirrten Millionen vor den Bildschirmen brauchten die Talkgäste einige Momente, um damit klarzukommen, dass auch er seine Fehler hatte und dass das Bild, das er von sich in der Öffentlichkeit gezeichnet hatte, nicht die ganze Wahrheit zeigte.

Dieser Ausrutscher allein hatte zunächst noch keinen bleibenden Schaden angerichtet. Als sich sein Zorn am nächsten Tag ein wenig gelegt hatte, entschuldigte sich Pistorius bei Oliviera. Das nächste Rennen gewann er wieder, und in den anschließenden Interviews war er wieder gewohnt höflich. Ein, zwei Tage lang hatte sein strahlendes Image ein paar Kratzer bekommen, doch danach war diese Geschichte auch schnell wieder vergessen. Er blieb der gefeierte Held, und als er nach Johannesburg zurückkehrte, erwartete ihn eine jubelnde Menge am Flughafen.

Als sich am Morgen des Valentinstags 2013 die Nachricht über die nächtliche Bluttat in Pistorius' Haus verbreitete, rückte der Zwischenfall mit dem Brasilianer jedoch wieder ins Bewusstsein, denn das Bild des beliebten Sportlers, den man zu kennen geglaubt hatte, war mit dem des Killers, der die Frau getötet hatte, die er angeblich liebte, kaum in Einklang zu bringen.

Man wollte verstehen, was da passiert war, und das Erste, worüber man stolperte, war der Ausrutscher in London. Hatte diese für Pistorius scheinbar untypische Unbeherrschtheit einen Teil seiner Persönlichkeit offenbart, den er vor der Öffentlichkeit normalerweise verbarg? Konnte dieser ansonsten so sanftmütige und liebenswürdige Mensch tatsächlich eine solche Tat begangen haben? Wer war der wahre Oscar Pistorius?

Nachdem Polizeibeamte bei der Kautionsanhörung geschildert hatten, was ihrer Meinung nach in Pistorius' Haus in der Valentinsnacht geschehen war, und nachdem auch Pistorius seine Version des Tathergangs dargelegt hatte, begann die öffentliche Diskussion, die sich bis zum Beginn der Hauptverhandlung hinzog.

Die grundlegenden Fakten waren eindeutig: Pistorius hatte vier Schüsse abgefeuert, er und Reeva waren allein im Haus gewesen, und nichts deutete auf einen Einbruch hin. Seinen Fall vor Gericht zu vertreten, war schon eine schwierige Aufgabe, ihn vor der gesamten Öffentlichkeit zu vertreten, erst recht. Pistorius hatte überall auf der Welt Fans, die nach wie vor zu ihm hielten, aber die überwiegende Mehrheit von denen, die seinen Fall verfolgten, hegte Zweifel an seiner Darstellung. Man müsse schon ein ziemlicher Idiot sein, um zu glauben, dass sich ein Einbrecher in der Toilette verstecken würde.

Und wenn Pistorius kein Idiot war, was allem Anschein nach der Fall war, musste er lügen, so ihre Schlussfolgerung.

Was Pistorius schon bald erschreckend klar wurde, als er die Reaktionen auf seine Tat im Internet verfolgte, war, dass der allgemeine Schock und das Entsetzen ziemlich schnell in Häme umschlugen. Und der Impuls, noch einmal kräftig auf den am Boden liegenden gefallenen Helden einzutreten, war in seiner Heimat am stärksten.

Innerhalb von 24 Stunden nach der Tat waren in ganz Südafrika die Werbetafeln mit seinem Konterfei, mit denen für Nike und andere bekannte Marken Reklame gemacht wurde, entfernt worden. »A bullet in the chamber« lautete der im Nachhinein makaber wirkende Slogan der Nike-Kampagne; ähnlich geschmacklos hätte in Deutschland wohl ein Slogan in der Art von »Wie aus der Pistole geschossen« gewirkt. Der amerikanische Sportartikelhersteller beeilte sich zudem, seinen Werbevertrag mit Pistorius auszusetzen. Ein noch eklatanterer Beweis dafür, wie weit er in der Achtung seiner Landsleute gesunken war, lieferten Statistiken eines Unternehmens aus Kapstadt, das für das südafrikanische Fremdenverkehrsamt regelmäßig Untersuchungen zum Image des Landes erstellte. Die Analyse von Millionen von Twitter-Nachrichten ergab, dass die Zahlen der Pistorius-Sympathisanten bzw. -Gegner international ziemlich gleichmäßig verteilt waren, wohingegen es in Südafrika eine klare Mehrheit gab, die nicht glauben wollte, dass Reevas Tod ein Unfall gewesen war.

Die Familie von Pistorius machte für diese auffällige Voreingenommenheit die Presse verantwortlich. Die Medien sprachen vorverurteilend ständig von »Mord«. Warum benutzten sie nicht einen neutralen Begriff wie »Tragödie«, so lange der Sachverhalt nicht geklärt war? Für Pistorius und seine Familie war auch dieser Sprachgebrauch Teil einer zynischen Medienstrategie.

Pistorius kannte sich mit Meinungsmache aus; er selbst hatte die Medien jahrelang erfolgreich für sich genutzt. Er wusste, dass man in den Vorstandsetagen vieler Medienunternehmen davon überzeugt war, dass man, um größere Marktanteile zu erlangen, dem Publikum geben musste, wonach es verlangte. Und genau das taten sie. Im Fall

Pistorius brauchten sie nicht lange, um zu erkennen, dass es am profitabelsten war, sich auf die Seite seiner Gegner zu schlagen. Genau wie sie zuvor alles getan hatten, um Pistorius als strahlenden Helden darzustellen und damit die Leserschaft zu bedienen, machten sie sich jetzt daran, Beweise für das genaue Gegenteil auszugraben und den Blade Runner genauso eindimensional wie zuvor zu porträtieren – nun nicht mehr als Heiligen, sondern als Teufel.

Die Leute erfuhren nun, dass Pistorius bei Weitem nicht der perfekte und höfliche Gentleman war, als der er sich immer dargestellt hatte, sondern vielmehr ein ungehobelter, missmutiger Unsympath. Er hatte eine zerstörerische Ader, konnte fürchterlich fluchen und geriet leicht außer sich. Selbst nahm er sich das Recht raus, Frauen am Fließband abzuschleppen, wobei er ihnen gegenüber extrem besitzergreifend war. Einigen Berichten zufolge, die sich auf die Aussage einer Polizeisprecherin stützten, die angegeben hatte, dass es »in seinem Haus früher schon zu Vorfällen häuslicher Gewalt« gekommen sei, soll er eine ganze Reihe von problematischen Beziehungen gehabt haben.

Die Mutter einer seiner Ex-Freundinnen heizte die Diskussion um diese Behauptung an, indem sie in einem sozialen Netzwerk erklärte, wie erleichtert sie gewesen war, als sich ihre Tochter von Pistorius getrennt hatte, weil sie ihn als gefährlichen Irren kennengelernt habe. Trish Taylor, die Mutter einer weiteren Ex-Freundin – Samantha Taylor, die später vor Gericht gegen Pistorius aussagte –, schrieb auf ihrer Facebook-Seite: »Ich bin so froh, dass es Sammy gut geht und sie sich aus den Klauen dieses Kerls befreit hat. Während sie zusammen waren, gab es durchaus einige Situationen für sie, in denen seine Knarre schreckliches Unheil hätte anrichten können.«

Dass die Medien ihre Fahne tatsächlich lieber nach dem Wind der öffentlichen Meinung hängten, statt dem Sturm etwas entgegenzusetzen, zeigt sich auch daran, dass Posts wie die von Pistorius' Ex-Freundin Jenna Edkins von ihnen fast überhaupt nicht zur Kenntnis genommen wurden. Am 15. Februar, dem Tag nach den tödlichen Schüssen auf Reeva Steenkamp, twitterte Edkins zunächst: »Ich möchte nur sagen, dass ich über 5 JAHRE on and off mit Oscar zusammen war und er mir NICHT EINMAL auch nur ein Haar gekrümmt, geschweige denn Todesangst eingejagt hätte.« Als Reaktion auf den hasserfüllten Shitstorm, der daraufhin über sie hereinbrach, schrieb sie: »Alles, worum ich euch bitte, ist ihn zu Wort kommen zu lassen. Hört euch doch erst mal auch seine Sicht der Dinge an, ohne voreilige Schlüsse zu ziehen ... Meine Anteilnahme und besten Wünsche an Reevas Familie.« Dann fügte sie noch hinzu: »Meine Familie liebt und unterstützt euch #loveandsupportforoscar.« Und schließlich: »Die Menschen sollten endlich aufhören, mit derart verletzenden Behauptungen auf den fahrenden Zug aufzuspringen. Os ist genau der liebevolle, wunderbare und inspirierende Mensch, den wir kennen.«

Doch der Zug war längst abgefahren, Edkins' Tweets fanden kaum ein Echo, weder in Südafrika noch anderswo. Weitaus größer war das Interesse an einem Kurzporträt aus dem Magazin der *New York Times* mit dem Titel »The Fast Life Of Oscar Pistorius«, das ein Jahr zuvor erschienen war, in Südafrika bis dahin allerdings kaum jemand zur Kenntnis genommen hatte. Jetzt wurde überall daraus zitiert. Der Artikel aus dem Jahr 2012, noch vor den Olympischen Sommerspielen und den Paralympics in London veröffentlicht, war ausgewogen und größtenteils wohlwollend. Riss man jedoch einzelne Stellen aus dem Zusammenhang, konnte man reichlich Munition für die neue Anti-Pistorius-Kampagne finden.

Pistorius hatte geglaubt, den *New York Times*-Redakteur für sich eingenommen zu haben; erst im Nachhinein erkannte er, dass er sich dem Reporter gegenüber ein bisschen zu weit geöffnet hatte. Für den tiefen Einblick, den er ihm in sein Leben gewährt hatte, wurde ihm nun die Quittung präsentiert. Er hatte den Journalisten mit dem eigenen Wagen vom Flughafen in Johannesburg abgeholt und war mit ihm zu sich nach Hause gefahren – mit einer Geschwindigkeit, für die er in den USA wahrscheinlich im Gefängnis gelandet wäre. Er hatte ihn auf einen Schießstand mitgenommen und bei seinen Zielübungen zusehen lassen. Und er hatte ihm anvertraut, dass er oft Einschlafschwierigkeiten habe. Von anderen Journalisten wurden diese Informationen nun fein säuberlich herausgepickt und Pistorius aufgrund dieser

Schilderungen als geisteskranker Raser und halbverrückter, verantwortungsloser Waffennarr dargestellt.

Es ließ sich nicht bestreiten, dass an diesen Vorwürfen etwas dran war. Geschwindigkeit berauschte ihn. Er war jung und bekam von dem mit ihm befreundeten Autohändler Justin Divaris gelegentlich die neuesten und schnellsten Supersportwagen ausgeliehen. Des Nachts auf dem Rückweg nach Pretoria von einem Club oder einem Restaurant in Johannesburg auf einem nahezu leeren vierspurigen Highway oder auf den endlos geraden ebenen Straßen durch den südafrikanischen Busch war die Versuchung groß, das Gaspedal einfach durchzudrücken und auf Geschwindigkeiten von bis zu 250 km/h zu beschleunigen. Vor Strafverfolgung fürchtete er sich offensichtlich nicht. Anscheinend gab ihm sein Ruhm zuweilen das Gefühl, über den Dingen zu stehen. Matthew Syed, ein Journalist der Londoner *Times,* der bei den Olympischen Spielen zweimal für Großbritannien im Tischtennis angetreten war, verbrachte 2007 drei Tage mit ihm, um am Ende zu schreiben, dass Pistorius »charmant und liebenswürdig« sei, sich jedoch, sobald er sich in ein Auto setze, in einen völlig anderen Menschen verwandele. Er überschritt das Tempolimit um das Doppelte und telefonierte gleichzeitig mit seinem Handy. »Als ich ihn nervös fragte, ob er keine Angst vor der Polizei habe, entgegnete er: ›Die tun mir nichts.‹«

Auch Waffen zählten zweifellos zu Oscar Pistorius' Leidenschaften. Bevor er Reeva erschossen hatte, waren sie ein ganz alltäglicher Gegenstand für ihn, den man bei sich hat wie ein Handy, ein Portemonnaie oder einen Hausschlüssel. Schon sein Vater war ein Waffennarr, ebenso wie seine Onkel und sein Großvater väterlicherseits. Oscar Pistorius war fasziniert von Waffen, diesen wunderbaren mechanischen Präzisionsgeräten, die sich gut in der Hand anfühlten und beim Abfeuern das Blut in Wallung brachten. Wenn er Stress hatte oder nicht einschlafen konnte – oder beides zugleich, was oft der Fall war –, gab es für ihn nichts Entspannenderes, als auf einen Schießstand zu gehen und Zielübungen zu machen. 2011 war er nach einem solchen Training einmal so zufrieden mit sich und seiner Leistung, dass er auf

Twitter postete: »Hatte 96% Kopftreffer auf 300 m bei 50 Schüssen! Peng!«

Nicht ganz so an die große Glocke hängte er eine ähnliche Freizeitbeschäftigung, der er mit ein paar Gleichgesinnten nachging: Er schoss mit Dumdum-Patronen auf Wassermelonen, die daraufhin wie die Köpfe der Feinde in einem Computerspiel explodierten.

Pistorius war offensichtlich unwohl bei der Erinnerung daran, dennoch sah er sich nicht als den durchgeknallten, waffenverrückten Eigenbrötler, als der er jetzt in den Medien präsentiert wurde. In einem Land, in dem die Mehrheit der Bevölkerung den Eindruck hat, dass der Staat das Problem der zunehmenden Kriminalität nicht in den Griff bekommt, hielt er es keineswegs für verrückt, eine Waffe zu besitzen. Wie viele andere fand er es durchaus angebracht, eine Waffe zu tragen, sobald er das Haus verließ.

Dabei fühlte er sich nie wirklich sicher. Was die südafrikanischen Journalisten, die auf den *New York Times*-Artikel verwiesen, nie erwähnten, obwohl es auch dort stand, war, dass Pistorius in der ständigen Angst lebte, überfallen zu werden, insbesondere nachts. Dem *New York Times*-Journalisten hatte er anvertraut, dass in der Nacht zuvor die Alarmanlage in seinem Haus ausgefallen sei, was ihn in große Panik versetzt habe. Er habe sich die Waffe gegriffen, die neben seinem Bett lag, und sei völlig verängstigt die Treppe hinuntergeschlichen.

An anderer Stelle stellte der Journalist Pistorius als tollen Kerl dar, der sich in nervenaufreibenden Alltagssituationen »bewundernswert gelassen« verhält, etwa als er einmal viel zu lange auf einen Wagen warten musste, der ihn vom Flughafen abholen sollte. Es war also durchaus nicht so, dass er permanent und in jeder Hinsicht das Gefühl hatte, über den Dingen zu stehen. Vielen wären in einer vergleichbaren Situation alle Sicherungen durchgebrannt.

Diese Geschichte gehörte allerdings nicht zu denen, die in den Medien nach Pistorius' Tat verbreitet wurden. Es schien vor allem darum zu gehen, Pistorius als abartigen Kriminellen darzustellen. Gerade in Südafrika, wo es kaum rechtliche Auflagen oder einen verbindlichen Pressekodex für die Berichterstattung über schwebende Gerichtsverfahren gibt, fiel das der Presse schwer. Es gab eine wahre Flut an Artikeln mit Überschriften wie »Nicht jeder wundert sich über Oscars tiefen Fall« oder »Schnelle Autos, heißes Blut und Waffen: Die Entdeckung des wahren Oscar Pistorius«. Man erfuhr genau, welche Waffen er besaß und dass er Anträge für den Kauf von Sturmgewehren und Schrotflinten gestellt hatte, dass er oft mitten in der Nacht zum Schießstand fuhr – es gab sogar entsprechende Beweisfotos – und dass sich fast alle Männer seiner Familie sehr für Waffen interessierten. Als sich später herausstellte, dass er, sein Vater, zwei seiner Onkel und sein Großvater zusammen 55 Schusswaffen ihr Eigen nannten, witzelte ein südafrikanischer Komiker auf der Bühne nur halb im Scherz, die Familie Pistorius sei eine »bewaffnete Miliz«, die eine Bedrohung der staatlichen Integrität darstelle.

Überhaupt nicht mehr witzig klang das, als sechs Wochen nach dem verhängnisvollen Valentinstag bekannt wurde, dass Carl Pistorius ebenfalls für den Tod einer Frau verantwortlich gewesen sein soll. Die Angelegenheit hatte sich fünf Jahre zuvor ereignet, aber die Ermittlungen gegen Carl waren aus Mangel an Beweisen schnell eingestellt worden. Damals hatte sich die Presse für den Vorfall kaum interessiert, doch nachdem sein berühmter jüngerer Bruder verhaftet worden war, nahm der Staat das Verfahren gegen ihn wieder auf. Am 27. März 2013 erschien Carl vor Gericht, um sich für einen Unfall zu verantworten, bei dem der von ihm gefahrene Wagen mit einem Motorrad kollidierte, dessen Fahrerin verstarb. Carl war der fahrlässigen Tötung angeklagt, der Staatsanwalt beschuldigte ihn, zum Zeitpunkt des Unfalls unaufmerksam gewesen zu sein. Im Falle eines Schuldspruchs hätte Carl eine Gefängnisstrafe gedroht, doch der Richter sprach ihn frei, weil sich weder beweisen ließ, dass er das Motorrad gesehen hatte, noch, dass er den Zusammenstoß hätte verhindern können.

Der Schaden war allerdings schon angerichtet, denn durch die Klage gegen Carl ließ sich das negative Bild seines jüngeren Bruders nun noch weiter ausschmücken. Der wurde jetzt als Mitglied einer Familie porträtiert, die leicht in Schwierigkeiten geriet. Den Klatsch über

Waffen und schnelle Autos würzte die südafrikanische Presse mit der Behauptung, dass Pistorius gerne mit Leuten aus der Johannesburger Unterwelt auf die Piste ging und mit diversen Türstehern, denen Kontakte zur organisierten Kriminalität nachgesagt wurden, auf Du und Du war. Das Image, das Pistorius sich einst so mühsam aufgebaut hatte, war ruiniert. Er galt jetzt als der schamlose, selbstsüchtige Superstar, der sich rücksichtslos alles herausnehmen zu können glaubte.

Die Polizei, die gern bereit war, ins selbe Horn zu blasen, grub für die Medien einen alten Fall aus, in den Pistorius verwickelt gewesen war. 2009 war er wegen Körperverletzung verhaftet worden und hatte die Nacht auf demselben Revier in Pretoria verbringen müssen, in das er auch gebracht wurde, nachdem er Reeva erschossen hatte. Ihm war vorgeworfen worden, einer jungen Frau namens Casseby Taylor Memory, die Gast auf einer Party in seinem Haus war, eine Tür vor der Nase zugeschlagen und sie dabei am Bein verletzt zu haben. In dem Bericht hieß es allerdings auch, dass die damals 19-Jährige betrunken gewesen sei. Pistorius hatte den Vorwurf der Körperverletzung bestritten, und da es keine Anhaltspunkte für ein Vergehen gab, war keine Anklage gegen ihn erhoben worden. Mit diesem Zwischenfall, so stellte sich später heraus, waren die »früheren Vorfälle häuslicher Gewalt« gemeint, von denen die Polizeisprecherin am Morgen nach Pistorius' Tat gesprochen hatte. Andere Anschuldigungen dieser Art hatte es gegen ihn nie gegeben. Während die Öffentlichkeit seinen Beteuerungen 2009 nach seinen großen Erfolgen bei den Paralympics in Peking allerdings vollstes Vertrauen geschenkt hatte, neigte sie inzwischen eher zu der Meinung, er habe damals einen Vorteil aus seiner Popularität geschlagen, um einer Verurteilung zu entkommen.

Wie dem auch sei, es ließ sich nicht leugnen, dass Pistoris zuweilen ein ziemlicher Hitzkopf sein konnte und dass er zu unbesonnenem Verhalten neigte, das man einem Teenager vielleicht durchgehen lassen konnte, das eine öffentliche Person, die um ihr positives Image bemüht war, jedoch in ein sonderbares Licht rückte. Unstrittig war auch, dass Pistorius wenige Wochen, bevor er Reeva erschossen hatte, in dem angesagten Johannesburger Restaurant Tasha's unter dem

Tisch mit der Glock eines Freundes rumgespielt hatte. Es war zur Mittagszeit, das Lokal war brechend voll. Aus der Pistole hatte sich plötzlich ein Schuss gelöst, die Kugel prallte vom Boden ab und streifte das Bein eines anderen Freundes. Pistorius, der sich durchaus bewusst war, dass er mit dem unkontrollierten Querschläger jemanden hätte umbringen können, und dass dieser Zwischenfall sein Image hätte ruinieren können, war erleichtert, dass der Freund, dem die Waffe gehörte, anbot, die Schuld für den Zwischenfall auf sich zu nehmen. Die Restaurantbesitzer, die wenig Interesse daran hatten, Pistorius als Kunden zu verlieren, machten überdies kein großes Aufheben um den Vorfall. Allerdings kam der Staatsanwalt darauf im Verlauf der Hauptverhandlung zu sprechen und führte ihn als weiteren Beleg für Pistorius' verantwortungslosen Umgang mit Schusswaffen an.

Früher, das wurde dem Blade Runner jetzt klar, hatten die Menschen immer nur das Beste von ihm gedacht, jetzt dachten sie das Schlimmste von ihm. Diejenigen, die in ihm einen Mörder sahen, waren zufrieden, dass man genügend belastendes Material gegen ihn hatte. Eine namhafte Journalistin mutmaßte sogar, dass das, was Pistorius umtrieb, weniger Reue war als Gedanken wie: »Okay, können wir das jetzt bitte endlich hinter uns bringen? Ich bin Oscar Pistorius, der Blade Runner. Können wir die Sache jetzt bitte abschließen, damit ich endlich wieder Laufen kann?« Die Journalistin ließ es sich auch nicht nehmen, ihre Theorie mit einer Erklärung zu untermauern. Der Ruhm, so folgerte sie, habe Pistorius dermaßen korrumpiert, dass er überzeugt war, die üblichen Regeln des sozialen Miteinanders würden für ihn nicht gelten, dass er gar glaubte, er hätte die Lizenz zum Töten.

Genau so sah das auch Staatsanwalt Gerrie Nel. Hätte er als Richter den Vorsitz gehabt, hätte er Pistorius des Mordes schuldig gesprochen und ihn ins Gefängnis geschickt. Pistorius hätte darauf geantwortet, dass sein Verhalten in der Tatnacht sicher nicht Ausdruck irgendeines Überlegenheitsgefühls gewesen sei, sondern dass er – wie fahrlässig und falsch er auch gehandelt haben möge und wie sehr er seine Tat jetzt auch bereue – einzig aus der Angst heraus gehandelt habe, die er mit jedem x-beliebigen Durchschnittssüdafrikaner teile, nämlich der Angst davor, zum Opfer eines Verbrechens zu werden. Zu seiner Verteidigung würde er erklärt haben, dass er in einem Land lebe, in dem es nicht nur normal, sondern sogar vernünftig ist, paranoid zu sein.

8

Der Verstand der Menschen ist ein Teil von ihrem Glück.

SHAKESPEARE, *Antonius und Cleopatra*

Im Sport erlebte Pistorius eine Sicherheit, die ihm in allen anderen Lebensbereichen fehlte. Während seiner zahlreichen Reisen stellte er fest, dass er zunehmend ruhiger wurde, je weiter er sich von dem unsicheren Südafrika mit seiner hohen Kriminalitätsrate entfernte. Eines der Länder, in dem Pistorius gerne trainierte, war Island, das sich in vielerlei Hinsicht von seinem Heimatland unterschied.

Gedeiht unter der Sonne Südafrikas, das reichlich fruchtbare Böden besitzt, eine Vielzahl an Pflanzen und Tieren und finden dort Menschen ganz unterschiedlicher Herkunft eine Heimat, so leben in der baumlosen, öden isländischen Steppe gerade einmal drei Arten von Säugetieren: Schafe, Pferde und Menschen – wobei Letztere in ethnischer Hinsicht die wohl homogenste Gruppe weltweit bilden. In Südafrika gibt es sage und schreibe elf offizielle Landesprachen, die sich fortwährend verändern; in Island wird nur eine einzige Sprache gesprochen, die sich seit der Niederschrift der altnordischen Sagen vor rund 800 Jahren kaum entwickelt hat. Island besitzt seit rund 1000 Jahren ein Parlament, Südafrika erst seit 20. In dem Land am Südzipfel Afrikas leben 50 Millionen Menschen, gerade mal 300 000 sind es in Island. Die Kluft zwischen Reich und Arm ist in Südafrika im internationalen Vergleich am breitesten. In Island gehen die Kinder der Geringverdiener auf dieselben staatlichen Schulen wie die der Wohlhabenden, und das staatliche Gesundheitssystem steht allen gleichermaßen offen. Während die Vereinten Nationen Island als das Land mit den besten Lebensbedingungen für Frauen loben, leben in Südafrika Frauen genauso wie Männer in der ständigen Angst, einem Verbrechen zum Opfer zu fallen, und jeder, der es sich leisten kann, verbarrikadiert sich hinter hohen Mauern. In Island, wo schwere Gewaltverbrechen äußerst selten vorkommen, hält es kaum jemand für erforderlich, Haustüren oder Autos abzuschließen. Während in Südafrika durchschnittlich 45 Menschen pro Tag ermordet werden, ist es in Island nicht einmal einer pro Jahr.

Insgesamt viermal besuchte der Blade Runner die isländische Hauptstadt Reykjavík während seiner Zeit als Sprinter. Der Hersteller seiner Laufprothesen, Össur, hat hier seinen Hauptsitz. Auf dem Gebiet der Beinprothesen für Sportler ist Össur Weltmarktführer. Die große Mehrzahl der Medaillengewinner unter den paralympischen Sprintern trägt die von ihnen produzierten Cheetah-Prothesen. Össur sponserte Pistorius und stellte ihm kostenlos Prothesen zur Verfügung, die ganz auf seine Bedürfnisse zugeschnitten waren.

Während nicht-behinderte Sprinter ihre Muskeln und Sehnen trainieren und in Form halten müssen, müssen behinderte Sportler darauf achten, dass ihre Prothesen und Hilfsmittel immer bestens in Schuss sind. Wenn Pistorius lief, war er halb Mensch, halb Maschine. Seine Cheetahs waren für ihn das, was für einen Formel-1-Fahrer der Rennwagen ist. Detailarbeit ist bei dem aus Silikon, Carbon und Titan gefertigten Beinersatz ebenso entscheidend wie bei der Optimierung der Gewichtsverteilung, der Anpassung der Federung und der Spureinstellung eines Ferrari. Und um genau diese Detailarbeit kümmerte sich Pistorius mit den Technikern am Hauptsitz von Össur in Reykjavík.

Das inzwischen multinationale Unternehmen mit Niederlassungen in den USA, den Niederlanden, Schweden und China sowie einer

Fertigungsstätte im mexikanischen Tijuana wurde 1971 von Össur Kristinsson gegründet. Kristinsson war selbst mit nur einem Bein zur Welt gekommen und die Arbeit an den Prothesen daher auch ein ganz persönliches Anliegen. Sein Fokus lag dabei auf dem grundlegenden Problem: Wie lässt sich die Reibung an der Schnittstelle zwischen Bein und Prothese bestmöglich minimieren? Die Lösung, die ihn schließlich reich machte, war, den Schaft, der den Stumpf aufnahm, mit Silikonkissen auszupolstern. 1999 übernahm Össur seine Hauptkonkurrenten und eroberte den Weltmarkt.

Eines der von Össur aufgekauften Unternehmen war Flex-Foot. Gegründet hatte die Firma der Amerikaner Van Phillips, also der Mann, der die Cheetahs erfunden hatte. Wie im Fall von Össur Kristinsson hatte auch Phillips ein eigenes Interesse an der Entwicklung perfekter Prothesen, da er mit 21 einen seiner Unterschenkel verloren hatte. Das Revolutionäre an seinen j-förmigen Flex-Foot-Cheetahs war, dass sie anders als alle vorherigen Prothesen dank ihres Grafitgehalts in der Lage waren, Energie zu speichern und wieder freizusetzen, wodurch eine Art Federung erzielt wurde. Beinamputierte konnten mit ihrer Hilfe zum ersten Mal laufen und springen.

Pistorius und die anderen paralympischen Athleten versuchten in Zusammenarbeit mit den Technikern in Reykjavík bei jedem Schritt die maximal mögliche Federung zu erreichen. Wie Lárus Gunnsteinsson und Christophe Lecomte, zwei der führenden Spezialisten bei Össur, berichteten, war Pistorius nicht nur der beste, sondern auch der anspruchsvollste paralympische Sprinter.

»Wenn ein Arbeitstag mit ihm zu Ende ging, war ich immer völlig ausgelaugt«, sagt Lecomte. »Er zwang einen, die ganze Zeit hochkonzentriert zu sein, nicht nur wenn die Schrauben wieder und wieder justiert werden mussten, um alles perfekt und millimetergenau auszurichten. Pistorius testete die Prothesen nach jeder veränderten Einstellung auf der Laufbahn oder dem Laufband, wobei das Band für ihn auf der höchsten Geschwindigkeitsstufe noch zu langsam war. Er schien darauf immer nur zu joggen. Er störte sich nicht daran, wenn sich eine Schraube löste, während er lief, oder irgendetwas anderes Unvorhergesehenes geschah, er lief einfach weiter. Für ihn zählte jede Millisekunde.«

Meist brachen seine Prothesen. Die Spezialisten bei Össur kannten keinen anderen behinderten Sprinter, der so schnell war oder so viel Gewicht auf jeden Schritt legte wie er. Bei der Arbeit mit seinem Starathleten scheute Össur keine Mühen, daher fertigte man, wenn es sein musste, noch über Nacht neue Prothesen an, um am nächsten Tag direkt weiterarbeiten zu können.

Gunnsteinsson erzählt, dass man nie Zeit vertrödelte, wenn Pistorius in Reykjavík war. Jede einzelne Minute jedes Arbeitstags verbrachten er, Pistorius und Lecomte mit der Analyse der technischen Details – und das an vier, fünf Tagen hintereinander. Mit unendlicher Geduld prüften sie jede noch so kleine Änderung der Einstellung, die Pistorius vielleicht einen geringen Vorsprung verschaffen konnte. »Er war besessen davon, schneller zu laufen«, so Gunnsteinsson. »Seine Detailversessenheit und sein Forscherdrang waren immens. Diesbezüglich unterschied er sich von all den anderen Sportlern, mit denen wir zusammengearbeitet hatten. Er war unglaublich fokussiert. Man spürte, dass ihm das Laufen alles bedeutete. Das hier war sein Leben.«

Das Laufen und das Ermitteln der perfekten Justierung der Prothesen bedeuteten ihm so viel, dass er die Schmerzen, die durch die Scherbewegung der Prothesenschäfte an seinen Stümpfen – insbesondere an seinem linken – verursacht wurden, darüber ganz zu vergessen schien. Denn auch die Kunst von Gerry Versfeld, der ihm als Kind die Unterschenkel amputierte, hatte ihre Grenzen. Am schwierigsten war bei der Operation, die Fersenkissen an der Unterseite der Stümpfe anzubringen, damit sie dort wie ein natürliches Polster wirkten und Pistorius möglichst wenig Schmerzen empfand, wenn er sich mit seinem ganzen Gewicht auf die Stümpfe stellte. Mit der Zeit war das Fersenkissen unter seinem linken Stumpf jedoch leicht zur Seite gewandert, sodass Pistorius an dieser Stelle inzwischen praktisch keinen Puffer mehr zwischen Haut und Knochen besaß. Das führte dazu, dass die Haut an dieser Stelle nach einem harten Trainingstag oft bis aufs offene Fleisch abgeschürft war.

»Unsere größte Herausforderung war, neue Möglichkeiten zu finden, den Stoß beim Auftreffen der Prothese auf den Boden abzufedern«, erklärt Gunnsteinsson. »Dadurch sollte sich auch der auf die Stümpfe ausgeübte Druck verringern. Aber bei Pistorius war da nicht viel zu machen. Er rannte so viel und so schnell, dass ihm der Schweiß am Oberschenkel runterrann, bis an die Stelle, wo der Stumpf in der Prothese saß. Dadurch entstand dort zwangsläufig immer eine wunde Stelle. Hinzu kam, dass durch sein kräftiges Auftreten permanent ein enormer Druck auf diese empfindliche Stelle ausgeübt wurde, was zur Folge hatte, dass die Haut dort, die für solche Beanspruchungen zu dünn war, stets aufgescheuert war. Das alles führte dazu, dass seine Stümpfe am Ende eines harten Testtags bluteten, angeschwollen und wund waren. Trotzdem machte er am nächsten Morgen weiter – und zwar im selben Tempo wie tags zuvor.«

Jeder durchschnittliche nicht-behinderte Sportler hätte bei ähnlichen Verletzungen das Training ausgesetzt und gewartet, bis sich sein Körper wieder regeneriert hätte. Nicht so Pistorius, der sich im Lauf der Zeit ein enormes Fachwissen über die Anatomie seiner Beine und verschiedene Lauftechniken angeeignet hatte. Diese Kenntnisse halfen ihm, die Risiken, die das Training im fast dauerverletzten Zustand mit sich brachte, richtig einschätzen und minimieren zu können.

»Die meisten Sportler, mit denen wir zu tun haben, sprechen eine andere Sprache als wir Prothetik-Spezialisten, und wir müssen das, was sie sagen, dann gewissermaßen in unsere Fachterminologie übersetzen«, sagt Christophe Lecomte. »Mit Oscar war das anders. Er verstand ganz genau, was wir hier tun, schon als er 2003 zum ersten Mal herkam. Er hatte eine schnelle Auffassungsgabe, und schon nach kurzer Zeit war unsere Terminologie für ihn kein Fachchinesisch mehr.«

Trevor Brauckmann, der Pistorius die ersten Holzprothesen anpasste, als er gerade 14 Monate alt war, und der den Paralympic-Star gelegentlich nach Island begleitete, sagt im Grunde genommen dasselbe, nur mit anderen Worten: »In der Regel gleicht die Kommunikation zwischen mir und meinen Patienten der zwischen einem Tierarzt und einem Pferd. Bei Oscar war es immer eher wie ein Gespräch von Arzt zu Arzt.«

Am Hauptsitz von Össur in Reykjavík führte man mit Pistorius diverse Tests durch, bei denen unter anderem elektronische Sensoren, High-Speed-Kameras und Beschleunigungssensoren eingesetzt wurden. Sein Laufstil wurde so bis ins Kleinste analysiert. »Er war hochintelligent«, sagt Gunnsteinsson, »der einzige Sportler, der ein Verständnis für die ingenieurwissenschaftlichen Grundlagen hatte. Man kann sagen, wir lernten ebenso viel von ihm wie er von uns.«

Das, was Pistorius lernte, hielt er schriftlich fest. Die ausführlichen Notizen zu allen möglichen Details an seinen Trainings- und Wettkampftagen dokumentieren auf ganz eigene Weise seine Besessenheit. In einem Interview mit der *Financial Times* sprach er darüber: »Ich glaube, es geht dabei um Kontrolle. Etwa eine Stunde oder eine halbe Stunde nach jedem Rennen notiere ich alles: Woran ich dachte, was ich mir vorgenommen hatte und wie ich mich fühlte. Ich mache mir Notizen zum Wetter und darüber, wie das letzte Training gewesen ist. Ich halte fest wie ich hingekommen bin, ob der Zug eventuell Verspätung hatte oder wie ganz allgemein die Verkehrsverhältnisse waren. Ich schreibe auf, was ich gegessen habe, wie mein Befinden war und welche Verletzungen mich plagten. Auch ob es an dem Tag geregnet hat, und wenn ja, wie stark. Ein Rennen gewinnt oder verliert man immer im Kopf, daher fängt alles damit an, dass man in seinen Gedanken Ordnung hält. Dinge aufzuschreiben, hilft einem dabei.«

Lecomte gibt zu, Pistorius in gewisser Weise bewundert zu haben, einerseits wegen seines unglaublichen Ehrgeizes, andererseits wegen seiner »sehr starken körperlichen Präsenz, die ihn von anderen Menschen unterscheidet. Wenn er seine Laufprothesen und seinen Lycraanzug trug, wirkte er auf mich wie eine riesige, geschmeidige Katze. Man hatte das Gefühl, neben einer Art Superheld zu stehen.« Und man konnte, wie Gunnsteinsson bemerkte, leicht vergessen, dass er sich des Nachts, wenn er zu Bett ging und seine Prothesen auszog, in jemanden verwandelte, der gar nicht mehr so heldenhaft erschien und dem die grundlegendsten Verrichtungen große Mühe bereiteten. »Stell dir vor, du musst mitten in der Nacht pinkeln, was tust du dann? Entweder du schnallst dir deine Beine an oder du nimmst eine Flasche.«

Die beiden Ingenieure bemerkten während ihrer Kooperation mit Pistorius keinerlei Widersprüche zwischen seinem öffentlichen und seinem privaten Ich. »Andere behinderte Sportler, mit denen wir zusammengearbeitet haben, erwiesen sich nicht selten als schwierig, waren oft zornig oder arrogant. Oscar war völlig anders, er brachte einem immer Respekt entgegen, war bescheiden und besonnen«, sagt Gunnsteinsson. Er und Lecomte waren zudem beeindruckt davon, wie rührend er sich anderer, weniger versierter behinderter Sportler annahm, wie er sich Zeit für sie nahm, ihnen Mut zuzusprechen und ihnen Tipps zu geben, wie sie ihre Laufzeiten verbessern konnten.

Beiden Ingenieuren ist es aufgrund vertraglicher Verpflichtungen mit ihrem Arbeitgeber untersagt, sich zu dem »Zwischenfall« zu äußern. Was sie allerdings sagten ist, dass sie keinerlei Verbindung zwischen dem Mann herstellen können, den sie kannten, und dem, der in der Nacht zum Valentinstag 2013 in seinem Haus seine Freundin erschoss. Sie waren völlig geschockt, als sie davon erfuhren. Ihnen erging es wie Dr. Gerry Versfeld: Der Mann, der diese Schüsse abgefeuert hatte, war nicht der Mann, den sie kannten.

Es gab noch zwei Menschen in Island, die Pistorius' Tat ebenso sprachlos machte, wie die beiden Ingenieure. Auch sie kannten Pistorius persönlich, was sie von den meisten anderen unterschied, die an seine Unschuld glaubten oder zumindest davon überzeugt waren, dass er Reeva nicht vorsätzlich erschossen hat.

Dass es auch solche Leute gab, zeigt, dass sich nicht die gesamte Öffentlichkeit vom Blade Runner abgewandt hatte. Auch wenn viele absolut überzeugt davon waren, dass es angemessen war, Pistorius des vorsätzlichen Mordes anzuklagen, gab es auch Menschen, die anderer Meinung waren. Dies waren vor allem Frauen. Sie standen ihm öffentlich bei und erklärten sich mit ihm solidarisch, initiierten im Internet Pro-Pistorius-Kampagnen und versicherten dem ehemaligen Blade Runner in unzähligen Briefen, weiter zu ihm zu stehen und ihn zu unterstützen. Die Pro-Pistorius-Fraktion war davon überzeugt, dass das, was in der Nacht zum Valentinstag 2013 in Pistorius' Haus geschehen war, kein Mord war, wie die Presse unterstellte, sondern ein tragischer Unfall.

Was wirklich geschehen war, wussten sie ebenso wenig wie diejenigen, die jetzt massenhaft über Pistorius herzogen und kein gutes Haar an ihm ließen. Für beide Seiten galt, dass die Haltung zu Pistorius eine reine Glaubensangelegenheit geworden war. Der Eifer, mit dem der eigene Standpunkt – die eigene Glaubensgewissheit – vertreten und der der Gegenseite diffamiert wurde, hatte durchaus religiöse Dimensionen. In puncto Leidenschaft, mit der die einen Pistorius verklärten und die anderen ihn verteufelten, unterschieden sich beide Seiten nicht voneinander, allerdings waren diejenigen, die für Pistorius Partei ergriffen, besser organisiert.

Schon wenige Tage nach seiner Festnahme gaben sich in Europa, Nordamerika und Asien (ja selbst in Borneo) Fans zu erkennen, von denen zuvor noch nie jemand etwas gehört hatte. Sie bezeichneten sich selbst als »Pistorianer«. Zunächst verbreiteten sie ihre Meinungsäußerungen hauptsächlich über Twitter, wo sie diejenigen angingen, die Pistorius als Kriminellen bezeichneten. »Du darfst mich gern altmodisch nennen«, schrieb eine von ihnen, »aber mir wäre es lieber, mein Freund sorgte dafür, dass kein Einbrecher ungeschoren in unser Haus kommt.« Die Kommentare reichten von so vernünftigen Einwürfen wie: »Ich stehe zu Oscar, weil ich daran glaube, dass jemand solange unschuldig ist, bis seine Schuld bewiesen wurde. Ich fühle mit den Steenkamps, die ein Kind verloren haben. Ich greife niemanden an. Ich bin ein #pistorianer und ich bin stolz darauf« bis hin zu schrillen Vorwürfen wie: »Sie war ein Bikini-Model. ›Sex sells‹!!! Ich würde mich wahnsinnig aufregen, wenn meine Tochter sich so präsentieren würde.«

Für einen Teil der Pro-Pistorius-Fraktion ging das bedingungslose Bekenntnis zu Pistorius mit extremen Ressentiments gegen Reeva einher, sodass sich Pistorius' Familie irgendwann gezwungen sah, sich von den Aussagen der radikaleren Oscar-Anhänger zu distanzieren. In einem entsprechenden Statement hieß es: »Es ist sehr erschreckend, wie wenig Mitgefühl und Respekt einige Menschen – insbesondere in den sozialen Netzwerken – Reevas Familie und ihren Freunden, die um sie trauern, entgegenbringen.«

Im Großen und Ganzen war Pistorius' Familie jedoch dankbar für die Solidaritätsbekundungen der Pistorianer, und wie diese glaubte auch sie, die Presse wolle den Blade Runner fertigmachen. Da die Pistorianer kein Vertrauen in die Presse hatten, weigerten sie sich auch, mit Journalisten zu sprechen. Ein besonders unverblümter Twitterer namens @LiliTyger schrieb: »Schon wieder schnüffelt hier so eine Schmierantin rum, dies was über uns schreiben will. Ob die wirklich glaubt, dass wir mit ihr reden?« Worauf ein anderer Pistorianer antwortete: »Jeder popelige Schreiberling will sich mit der Story einen Namen machen. Geht und macht eure Arbeit, anstatt anderen mit eurem Rumgeschnüffel auf die Nerven zu gehen.«

Von diesem Widerstand gegen den vermeintlichen medialen Mainstream profitierten eine ganze Reihe von Websites. Die am meisten besuchte nennt sich »Support for Oscar Pistorius«. Es ist ein Blog, auf dem Fans von überall auf der Welt ihre Beiträge hauptsächlich auf Englisch, aber auch auf Spanisch, Französisch, Italienisch, Deutsch und Afrikaans posten. Tagtäglich werden dort neue, besinnliche Zitate und Gedichte veröffentlicht, sowie offene Briefe an Pistorius, die klingen, als wären sie an einen nahestehenden Menschen gerichtet. Vom Inhalt und Ton zeichnen sich viele dieser Postings durch ein geradezu religiöses Sendungsbewusstsein aus; die »Ungläubigen« werden verhöhnt, während zugleich Gott beschworen wird, von dem man sicher ist, dass er auf Pistorius' Seite steht. Ein typischer Auszug aus einem solchen Posting liest sich folgendermaßen: »Weil das, was sich zugetragen hat, scheußlich ist, und ihre Herzen böse sind, wollen sie Oscar all seines Glanzes berauben, wollen im Dunklen über ihn herfallen, wo er sich nicht verteidigen kann. Was für eine schreckliche Ironie, denn Oscar hat die Dunkelheit nie verflucht. Oscar hat einen weitaus umfassenderen Blick auf die Dinge als die meisten von uns. ER hat uns Toleranz und Anerkennung gelehrt.« Der als Vorbild und Lehrmeister verehrte Pistorius wird hier zur Lichtgestalt stilisiert, während seine

Widersacher als einer höllenhaften Schattenwelt angehörige Personen dargestellt werden.

Die Deutsche Mira, die den »Support for Oscar«-Blog gegründet hat und moderiert, stellt klar: »Wir, die Eigentümer dieses Blogs, sind eine Gruppe von treuen Fans … Wir sind Oscar nie begegnet und es ist unwahrscheinlich, dass wir es jemals werden … Wir unterstützen Oscar, weil wir ihn respektieren und von ganzem Herzen an ihn glauben.«

Die Pistorianer taten weit mehr, als nur dem Wort ihres Idols zu glauben. Sie glaubten *an* ihn, obschon – oder vielleicht gerade weil – die meisten von ihnen ihm niemals begegnet sind. Abgesehen von zwei Frauen aus Island. Im Dezember 2013 ließen sie Pistorius über den »Support for Oscar«-Blog eine Nachricht zukommen. Unter einem Foto von einem kleinen Mädchen und einem kleinen Jungen hieß es: »Liebster Oscar, wir wünschen dir und deiner Familie ein frohes und wunderschönes Weihnachtsfest. Von Herzen alles Liebe.«

Die Mutter der beiden Kinder auf dem Bild heißt Ebba Guðmundsdóttir, der Name ihrer Großmutter lautet Sigga Hanna Jóhannesdóttir. Ebba fällt mit ihren dunklen Haaren, den grünen Augen und dem leicht gebräunten Teint auf in einem Land, in dem die mit Abstand meisten Frauen groß, blond und blauäugig sind. In dem ethnisch heterogenen Südafrika wäre sie nicht aus der Masse herausgestochen. Anscheinend gab es unter ihren Vorfahren irgendwann einmal jemanden, der nicht aus Island kam. Auf jeden Fall strahlt Ebba, die Expertin für gesunde Kinderernährung ist und zu diesem Thema Bücher und Artikel schreibt und sich auch als TV-Moderatorin damit befasst, jede Menge positive Energie aus.

Anfang 2005, sie war damals Ende 20, erfuhr sie, dass sie zum zweiten Mal schwanger war. Ihr erstes Kind war ein Mädchen, und im Verlauf einer frühen Ultraschalluntersuchung zeigte sich, dass ihr zweites ein Junge werden sollte. Ebbas Mann, Hafthor Haflidason, war überglücklich. Er war ein großer Fußballfan und hatte als Spielervermittler mit vielen europäischen Vereinen zu tun. Immer wieder malte er sich aus, wie er später mit seinem Sohn herumkicken würde.

Er und Ebba hätten nicht glücklicher sein können. In der 20. Schwangerschaftswoche hatte Ebba einen weiteren Ultraschalltermin.

Acht Jahre später sitzt sie in einem kleinen Café in Reykjavík und erinnert sich an diesen Arztbesuch. In perfektem Englisch erzählt sie, was sie damals erlebte.

»Die Radiologin, die die Ultraschalluntersuchung machte, wurde auf einmal ganz blass. Wieder und wieder blickte sie auf das verschwommene Schwarz-Weiß-Bild und versuchte, einen besseren Blick auf die Beine zu bekommen, die, wie sie sagte, in einer ganz ungewöhnlichen Stellung wären. Sie sah besorgt aus und ließ mich allein im Behandlungszimmer, um noch einen Kollegen zu konsultieren. Ich fing an zu weinen. Als sie zurückkam, war sie fast hysterisch. Sie sagte, dass es so aussähe, als ob ein Teil seiner Beine fehle.«

Wie sich später herausstellte, hatten weder die Radiologin, noch der Arzt, den sie um seine Meinung gefragt hatte, je eine solche Fehlbildung gesehen, nicht einmal in medizinischen Lehrbüchern.

»Aus dem, was sie mir erzählte, konnte ich nur schließen, dass ich ein schwer behindertes Kind in mir trug«, erzählt Ebba. »Verzweiflung ist nicht das richtige Wort für meinen damaligen Zustand. Es ist bei Weitem nicht stark genug.« Sie machte sich auf noch Schlimmeres gefasst, denn sie hielt es für möglich, dass das Kind vielleicht außerdem noch mit einer geistigen Behinderung zu Welt kommen würde. »Als ich an diesem Abend zu Bett ging, war ich überzeugt, dass mein Sohn gar nicht lebensfähig war. Ich weiß noch, wie ich insgeheim hoffte, eine Fehlgeburt zu haben, darauf, dass irgendetwas passiert, damit mein Kind stirbt.«

Am nächsten Morgen setzten sich Ebba und ihr Mann mit einer Gruppe von Ärzten zusammen, die das Ultraschallbild eingehend studiert und sich über die mysteriöse Fehlbildung des ungeborenen Babys informiert hatten. Es handele sich zweifellos um eine ernste Behinderung, erklärten sie den besorgten Eltern, allerdings sei sie nicht so schlimm, wie sie anfänglich befürchtet hatten. Der Fötus sei insgesamt altersgemäß entwickelt, allerdings fehlten an beiden Unterschenkeln die Wadenbeine. Das Kind werde mit einer Fehlbildung auf die Welt kommen, die es in Island noch nie gegeben habe. Der Fachausdruck dafür lautete fibulare Hemimelie.

»Auf dem Heimweg fühlte ich mich ein klein bisschen besser«, erzählt Ebba. »Nicht gut, das natürlich nicht, aber meine schlimmsten Befürchtungen hatten sich zumindest nicht bestätigt. Ich hoffte nicht länger auf eine Fehlgeburt.« Ihr Mann setzte sich an den Computer und recherchierte im Internet, was er über die fibulare Hemimelie in Erfahrung bringen konnte. Dabei machte er eine interessante Entdeckung. Er rief Ebba zu sich, um ihr die Seite zu zeigen, auf die er gerade gestoßen war. Auf ihr war das Bild eines Menschen zu sehen, von dem sie noch nie gehört hatten, der jedoch mit derselben Fehlbildung wie ihr noch ungeborener Sohn zur Welt gekommen war: Oscar Pistorius.

»Das Foto füllte den ganzen Monitor aus«, sagt Ebba, und während sie daran zurückdenkt, beginnt ihr Gesicht zu strahlen. »Es war wunderbar! Oscar hatte gerade die Ziellinie überquert und das Band durchrissen – mit diesem Sieg gewann er die Goldmedaille im 200-Meter-Lauf bei den Paralympics in Athen. Dieses Bild veränderte alles. Für ihn war es ein triumphaler Augenblick, und für uns war es nicht nur der Moment, in dem sich unsere Verzweiflung in Hoffnung verwandelte, sondern auch der Moment, in dem wir die Gewissheit erlangten, dass für unseren Sohn alles gut werden würde. Ich war einfach nur erleichtert und glücklich. Mein Sohn würde nicht nur gehen, er würde laufen können!«

Der Junge, den sie Haflidi nannten, hatte somit schon ein Vorbild, bevor er überhaupt zur Welt gekommen war. Denn für Ebba stand fest, dass der junge Mann aus dem Internet über weit mehr Talente verfügte, als nur erstaunlich schnell sprinten zu können. »Er sah gut aus, er lachte und schon auf dem Bild war zu erkennen, dass er sehr liebenswürdig ist. Mein Mann schickte meiner Mutter den Link, und seitdem ist nicht nur mir Oscar ans Herz gewachsen, sondern auch dem Rest der Familie. Wir wurden seine größten Fans, verpassten keinen seiner Läufe und sogen alles begierig auf, was wir über ihn in Erfahrung bringen konnten.«

Ihr eigenes Vorbild fand Ebba in Oscars verstorbener Mutter. Sheila Pistorius war für sie eine Vorreiterin und Lehrmeisterin, die einen Weg vorgezeichnet hatte, dem sie folgen wollte. Wie Sheila bemitleidete sich Ebba niemals selbst oder ihren Sohn. Sie traute Haflidi zu, all das tun zu können, wozu Kinder mit gesunden Beinen in der Lage sind.

»Im ersten Jahr nach Haflidis Geburt habe ich mir oft gewünscht, Sheila würde noch leben, weil es für den Umgang mit Kindern wie ihn kein Lehrbuch gibt«, sagt Ebba. »Es muss sehr schwer für sie gewesen sein. Sie hatte niemanden, an den sie sich wenden konnte. Es gab für sie kein Vorbild, so wie sie meins war und ist. Sie war eine Pionierin.« Ebba verstand besser als jeder andere Mensch, wie schwer es Sheila Pistorius im ersten Jahr nach der Geburt gefallen sein muss, sich für eine bestimmte Behandlung ihres Sohnes zu entscheiden. »Damals gab es noch kein Internet, in dem man sich einfach informieren konnte. Sie musste von Arzt zu Arzt laufen und sich alle möglichen Vorschläge anhören. Einer empfahl ihr sogar, eine Amputation über den Knien durchzuführen! Oscars Mutter brauchte all ihre Kraft und all ihren Mut, um sich zu einer Entscheidung durchzuringen. In Island hatte definitiv niemand Erfahrung damit. Das wurde mir eines Tages klar, als ich einem 14-Jährigen begegnete, der mit einer Fehlbildung an den Füßen geboren worden war. Ihm hatte man die Füße nicht amputiert, und jetzt saß er im Rollstuhl und war in seiner Bewegungsfreiheit ganz und gar eingeschränkt. Ich hatte zum Glück Oscar zum Vorbild, was es mir um so vieles leichter machte als seiner Mutter. Damit waren auf einen Schlag alle Fragen für mich geklärt.«

Rational die Entscheidung für die Amputation zu treffen war eine Sache, das Ganze auch emotional zu verarbeiten eine andere. Kurz bevor Haflidi elf Monate alt wurde und damit das Alter erreichte, in dem – wie bei seinem Vorbild – der Eingriff durchgeführt werden sollte, war Ebba sehr nervös, auch wenn sie nach außen hin versuchte, Ruhe zu bewahren. Immer wieder stellte sie sich vor, wie ihr Baby in Narkose auf einem OP-Tisch lag, während ihm ein Chirurg die kleinen Füße amputierte.

Wenige Wochen vor dem OP-Termin erfuhr Ebba, dass Pistorius nach Island kommen würde. Sie schrieb ihm eine E-Mail, in der sie sich vorstellte und ihm von Haflidi erzählte. Pistorius' Antwort ließ nicht lange auf sich warten: »Hi«, schrieb er, »wie kann ich Ihnen helfen?« Ebba antwortete, er könne helfen, indem er sie besuche und mit ihnen zu Abend esse. Die Einladung würde er sehr gerne annehmen, schrieb Pistorius zurück.

Als Pistorius in Reykjavík eingetroffen war, fuhr Ebbas Mann zu der Sporthalle, in der der Blade Runner seine neuen Cheetahs testete, um ihn noch einmal persönlich einzuladen. Hafthor war darauf gefasst, von Pistorius beeindruckt zu werden. Seit er in Athen paralympisches Gold gewonnen hatte, trat er in Wettkämpfen immer häufiger auch gegen nicht-behinderte Sportler an. Erst wenige Monate zuvor war er im 400-Meter-Lauf bei den offenen Meisterschaften in Südafrika Sechster geworden. Dennoch war Hafthor völlig überrascht vom Anblick, der sich ihm beim Betreten der Halle bot. Pistorius und Trevor Brauckmann kickten herum. Pistorius trug gewöhnliche Laufprothesen, deren Metallkern mit hautfarbenem Kunststoff verblendet ist. Sie sehen aus wie echte Beine und haben sogar vollständig modellierte Füße, an denen Pistorius ganz normale Turnschuhe trug. Was Hafthor sprachlos machte, war, dass Pistorius den Fußball nicht einfach über den Boden schob, sondern mit seinen Prothesen regelrechte Kunststücke darbot. Er klemmte sich den Ball am Boden zwischen die beiden Kunststofffüße und schleuderte ihn dann im Sprung mit einer kleinen Rückwärtsbewegung hinter sich in die Höhe. Hafthor sah diese Tricks regelmäßig Profifußballer im Training vollführen, aber er hätte sich niemals vorstellen können, dass ein Mann, der mit derselben Behinderung auf die Welt gekommen war wie sein Sohn, ebenfalls zu so etwas fähig sei.

Als Pistorius die Familie am selben Abend besuchte, fühlte sich Ebba, als würde sie einen Rockstar treffen. Genau dasselbe sagte später auch Reeva Steenkamp über Pistorius.

»Er war damals gerade 19«, erzählt Ebba, »trotzdem war er schon eine so beeindruckende, selbstbewusste Persönlichkeit. Er lachte viel und war ausgesprochen höflich. Oscar hatte keinerlei Allüren. Er nahm Haflidi auf den Arm und spielte mit unserer Tochter Hannah. Keine Frage: Er konnte einfach gut mit Kindern umgehen. Ich fragte ihn, ob es ihm etwas ausmachen würde, seine Prothesen abzunehmen. Er hatte kein Problem damit, nahm sie ab und ließ mich alles ansehen. Ich war fasziniert von ihm und überglücklich, dass er da war.«

Pistorius hätte die Konfrontation mit dieser isländischen Miniversion seiner selbst durchaus verstören können. Genauso hatte er vor seiner Amputation selbst ausgesehen, er hatte die gleichen verkrüppelten Füße und verwachsenen Knöchel gehabt. Wenn ihn der Anblick geschockt oder irritiert haben sollte, hat er sich auf jeden Fall nichts anmerken lassen. Er wirkte so ungezwungen in der Gegenwart seiner neuen Freunde und schien so vergnügt, während er den kleinen Jungen im Arm hielt, dass Ebbas Zuneigung zu ihm noch größer wurde. Seine Worte gaben ihr Halt und Orientierung. Das galt insbesondere, wenn er über seine Mutter sprach, die der Leitstern seines Lebens gewesen sei und für die er vor jedem seiner Rennen ein Gebet spräche. Er erzählte ihnen, dass sie ihm nie das Gefühl gegeben habe, anders als die anderen zu sein, dass sie ihn trotz seiner Behinderung genauso behandelt habe wie seinen Bruder und seine jüngere Schwester, und dass er ihr dafür dankbar sei. Er erzählte ihnen seine Lieblingsanekdote, wie Sheila seinen Bruder dazu aufgefordert hatte, seine Schuhe anzuziehen, und ihn, seine Prothesen anzulegen. Er sprach von dem Brief, in dem sie erklärt hatte, dass der wahre Verlierer derjenige ist, der sich dem Wettkampf gar nicht erst stellt. Und er verriet ihnen seinen Leitspruch: »Man wird nicht behindert durch die Behinderungen, die man hat; man wird befähigt durch die Fähigkeiten, die man besitzt.« Er erklärte ihnen, dass er den Begriff »behindert« für nicht angemessen erachte und die seiner Meinung nach treffendere Bezeichnung »anders begabt« bevorzuge.

Für Ebba waren diese Worte eine Offenbarung. Noch Jahre später, als sie in dem Café in Reykjavík von dieser Begegnung erzählt, gerät sie bei der Erinnerung daran ins Schwärmen. »Dieses Mitgefühl, das er zeigte! Diese Empathie! Diese Liebenswürdigkeit! Alles, was ich in diesem einen Internetbild in ihm gesehen habe, wurde bestätigt, und nicht nur das. Er war noch viel großartiger, als ich ihn mir vorgestellt hatte. Und er löste sogar etwas in mir aus, womit ich überhaupt nicht gerechnet hatte: Dass er keine Mutter mehr hatte, weckte in mir den starken Impuls, ihn selbst zu bemuttern.«

Für Ebba war diese Begegnung prägend. »Ich habe an diesem Tag gelernt, dass ich meinen Sohn nicht wie ein rohes Ei behandeln darf – was eine sehr wichtige Lektion war. Vor allem aber habe ich an diesem Abend Haflidis Behinderung angenommen und gewissermaßen meinen Frieden mit ihr gemacht«, sagt sie. Und sie hatte eine Aufgabe für sich gefunden, nämlich ihrem Sohn das zu sein, was Sheila Pistorius für Oscar gewesen war. Zwar war sie nicht so religiös wie Sheila, dennoch klang deren Schicksalsglaube auch in ihren Worten durch, als sie sagte: »Ich denke es gibt einen Grund dafür, dass Haflidi keine Beine hat. Wir wollen gar nicht, dass er Beine hat! Ich weiß, das hört sich ein bisschen verrückt an, aber ich will, dass er genau so ist, wie es für ihn vorherbestimmt war. Oscar erzählte uns, dass er, wenn er die Wahl zwischen Beinen und einem Ferrari hätte, den Ferrari wählen würde! Er hat so viele Chancen gehabt, gerade weil ihm die Beine fehlten. Das gilt auch für meinen Sohn, auch wenn er gerade mal sieben Jahre alt ist. Er mag keine Beine haben, aber er hat ein großes Herz. Wenn man etwas verliert, bekommt man etwas anderes dafür zurück. Man kann nicht alles haben. Wenn etwas fehlt, kann man das kompensieren, und die Menschen haben ihn so gern und sind so freundlich zu ihm.«

Zu diesen Menschen gehörte auch Oscar Pistorius. Als er im Sommer 2007 wieder nach Island kam, besuchte er die Familie erneut. Er nahm den inzwischen fast zweijährigen Haflidi auf den Schoß und fütterte ihn und ließ sich mit ihm fotografieren. Beide hatten ihre Prothesen abgelegt, und der berühmte Sportler wirkte glücklich in der Rolle des großen Bruders für einen kleinen Jungen, der dieselben kurzen dünnen Beinstümpfe hat wie er. Haflidi wusste, dass er anders war als die anderen Kinder, aber er war ein selbstbewusster, fröhlicher kleiner Kerl. Er war schon immer sehr reif für sein Alter. In der Schule hielt er bereits seiner gesamten Klasse Vorträge über seine Fehlbildung. Ebba erzählt, dass er nicht in dem Bewusstsein aufwuchs, behindert zu sein. Und dass auch sie ihn nie als behindert betrachtet habe. »Wir sagten den Leuten: ›Unser Sohn ist kein Krüppel, es gibt keinen Grund ihn zu bemitleiden oder zu bedauern. Er wird einmal so werden wie Oscar Pistorius: gutaussehend, tapfer, perfekt.‹ Ich glaube, dass mein Sohn im Leben seinen Weg gehen wird, und diese Gewissheit verdanke ich Oscar. Er hat mir gezeigt, dass es nicht schlimm ist, keine Beine zu haben, dass, wenn Menschen ohne Beine laufen können, sie zu allem in der Lage sind.«

Sport interessierte Haflidi allerdings nicht besonders; wenn beim Schulsport Laufen auf dem Programm stand, kam er stets vergnügt als Letzter ins Ziel. Das tat Ebbas Begeisterung für Pistorius' Leidenschaft keinen Abbruch, sie verfolgte weiterhin seine Wettkämpfe im Fernsehen, im Internet oder auch live im Stadion, wenn es ihr möglich war. Im Mai 2009 reiste sie mit ihrem Mann, ihren beiden Kindern und ihrer Mutter, Sigga Hanna, nach Manchester, wo Pistorius beim Paralympic World Cup antrat. Am Tag vor seinem Lauf trafen sie sich mit ihm und erkundeten gemeinsam das nahegelegene Liverpool. Wer sie nicht kannte, hätte glauben können, dass sie alle zu einer Familie gehörten. Pistorius nahm Haflidi an die Hand, und zuvorkommend wie er war, bestand er darauf, Sigga Hannas Rucksack zu tragen. Zu einer weiteren großen Geste gegenüber seinen isländischen Freunden ließ er sich nach seinem Lauf am nächsten Tag hinreißen. Nach seinem Sieg, mit dem er sich eine weitere Goldmedaille sicherte, kletterte er auf die Tribüne und hing sie Haflidi um den Hals. Beim späteren gemeinsamen Essen stritten sich Pistorius und Sigga Hanna spaßhaft darum, wer für die Rechnung aufkommen dürfe, und als sie das Restaurant verließen, erklärte Sigga Hanna scherzhaft, dass sie nichts dagegen hätte, ihn zu adoptieren.

Haflidi schien seine Lektion gelernt zu haben: Wenn Pistorius so war wie er und Pistorius erreichen konnte, was er sich vorgenommen hatte, dann konnte er das auch. Doch obschon Pistorius für Haflidi jemand Besonderes war, bedeutete er Haflidis Mutter und Großmutter noch viel mehr. Der immer engere Kontakt zu dem südafrikanischen

Sportidol hatte für die beiden Frauen einen wesentlich unmittelbareren Nutzen als für den Jungen. »Manchmal glaube ich, dass Oscar mir mehr geholfen hat als Haflidi«, gibt Ebba zu. »Oscar hat mich moralisch unterstützt, er und seine Mutter waren meine Vorbilder.«

Ebbas Mutter, Sigga Hanna, wird sogar noch deutlicher, als sie erklärt, welch wichtige Rolle Pistorius in ihrem Leben spielte: »Sie müssen das verstehen: Oscar hat mich davor bewahrt, verrückt zu werden. Damit will ich sagen, dass ich sehr mutlos und verzweifelt war, als ich von dem Ultraschallergebnis meiner Tochter erfuhr. Oscar hat mich davor bewahrt, die Hoffnung aufzugeben.«

Um ihm noch näher zu sein, entschieden Ebba und Hafthor, mit der ganzen Familie für sechs Monate nach Südafrika zu reisen. »Ohne Oscar wären wir nie auf die Idee gekommen, dieses Land zu besuchen. Aber nun wollten wir seine Heimat kennenlernen«, sagt Ebba. »Er war sehr heimatverbunden. Immer wieder erzählte er davon, wie schön Südafrika sei, wie sehr er sein Land liebe und wie sehr er Mandela bewundere, dem er einmal begegnet war, was ihn sehr stolz machte.« Als Ebba ihm sagte, dass sie mit ihrer Familie für eine längere Zeit nach Südafrika kommen wollte, mischte sich in seine Freude auch Sorge, denn er fürchtete um die Sicherheit der Familie. Zudem erschreckte ihn die große Verantwortung, die er für die Familie trug, die allein seinetwegen nach Südafrika kommen wollte. Pistorius empfahl ihnen, sich nicht in einer der großen Metropolen niederzulassen. Definitiv nicht in Johannesburg, wo er aufgewachsen war, oder in Pretoria, wo er jetzt lebte. Er schlug Stellenbosch vor, eine freundliche kleine Universitätsstadt in der am Westkap gelegenen Weinregion knapp 1500 Kilometer südlich von Johannesburg. Dort seien die Kinder sicher, sagte er. Ebba und Hafthor folgten seinem Rat und verbrachten mit ihren Kindern von Oktober 2010 bis April 2011 glückliche Monate in Stellenbosch. Kurz vor Weihnachten besuchten Ebba und Sigga Hanna ihr Idol im Norden.

»Es war wunderbar. Oscar und seine reizende Freundin Jenna luden uns zum Essen in Oscars Haus in Pretoria ein«, erzählt Ebba, und dann gerät sie plötzlich ins Stocken.

»Es war das Haus, in dem der Unfall passiert ist ...«

Ihr Blick trübt sich ein, als sie sich an den Moment erinnert, als sie zum ersten Mal davon hörte.

»Es war eine E-Mail, die ich auf meinem Smartphone erhielt. Ich schrie geschockt auf und sank zu Boden, während ich das Handy weiterhin umklammert hielt. Wieder und wieder las ich den Text, bis ich wirklich voll und ganz begriffen hatte, was dort stand. Ich war auf die Knie gesunken und schluchzte – ich glaube, ich weinte sogar –, und mir ging immer wieder dieselbe Frage durch den Kopf: ›Was ist das nur für ein Schicksal?‹ ... ›Was ist das nur für ein Schicksal?‹«

Sie vermutet, dass sie in diesem Moment einen Nervenzusammenbruch hatte. »Mein Körper machte einfach nicht mehr mit. Meine Nase war zu. Ich hatte mit einem Mal hohes Fieber. Und ich weinte den ganzen Tag.«

Nicht um Reeva Steenkamp, die sie gar nicht kannte, sondern um ihren Freund. Pistorius' Mutter war dieser grauenhafte Moment erspart geblieben. Ihre Qualen durchlebte Ebba stellvertretend für sie. »Ich weinte, weil ich mich in ihn wie in meinen Sohn hineinversetzen konnte. Ich konnte fühlen, was er durchmachte. Ich konnte fühlen, wie er langsam verging, wie er quasi in Zeitlupe starb, Tag für Tag ein kleines Stück mehr, für den Rest seines Lebens.«

Das schreckliche Gefühl, das sie hatte, als sie zum ersten Mal von der Fehlbildung ihres Sohnes erfuhr, war plötzlich wieder da. Diesmal war es kein Foto von Pistorius, das sie rettete, sondern der Geist seiner verstorbenen Mutter. Ebba fragte sich, wie sie wohl in dieser Situation reagiert hätte, und schließlich hatte sie eine Antwort gefunden. Kein blindwütiges Schicksal trug die Schuld an diesem schrecklichen Ereignis. So einem Gedanken hätte sich Sheila Pistorius niemals hingegeben. Nein, auch hierin zeigte sich das unergründliche Wirken der Vorsehung.

»Oscar ist sehr stark, und es wird irgendetwas Gutes dabei herauskommen«, sagt Ebba. »Er ist extrem, ein Mensch, der in Extremen lebt, und er wird irgendetwas extrem Gutes tun. Er wird etwas ganz Besonderes schaffen, auch wenn er jetzt völlig am Boden ist. Er hat ja zwei

Leben zerstört, nicht nur eines. Aber am Ende wird irgendetwas Gutes dabei herauskommen. Und dazu wird er mehr Mut und mehr Entschlossenheit benötigen als je zuvor. Er wird sehr viel Kraft aufbringen müssen, um sich selbst zu vergeben und trotz allem zu versuchen, weiterzuleben. Aber ich glaube, dass es irgendwie so vorherbestimmt war. Für alles, was passiert, gibt es einen Grund.«

Als Haflidi am Nachmittag des 14. Februar 2013 von der Schule nach Hause kam, fand er seine Mutter in Tränen aufgelöst. »Ich sagte ihm, er dürfe auf Oscar nicht wütend sein. Er habe seine Freundin nicht absichtlich getötet, es sei ein Unfall gewesen. Er habe sie für einen Einbrecher gehalten.« Worauf Haflidi antwortete: »Wenn es ein Unfall war, kann ich ihm doch nicht böse sein, oder?« Ebba nahm ihren Sohn schluchzend in den Arm.

Für Ebba konnte es keine andere Antwort geben. Auch für Haflidi konnte es keine andere Antwort geben. Millionen andere Menschen auf der ganzen Welt wollten glauben, dass Pistorius Reeva Steenkamp vorsätzlich erschossen hatte; andere wollten glauben, dass es sich um ein tragisches Unglück gehandelt hatte. Für Ebba und ihre Mutter ging es nicht darum, was sie glauben wollten. Ganze acht Jahre lang hatte ihnen Pistorius Mut und Zuversicht gegeben. Den beiden Isländerinnen blieb gar nichts anderes übrig, als zu glauben, dass das, was er über die Ereignisse in der Tatnacht erzählte, die Wahrheit war. Für sie war es ausgeschlossen, in ihm einen Lügner zu sehen.

9

Die Göttin, die süße Bitternis unter meine Liebe mischt, ist mir nicht unbekannt.

CATULL, *Carmen 68*

Alles hätte auch ganz anders laufen können für Pistorius. Wie hätte sein Leben ausgesehen, wenn er mit 14 nicht eine seiner Holzprothesen zerbrochen hätte? Was wäre geschehen, wenn seine Großmutter Gerti einen anderen Prothetiker angerufen hätte? Oder wenn es nicht Francois van der Watt gewesen wäre, der den Anruf entgegennahm – vielleicht weil er doch dem Wunsch seines Vaters nachgekommen und Landwirt geworden wäre? Was, wenn die beiden gegnerischen Rugbyspieler Pistorius mit 16 nicht so hart angegangen wären, dass ihn die Verletzungen, die er davontrug, überzeugten, diesen Sport besser an den Nagel zu hängen? Seine sportlichen Erfolge, sein Ruhm, das viele Geld, das er verdient und die schönen Frauen, die er kennengelernt hatte – all das verdankte er einer Reihe von Zufällen. Dasselbe gilt für die Tragödie, die den Rest seines Lebens überschatten wird.

Herauszufinden, dass er fürs Laufen geradezu berufen war, war ungeheuer beglückend für Pistorius. In anderen Sportarten, die er ausprobiert hatte, vor allem natürlich beim Mannschaftssport, war er immer von anderen abhängig gewesen und hatte sich damit begnügen müssen, nur ein Teil des Ganzen zu sein. Beim Laufen war er voll und ganz auf sich allein gestellt, und dass er alles allein unter Kontrolle hatte, war etwas, was das Laufen im Vergleich zu seinem sonstigen Leben einzigartig machte. Beim Sprint, einer der klassischen Leichtathletikdisziplinen, konnte man das Risiko fast völlig eliminieren, dass etwas Unvorhergesehenes passierte – was wichtig war, denn davon hatte es in Form schlimmer Schicksalsschläge in seinem Leben schon genug gegeben, angefangen mit seiner Fehlbildung über die Scheidung der Eltern bis zum frühen Tod der Mutter. Wenn er hart genug trainierte und sich gut ernährte, konnte er seine Laufzeiten verbessern; wenn er sich alles abverlangte und bereit war, körperliche Schmerzen zu überwinden, war ihm der Erfolg sicher.

Zunächst war das Laufen für ihn eine Flucht vor der Trauer über den Tod seiner Mutter gewesen; später verschaffte es ihm einen Ausgleich angesichts des emotional aufwühlenden ersten Verliebtseins. Beim Laufen konnte er alle Gedanken ausschalten und sich ganz und gar darauf konzentrieren, seine Schnelligkeit zu verbessern. Außerhalb des Trainings herrschte seinerzeit Gefühlschaos, hier war er keineswegs Herr der Lage. Er war auf jemand anderes fixiert, ein Mädchen oder eine junge Frau mit ganz eigenen Interessen und einer eigenen Geschichte, die er verzweifelt dazu bringen wollte, seinem Bild von der perfekten Frau zu entsprechen. Diese Anstrengung erinnerte in gewisser Weise an seinen Versuch, seinen unvollkommenen Körper in eine Laufmaschine zu verwandeln. Die Besessenheit von der Idee der perfekten Frau für ihn, nach der er ständig suchte, trieb ihn ebenso an und zehrte an ihm wie seine Sucht nach sportlichen Erfolgen.

Er versprach sich alles von der Liebe und wurde immer wieder enttäuscht. Wenn ihn eine Frau verlassen hatte – hieß sie nun Nandi, Jenna oder Vicky –, war schnell eine neue gefunden. Das grundlegende Verhaltensmuster wiederholte sich dabei immer wieder: Erst zeigte er sich hartnäckig besitzergreifend, dann verzweifelt abhängig, bis er schließlich von hysterischer Verlustangst geplagt wurde. Keine seiner

Freundinnen konnte seinem Idealbild genügen. Es gab durchaus Momente, in denen er erkannte, dass er sich – und sie – mit seinem Anspruchsdenken in den Wahnsinn trieb, dennoch kam er nicht dagegen an. Hinzu kam, dass die Eifersucht permanent an ihm nagte und er überall Nebenbuhler witterte.

Pistorius war genauso verunsichert wie die meisten Männer, nur in stärkerem Maße. In der Liebe geht es am Ende immer auch um Sex. Doch da ihm die Beine fehlten, war seine Unsicherheit diesbezüglich besonders groß. Es war ihm wesentlich peinlicher, sich anderen ohne seine Prothesen zu zeigen, als er sich äußerlich anmerken ließ. Jedes Mal, wenn vor er einer seiner Freundinnen zum ersten Mal seine nackten Stümpfe entblößte, musste er gegen seine Ängste ankämpfen. Mit seinen Prothesen war er ein 1,80 Meter großer Adonis, der in der Presse als »Sexiest Man« Südafrikas gefeiert wurde; doch wenn er sie ablegte, verwandelte er sich grundlegend. Er war nicht mehr groß, er war winzig; er war nicht mehr schnell, er war langsam; er war nicht mehr mutig, er war verängstigt; er war nicht mehr stark, er war schwach; er stand so wackelig auf seinen Stümpfen, dass selbst ein Kleinkind ihn zu Fall bringen konnte. Der öffentliche Blade Runner und der private Oscar Pistorius standen in ständigem Konflikt miteinander. Sich vor einer attraktiven jungen Frau zu entblößen, machte ihm schmerzlich bewusst, was für einen seltsamen, verletzlichen Eindruck er aufgrund des großen Kontrasts zwischen seinem muskulösen Oberkörper und seinen dünnen, oft von Blasen übersäten Stümpfen erweckte. Immer wenn eine seiner Freundinnen zum ersten Mal einen Blick auf diesen seltsam missgestalteten Körper warf, stand er unbeschreibliche Ängste durch – die Furcht, abgelehnt, vielleicht sogar verletzt oder verspottet zu werden, war übermächtig.

Und selbst wenn er diese Ängste überwunden und die Freundin ihm kein schlechtes Gefühl gegeben hatte, kamen schnell neue Zweifel auf. Was, wenn sie es nur auf sein Geld und seinen Ruhm abgesehen hatte?

Ob eine Beziehung lange hielt oder nur kurze Zeit, war dabei irrelevant. Mit 24 hatte Pistorius so etwas wie eine Affäre – so zumindest hätten es andere gleichaltrige Männer genannt – mit einer älteren, geschiedenen Frau, die zwei Kinder hatte. Doch diese Beziehung war so aufreibend, dass seine Freundin sie nach einiger Zeit beendete. Pistorius war untröstlich und suchte Rat bei einem älteren Freund, der die Dame kannte und ihm riet, sie sich aus dem Kopf zu schlagen. Es gäbe da nichts mehr zu kitten, erklärte er Pistorius, er sei schlichtweg zu fordernd gewesen. Sein Problem seien gar nicht die Frauen, in die er sich verliebte, sondern er selbst. Er sei zu jung, um sich derart unnötigen Kummer aufzuhalsen. Er solle im Sport ruhig nach den Sternen greifen, aber doch nicht in der Liebe. Zumindest noch nicht. Die große Liebe würde sich irgendwann schon finden, sagte der Freund, bis dahin solle er sich aufs Laufen konzentrieren und sich mit den Mädels amüsieren. Er solle kein so unverbesserlicher Romantiker sein und versuchen, das Ganze etwas nüchterner zu sehen. Das Seelenheil hinge nun mal nicht von der gerade aktuellen Angebeteten ab, der man wieder völlig verfallen sei.

Aber Pistorius beherzigte den Rat nicht. Er stürzte sich nach wie vor von einer Beziehung in die nächste und seine Stimmung schwankte unablässig von himmelhoch jauchzend bis zu Tode betrübt.

Was sein Freund ihm nahegelegt hatte, war durchaus vernünftig gewesen, allerdings hatte der Ältere nicht den Mut aufgebracht, Pistorius zu sagen, was er wirklich dachte. Das schien ihm zu banal zu sein, war lupenreine Hobbypsychologie. Den Wahrheitsgehalt seiner Erkenntnis schmälerte das allerdings nicht: Pistorius verliebte sich immer wieder in Frauen, in denen er etwas von seiner Mutter wiederzuerkennen glaubte. Jedoch stellte sich spätestens dann die Enttäuschung ein, wenn er feststellte, dass sie dem Idealbild der Mutter nicht gerecht werden konnten. Seine Eifersucht und sein Klammern waren Ausdruck der Angst, verlassen zu werden und einen so schmerzhaften Verlust wie den Tod der Mutter noch einmal erleiden zu müssen.

Die letzte Freundin, auf die Pistorius seine Wunschvorstellungen projizierte, bevor er Reeva kennenlernte, war die hübsche, junge und arglose Samantha Taylor. Pistorius hatte sie über Facebook kennengelernt – wo Samanthas Mutter Trish später eifrig gegen ihn wetterte, nachdem er Reeva erschossen hatte. Pistorius und Samantha hatten herausgefunden, dass sie beide am 22. November Geburtstag hatten. Er war 25, Samantha 17. Ein paar Auszeiten mit einberechnet, waren sie gut achtzehn Monate zusammen.

Erst nach Reevas Tod, kurz vor Beginn der Hauptverhandlung, wurde Pistorius bewusst, wie fehlgeleitet er gewesen war, als er sich in Samantha verliebt hatte. Nicht weil sie in einer ganz anderen Liga spielte als Reeva, sondern weil, wie er sechs Monate vor der Verhandlung von seinen Anwälten erfuhr, ihr Name neben etlichen anderen auf der Liste mit den 107 Zeugen auftauchte, die gegen ihn aussagen würden. Das Mädchen, mit dem er – ebenso wie später mit Reeva – einst den Rest seines Lebens hatte verbringen wollen, half nun der Polizei und der Staatsanwaltschaft, die ihn für einen Großteil seines Lebens hinter Gitter bringen wollten.

Es war seltsam, sich vorzustellen, dass er noch Ende September 2012, kaum einen Monat bevor er Reeva kennengelernt hatte, mit Samantha auf die Seychellen geflogen war – auf Kosten einer Fluggesellschaft und einer Hotelkette, die die Reise gesponsert hatten. Unter den Palmen dort waren sie noch so vertraut miteinander gewesen. Für die südafrikanische TV-Sendung *Top Billing*, ein Prominentenmagazin, hatten sie sich vor laufender Kamera ihre Liebe gestanden. Während er ihr tief in die Augen schaute, erzählte sie der Moderatorin, wie »witzig« Pistorius sei und dass er so voller Energie sei. Dann blickte sie ihn zärtlich an, während er erklärte: »Sam ist etwas Besonderes … sie ist sehr fürsorglich … sie versteht mich.« Und während dieses nicht ganz unpeinlichen Liebesgesäusels lief erst er rot an und dann sie, und als die Moderatorin sie darauf hinwies, wurden ihre Wangen noch röter.

Doch hinter dieser öffentlich zur Schau gestellten Fassade der jungen glücklichen Liebe brodelte es unentwegt. Schon ganz am Anfang gab es Probleme, weil sich Pistorius seiner Gefühle nicht sicher war. Er hing noch immer an seiner Ex-Freundin Jenna Edkins, und es fiel ihm nicht leicht, sie los- und sich voll und ganz auf Samantha einzulassen. Als die herausfand, dass er sich immer noch mit Jenna traf, drohte sie ihm per SMS, die Beziehung zu beenden. Pistorius simste prompt zurück – und war die Reue selbst. Er gab zu, mit ihren Gefühlen »gespielt« zu haben, »feige und einsam« und tatsächlich wieder bei Jenna gewesen zu sein. Dabei habe sie so viel Besseres verdient. Er hasse sich für das, was er getan habe, und er wisse, dass sie, »Sam«, die Einzige für ihn sei. Er schwor, alles zu tun, um seinen Fehler wiedergutzumachen, wenn sie ihm nur eine zweite Chance gäbe. Sie ließ sich überreden. Pistorius traf sich nicht mehr mit Jenna, und eine Zeit lang war es tatsächlich sehr harmonisch zwischen Samantha und ihm. »Du bist die Liebe meines Lebens«, schrieb er ihr. »Ich träume nur von dir. Du bist alles, was ich will. Alles, was ich brauche.« Sie war für ihn sein »kleiner Schmetterling«.

Im Verlauf der Beziehung fand sie allerdings heraus, dass er dem kleinen Mädchen in dem englischen Kinderreim »There was a little girl« glich: Wenn er lieb war, war er sehr, sehr lieb, aber wenn er böse wurde, war er grausam. Er konnte gütig und zärtlich sein und die Höflichkeit in Person, wie viele, die ihn kennengelernt haben, berichten. Samantha zufolge konnte konnte seine Stimmung allerdings auch von einem auf den anderen Moment völlig kippen, dann war er wütend auf sie oder ihre Freunde, schrie herum und rastete völlig aus. Kleinigkeiten konnten ihn Rage versetzen. Wenn er sie bat, einen Becher in die Küche zu bringen oder ihm einen Kaffee zu machen, und sie vergaß es, oder wenn sie sich etwas anzog, das er für zu aufreizend hielt, konnte er richtig in die Luft gehen. Letztlich ging es immer um Kontrolle; es war ihm wichtig, sein Umfeld und damit auch sie zu kontrollieren. Ihr zufolge ging seine Eifersucht, wenn sie nicht bei ihm war, so weit, dass er sie nicht nur aufforderte, ihm zu erklären, wo sie war und was sie dort tat, sondern ihm außerdem Beweise dafür zu liefern, indem sie ihm zum Beispiel Fotos von sich auf sein Handy schickte. Da sie ihn trotz allem liebte, tat sie, was er von ihr verlangte. Doch hin und wieder fragte sie sich schon, was sie da eigentlich tat. Wie Taylor erzählt, trank Pistorius oft zu viel, wenn er nicht trainierte, und spielte mit seiner Pistole herum, wobei sie immer Angst hatte, dass versehentlich ein Schuss losging. Sie fühlte sich zwar nicht körperlich bedroht, aber in emotionale Zwangslagen gebracht. Wie ihre Mutter und ihre ältere

Schwester, Carrie Leigh, die beide Pistorius kennengelernt hatten und seine Art ebenso charmant wie beunruhigend fanden, Samantha geraten hatten, distanzierte sie sich ein wenig von ihm. Pistorius rief daraufhin bei ihnen an und bat sie unter Tränen, sich bei »Sam« für ihn einzusetzen. Wenig später vertrugen sich die beiden wieder. Er war ihr gegenüber zuvorkommend und wieder sehr galant, und sie ließ ihre Familie wissen, dass sie wieder glücklich verliebt sei.

Dann folgte der nächste Streit, woraufhin Pistorius am Tag danach abermals Kurznachrichten mit Entschuldigungen und Selbstbezichtigungen verschickte. »Tut mir leid, dass ich so ein Scheißkerl war«, lautete eine typische SMS-Nachricht von ihm. Und natürlich bat er wieder um Vergebung. »Ich möchte dir in die Augen schauen und dir sagen, dass ich dich liebe, damit du sehen kannst, dass ich es ernst meine«, schrieb er. Danach waren sie wieder zusammen und es hieß: »Mein Baby!« und »Sammy!«. Und wenn er auf Reisen war, schrieb er aus der Ferne Sätze wie »Ich wünschte, ich könnte dich in meinen Armen halten« und »Ich wünschte, du könntest in mein Herz blicken und sehen, wie aufrichtig und rein meine Liebe zu dir ist«. Es folgte ein weiteres Zerwürfnis, und wieder tat es ihm leid: »Du hast einen Besseren verdient als mich.« Nichtsdestotrotz bat er abermals um Nachsicht: »Ich habe viel falsch gemacht, bevor mir klar wurde, dass du die Einzige für mich bist.«

So ging es in einem fort, bis sie sich im Sommer 2012 wieder einmal trennten, nachdem er sich mit einem russischen Supermodel getroffen hatte, das er in New York kennengelernt hatte. Samantha flüchtete daraufhin mit einem gemeinsamen Bekannten namens Quinton van der Burgh nach Dubai, was Pistorius fast um den Verstand brachte. Wieder einmal sah er seinen Fehler ein, fürchtete jedoch, dass es diesmal zu spät war. Gleichwohl nahm er sein Handy zur Hand und simste eine Entschuldigung. Er schrieb, es breche ihm das Herz zu hören, dass sie mit Quinton zusammen sei, denn jetzt sei er sich wirklich seiner wahren Gefühle absolut bewusst: »Keine andere Frau auf der Welt kann deinen Platz einnehmen … Ich liebe dich mit jeder Faser meines Körpers.«

Diese honigsüßen Schmeicheleien verfehlten auch diesmal nicht ihre Wirkung. Samantha kehrte zu ihm zurück und sie traten ihre gesponserte Liebesreise auf die Seychellen an, wo sie das bereits erwähnte TV-Interview gaben, in einer Suite mit eigenem Pool übernachteten und Hand in Hand den weißen Sandstrand entlangschlenderten, bevor sie nach Johannisburg zurückkehrten – immer noch wahnsinnig verliebt. Das blieb auch so, bis Pistorius wenig später Reeva Steenkamp kennenlernte, die Samantha als die einzige Frau in seinem Leben, die er wirklich und wie keine andere zuvor liebte, ablöste.

Inzwischen war Reeva – ebenso wie Pistorius' Mutter – durch den Tod gewissermaßen zu einer Heiligen worden. Wenn er jetzt ihr überlebensgroßes Bild an der Wand von Onkel Arnolds Cottage anstarrte, war er sich sicher, dass sie seine einzige und wahre Liebe war. Samantha hätte er längst vergessen, wenn sie nicht im immer näherrückenden Mordprozess auf der Liste derjenigen gestanden hätte, die gegen ihn aussagen würden. Auch an seine Meinungsverschiedenheiten mit Reeva hätte er sich irgendwann vielleicht nicht mehr erinnert, wenn die Staatsanwaltschaft sie nicht immer wieder zum Thema gemacht hätte. In ihrem Auftrag waren die iPhones von Oscar und Reeva inzwischen an die Apple-Firmenzentrale in Kalifornien geschickt worden. Der iPhone-Hersteller sollte der Staatsanwaltschaft dabei behilflich sein, an die Nachrichten zu kommen, die das Paar via WhatsApp ausgetauscht hatte. Zu diesem Schritt hatte man sich entschlossen, nachdem sich der SMS-Verkehr der beiden, den ihr südafrikanischer Mobilfunkanbieter offengelegt hatte, als harmlos erwiesen hatte. Zumindest per SMS hatten sich die beiden nichts geschrieben, worin Außenstehende einen Anhaltspunkt für ein Mordmotiv finden konnten. Daher setzte die Staatsanwaltschaft nun mithilfe von Apple auf die Auswertung ihres WhatsApp-Chats. Sie hofften in den gespeicherten Daten Belege für einen Streit zwischen den beiden kurz vor Reevas Tod zu finden, was geholfen hätte, ihre These zu stützen, dass Pistorius Reeva vorsätzlich ermordet hatte. Im Oktober 2013 wurden alle erforderlichen Schritte in die Wege geleitet. Allerdings musste sich die Staatsanwaltschaft darum bemühen, dass US-Gerichte die Herausgabe der Daten per Gerichtsurteil anordnete, weil Apple sich weigerte, diese Daten preiszugeben, solange sie nicht rechtlich dazu verpflichtet waren. Pistorius' Anwälte waren alles andere als begeistert, als sie von diesen Plänen erfuhren. Dem Angeklagten selbst schauderte nur angesichts der Peinlichkeit, dass seine private Kommunikation mit Reeva vor Gericht breitgetreten würde. Dass man dabei auf ihn belastendes Material stoßen könnte, fürchtete er hingegen nicht.

Tatsächlich entpuppten sich die WhatsApp-Nachrichten in der Hauptsache als reine Liebesbekundungen. Immer wieder versuchten Pistorius und Reeva sich mit gegenseitigen Beteuerungen zu übertrumpfen. »Ich vermisse dich«, schrieb sie. »Ich vermisse dich mehr als du mich«, schrieb er zurück. Dabei benutzten sie eine Vielzahl an Kosenamen: »Mein Engel«, »Meine Schöne«, »Mein Baby«, »Mein Liebling«, »Meine Baba«.

Die Frau seiner Träume hieß zwar nun anders, die Art und Weise, wie Pistorius ihr seine Liebe beteuerte, blieb davon allerdings unberührt. All die Komplimente und Liebesbekundungen, die er Samantha geschrieben hatte, adressierte er nun von einem auf den anderen Tag fast eins zu eins an Reeva. Als Samantha im Dezember 2012, einen Monat nachdem Pistorius und Reeva sich kennengelernt hatten, herausfand, dass sich die Beziehung zwischen den beiden zu etwas Ernsterem entwickelt hatte, rächte sie sich, indem sie in der südafrikanischen Presse erklärte: »Oscar hat so eine Wirkung auf Frauen … Sie ist wahrscheinlich nicht seine Einzige … Oscar ist nicht der, für den ihn die Leute halten.«

Später stürzten sich alle auf diesen Kommentar, zur Zeit seiner Veröffentlichung wurde er jedoch größtenteils überlesen. Pistorius war damals noch der unbestrittene südafrikanische Nationalheld, und die Öffentlichkeit hatte die plötzlich omnipräsente Reeva schnell ins Herz geschlossen. Zusammen waren die beiden Südafrikas Antwort auf die legendären Hollywood-Traumpaare. Samantha wirkte vor diesem Hintergrund nur wie eine eingeschnappte Verflossene.

Schon im Januar, einen Monat, bevor er die tödlichen Schüsse auf Reeva abfeuerte, zeigte sich Pistorius allerdings wieder von seiner launischen Seite und reagierte auf eine Art und Weise, mit der schon die Beziehungen zu Samantha und einigen anderen Ex-Freundinnen auf eine harte Probe gestellt hatte. Waren sie in einem Augenblick noch verrückt nacheinander – Reeva bezeichnete sie gerne als ein »fantastisches Paar« –, so beschwerte sie sich schon im nächsten darüber, dass er sich in alles einmische und sie nicht sie selbst sein ließe. Am 27. Januar schickte sie ihm eine Nachricht, die jede Menge Vorwurfe enthielt. Sie machte damit ihrem Ärger Luft über Pistorius' Verhalten auf der Verlobungsfeier ihres Freundes Darren Fresco, der später im Prozess ebenso wie Samantha Taylor gegen ihn aussagte.

In der für eine WhatsApp-Mitteilung ungewöhnlich langen Nachricht erhebt Reeva eine Reihe Vorwürfe, die relativ typisch sind für Frauen, die unter einem eifersüchtigen, egoistischen und extrem besitzergreifenden Partner leiden.

»Ich bin mir nicht ganz sicher, warum ich mich überhaupt hinsetze und dir eine Nachricht schreibe«, tippte sie. »Vielleicht sagt ja schon das eine Menge aus über das, was hier gerade passiert. Heute war die Verlobung eines meiner besten Freunde, und ich wollte länger bleiben. Ich habe viel Spaß gehabt, aber das hat sich jetzt erledigt. Du hast mich die ganze Zeit drangsaliert, seit du aus CT [Kapstadt] zurückgekommen bist. Ich weiß, dass es dir nicht gut geht, aber das war wirklich gemein. Gestern hatten wir beide keinen schönen Tag, aber wir haben ihn durchgestanden und zumindest das Gefühl gehabt, dass wir zusammengehören.

Ich habe heute mit niemandem geflirtet. Es macht mich krank, dass du mir das unterstellt hast, dass du mir an dem Tisch eine Szene gemacht hast und wir frühzeitig aufbrechen mussten. Ich bin schrecklich enttäuscht davon, wie dieser Tag zu Ende gegangen ist und darüber, wie du mich stehengelassen hast. In unserer Beziehung herrscht eine Doppelmoral: Du regst dich immer schnell darüber auf, wie ich manches mache, erwartest aber, dass ich all Deine Launen und Dein manchmal abweisendes Verhalten klaglos ertrage. Alle naselang muss ich mir Geschichten von dir und anderen Frauen anhören. Du hast wirklich schon eine Menge Frauen gehabt, und dann regst du dich auf, wenn ich einmal EINE witzige Anekdote aus einer langjährigen Beziehung von mir erzähle. Ich tue alles, um dich glücklich zu machen, und versuche, nichts zu sagen, was dich verärgern könnte. Du hingegen hast keine Hemmungen, in aller Öffentlichkeit auszuticken. Ich habe mich jetzt 2 Tage lang über dich geärgert. Ich bin so sauer, dass ich Darrens Party so früh verlassen habe. SO sauer. Dieser Tag wird nie wiederkommen.«

»Manchmal habe ich Angst vor dir«, fuhr Reeva fort, »und davor, wie du mich anschnauzt und wie du auf mich reagierst. Zu 90% machst du mich glücklich, und ich denke wir sind ein fantastisches Paar, aber ich bin keine von diesen Zicken, die du vielleicht kennst, die einem nur die Stimmung vermiesen wollen. Ich bin diejenige, die bei dir geblieben ist, obwohl ich eine Riesenangst ausgestanden habe. Ich bin diejenige, die sich in dich verliebt hat und dir das an diesem Wochenende eigentlich sagen wollte.

Ich bin aber auch diejenige, der du aus dem Weg gehst, wenn du eine von deinen Scheißlaunen hast. Wenn du, wie mir scheint, glaubst, du hast mich sicher, warum also noch weiter dran arbeiten. Ich streichle deinen Nacken, um dir zu zeigen, dass ich bei dir bin, und du sagst, ich soll aufhören. Soll aufhören Kaugummi zu kauen. Soll dies tun und jenes sein lassen. Es gibt Dinge, die willst du einfach nicht hören. Dann schneidest du mir das Wort ab. Deine Empfindlichkeit, dein verletzter Stolz, deine völlig überzogene Reaktion auf diese absolut harmlose Geschichte haben mir diesen ganz besonderen Tag versaut. Es tut mir leid, wenn du tatsächlich den Eindruck hattest, dass ich den Mann meiner Freundin Sam anbaggere, und es betrübt mich sehr, dass du so wenig von mir hältst. Für Außenstehende sieht es so aus, als hätten wir gerade eine Krise, und vielleicht haben wir die auch. Ich will einfach nur lieben und geliebt werden. Glücklich sein und jemand anderen SO glücklich machen. Vielleicht können wir das einander nicht geben. Denn ich weiß, dass du im Moment nicht glücklich bist, und ich bin definitiv unglücklich und traurig.«

Im Gegensatz zu Samantha Taylor war Reeva eine reife, erfahrene Frau, die wusste, was sie wollte. Daher hatte ihre Kritik natürlich auch ein ganz anderes Gewicht. Reeva hatte klare Vorstellungen von einer Beziehung und davon, was sie von ihrem Partner erwartet und was sie nicht zu akzeptieren bereit ist. Pistorius war mit dieser selbstbewussten Haltung offenbar ein wenig überfordert. Obschon er als Sportler gereift und in die Rolle des das öffentliche Interesse auf sich ziehenden Prominenten hineingewachsen war, hatte er in seiner emotionalen Entwicklung damit nicht Schritt halten können. Er schien in der spätpubertären Phase jugendlicher Schwärmerei stecken geblieben zu sein. Er hatte eine gespaltene Persönlichkeit, und durch die Frauen, in die er sich verliebte, kam auch immer seine nicht so souveräne Seite zum Vorschein. Auf ihre Vorwürfe reagierte er auf die einzige ihm vertraute Weise: Er rechtfertigte sich und entschuldigte sich gleichzeitig.

»Ich möchte mit dir reden«, antwortete er Reeva via WhatsApp. »Ich möchte das klären. Du sollst von mir nichts bekommen, das nicht fantastisch ist, und … es tut mir leid, dass ich Dinge sage, ohne vorher nachzudenken, und dass mir manches von dem, was du tust, nicht gefällt. Dass ich müde und unwohl bin, ist keine Entschuldigung … Es tut mir leid, dass ich gehen wollte, ich hatte einfach Hunger und war verärgert, und obschon du das wusstest, bist du nicht zu mir gekommen, um zu reden, als ich aufgestanden bin. Es tut mir leid, dass ich dich gestern gebeten habe, mich nicht im Nacken zu kraulen, ich weiß, dass du es nur lieb gemeint hast … Ich hatte schlimme Kopfschmerzen und hätte es dir in ruhigem Ton erklären sollen. Es tut mir leid.«

Reeva schien zu wissen, dass Pistorius ihr in dieser Beziehung nicht das Wasser reichen konnte, und setzte sich durch. Sie nutzte ihren Vorteil aus, indem sie klar definierte, welche Art von Beziehung sie sich wünschte. Sie sei so, wie sie sei, und er müsse das akzeptieren. Weder sei sie nur ein Anhängsel von ihm noch diejenige, die irgendwelchen Vorstellungen von einer idealen, perfekten Traumfrau gerecht werden könne und wolle.

»Ich möchte gerne glauben, dass ich dich stolz mache, wenn ich dich zu solchen Anlässen begleite. Ich muss mich bestimmt nicht verstecken und kann mich gut mit anderen unterhalten, während du mit Freunden/Fans beschäftigt bist. Ich kannte auch ein paar von den

Leuten heute Abend, und während du dich ein-, zweimal hast fotografieren lassen, habe ich mich von Leuten verabschiedet, mit denen ich beruflich zu tun habe. Und dann wollte Fix ein Foto mit mir machen. Ich habe mich einfach nur freundlich verabschiedet, während du noch beschäftigt warst. Ich habe sehr wohl verstanden, dass du eigentlich nur weg wolltest, und dachte, es sei hilfreich, wenn ich vor dir am Ausgang bin, weil ich in den Schuhen, die ich trug, nicht schnell laufen kann. Ich dachte, es wäre gut, wenn wir rauskämen, ohne dass du noch mal von irgendwem belästigt wirst. Ich habe nicht damit gerechnet, dass du mir das vorwerfen würdest, vor allem nicht so laut, dass andere es mitbekommen. Ich mag manchmal herumalbern und vielleicht auch ein bisschen wild sein, aber ich betrachte mich trotzdem als eine Dame. So wie du mich heute Abend behandelt hast, nachdem wir uns verabschiedet haben, habe ich mich allerdings nicht wie eine gefühlt. Ich bin auch nur ein Mensch, und ich weiß zu schätzen, dass du mit mir heute dorthin gegangen bist, und ich habe auch mitbekommen, dass du belästigt wurdest, aber ich gebe mein Bestes, um dich glücklich zu machen, doch manchmal habe ich das Gefühl, dass ich das nie schaffe, ganz gleich wie sehr ich mich anstrenge. Ich kann mich nicht von anderen dafür angreifen lassen, dass ich mit dir zusammen bin, und ZUGLEICH auch noch von dir angegriffen werden, demjenigen, von dem ich erwarte, beschützt zu werden.«

Der letzte Nebensatz kann auf zweierlei Weise interpretiert werden. Was Reeva offenbar meinte, war, dass sie von Pistorius erwartete, dass er sie anderen gegenüber in Schutz nahm. Die Staatsanwaltschaft hätte den Satz jedoch auch dahingehend auslegen können, dass Reeva glaubte, sie müsse vor dem sie angreifenden Pistorius in Schutz genommen werden. Außerdem hätte die Anklage Pistorius einen Strick daraus drehen können, dass Reeva geschrieben hatte: »Manchmal habe ich Angst vor dir, und davor, wie du mich anschnauzt und wie du auf mich reagierst.« Allerdings hatte sie direkt im nächsten Satz eingeräumt, dass er sie zu 90 Prozent glücklich mache. Wie die spätere Auswertung ergab, war es tatsächlich so, dass in über 90 Prozent ihrer Textnachrichten nur Liebe und Zuneigung zum Ausdruck gebracht wurden. Pistorius war zuversichtlich, dass sich keine Indizien für eine Tötungsabsicht in den iPhone-Nachrichten aufspüren ließen.

Was ihm jedoch nicht erspart bleiben würde, war die Peinlichkeit ertragen zu müssen, diese intimen Botschaften, die nie jemand anderes lesen sollte, vor Gericht laut vorgetragen zu hören und durch die Medien weltweit verbreitet zu sehen. Auch diese Demütigung würde er ertragen müssen. Wieder einmal würde er an den Pranger gestellt und ausgelacht werden. Reevas Worte in diesem längeren Streitgespräch würde man gründlich analysieren. Danach würde sie als die Reifere der beiden und er wie ein bockiges Kind dastehen.

Was böswilligen Beobachtern vermutlich entging, war, wie kurzlebig und untypisch dieser Streit in seinen Augen gewesen war. Ein oder zwei Tage später hatten sie sich wieder versöhnt und angefangen, gemeinsame Reisen zu planen. Ob ihre Beziehung angesichts ihres Drangs nach Unabhängigkeit und seiner emotionalen Unsicherheit lange gehalten hätte, steht auf einem anderen Blatt. Um sich selbst etwas Halt geben zu können, musste er, während er auf den Beginn der Hauptverhandlung wartete, einfach daran glauben, dass sie eines Tages geheiratet hätten; der Glaube an ihre Liebe war für ihn ebenso wichtig wie der Glaube an Gott. Sie war nicht einfach nur schön gewesen, sagte er sich. Er hatte sich nicht nur deshalb zu ihr hingezogen gefühlt, weil er sich mit ihr am Arm noch mehr wie der strahlende Held fühlte. Reeva war mehr gewesen als eine Trophäe, die seiner Eitelkeit schmeichelt. Sie hatten viele gemeinsame Interessen. Sie beide hatten eine schnelle Auffassungsgabe und waren sehr interessiert am politischen und gesellschaftlichen Geschehen in ihrer Heimat. Sie konnte ein abgeschlossenes Jurastudium vorweisen. Er hatte sein Studium zwar nie beendet, fühlte sich aufgrund dessen jedoch keineswegs minderwertig. Wenn sie ihre Modelverträge aushandelte, fragte sie ihn um Rat und war dankbar für seine Hilfe, da er in solchen Dingen ausgebuffter und erfahrener war als sie.

Fast ebenso wichtig war, dass sie beide bekennende Christen und sehr religiös waren. Auch wenn sie im Auto gerne Hillsong-Church-Musik hörten, waren sie keine lustfeindlichen Dogmatiker. Für sie war es kein Widerspruch, sich weltlichen Genüssen hinzugeben und sich zugleich demütig zum Gebet niederzuknien. Was sie zusammenschweißte war neben gegenseitiger Zuneigung und einem großen Interesse an Glamour, Geld, Luxusautos und Sex eben auch der Glaube an die erlösende Kraft der Liebe Gottes. Pistorius sagte sich, dass er niemals eine andere Frau finden würde, die an den weltlichen Vergnügungen ebenso viel Gefallen fand wie er und die zugleich regelmäßig mit ihm zum Sonntagsgottesdienst ging und vor jedem Essen mit ihm betete. Wer sonst würde jede Nacht vor dem Zubettgehen für ihn beten, wie Reeva es angeblich getan hatte? Er liebte sie, weil sie schön war und weil sie gläubig war. Genau wie seine Mutter.

10

Die Glückseligkeit ist eine beständige Lust, wohl und geschickt betrogen zu werden.

JONATHAN SWIFT, *Ein Märchen von einer Tonne*

Wenn Pistorius sich als Mann bewies, indem er Reevas Herz eroberte, so bewies er sich als Sportler, indem er sich mit den besten nicht-behinderten Läufern der Welt maß. Schon lange bevor er mit Reeva zusammenkam, knapp drei Jahre, nachdem er begonnen hatte, sich als Sprinter einen Namen zu machen, hatte er die Weltrekorde für beidseitig amputierte Läufer im 100-, 200- und 400-Meter-Lauf eingestellt. Der Spruch seiner Mutter, der wahre Verlierer sei derjenige, der sich dem Wettkampf gar nicht erst stelle, spornte ihn dazu an, sich mit den schnellsten Männer der Welt zu messen und sich seinen größten Wunsch zu erfüllen: bei den Olympischen Spielen anzutreten.

Im Juli 2007 machte er einen entscheidenden Schritt in diese Richtung. Er nahm an einem 400-Meter-Lauf im englischen Sheffield teil und trat gegen hochkarätige Konkurrenten an, darunter auch der damals amtierende Olympiasieger. Auch wenn Pistorius kurz zuvor über dieselbe Distanz bei den südafrikanischen Meisterschaften Zweiter geworden war, rechnete er sich keine großen Chancen auf einen Sieg aus, hoffte aber, seine Sache zumindest so gut zu machen, dass er künftig regelmäßig an Wettkämpfen für nicht-behinderte Sportler teilnehmen durfte.

Der Wettkampf in Sheffield gehörte zu einer vom Leichtatlethik-Weltverband (International Association of Athletics Federations – IAAF) veranstalteten Grand-Prix-Serie. Das Stadion war brechend voll und die Zuschauer waren gespannt auf den Blade Runner. Der blickte derweil immer wieder sorgenvoll zum Himmel auf. Obwohl Hochsommer war, goss es in Strömen.

Beim IAAF hatte man sich in den vergangenen Monaten wiederholt mit der Frage beschäftigt, ob Pistorius wegen seiner Laufprothesen eventuell unfairerweise gegenüber den anderen Sportlern im Vorteil sei und ob es nicht besser wäre, ihn von der Teilnahme an den Nicht-Behinderten-Wettkämpfen auszuschließen. Doch ganz gleich, wie man diese Frage beantwortete, Pistorius wusste, dass er auf nassem rutschigen Untergrund mit seinen Prothesen definitiv im Nachteil war. Das Paradoxe an seiner Situation war, dass er denjenigen, die ihn lieber von der Teilnahme an Nicht-Behinderten-Wettkämpfen ausschließen wollten, Argumente liefern würde, wenn er den Großteil seiner Konkurrenten hinter sich ließ. Eher schlecht abzuschneiden wäre daher auf lange Sicht für ihn besser gewesen. Sein Ehrgeiz und sein Stolz als Sportler verboten ihm allerdings, dies überhaupt in Betracht zu ziehen. Er war, wie einer seiner Konkurrenten vor Beginn des Laufs erklärte, »ein sehr ernst zu nehmender Gegner«, und gerade deshalb wäre es für ihn besonders bitter gewesen, sich bei diesem Lauf zu blamieren.

Die letzten Stunden vor dem Wettkampf blieb Pistorius auf seinem Hotelzimmer. Er war auf das Schlimmste gefasst und starrte immer wieder zum Fenster hinaus. Vergeblich hoffte er, dass sich die dunklen Regenwolken auflockerten. Dass das Publikum vor allem ihm zujubelte, als er sich mit den anderen Sprintern an den Startblöcken aufstellte, half nicht gerade, gelassener und zuversichtlicher ins Rennen zu gehen. Die Laufbahn war völlig durchnässt, es stand viel auf dem Spiel.

Es war durchaus möglich, dass er sich bei diesem Lauf bis auf die Knochen blamierte. Und genauso kam es auch – er wurde mit einigem Abstand Letzter. Doch das war noch nicht alles: Kurz nach dem Rennen erfuhr Pistorius, dass man ihn wegen Verlassens der Bahn disqualifiziert hatte. Er war total frustriert, wie sich kurz darauf auch bei einem gereizten Wortwechsel mit einigen Journalisten zeigte, die sich einen Spaß daraus machten, ihn aus Lust am englischen Wortspiel zu fragen, ob es Betrug (engl. »cheat«) sei, mit Cheetahs zu laufen. Worauf er ziemlich patzig erwiderte: »Ich bin unschuldig, solange meine Schuld nicht bewiesen ist. Nicht umgekehrt.«

Einen Monat später hatte Pistorius im Olympiastadion in Rom die Chance, sich erneut zu beweisen – diesmal wieder bei einem 400-Meter-Lauf gegen Top-Sprinter. Die Sonne schien und seine Prothesen hatten optimalen Grip. Dennoch war er bis 70 Meter vor dem Ziel zunächst der Letzte im Feld. Doch dann zog er noch einmal richtig an und wurde Zweiter. Sheffield war ein Reinfall gewesen, Rom hingegen wurde für Pistorius zu seinem bis dahin größten Triumph. Ein Wermutstropfen allerdings blieb, denn diesmal war er so schnell gewesen, dass bei den Verantwortlichen des IAAF alle Alarmglocken schrillten. Zudem war er in der zweiten Rennhälfte schneller gelaufen als in der ersten, was bei einem 400-Meter-Lauf nur sehr selten vorkommt. Daher kam bei einigen der Verdacht auf, dass dies nicht mit rechten Dingen zugegangen sei. Hatte man es mit einem Bionik-Athleten zu tun, der gegen ganz normale Läufer antrat? Waren Pistorius' mechanische Hilfsmittel wirklich mit der Idee des Fair Play vereinbar?

Nachdem sie sich die Videoaufzeichnung des Rennens in Rom genauestens angesehen hatten, empfahlen die wissenschaftlichen Gutachter des IAAF, Pistorius solle sich einer Testreihe an der Deutschen Sporthochschule in Köln unterziehen. Zwei Tage lang wurden dort mit Hilfe von Infrarotsensoren, Sauerstoffmasken und der allerneuesten Videotechnik seine Lungenkapazität und seine Prothesen unter die Lupe genommen, zudem wurde der Rückstoß, den die Prothesen beim Auftreten auf den Boden produzierten, mit den Vorgängen im Bein eines gesunden Läufers verglichen. Der Testleiter Prof. Dr. Gert-Peter

Brüggemann befand abschließend, dass Pistorius bei einem Sprint über die gleiche Distanz und bei gleicher Geschwindigkeit 25 Prozent weniger Energie aufbringen müsse und weniger Kalorien verbrauche als ein nicht-behinderter Sportler. Der Leichtatlethik-Weltverband IAAF berief sich daraufhin auf eine seiner Wettkampfregeln, die den »Gebrauch von jeglichen technischen Vorrichtungen, die Federn, Räder oder sonst ein Element enthalten, welche dem Benutzer einen Vorteil gegenüber anderen Athleten verschaffen, die solch eine Vorrichtung nicht verwenden«, untersagt. Die Cheetah-Prothesen wurden dieser Kategorie technischer Vorrichtungen zugerechnet und Pistorius offiziell von der Teilnahme an Nicht-Behinderten-Wettkämpfen ausgeschlossen. Diese Entscheidung der IAAF trat mit ihrer Veröffentlichung am 14. Januar 2008 in Kraft.

Der inzwischen 21-jährige Pistorius hätte darüber eigentlich kaum überrascht sein dürfen, doch er war es. Personen, die ihm nahestanden, erzählten, die Nachricht habe ihn geradezu erschüttert. Der Ausschluss war der bis dahin größte Rückschlag in seiner Karriere: Er ließ nicht nur von einem Moment auf den anderen seinen Traum von Olympia platzen, sondern manifestierte auch eine klare Unterscheidung zwischen ihm und Sprintern mit intakten Gliedmaßen. Damit beraubte man ihn der Möglichkeit, der Welt genau das zu zeigen, was er den Menschen um sich herum immer hatte beweisen wollen, nämlich dass es falsch war, ihn als Behinderten zu bezeichnen und zu betrachten, weil ihn effektiv nichts daran hinderte, ein ausgefülltes Leben zu führen wie jeder andere auch. Doch Pistorius ließ sich von der IAAF-Entscheidung nicht entmutigen. Er hatte bislang noch jedes Hindernis überwunden, das ihm im Verlauf seiner Karriere den Weg versperrt hatte, und er würde auch dieses wieder meistern. Er würde gegen den Ausschluss klagen und Recht bekommen. Allerdings hatte er nicht die geringste Vorstellung davon, wie er das angehen sollte. Es war ein großer Glücksfall für ihn, dass sich der Mailänder Anwalt Marco Consonni, von dem er noch nie gehört hatte, für seinen Fall interessierte.

Consonni arbeitete für die italienische Dependance der amerikanischen Kanzlei Dewey and Leboeuf. In der zweiten Januarhälfte 2008 saß er mit seinen amerikanischen Kollegen zusammen und überlegte, wie man die internationalen Aktivitäten der Kanzlei ausweiten könne. Consonni schlug vor, sich im Fall des Sportlers Oscar Pistorius zu engagieren. Er habe über ihn gelesen und vermute, dass er professionellen Beistand bei seinem Vorgehen gegen die Ausschlussentscheidung der IAAF benötige. Seine amerikanischen Kollegen waren insbesondere an transnationalen Fällen interessiert, und der Fall Pistorius schien perfekt geeignet zu sein, um sich international zu profilieren. Da allein die durch die Berichterstattung über diesen Fall zu erwartende Medienpräsenz der Kanzlei Millionen wert war, entschloss man sich, Pistorius unentgeltlich zu vertreten. »Das war eine klassische Win-Win-Situation«, erzählt Consonni. »Alle waren sehr zufrieden mit dem Arrangement.«

Der Anwalt wandte sich an Össur, die den Kontakt zu Pistorius' Manager Peet van Zyl in Südafrika herstellten. Van Zyl sagte Consonni, dass er und Pistorius Ende Januar nach Italien kämen und man sich dort treffen könne. Während sich Consonni zur Vorbereitung dieses Treffens in Pistorius' Fall einarbeitete, stellte er fest, dass sein potenzieller neuer Klient nur 30 Tage Zeit hatte, Widerspruch einzulegen. Er war überrascht, wie gelassen Pistorius und Van Zyl waren, als er sie kurz danach traf. Sie erklärten ihm, dass sie es durchaus in Betracht zögen, zu klagen, aber nur, wenn es sich nicht anders regeln lasse. Sie waren zuversichtlich, das Problem mit ein paar Anrufen beim Leichtathletik-Weltverband aus der Welt schaffen zu können. Consonni hielt diese Erwartung für ebenso naiv wie die Vorgehensweise. Gleichwohl ließ er sich eine Vertretungsvollmacht erteilen, um beim Leiter der Rechtsabteilung der IAAF nachzuhören, wie die Chancen für eine einvernehmliche Lösung des Problems stünden.

»Ich rief den Anwalt der IAAF an, es war ein Schweizer«, erzählt Consonni. »Ich hatte nur Oscars Namen erwähnt, da fing der an, sich in Rage zu reden. ›Dafür habe ich keine Zeit‹, fuhr er mich an. Das war ein unglaublich unverschämter Typ. Er ließ mich überhaupt nicht zu Wort kommen. Für eine Schlichtung gäbe es keine Veranlassung, die Entscheidung endgültig. Ich hab überhaupt nicht verstanden, warum der gleich so an die Decke ging. Weil das zu nichts führte, sagte ich nur: ›Gut, dann werden wir Klage einreichen.‹«

Zunächst musste Consonni Pistorius allerdings davon überzeugen, sich von seiner Kanzlei vertreten zu lassen. Eine andere, größere Kanzlei war ebenfalls auf Pistorius zugekommen und hatte ihm ihre Dienste angeboten. Letzten Endes fiel es Consonni gar nicht so schwer, den Blade Runner und seinen Manager von sich zu überzeugen.

»Die beiden meinten, ich sei Ihnen sympathisch. Sie sagten, ich erinnere sie an den Typen aus dem Film *Hitman.*«

Der 1,80 Meter große, schlanke Anwalt mit dem kahl rasierten Kopf kann sich ein Lächeln nicht verkneifen, als er beim Mittagessen in einem vornehmen Mailänder Restaurant daran zurückdenkt. Er trägt einen topmodischen schwarzen Anzug und eine stilvolle Brille mit schwarzem Rahmen. In fast perfektem Englisch erklärt er, dass er nach Rücksprache mit Pistorius umgehend Berufung gegen den Ausschluss einlegte und sich auf seinen Auftritt vor dem Internationalen Sportgerichtshof (CAS) in Lausanne vorbereitete, wo der Fall im Mai verhandelt werden sollte. Das 1984 auf Initiative des Internationalen Olympischen Komitees ins Leben gerufene Schiedsgericht befasste sich bis dahin normalerweise mit Dopingvorwürfen. Noch nie hatte man es dort mit einem Fall zu tun gehabt, bei dem das vermeintlich und illegal zum Einsatz gekommene Hilfsmittel keine heimlich konsumierte Substanz war, sondern eine offen getragene ingenieurtechnische Meisterleistung.

Es war Pistorius' erste Verhandlung. Damals schien es ihm, es ginge um Leben und Tod, aber im Vergleich zu dem, was ihm sechs Jahre später bevorstand, war das eine gemütliche Angelegenheit. Gemein war allerdings beiden Fällen, dass die Meinungen sehr gespalten waren. Der Unterschied 2008 war, dass die breite Öffentlichkeit nur wenig von alldem mitbekam. Die Frage, ob man Pistorius von Nicht-Behinderten-Wettkämpfen ausschließen solle, war eine Angelegenheit für Experten, die dazu wissenschaftliche Aufsätze in Fachzeitschriften wie dem *Scientific American* und dem *Journal of Applied Psychology* veröffentlichten.

Der erste Spezialist, mit dem sich Consonni zusammentat, war Hugh Herr. Herr war Professor am MIT, Leiter der Biomechatronik-Forschungsgruppe am MIT Media Lab, Unternehmer und Erfinder der technologisch fortgeschrittensten Beinprothesen der Welt. Die Diskussion um die Entscheidung des Leichtatlethik-Weltverbands IAAF hatte er sehr interessiert verfolgt. Denn wie Össur Kristinsson und Van Phillips – der Amerikaner, der die Karbonprothesen erfunden hatte – besaß auch Herr ein ganz persönliches Interesse an der Weiterentwicklung und Optimierung von Beinprothesen. Schon als Kind war er ein außergewöhnlich talentierter Bergsteiger. Im Alter von 17 Jahren wurde er während einer Bergtour von einem Schneesturm überrascht und zog sich dabei so schwere Erfrierungen zu, dass seine beiden Unterschenkel amputiert werden mussten. Trotz aller Widrigkeiten resignierte Hugh Herr ebenso wenig wie Oscar Pistorius und machte sich nach seiner Amputation umgehend daran, eine Prothese zu entwickeln, die es ihm ermöglichte, seiner Kletterleidenschaft auch als Beinamputierter weiter nachgehen zu können. Schon nach kurzer Zeit kraxelte er wieder steile Felswände hinauf, sogar noch gewandter als vor dem Unglück. Einige seiner Gegner beim Wettkampfklettern beschwerten sich, da sie der Meinung waren, dass Herr dank der Prothesen ihnen gegenüber einen Vorteil hätte.

Herr konnte sich also bestens in Pistorius' Lage hineinversetzen. Er zögerte nicht einen Moment, Consonni seine Hilfe anzubieten. Der Anwalt war hocherfreut. »Unser Ziel war, Dr. Brüggemanns Argumente zu entkräften«, erklärt er. »Dazu brauchten wir jemanden, der das überzeugend tun konnte, und mit Herr stand uns der beste Biomechanikexperte zur Seite.«

Herrs Schaltzentrale am MIT Media Lab ist ein riesiger Raum mit hohen Decken. In allen Ecken hängen Videoleinwände, vor denen Studenten aus aller Welt mit ihren Laptops auf dem Schoß im Kreis zusammenhocken und intensiv diskutieren. Keine Frage: Ihr Mentor ist eine beeindruckende Persönlichkeit – und Erscheinung. Sein Gang wirkt so natürlich, dass man niemals auf die Idee käme, dass ihm beide Unterschenkel fehlen, solange man ihn von der Hüfte aufwärts betrachtet. Als lebendiges Aushängeschild für BIOM, das Unternehmen für High-Tech-Prothesen, das er 2007 gründete, macht er allerdings keinerlei Anstalten, diesen Umstand zu verbergen. Er hat es sich zur Gewohnheit gemacht, seine Hosen an den Knien abzuschneiden, um seine bionisch verstärkten, sehr futuristisch wirkenden Prothesen zur Schau zu stellen. Ein kleines grünes Licht flackert genau dort, wo bei gesunden Menschen das Sprunggelenk sitzt, und erinnert daran, dass die Prothese mit Strom betrieben wird und aufgeladen werden muss. Zugleich lenkt es die Aufmerksamkeit auf das beeindruckend Innovative von Herrs Entwicklung: die erstaunlich natürliche Beweglichkeit des künstlichen Gelenks.

»Ich muss Oscar ein paar von denen besorgen«, sagt Herr, wobei er wohl nicht bedenkt, dass Pistorius Hilfsmittel wie diese im Gefängnis kaum wird benutzen dürfen, da sie als Waffen zweckentfremdet werden könnten. Im Mordprozess kann der brillante Wissenschaftler nichts für den Blade Runner tun, doch 2008 war er mit seiner herausragenden Fachkompetenz eine unschätzbare Hilfe für den jungen Sportler. Was Herr damals an der Sache reizte, war die wissenschaftliche Herausforderung – und vielleicht auch die Publicity. Zudem hatte er einen ganz persönlichen Grund, Pistorius seine Expertise unentgeltlich zur Verfügung zu stellen. Auf den ersten Blick wirkt Herr vielleicht ein wenig unterkühlt, doch es gibt durchaus Dinge, die ihm nahegehen. Die Entscheidung der IAAF, Pistorius von der Teilnahme an Nicht-Behinderten-Wettkämpfen auszuschließen, gehörte dazu. Hier ging es für ihn um ein Prinzip, das ihm sehr viel bedeutete.

»Es war sonnenklar, dass wir es hier mit Diskriminierung zu tun hatten«, erklärt Herr. »Mit der gleichen Voreingenommenheit sahen sich auch Frauen, Schwule und Schwarze konfrontiert.« Nachdem er die Begründung des Wettkampfausschlusses analysiert und sich über die Hintergründe ein Bild gemacht hatte, stand für ihn fest, dass Ausgangspunkt aller Überlegungen, die zur Entscheidung der IAAF geführt hatten, allein Vorurteile waren, und dass die wissenschaftlichen Argumente später nur nachgereicht wurden. Wie immer bei Vorurteilen, so Herr, gründeten auch diese in Ängsten. »Man erklärte, dass man die Reinheit des Sports erhalten wollte, doch in Wahrheit fühlte man sich bedroht.«

Die Bedrohung bestand in Pistorius' Fall aus einer Zukunftsvision, die Herr im selben Maße fesselte, wie sie die Funktionäre des Leichtathletik-Weltverband schreckte. »Noch vor Ende dieses Jahrhunderts werden wir Prothesen entwickelt haben, mit denen man schneller laufen kann als mit echten Beinen. Daran besteht kein Zweifel«, sagt Herr. »Während bei den Olympischen Spielen die natürliche Physis im Mittelpunkt steht, dreht sich bei den Paralympischen Spielen alles um den mechanisch optimierten Menschen. Das Bein, das ich heute trage, wird in ein paar Jahren überholt sein. Mit so etwas Primitivem werden wir uns dann nicht mehr abgeben. Noch bevor dieses Jahrhundert zu Ende ist, werden Sportler bei den Paralympics ihren Kollegen bei den Olympischen Spielen bezüglich ihrer Leistungsfähigkeit weit überlegen sein. Und sie werden ein wesentlich größeres Publikum anziehen. Sie werden so viel höher springen und so viel schneller laufen, dass es im Vergleich dazu langweilig sein wird, gesunden Sportlern bei Olympia zuzusehen.«

Während er seine Visionen immer leidenschaftlicher vorträgt, kann er einen Funken Stolz auf seine eigene Leistung nicht verbergen. »Ich habe zwar meine Beine verloren, aber heute klettere ich besser als Menschen mit gesunden Beinen – und wie Oscar werde ich als Bedrohung wahrgenommen. Genau das ist der Grund, warum sie ihn von der Teilnahme [an Nicht-Behinderten-Wettkämpfen] ausschließen wollten. Für sie ist er eine Schreckensvision ihrer eigenen Obsoleszenz, nicht zuletzt, weil das Schicksal Menschen wie ihn und mich extrem gestärkt hat und wir infolgedessen über weitaus größere psychologische Reserven verfügen.«

Zu diesem Schluss wäre Herr vermutlich nicht gekommen, wenn er gewusst hätte, wie viele Probleme Pistorius mit dem anderen Geschlecht hatte und wie verzweifelt und unsicher er sich in manchen Situationen fühlte. Der Pistorius, den er 2008 kennenlernte, wirkte in Anbetracht seines Schicksals ebenso unerschütterlich wie er selbst. Und wie auf viele andere machte er auch auf Herr einen außerordentlich freundlichen und sanftmütigen Eindruck. Als der Biomechanik-Spezialist erfuhr, dass Pistorius seine Freundin erschossen hatte, konnte er es nicht glauben. »Ich habe ja einige Zeit mit ihm verbracht, aber ich habe ihn niemals aggressiv erlebt«, sagt er.

Dass Oscar Pistorius Hugh Herr sympathisch war, trug sicher seinen Teil dazu bei, dass der Amerikaner so energisch für die Aufhebung des Ausschlusses eintrat. Entscheidend war für ihn allerdings seine Überzeugung, dass es für das Teilnahmeverbot keine Rechtfertigung gab. Die Karbonprothesen waren seiner Ansicht nach nur simple Hilfsmittel. Verglichen mit den elektronisch gesteuerten bionischen Prothesen, die er verwendete – von den extrem verbesserten Modellen, die wir in Zukunft zu erwarten haben, ganz zu schweigen –, waren sie »plump und boten keine neurale Steuerungsmöglichkeit«. Hugh Herr zog zur Erstellung seiner Expertise namhafte Kollegen von der Colorado University und der Rice University hinzu. Sie sollten ihm helfen, seine Ausführungen vor dem Internationalen Sportgerichtshof zu belegen.

Pistorius musste sich zu diesem Zweck an der Rice University im texanischen Houston abermals einer Reihe von Tests unterziehen, die ähnlich abliefen wie die zuvor in Reykjavík und Köln durchgeführten. Als Herr und seine Kollegen überzeugt waren, genügend Daten erhoben zu haben, um Dr. Brüggemanns Gutachten zu widerlegen, übergaben sie die Ergebnisse an Marco Consonni. Der Italiener leitete sie an den renommierten New Yorker Anwalt Jeffrey Kessler weiter, den Consonnis Kanzlei engagiert hatte, um Pistorius vor Gericht zu vertreten. Im Mai 2008 reisten Pistorius und sein Rechtsberaterteam nach Lausanne, um die Entscheidung der IAAF anzufechten.

»Professor Brüggemanns Hauptthese ist, dass die Cheetahs mehr Energie speichern und abgeben können als ein menschliches Bein, der Energieverbrauch beim Laufen mit ihnen daher insgesamt geringer sei«, erklärt Herr. »Wir zeigten auf, dass diese Behauptung unzutreffend ist. Tatsache ist, dass für schnelles Laufen Kraft von essenzieller Bedeutung ist, nicht die Energierückgabe. Die meiste Kraft hat derjenige, der in kürzester Zeit am stärksten auftritt. Was wir vor Gericht belegen konnten, war, dass Oscar beim Laufen mit den Cheetahs mit weniger Kraft auftritt als ein Sprinter mit gesunden Beinen. Das ist als vergleiche man das Laufen auf einer Matratze mit dem Laufen auf Zement. Es gibt keinen Vorteil.«

Herrs Team hatte eine Vergleichsstudie mit sogenannten unilateralen Sprintern, also Sprintern mit nur einer Beinprothese, durchgeführt und dabei nachgewiesen, dass das gesunde Bein tatsächlich mehr Kraft aufbringt als die Prothese, was wiederum für eine größere Abstoßkraft sorgte. Dies hatte entscheidende Auswirkungen auf die Behauptung der IAAF, dass der Energieverbrauch beim Laufen mit Prothesen um 25 Prozent geringer sei. »Wir maßen, wie viel Energie Oscar unter Wettbewerbsbedingungen verbraucht und wie viel ein physisch vollkommen gesunder Mensch, und wird konnten keinen signifikanten Unterschied feststellen«, sagt Herr.

Der Grund für seine Schnelligkeit, so der Biomechanik-Experte weiter, war derselbe wie bei allen anderen Weltklassesprintern auch: »Er drehte den Frequenzregler voll auf. Seine Schnelligkeit resultierte aus der unglaublich hohen Frequenz seiner Beinbewegung.«

Jeffrey Kessler folgte der Argumentation von Herr und seinem Expertenteam bei der Verhandlung vor dem Internationalen Sportgerichtshof CAS und behauptete, dass sich das natürliche Talent seines Klienten durch die Verwendung der Karbonprothesen weniger frei entfalten könnte, als wenn er nicht auf sie angewiesen wäre. Die Nachteile der Prothesen waren unstrittig: Zum einen kam Pistorius damit deutlich langsamer vom Startblock weg als nicht behinderte Sprinter, weil diese sich mit ihrer Wadenmuskulatur abdrücken können, wohingegen ein beidseitig amputierter Läufer die Kraft dazu nur aus den Hüften holen kann. Zum anderen war es mit Prothesen nachweisbar schwerer, in Kurven das Gleichgewicht zu halten, als mit gesunden Beinen.

Das Gericht folgte dieser Argumentation und bat Pistorius abschließend um eine letzte Stellungnahme. Marco Consonni erinnert sich an die fünfminütige Rede des Blade Runners: »Oscar war brillant.

Er sagte, er wolle an den Olympischen Spielen teilnehmen, weil er wegen seiner Behinderung nicht ausgeschlossen werden wolle. Er sagte, dass er dazugehören und nicht in irgendeine Ecke gedrängt werden wolle. Er sagte, dass er sich weder als behindert betrachte noch so fühle und dass er nicht auf ewig in die Nische des reinen Behindertensports verbannt sein wolle. Er sagte, er wolle gegen gesunde Menschen antreten, weil er nur dann in einer echten Wettkampfsituation wäre und die Chance hätte, sich zu messen und zu verbessern. Was er sagte, war intelligent und nachvollziehbar. Sein Auftreten war ruhig und natürlich. Kessler weinte. Ich glaube, jeder im Gerichtssaal war von ihm beeindruckt und gerührt. An dem Tag habe ich selbst erlebt, wie Oscar die Menschen berührt.«

Der Internationale Sportgerichtshof stellte sein Urteil per Fax zu. Am 16. Mai 2008, zwei Wochen nach der Anhörung, wurden die Seiten in Consonnis Mailänder Büro empfangen.

»Zufällig war Oscar genau in dem Augenblick bei mir, als mir eine Sekretärin telefonisch mitteilte, dass das Urteil soeben gefaxt wird. Auch Peet van Zyl war anwesend«, erinnert sich Consonni. »Alle waren sehr angespannt, während ich die Seiten überflog, die das Gerät ausspuckte. Es waren 18. Wir warteten nur auf die letzte Seite mit dem rechtskräftigen Urteil. Dann rief ich: ›Wir haben gewonnen!‹ Oscar und Peet waren völlig aus dem Häuschen und jubelten ebenfalls: ›Wir haben gewonnen! Wir haben gewonnen! Wir haben gewonnen!‹ Wir fielen uns in die Arme, sprangen umher und kreischten wie die Kinder. Oscars Teilnahme an dem Olympischen Spielen stand nun grundsätzlich nichts mehr im Weg.«

Mit dem Urteil war Pistorius' Ausschluss von Nicht-Behinderten-Wettkämpfen mit sofortiger Wirkung außer Kraft gesetzt. Der Leichtathletik-Weltverband IAAF, so die Richter, sei seiner Beweispflicht nicht nachgekommen, er habe nicht belegen können, dass Pistorius aufgrund der Verwendung der Cheetah-Prothesen »einen Nettovorteil« gegenüber den anderen Sprintern besitze. Vielmehr, so kritisierte der CAS, habe es die IAAF versäumt, den Nachteil in der Startphase zu berücksichtigen, da der Sprinter mit den Prothesen nicht so schnell vom Startblock wegkomme wie seine nicht-behinderten Konkurrenten. Zudem wurde darauf verwiesen, dass Hugh Herr und sein Team belegen konnten, dass Pistorius ebenso viel Sauerstoff verbraucht wie andere Sprinter und auch genauso ermüdet und damit weit davon entfernt ist, weniger Energie zu verbrauchen als diese.

Besonders glücklich waren die drei in Consonnis Büro über folgenden Absatz: »Wir sehen uns in unserem Urteil bestärkt durch die Tatsache, dass der Flex-Foot-Cheetah seit mittlerweile einem Jahrzehnt auf dem Markt ist und vor Pistorius kein Sprinter, der ihn verwendet hat – sei er ein- oder beidseitig amputiert – damit je schnell genug gelaufen ist, um sich erfolgreich mit nicht-behinderten Sprintern messen zu können. Tatsächlich dienen diese zuvor erbrachten Leitungen von Sprintern, die die Prothese verwenden, der Kontrolle bei der Untersuchung der Vorteile der Prothesen und zeigen, dass selbst falls die Prothesen einen Vorteil bieten sollten – was, wie gesagt, nicht bewiesen ist – dieser kaum nennenswert sein dürfte.«

Über diesen Absatz freute sich Pistorius besonders, weil er ein Argument aufnahm, dass er im Gespräch mit Medienvertretern selbst wiederholt vorgebracht hatte: »Wenn die Prothesen so große Vorteile bieten, warum laufen dann andere Sportler, die sie verwenden, nicht genauso schnell wie ich?«

Pistorius hatte sein Ziel erreicht. Er hatte seinen Standpunkt erfolgreich verteidigt und den Prozess gewonnen. Der Satz »Das kann ich nicht« existierte für ihn nicht. Er mag sich seiner Grenzen durchaus bewusst gewesen sein, wenn er nachts ohne Prothesen im Bett lag, doch für die Welt da draußen kannte er keine Grenzen. Dieses öffentliche Ich schätzte er sehr, und er wollte zu gerne glauben, dass es mit seinem wahren Ich identisch war. Je mehr die Außenwelt bereit war, in ihm den großen Helden zu sehen, desto stärker war er selbst davon überzeugt, so zu sein. Die Bestätigung, die er im Mai 2008 in Lausanne erfuhr, stärkte sein Selbstvertrauen enorm, das auf dem Glauben beruhte, dass er der war, der er zu sein vorgab: ein Mensch, der sich nicht durch seine ungewöhnliche Behinderung definiert, sondern durch sein außergewöhnliches Talent.

An diesem Glauben hielt er fest, und jeder weitere Erfolg bestärkte ihn darin. Seine Behinderung hingegen verdrängte er vor sich selbst und vor der Öffentlichkeit mehr und mehr. Erst Reevas Tod offenbarte diesen Selbstbetrug. Jeder Mensch hat Schwächen und Ängste, jeder versucht, sie zu verbergen. Pistorius' Schwächen und Ängste waren extrem, und er kämpfte mit extremen Mitteln dagegen an. Er spielte sich und der Öffentlichkeit etwas vor und war absolut brillant in dem, was er tat. Auf derselben öffentlichen Bühne spielte sich jetzt allerdings auch seine ganz persönliche Tragödie ab. Am 14. Februar 2013 starb durch seine Hand nicht nur seine Freundin Reeva, sondern auch sein eigener Mythos.

Jetzt stand er zum zweiten Mal vor Gericht. Der High Court in Pretoria hatte darüber zu entscheiden, ob er, wie die Staatsanwaltschaft behauptete, genau gewusst habe, dass die Person hinter der Tür, auf die er vier Schüsse abgefeuert hatte, Reeva Steenkamp gewesen war. Trotz all der Qualen, die er durchmachte, und all der Schande, die auf ihm lastete, reichte sein Selbstbewusstsein noch, um überzeugt zu sein, auch diesen Kampf gewinnen zu können. Immerhin hatte er sich auch gegen die mächtige IAAF durchgesetzt. Und ein Jahr später war er sogar dem Tod von der Schippe gesprungen.

11

Der große Vorteil eines Hotels besteht darin, eine Zuflucht vor dem Alltag zu sein.

GEORGE BERNARD SHAW, *Man kann nie wissen*

Im Februar 2009 wurde Südafrika von der Nachricht erschüttert, dass Oscar Pistorius im Koma lag. Nach einem Bootsunfall rang er um sein Leben. Vier Jahre später werteten einige diesen Zwischenfall als weiteren Beleg dafür, dass Pistorius Reeva Steenkamps Tod vorsätzlich herbeigeführt habe – verrückt wie er offenbar war. Damals jedoch sorgten sich die meisten Menschen um den Blade Runner und beteten für seine Genesung.

Was war geschehen? Pistorius war gemeinsam mit einem Freund in einem Speedboot auf dem Vaal River etwa 80 Kilometer südlich von Johannisburg unterwegs gewesen. Pistorius stand am Steuer. In der Dämmerung hatte er einen ins Wasser ragenden Pier nicht bemerkt, und so krachte das Boot mit Wucht dagegen. Pistorius stürzte bei dem Aufprall und schlug mit dem Gesicht aufs Steuerrad auf. Sein Begleiter, der bei dem Unfall unverletzt blieb, war entsetzt über die Schwere der Verletzungen, die sich sein berühmter Freund zugezogen hatte. Blut tropfte von einem Auge herab, etwas sickerte aus seinem Mund und an der Nase klaffte eine große Wunde. Der Bootsrumpf war längs aufgerissen und sie sanken schnell. Pistorius hatte sich gerade noch rechtzeitig mit einem Sprung ins Wasser gerettet und Glück, dass die Besatzung eines anderen Bootes ihn und seinen Freund kurz darauf herausfischte. Glücklicherweise war an Bord dieses Bootes auch eine von Pistorius' Cousinen (eine der vier Töchter von Onkel Arnold), die Medizin studierte. Pistorius stand unter Schock und die Cousine beruhigte ihn so gut sie konnte. Beiden war klar, dass er sich lebensgefährliche Verletzungen zugezogen hatte. Nachdem sie die Notrufzentrale informiert hatten und das Boot an der nächsten Anlegestelle festgemacht hatte, traf wenig später ein Rettungswagen ein. Die Sanitäter versorgten Pistorius und forderten einen Rettungshubschrauber an, der ihn in ein Krankenhaus nach Johannisburg brachte. Pistorius betete während des gesamten Flugs. Die Klinikärzte diagnostizierten einen gebrochenen Kiefer, eine zertrümmerte Augenhöhle und mehrere gebrochene Rippen. Außerdem hatte Pistorius drei Liter Blut verloren. Man gab ihm Morphium und andere Sedative, um ihn in künstliches Koma zu versetzen, und versuchte, sein Gesicht mittels rekonstruktiver chirurgischer Maßnahmen wiederherzustellen. Drei Tage später erwachte der Blade Runner aus dem Koma. Er lag auf der Intensivstation. Sein Gesicht war mit 180 Stichen genäht worden, sein Kiefer wurde mit Drähten zusammengehalten. Die Ärzte waren zuversichtlich, dass er wieder vollständig genesen würde, gaben ihm aber auch zu verstehen, dass er unbeschreibliches Glück gehabt habe. Dass er keinen dauerhaften Hirnschaden davongetragen habe, grenze fast schon an ein Wunder, sagten sie.

Pistorius war einsichtig genug, es erst mal langsam angehen zu lassen. Er machte zwei Monate Physiotherapie und begann Anfang April, sieben Wochen nach dem Unfall, zunächst mit einem leichten Training. Auf riskante Freizeitaktivitäten wollte er fortan lieber verzichten und sich stärker aufs Laufen konzentrieren. Im Behindertensport rangierte er weiterhin an der Spitze. Bei den Paralympics in Peking hatte er im vergangenen Jahr sowohl im 100- als auch im 200- und 400-Meter-Lauf Gold gewonnen. Allerdings war er nicht schnell genug gewesen, um sich für die Olympischen Spiele zu qualifizieren, worüber er – nach seinem Erfolg vor dem Internationalen Sportgerichtshof – sehr enttäuscht war. Sein vorrangiges Ziel war es daher, schneller zu laufen, um 2012 an den Spielen in London teilnehmen zu können.

Im Mai, als er wieder ganz genesen war, erklärte er gegenüber Pressevertretern, dass er seit dem Unfall knapp sechs Kilo Gewicht verloren habe. Er müsse wieder eine Menge Muskelmasse aufbauen und an seiner Ausdauer arbeiten. »Für mich hat es im Sport nie Grenzen gegeben. Ich betrachte mich nicht als behindert. Das Einzige, was ich sehe, sind meine Fähigkeiten.«

Pistorius konzentrierte sich voll und ganz darauf, diese Fähigkeiten zu perfektionieren. Er trainierte länger und härter, verzichtete auf den Verzehr von Milch und rotem Fleisch und aß stattdessen mehr Fisch, Geflügel und Gemüse. Durch die Ernährungsumstellung wurde er schlanker, sein Körper wirkte gestählter und sein Gesicht – dem man zwölf Monate nach dem Unfall von den Verletzungen nichts mehr ansah – verlor die kindliche Pausbäckigkeit, die es bisher noch besessen hatte.

Der Unfall, der ihn fast das Leben gekostet hätte, hat Pistorius wachgerüttelt. Er fokussierte sich noch mehr auf das Laufen, und dass sich namhafte Sponsoren für ihn zu interessieren begannen, zeigte, dass die absoluten Spitzenleistungen, die er bringen wollte, sich auch in finanzieller Hinsicht auszahlen würden. In dieser Phase gelang ihm der Sprung vom Amateur- ins Profilager, wie sein Manager Peet van Zyl sagt.

Es war ein weiterer Beleg für die neu gewonnene Ernsthaftigkeit, mit der Pistorius seine Karriere vorantrieb, dass er entschied, während der europäischen Sommermonate in Europa zu trainieren, wo die meisten wichtigen Leichtathletikwettbewerbe stattfanden. Und so richtete er sich in Italien ein neues Basislager ein. Dort stählte er nicht nur seinen Körper; der Ortswechsel half ihm auch, zur Ruhe zu kommen und sein inneres Gleichgewicht zu finden.

Das kleine Örtchen Gemona del Friuli, das rund 100 Kilometer nördlich von Venedig am Fuß der Alpen liegt, hatte Pistorius 2010 zum ersten Mal besucht. Er war dorthin gereist, weil ihm der Bürgermeister der kleinen Gemeinde nahe der österreichischen und slowenischen Grenze ein verlockendes Angebot gemacht hatte. Als Gegenleistung für seine Dienste als »Botschafter« der Stadt – wofür er nichts weiter zu tun hatte, als durch Anwesenheit dafür zu sorgen, dass sein Namen mit dem von Gemona in Verbindung gebracht wurde – erhielt er jährlich eine Summe von 10000 Euro sowie uneingeschränkten Zugang zu der neuen Laufbahn und allen anderen Sportanlagen der Gemeinde; außerdem stellte man ihm eine kostenlose Unterkunft zur Verfügung. Dieser »Deal« war für Pistorius nur von Vorteil. Von Südafrika aus immer wieder zu Wettkämpfen nach England, Deutschland, Holland oder in andere europäische Länder zu fliegen, war nicht nur ermüdend und zeitaufwendig, es hatte auch gesundheitliche Auswirkungen. Langstreckenflüge erhöhten insbesondere bei ihm die Thrombosegefahr in den Beinen, weil die Fluggesellschaften aus Sicherheitsgründen darauf bestanden, dass er während der gesamten Reise seine Prothesen anbehielt. Die trockene Luft im Flieger sorgte zudem für Hautirritationen im Bereich der empfindlichen Stellen an seinen Stümpfen. Gemona liegt nur eine Fahrtstunde von Venedigs Flughafen entfernt, von dem aus man viele Ziele in Europa in relativ kurzer Zeit erreichen kann. Für Pistorius verringerte sich dadurch das Risiko, müde oder körperlich angeschlagen zu den dortigen Wettkämpfen zu erscheinen. Und so schlug er 2011 und 2012 von Mai bis September seine Zelte in Gemona auf.

Die beschauliche, herausgeputzte Ortschaft mit ihren knapp 12000 Einwohnern wirkt wie ein Postkartenidyll. Ein imposantes Bergpanorama ragt über dem Turm des 700 Jahre alten Doms auf, und eine Burg steht an der Stelle, an der im 7. Jahrhundert die erste Wallanlage erbaut wurde. Traurige Berühmtheit erlangte Gemona in jüngster Zeit durch ein verheerendes Erdbeben, das sich 1976 im Friaul ereignete. Die Naturkatastrophe forderte 400 Todesopfer unter den Einwohnern, Tausende wurden über Nacht obdachlos. Durch das

Beben wurde der Ort schwer verwüstet. Die Restaurierung des Doms nahm ein ganzes Jahrzehnt in Anspruch, und am Wiederaufbau der Burg arbeitete man noch, als sich Pistorius 35 Jahre später in der kleinen italienischen Gemeinde niederließ.

Für die Einwohner von Gemona war der Blade Runner eine Art Spiegelbild ihrer selbst. Auch sie hatten sich nie dem Selbstmitleid hingegeben, sondern sich unbeirrt und tatkräftig um die Behebung der Schäden gekümmert, die sie und ihre Stadt durch die Naturkatastrophe erlitten hatten. Gemonas Wahlspruch hätte auch für den Menschen geschrieben worden sein können, der Pistorius zu der Zeit, als er in Gemona lebte, zu sein versuchte: *Senza lacrime a denti stretti* (dt.: ohne Tränen, mit zusammengebissenen Zähnen). Von Müßiggang hielten die Gemonesen nichts, Respekt verdiente, wer hart arbeitete. Von ihrem Lebensgefühl her ähnelten sie eher ihren österreichischen Nachbarn im Nordosten als ihren weiter südlich lebenden Landsleuten.

Während seines Aufenthalts in Gemona lebte Pistorius in der familiengeführten Drei-Sterne-Unterkunft Hotel Willy. Seinen Namen verdankt dieses Hotel dem Spitznamen, den sein ehemaliger Besitzer, Guillermo Goi, aus Deutschland mitgebracht hatte, wo er etwa 50 Jahre zuvor gelebt hatte. Inzwischen leitete Gois Enkeltochter Luisella das Haus. Zusammen mit ihrem in die Jahre gekommenen Vater und einer Handvoll anderer Verwandter kümmerte sie sich rund um die Uhr um ihre Gäste.

Bei seiner Ankunft fragte Luisella Pistorius, ob er das einzige behindertengerechte Zimmer in dem 54-Zimmer-Haus haben wolle, doch er antwortete, dass man auf ihn keine besonderen Rücksichten nehmen müsse. Er käme mit den Gegebenheiten ebenso gut klar wie jeder andere auch. Luisella gab ihm daraufhin Zimmer 201 – das geräumigste, das es in diesem vergleichsweise schlichten Haus gab. Es lagen Welten zwischen diesem Zimmer und den luxuriösen Suiten in London oder Berlin, in denen Pistorius vor seinen Wettkämpfen üblicherweise übernachtete. Die bescheidene Unterkunft hatte auch nichts von dem historischen Charme, den man in einem Renaissancestädtchen wie Gemona vielleicht erwartet hätte. Die Holzverkleidung war in Wirklichkeit aus Kunststoff, der Boden mit Linoleum ausgelegt. Im Zimmer gab es ein Doppelbett mit einer dünnen Matratze, zwei klapprige Einzelbetten und einen kleinen Fernseher. An den Wänden hingen ein paar Bilder, das größte war ein Porträt der Jungfrau Maria. Vom Fenster aus blickte man auf den hoteleigenen Parkplatz.

Während seines Aufenthalts im Hotel Willy hatte er dort wohl keine Affären. Anna Pittini, eine attraktive junge Gemoneserin, die aufgrund ihrer guten Englischkenntnisse von der Kommune als Übersetzerin und persönliche Assistentin für Pistorius engagiert worden war, hat den Blade Runner als streng zölibatär lebenden Mann kennengelernt, der zurückgezogen wie ein Eremit lebte. (Auf seine Aufenthalte in Gemona anspielend, nannte ihn Peet van Zyl später auch den »laufenden Mönch«.) Pittini war die einzige Person in Gemona, zu der Pistorius ein wenig Vertrauen fasste. Er sprach mit ihr über seine Familie, sein einsames Leben auf Reisen und darüber, wie schwer es ihm fiel, so lange von seiner Freundin, Samantha Taylor, getrennt zu sein. Er vermisse sie sehr, doch zugleich nage Eifersucht an ihm, was er vergeblich zu kontrollieren versuche. In der italienischen Boulevardpresse machten Gerüchte über eine Affäre zwischen Pistorius und Pittini die Runde. Pittini weist dies als völlig haltlosen Klatsch zurück. Sie hatte zwar längst nicht so viel von der Welt gesehen wie Pistorius, doch konnte sie ihm weitaus tiefer in die Seele blicken als er ihr, und so wurde sie für ihn während seiner Zeit in Gemona zu einer Art Schwester. Es entwickelte sich eine so enge Freundschaft zwischen ihnen, dass er ihr sogar eines Tages erlaubte, in sein Hotelzimmer zu kommen, als er seine Prothesen nicht trug. Sie war erstaunt, wie klein er ohne sie war und wie seltsam er auf seinen dünnen Stümpfen wirkte, zugleich aber war sie dankbar, dass er ihr diesen – wie sie es sah – intimen Blick auf seine verletzliche Seite gewährt hatte.

Anna Pittini bezeichnete sich als Pistorius' »Schatten«, sie passte ihren Tagesablauf fast vollständig dem des berühmten Sportlers an.

»Er stand um etwa 7:30 Uhr auf«, erzählt sie. »Dann ging er runter zum Frühstück ins Restaurant. Er aß jede Menge Eier, allerdings nur das Eiweiß. Außerdem trank er einen Shake aus Nüssen und Beeren.

Auf seinem Zimmer hatte er außerdem einen Mixer, mit dem er sich eigene Shakes zubereiten konnte. Nach dem Frühstück zog er sich noch einmal auf sein Zimmer zurück, um sich auszuruhen oder Freunde in Südafrika via Internet zu kontaktieren. Anschließend ging es zum Training auf die Laufbahn.«

Pittini bot ihm an, ihn in ihrem Auto dorthin zu fahren, aber er wollte lieber zu Fuß gehen. Er brauchte 15 Minuten für die Strecke. Auf dem Rücken trug er einen Rucksack, aus dem seine Laufprothesen hervorlugten. Ebenso wie in seinem persönlichen Umfeld in Südafrika machte Pistorius in Gemona keinerlei Anstalten, seine Behinderung zu verbergen. Die Gemoneser begegneten ihm mit einer fast schon kindlichen Freundlichkeit, die davon zeugte, dass hier niemand eine vorgefasste Meinung über ihn hatte – was er eher selten erlebte.

Am Sportzentrum angelangt, setzte sich Pistorius auf eine Bank und tauschte seine Alltagsprothesen gegen seine Cheetahs. Manchmal war sein Trainer Ampie Louw dabei, wenn nicht, bat Pistorius Pittini, die er gerne als seine »Babysitterin« bezeichnete, seine Laufzeiten zu stoppen.

»Oft kamen ein paar Kinder vorbei, um ihm zuzugucken, und er war immer sehr nett zu ihnen«, erzählt Pittini. »Er lächelte sie an und sagte: ›*Ciao, come stai?*‹ (dt.: Hallo, wie geht's?), verteilte Autogramme und ließ sich mit ihnen fotografieren. Trotzdem war er immer viel stärker auf sein Training konzentriert als andere Sportler, darunter auch einige Südafrikaner, die ebenfalls zum Trainieren hierherkamen. Er sagte immer: ›Die Laufbahn ist mein Büro. Ich komme hierher, um zu arbeiten.‹ Beim Training durfte ihn niemand fotografieren oder filmen, und einmal flippte er richtig aus, als eine Frau neben der Laufbahn rauchte. Ich war total überrascht, dass er so in die Luft gehen konnte, aber dann dachte ich mir, dass es auch seltsam sei, wenn er das nicht hin und wieder täte. Immer nur nett und höflich zu sein, wäre nicht normal.«

Das Training dauerte eineinhalb Stunden – und war oft so intensiv, dass sich Pistorius die Stümpfe blutig lief. Anschließend ging er zum Mittagessen zurück ins Hotel. Das Restaurant des Hotel Willy, in dem gut 580 Personen Platz finden konnten, verfügte über eine sehr umfangreiche Speisekarte. Pistorius entschied sich dennoch jeden Tag für dieselbe bescheidene Kost: Salat mit Hähnchenbrust. Zum Abendessen gab es erneut Hähnchenbrust, dazu gönnte er sich dann allerdings eine Gemüsesuppe. »Hin und wieder aß er auch Pasta und Schokoladenkuchen, aber wirklich nur sehr, sehr selten«, sagt Pittini. »Meist, wenn er schlechte Laune hatte.«

Nachmittags trainierte Pistorius eine Stunde lang im Fitnessraum. Anschließend zog er sich wieder auf sein Zimmer zurück, um mit Freunden zu skypen, sich mit Videospielen die Zeit zu vertreiben oder Filme zu gucken. »Er war ein einsamer Wolf«, meint Pittini. »Andere Sportler, die aus dem Ausland hierherkamen, gingen abends mit mir noch auf eine Party oder in eine Bar, aber er blieb in der Regel auf seinem Zimmer.«

Mit der Zeit wurde Pittini allerdings klar, dass sie Pistorius zwar als disziplinierten einsamen Wolf kennengelernt hatte, der Sportler aber durchaus noch eine andere Seite hatte. Fotos, die er ihr zeigte, und Gespräche, die sie mit ihm führte, vermittelten ihr einen Eindruck von dem draufgängerischen Leben, dass er nach der Leichtathletiksaison in Südafrika führte.

In Gemona legte Pistorius alle Strecken zu Fuß zurück, in Südafrika fuhr er protzige Luxuskarossen. Die Menschen, mit denen er sich in der kleinen italienischen Gemeinde umgab, machten sich und anderen nichts vor, seine Freunde und Bekannten in Südafrika schienen eher einem glamourösen Leben nachzueifern; die Männer schmückten sich mit Goldkettchen und waren muskelbepackt wie Mr. Universum, die Frauen trugen bevorzugt Bandage-Kleider und atemberaubend hohe Stilettos und zeigten das ganze Jahr hindurch gleichbleibende Sommerbräune. In dieser Welt schien jeder das Gefühl zu haben, rund um die Uhr im Rampenlicht zu stehen. Es ging weniger darum, anregende Gespräche zu führen, als gesehen zu werden. Man konnte sein Ansehen steigern, wenn man sich mit den bestaussehendsten oder mutmaßlich vermögendsten Männern und Frauen zeigte.

One-Night-Stands waren eher die Regel als die Ausnahme, besonders bei Männern. Es herrschte ein ständiges Gekreisch, Gejohle und Gekicher. Der ganze Klatsch drehte sich darum, wer mit wem ausging, und überall wurde über die gelästert, die das vermeintlich schäbigste Outfit trugen.

Seine Angst vor Verbrechern konnte Pistorius in dieser Gesellschaft nur bezwingen, weil sie auf seiner Seite standen. Einige der Männer, mit denen er sich in angesagten Johannesburger Nachtclubs wie dem VIP Room oder dem Taboo zeigte, waren entweder polizeibekannte oder mutmaßliche Verbrecher. Einer seiner Bekannten, Kenny Kunene, hatte bereits eine sechsjährige Haftstrafe wegen Betrugs verbüßt. Ein anderer, der Johannesburger Multimillionär und Abschleppunternehmer Craig Lipschitz, der sich immer von vier Bodyguards eskortieren ließ, war 2008 in eine brutale Prügelei verwickelt gewesen, bei der ein Türsteher Medienberichten zufolge mehrere Stichwunden erlitten hatte. Allerdings gab es in Pistorius' Dunstkreis weitaus mehr Wichtigtuer und Emporkömmlinge als Schwerkriminelle. In seinem Umfeld tummelten sich vor allem verwöhnte Söhne reicher Eltern und nichtssagende TV-Sternchen, die es aufregend fanden, sich einander Dinge zuzuflüstern wie: »Guck mal, da ist dieser Kerl, der letzte Woche diesen Bandenmord in Auftrag gegeben haben soll«, oder: »Stimmt es, dass Soundso seiner Freundin einen gelben Lamborghini geschenkt hat?«

Pistorius war sich vollkommen im Klaren darüber – und hatte insgeheim seine helle Freude daran –, dass sich der Klatsch in der Hauptsache um ihn drehte und er dabei durchweg positiv wegkam. Er sah gut aus, war immer schick gekleidet, und selbst wenn er nicht so reich war wie einige der Ganoven oder schillernden Figuren, die er kannte, so war er für die meisten doch reich genug. Zudem zeichnete ihn etwas aus, was man für Geld nicht kaufen konnte: Er war ein Superstar, nicht nur in Südafrika, sondern auf der ganzen Welt. Und ein klein wenig hofften wohl all die schönen Frauen und mächtigen Männer in seinem Umfeld, dass auch sie vom Lichtkegel des Rampenlichts, in dem er permanent stand, erfasst würden. Anders als Pittini hatten sie keine Vorstellung davon, dass er abends, wenn er zu Bett ging und seine Prothesen auszog, auf seinen Stümpfen gerade einmal 1,50 Meter groß war. Sie sahen ihn so, wie er gesehen werden wollte. Sie lebten in einer Welt der Heranwachsenden, in der jeder versuchte, seine Schwächen hinter der Anerkennung zu verbergen, die andere ihm oder ihr aufgrund der Dinge zollten, die er oder sie sich gekauft hatte. Das war eine Welt, in der es das Wichtigste war, cool zu sein.

Für Pittini sahen die Frauen auf den Fotos, die er ihr zeigte, aus wie Barbies. Die Männer wirkten trotz aller Mühe, die sie sich gaben, ein kultiviertes Äußeres zu pflegen, wie billige Kleinganoven.

Wenn er nicht in Gemona war, erlag Pistorius dem zweifelhaften Charme solcher Typen auch in Italien. Das zeigt sich beispielhaft an seiner Bekanntschaft mit dem aus Trieste stammenden Federico Russo. Dank seines selbstbewussten, wichtigtuerischen Auftretens hatte es Russo geschafft, in all die angesagten Mailänder Nachtclubs reingelassen zu werden. Zusätzliches Vertrauen erlangte er dadurch, dass er sich als italienischer Manager des Blade Runners ausgab. Der naive Südafrikaner, der sich unter die Schickeria der italienischen Modemetropole mischen wollte, war für ihn der perfekte Goldesel. Russo verschaffte Pistorius einen Auftritt in einem Musikvideo und fädelte es ein, dass er Gast in mehreren anspruchslosen italienischen TV-Sendungen mit hohen Einschaltquoten war. Er bekam eine Menge Geld dafür, dass Pistorius in einem italienischen Ableger von *Let's Dance* auftrat und auf einer großen Bühne, in blaues Licht getaucht, einen Tango mit einer unechten Blondine in einem ultrakurzen schwarzen Paillettenkleid hinlegte. Ein anderes Mal flog er auf eine Pazifikinsel, um an einer Reality-TV-Show mit dem Titel *L'Isola dei Famosi* (dt.: Insel der Berühmten) mitzuwirken, in der zweit- bis drittklassige Promis ähnlich wie im *Dschungelcamp* gegeneinander antraten, um herauszufinden, wer in der tropischen Wildnis am besten zurechtkam.

Anna Pittini hielt nicht viel davon, dass Pistorius an diesen TV-Sendungen teilnahm. Sie fand diese Auftritte albern und enttäuschend, weil sie ihrem Freund nicht gerecht wurden. Die kindische Seite, die er dort zur Schau stellte, passte zu seiner etwas zurückgebliebenen emotionalen Entwicklung, von der Pittini einen flüchtigen Eindruck erhalten hatte, als er wie ein Teenager mit seiner Beziehung zu der zu jener Zeit gut 8000 Kilometer entfernten lebenden Samantha Taylor haderte. Pistorius rief Samantha aus Gemona regelmäßig an, entweder um jeden ihrer Schritte eifersüchtig zu überwachen, oder um sich darüber zu beklagen, wie einsam er ohne sie sei. Die schlechte Laune, die ihn Pittini zufolge dazu brachte, gelegentlich Pastagerichte oder Schokoladenkuchen zu essen, war keine Reaktion auf eine schlechte Trainingsleistung und unbefriedigende Laufzeiten, sondern einzig auf seine Kabbeleien mit Samantha, die er Pittini gegenüber wiederholt als seine »wahre Liebe« bezeichnete – was sie auch war, bis er Reeva Steenkamp kennenlernte.

Allermeistens war Pistorius während seines Aufenthalts in Gemona allerdings zufrieden und ausgeglichen. Die kleine italienische Gemeinde bot ihm eine Zufluchtsmöglichkeit, um sich aus seinem so schillernden wie anstrengenden Promileben zurückziehen zu können. Er sehnte sich so sehr nach dieser Ruhe und Abgeschiedenheit, dass er einmal sogar nach einem Wettkampf in Österreich eine vierstündige Nachtfahrt auf sich nahm, um die Nacht nicht woanders verbringen zu müssen und stattdessen schon um drei Uhr morgens wieder im Hotel Willy zu sein. In Gemona spürte er keinen Druck, seine Schwächen hinter einer Fassade zu verstecken. Pittini glaubt, dass ihm seine Aufenthalte dort die Möglichkeit boten, der ganzen Zerrissenheit und Heuchelei, die einen Großteil seines Lebens bestimmten, zu entfliehen. Anders als die Neureichen von Johannisburg oder die Mailänder Schickeria ließen sich die Gemoneser nicht von Äußerlichkeiten beeindrucken. Sie hatten ein verheerendes Erdbeben überstanden und hatten teil an der mühsam errungenen Weisheit eines Volkes, das vom Aufstieg und Fall vieler großer Imperien berichten konnte – für Dandys oder Faulenzer war ihnen ihre Zeit zu schade. Anstand, Respekt und Arbeitseifer war das, wonach die Menschen dort beurteilt wurden. Diesen Anforderungen konnte auch Pistorius gerecht werden.

»Der Oscar, den ich kennengelernt habe, war alles andere als eine Primadonna«, sagt Pittini. »Einmal schlug er mit seiner Prothese gegen eine Tür und riss sich die Hose auf. Nach einem kleinen Witz: ›Stell dir mal vor, wie schmerzhaft das gewesen wäre, wenn ich da ein echtes Bein gehabt hätte‹, bat er mich, ihm Nadel und Faden zu besorgen. Er nähte den Riss selbst. Auch um seine Wäsche kümmerte er sich selber. Er ging zum Waschsalon, steckte seine Kleidungsstücke in die Maschine, wartete wie alle anderen eine Stunde lang, bis das Programm durchgelaufen war, und faltete dann seine Sachen akkurat zusammen. Er hat seine Klamotten nie gebügelt, sondern nur auf einen Bügel gehängt. Ich habe nie mitbekommen, dass er sich über Kleinigkeiten beschwert hätte. Wenn er mich um irgendetwas gebeten hat, war er nie sonderlich anspruchsvoll und hat sich immer für meine Hilfe bedankt.«

Die Gemoneser registrierten diese sympathischen Züge sehr wohl. Sie mochten Pistorius und waren stolz auf die enge Bindung, die er zu ihrer Gemeinde hatte. Das brachten sie unter anderem mit einem farbenfrohen Wandgemälde zum Ausdruck, das eine Hauswand an einer stark frequentierten Straßenkreuzung ziert; es zeigt ihn in seinem Laufdress und mit seinen Laufprothesen. Am Eingang des Hotels befand sich außerdem ein großes Bild von ihm mit einer handschriftlichen Danksagung.

»Er gehörte quasi zur Familie«, sagt Luisella Goi, die Leiterin des Hotel Willy. »Er hat immer gelacht, war freundlich und höflich und auch ein bisschen kess. Er nahm mich und meine Kinder oft in den Arm. Einmal hat er mich im Garten hochgehoben, sodass meine Füße in der Luft baumelten. Er hat sich gerne mit meiner damals einjährigen Tochter beschäftigt, hat mit ihr gespielt und sie gefüttert.«

Die Gois erlaubten Pistorius, sich im ganzen Haus frei zu bewegen. Er durfte zu jeder Zeit in die Küche kommen und an den Kühlschrank gehen, ganz so, als sei er zu Hause. Wenn in der Küche Hochbetrieb herrschte, griff er der Familie bei der Zubereitung der Gerichte manchmal sogar ein wenig unter die Arme. Am liebsten machte er Gnocchi, die kleinen italienischen Kartoffelknöpfe. »Er sagte, dass er sehr glücklich sei, dass wir ihm beigebracht hätten, wie man Gnocchi herstellt, weil ihn das beruhige«, sagt Luisella.

Pistorius nahm all seine Mahlzeiten im hoteleigenen Restaurant ein. In der Regel saß er dabei allein am Tisch. »Er war ruhig und man konnte sehen, dass er nicht gestört werden wollte«, erzählt Luisella. »Woanders wurde er vermutlich ständig belästigt, aber hier ließen ihn die Leute in Ruhe. Vielleicht liegt es daran, dass wir immer so viel zu tun haben, vielleicht sind wir aber auch einfach nur zu provinziell, auf jeden Fall haben wir ihn hier im Ort nicht wie eine große Berühmtheit behandelt.« Nur einmal machten die Gemoneser eine Ausnahme. Das war an einem Abend, als Pistorius von einem wichtigen Wettkampf zurückkehrte, den er gewonnen hatte. Als er hereinkam, erhoben sich alle Leute im Restaurant von ihren Plätzen und applaudierten ihm. Pistorius ging daraufhin von Tisch zu Tisch und schüttelte jedem die Hand.

Die Leute aus dem Ort, die näheren Kontakt zu Pistorius hatten, haben ihn in bester Erinnerung behalten. Eine alleinerziehende Mutter mittleren Alters namens Marisa nahm ihn einmal vom Flughafen in Venedig in ihrem Wagen mit nach Gemona. Während der einstündigen Fahrt haben sie sich angeregt unterhalten. »Als wir uns Gemona näherten, sagte er: ›Schauen Sie nur, Ihre hübsche kleine Stadt.‹ Ich schmolz nur so dahin«, erinnert sich Marisa in gebrochenem Englisch. »Für mich war er kein *campione,* nur ein netter junger Mann. *Una persona stupenda.* Er mochte uns, weil wir ihn ganz unverkrampft wie einen normalen Menschen behandelten und er hier er selbst sein konnte. Ich glaube, für jemanden wie ihn, der daran gewohnt ist, dass viele, die mit ihm zu tun haben, nur auf ihren eigenen Vorteil bedacht sind, war es sehr angenehm, hier zu sein.«

Tatsache ist jedoch, dass auch Gemona seinen Vorteil daraus zog, dass Pistorius da war. Bürgermeister Paulo Urbani hatte den Blade Runner mit einem attraktiven Angebot ja extra hergelockt, um Gemonas Image aufzupolieren. Urbani gibt freimütig zu, dass er Gemonas Gastfreundschaft natürlich zunächst nur aus reinem Kalkül angeboten habe, sich mit der Zeit jedoch ein herzliches Verhältnis zwischen ihm und Pistorius entwickelte habe.

Im Foyer des 1502 im venezianischen Stil erbauten Rathauses hängt ein Bild des Bürgermeisters mit dem italienischen Staatspräsidenten, gleich daneben hängt an ebenso prominenter Stelle und in gleicher Größe ein Bild von Urbani mit Pistorius. Auch auf dem Schreibtisch in Urbanis Büro steht ein gerahmtes Bild, das den Bürgermeister und Pistorius lächelnd zusammen zeigt. Und das noch zehn Monate, nachdem Pistorius wegen Mordes an Reeva Steenkamp angeklagt wurde.

»Er hat es einem leicht gemacht, ihn zu mögen«, sagt Urbani, ein gutaussehender, korpulenter Mann in den Vierzigern. »Er war ein ganz normaler Mensch, der sich den hiesigen Verhältnissen angepasst hat. Er hat sich nie über irgendetwas beschwert und war *molto cortese*. So stand er immer gerne auf, um meiner Frau die Tür aufzuhalten. Man konnte sich gut mit ihm unterhalten, und er war sehr interessiert an allem, was es hier bei uns gab: das Essen, die Kultur, der Fußball. Er erzählte, wo überall in der Welt er schon gewesen war, und ich war erstaunt, dass er all diese Reisen allein gemacht hatte, weil er doch seine Behinderung hatte. Ich fand, dass er sehr erwachsen und sehr reif war für sein Alter.«

Niemand, der mit Pistorius' in Gemona näher zu tun hatte, hatte sich so etwas vorstellen können, was sich am Morgen des 14. Februar 2013 in seinem Haus ereignete.

Pittini war die erste aus dem Ort, die davon erfuhr. »Peet van Zyl rief mich an. Es war gerade 6:30 Uhr und ich fragte ihn, warum er so früh anriefe. Er sagte: ›Oscar ist etwas zugestoßen.‹ Ich dachte, er hätte einen Unfall gehabt, er wäre tödlich verunglückt. ›Nein‹, sagte Peet, ›kein Unfall. Er hat Reeva erschossen. Sie ist tot.‹ Ich war völlig fassungslos.«

Genauso ging es Urbani. »Es war ein schwerer Schock für mich und den ganzen Ort. Einige glaubten zuerst an einen schlechten Scherz. Wir hatten ihn als einen der Unseren angenommen und konnten es einfach nicht glauben. Das war völlig unmöglich. Das war nicht der Mensch, den wir kannten.«

Gespannt verfolgte Urbani die Kautionsanhörung in der darauffolgenden Woche, und am Morgen der Urteilsverkündung ging er in den Dom, um für Pistorius' Freilassung zu beten. »Es tat mir weh,

Oscar vor Gericht zu sehen. Er wirkte völlig verzweifelt. Er erinnerte mich an die Menschen hier, die bei dem Erdbeben Angehörige verloren hatten. Und es wurde alles noch schlimmer durch die ganzen Unwahrheiten, die verbreitet wurden, über Steroide und dass er ein Haus in Gemona gekauft habe, ohne es dem Finanzamt mitzuteilen. Nichts als Lügen.«

Urbani hielt zu seinem Freund. Einige seiner Bekannten und viele andere Menschen weltweit taten es nicht. Der Bürgermeister von Gemona fand, dies werfe ein schlechtes Licht auf die menschliche Natur. »Je höher jemand aufsteigt, je umschwärmter er ist, desto monströser wird er dargestellt, wenn er einen Fehler begeht und strauchelt. Wenn die Dinge gut laufen, jubeln einem alle zu und man ist ein Held, aber wenn etwas schief läuft, treten die *invidiosi,* die Neider auf den Plan, übernehmen die Führung und feiern den Untergang des Helden. Selbst einige meiner politischen Gegner haben ihn zum Vorwand genommen, um mich anzugreifen. Wie tief kann man sinken?«

Urbani bereut nicht, Pistorius nach Gemona geholt zu haben, weder politisch – im Mai 2014 wurde er mit 78 Prozent der Stimmen wiedergewählt – noch privat. Und er entschuldigt sich auch nicht dafür, dass das Bild von ihm mit Pistorius noch immer im Foyer des Rathauses hängt.

»Oscar ist ein Freund, und ich werde zu ihm halten. Ich werde diese Freundschaft nicht verleugnen. Wenn die Richterin entscheidet, dass er vorsätzlich gehandelt hat, werde ich auch das nicht abstreiten können, aber für mich geht es um Treue und Dankbarkeit. Wir hier in Gemona werden den Prozess sehr gespannt verfolgen. Wenn die Richterin ihn schuldig spricht, werde ich die Bilder abnehmen. Das Gerichtsurteil müssen wir natürlich respektieren. Aber wenn man ihn für unschuldig befindet, wird es ein Freudentag – für ihn wie für unsere Gemeinde.«

Wie Pittini erzählt, sehen die meisten Gemoneser die Sache so wie ihr Bürgermeister. »Viele Menschen baten mich, Oscar nach der Tat ihrer Solidarität zu versichern. Sie sagten, niemand ist perfekt, jeder kann sich sein Leben versauen, aber wir müssen verzeihen. Eine Frau sagte mir: ›Ich bin eine Mutter, und Mütter haben sehr viel Verständnis für Fehler, die ihre Kinder machen.‹ Dann begann sie zu weinen. Dabei hatte sie ihn nicht einmal persönlich kennengelernt.«

Jemand der ihn persönlich kannte, war Flavio Frigè. Der 50-Jährige hat mit 17 bei einem Arbeitsunfall einen Arm und ein Bein verloren. Beide Gliedmaßen ersetzten Prothesen.

»Da ich selbst behindert bin, war es für mich ungeheuer wichtig, dass die Menschen auf der ganzen Welt sahen, was für unglaubliche Dinge er vollbrachte«, sagt Flavio. Der lebenslustige Mann, der einen Bart trägt und seine langen Haare zu einem Pferdeschwanz zusammenbindet, ist nicht verbittert wegen seiner Behinderung und hat auch keinerlei Scheu, offen damit umzugehen. »Ich fühlte mich durch ihn bestätigt. 33 Jahre lang habe ich mich durchs Leben gekämpft, und ich glaube, ich habe das ganz gut hingekriegt. Doch trotzdem hat mir Oscar noch eine Menge geben können. Er hat das Thema Behinderungen in den Blickpunkt gerückt. Er hat mich stolz gemacht.«

Flavio hat sein Idol getroffen und ihn, wie er es sich erhofft hatte, als *un bravo ragazzo,* einen Pfundskerl, kennengelernt. Flavio zufolge war er *»una persona molto buona, un ragazzo molto disponibile, gentilissimo«*.

Als er hörte, dass Pistorius seine Freundin erschossen habe, war er völlig fassungslos. »Ich konnte es nicht glauben, und ich wollte es nicht glauben. Und als ich es endlich begriff, ergriff mich eine große, große Trauer um dieses Mädchen, Reeva. Ich habe wirklich um sie getrauert. Und dann wurde mir sein Schmerz bewusst, und ich wollte ihn noch einmal sehen und in den Arm nehmen. Das würde ich immer noch gerne tun. Der Oscar, den ich kenne, kann so etwas unmöglich getan haben. Aber ich will hier nicht urteilen. Nur er weiß, was wirklich geschehen ist. Ich hoffe nur, dass man ihn nicht als Mörder verurteilt; die Strafe, die auf ihm lastet, wird ihn ohnehin sein Leben lang begleiten.«

Wie sehr er auch immer gekämpft haben mag, um sich trotz seiner Behinderung durchzusetzen und zu gewinnen, sagt Flavio, im Vergleich zu der Prüfung, die ihm jetzt bevorstehe, sei das gar nichts gewesen. »Ein Arm oder ein Bein zu verlieren ist eine Sache. Die Frau zu verlieren, die man liebt, und dann auf so eine Weise … das ist wirklich schwer. Und dann auch noch in der Öffentlichkeit zu stehen und die ganze Schande und den Zorn auf sich zu laden … Nein, nein. Die Herausforderung, vor die einen der eigene Körper stellt, kann man überwinden. Man strengt sich an. Man kämpft. Ich kann ein Lied davon singen. Es ist möglich. Viel, viel tiefgreifender und schmerzhafter sind seelische Leiden. Was kann man schon dagegen tun? Nichts. Man kann nichts wiedergutmachen, der Verlust bleibt, die Trauer vergeht nie.«

12

Er war ein derart facettenreicher Mann, dass er nicht bloß ein einziger Mensch, sondern der Inbegriff der ganzen Menschheit zu sein schien.

JOHN DRYDEN, *Absalom and Achitophel*

Weil sich Pistorius in Gemona absolut sicher fühlte, musste er in der Ferne immer wieder daran denken, wie viel gefährlicher das Leben in Südafrika war. Während seines täglichen Fußwegs vom Hotel Willy zur Laufbahn machte er sich hin und wieder Sorgen um die Sicherheit seiner Familie, insbesondere um seine Schwester Aimée. Wenn sie in Südafrika irgendwo unterwegs waren oder durch die Stadt gingen, waren sie immer auf der Hut; der Gefahr, angegriffen, überfallen oder entführt zu werden, waren sie sich stets bewusst. Darin unterschieden sie sich nicht von der Mehrzahl der weißen und der wohlhabenderen schwarzen Südafrikaner. Der wirtschaftliche Aufstieg Letzterer lässt sich unter anderem daran ablesen, dass sie wie ehemals nur die Weißen selbst für kürzeste Strecken, die New Yorker, Pariser oder Londoner ganz selbstverständlich zu Fuß zurücklegen, wegen der relativ höheren Sicherheit, die sie bieten, in ihre Autos steigen.

Die hohe Kriminalitätsrate in Südafrika steht in engem Zusammenhang mit der wirtschaftlichen und demografischen Entwicklung des Landes. Die gar nicht so kleine schwarze und weiße Mittelschicht, der insgesamt 12 Millionen Menschen angehören, lebt gewissermaßen auf einer Insel in einem Meer aus Armut. Für die Kriminellen und Verzweifelten unter den restlichen 38 Millionen geben sie eine willkommene Zielscheibe ab.

In Gemona, wo die Einkommensverteilung relativ ausgeglichen ist und niemand hungern muss, konnte Pistorius freier atmen. Dieses befreiende Gefühl haben viele Südafrikaner, die nach Europa oder in die USA reisen. Wenn sie nach Hause zurückkehren, kehrt die Angst vor Überfällen und gewalttätigen Übergriffen als ständiger Begleiter sofort wieder zurück. Die Menschen in Südafrika leben in einem Zustand ständiger Alarmbereitschaft. Private Sicherheitsdienste beschäftigen dort über 400 000 Mitarbeiter – damit gibt es doppelt so viele private Sicherheitskräfte wie Polizeibeamte. Der südafrikanische Verkehrsfunk warnt regelmäßig vor sogenannten Ampeldieben, die Seitenscheiben einschlagen und Wertgegenstände aus an Ampeln wartenden Autos stehlen, und meldet, an welchen Straßenecken sie aktuell aktiv sind. Viele Jugendliche, die am Straßenrand betteln, tragen Schilder mit der Aufschrift »Eher würde ich verhungern als klauen«. Damit bringen sie einerseits zum Ausdruck, dass sie sich ans Gesetz halten wollen, rufen gleichzeitig aber auch die ständige Gefahr, beklaut zu werden, ins Bewusstsein. Wer diesen Verhältnissen für längere Zeit den Rücken gekehrt und woanders gelebt hatte, wo es wesentlich ungefährlicher war, hatte bei seiner Rückkehr in die Heimat in der Regel noch größere Angst als vorher.

In Südafrika trug Pistorius aus Sicherheitsgründen immer eine Pistole bei sich. Und wenn er im Auto aufs Gas drückte, lag das nur zum Teil an seinem Faible für hohe Geschwindigkeiten, er wollte sich manchmal einfach nur von nachfolgenden Wagen absetzen, denn nicht selten fühlte er sich von einem anderen Fahrzeug verfolgt. Nachts stellte er seinen Wagen immer nur in gut beleuchteten Straßen ab. Wenn er in ein Restaurant ging, informierte er sich schon bei der Ankunft über alle Ein- und Ausgänge und setzte sich immer mit dem Rücken zur Wand, sodass er den Raum für den Fall eines Überfalls gut überblicken konnte. Wenn er in einem Hotel übernachtete und es an der Tür klopfte, fragte er immer zuerst, wer davor stand, und wenn er öffnete, ließ er den Riegel zunächst verschlossen. Peet van Zyl erzählt, dass Pistorius immer vor Schreck nach seinem Arm griff, wenn er einen unerwarteten Knall hörte, etwa von einer Fehlzündung.

Südafrikaner sind von Natur aus wachsam, doch nur wenige dürften Pistorius in dieser Hinsicht übertreffen. Die Sicherheitsmaßnahmen, um Häuser und Wohnungen zu schützen, nehmen proportional mit dem Einkommen bzw. Vermögen zu. Arnold Pistorius ließ das Tor zu seinem festungsgleichen Anwesen rund um die Uhr bewachen. Zudem wurde das Haus durch ein ausgeklügeltes Alarmsystem gesichert. Am Übergang zwischen Haupthaus und Fitnessraum befand sich zudem eine Schutzwand aus Metall, die sich auf Knopfdruck absenken ließ, um einen Schutzraum zu schaffen. Seit sich mit der Abschaffung des Apartheidsystems alle Südafrikaner frei bewegen dürfen, zieht es die Wohlhabenden mehr und mehr in bewachte Wohnanlagen. In den Siedlungen im Osten Pretorias, wo auch Pistorius lebte, schotten sich die meisten Menschen hinter hohen Mauern und Stacheldrahtzäunen von der Außenwelt ab. Ihre Wohnanlagen werden bewacht von bewaffneten Sicherheitskräften, die teilweise paramilitärisch auftreten. Früher war dort, wo heute die Siedlungen stehen, nur Steppe. Jetzt stehen dort Wohnanlagen mit so klangvollen Namen wie Faerie Glen, Forest Manor oder Nature's Valley, die sich clevere Marketingagenturen im Auftrag der verantwortlichen Immobiliengesellschaften ausgedacht hatten, damit potenzielle Hauskäufer nicht den Eindruck bekommen, in eine Festung oder gar ein Gefängnis zu ziehen. Doch diesen Preis zahlen die Menschen, die dort leben, gerne, um das Gefühl haben zu können, geschützt zu sein.

Anders als in den ersten Jahren der Demokratie in Südafrika gilt das heute nicht nur für Weiße. Silver Woods, wo Pistorius zwischen 2008 und dem 14. Februar 2013 lebte, ist ein Musterbeispiel für die ethnische Harmonie im neuen Südafrika. In den 170 Wohneinheiten in Silver Woods leben Menschen jeder Hautfarbe (und sexueller Orientierung) einträchtig nebeneinander. Pistorius' nächste Nachbarn, zu denen er immer ein herzliches Verhältnis gehabt hatte, waren Schwarze, vier Häuser weiter wohnte ein lesbisches Pärchen. Es waren vorwiegend Geschäftsleute, Beamte oder Diplomaten, die hier lebten.

In Silver Woods werden permanent neue Häuser gebaut. Einen architektonischen Stil, an dem sich alle orientieren müssen, gibt es nicht. Einige Häuser sind in toskanischem Stil erbaut, andere wirken eher spanisch. Manche Bauherren haben sich auch für fast bunkerartig anmutende rote Backsteinbauten entschieden, die nicht recht zu den Palmen passen, welche die Straßen in der Siedlung säumen. Das Haus an der 286 Bushwillow Street, in dem Pistorius gewohnt hatte, ist ein modernes Gebäude mit klaren Linien und kubischen Formen, ein durchaus passender Wohnsitz für jemanden, den alle den Blade Runner nannten und der sich in null Komma nichts von einem Mann ohne Beine in einen futuristischen Superhelden verwandeln konnte. Zwei große Holztore versperren die Einfahrt zur Garage, in der seine Autos standen, und der Haupteingang ist eingebettet in einen kleinen Vorgarten mit Kakteen, Stauden, niedrig wachsenden Bäumen und einem makellos gepflegten Rasen.

Die Alarmanlage, die Pistorius in seinem Haus hatte installieren lassen, muss auf jeden, der mit den Verhältnissen in Südafrika nicht vertraut ist, wie eine völlig übertriebene Vorsichtsmaßnahme gewirkt haben – immerhin konnte man den Eindruck haben, dass schon die gesamte Siedlung fast besser bewacht wird als die Bank von England. Neben den dreieinhalb Meter hohen, elektrisch gesicherten Umfassungsmauern, die in dieser Gegend Standard sind, wird das gesamte Gelände rundum von Überwachungskameras und Bodensensoren gesichert, die sofort registrieren, wenn sich ein Unbefugter nähert, und gewährleisten, dass ein bewaffnetes Sicherheitsteam sofort die Lage klärt. Auch die Sicherheitskontrollen am Eingang von Silver Woods sind aufwendig. Für Anwohner öffnen sich nach Betätigung eines Fingerabdruckscanners automatisch zwei Schrankensysteme, die die einzige Zufahrt in das Wohngebiet abriegeln. Besucher hingegen müssen sich nicht nur ausweisen und Auskunft darüber geben, wen sie besuchen möchten, der Sicherheitsposten am Eingang notiert außerdem ihr Kfz-Kennzeichen und ruft denjenigen, der besucht werden soll, an, um sich die Identität des Besuchers bestätigen zu lassen. Manchmal finden selbst die Anwohner die strengen Auflagen übertrieben. Eine von ihnen erzählt, wie ihre 70-jährige Mutter sie einmal besuchen wollte. An der Einfahrt ließ sie die ganze Prozedur geduldig über sich ergehen. Allerdings hatte sie die Telefonnummer ihrer Tochter nicht dabei, und so wurde ihr vorschriftsgemäß die Durchfahrt verweigert.

Ein anderes Mal stand eine Gruppe Bauarbeiter aus Johannesburg vor der Einfahrt, die an einem Neubau in der Siedlung arbeiten sollten. Vier von ihnen hatten nur Kopien ihrer Ausweise dabei, woraufhin der gesamten Gruppe der Einlass verwehrt wurde. Generell müssen Arbeiter Silver Woods täglich bis 17 Uhr verlassen. Falls es jemand nicht rechtzeitig schafft, muss er so lange dort bleiben, bis die Firma, für die er arbeitet, ein Bußgeld entrichtet; er wird also praktisch in Gewahrsam genommen, bis sein Arbeitgeber ihn durch die Zahlung des Bußgelds auslöst.

Die vermeintlich beschauliche Atmosphäre in der Siedlung wird immer wieder durch den Anblick uniformierter Sicherheitsleute gestört, die zu Fuß in Begleitung eines Wachhundes oder auf dem Rad durch die Straßen patrouillieren. Auf dem gesamten Gelände sind an bestimmten Stellen elektronische Meldestellen angebracht, an denen sich das Sicherheitspersonal rund um die Uhr zu vorgegebenen Zeiten über personalisierte Chipkarten registrieren muss.

Viele Anwohner, darunter auch sehr ängstliche, fühlen sich dank dieser Maßnahmen in Silver Woods sehr sicher. Pistorius hingegen installierte nicht nur seine eigene Alarmanlage, sondern bewahrte auch eine Pistole neben seinem Bett sowie einen Cricket- und einen Baseballschläger hinter seiner Schlafzimmertür auf, um sich bei einem Überfall verteidigen zu können. Die meisten Anwohner konnten in Silver Woods ruhig schlafen, Pistorius nicht. Er litt oft an Schlaflosigkeit. 2012 hatte er auf die Frage eines britischen Journalisten, ob er sich überhaupt jemals angreifbar fühle, verblüffend ehrlich geantwortet, dass er das durchaus täte, nämlich wenn er nachts ohne seine Prothesen im Bett liege und unerklärliche Geräusche höre.

Einmal, als so etwas geschah, sprang Pistorius aus dem Bett und stellte – mit einer Waffe in der Hand – den vermeintlichen Einbrecher. Es war nur ein Freund, der bei ihm übernachtete und aufgestanden war, um sich ein Glas Wasser zu holen.

Aber auch, wenn er seine Prothesen trug, fühlte sich Pistorius in seinem Haus nicht unbedingt sicher. Einmal kam er nach Einbruch der Dunkelheit nach Hause und hörte ein verdächtiges Geräusch aus der Küche. Er zog die Waffe, die er bei sich trug, und schlich sich so leise wie möglich an den vermeintlichen Einbrecher heran. In der Küche angekommen, stellte er fest, dass es der Wäschetrockner war, der die Geräusche machte.

Ein anderes Mahl döste Pistorius ein, als er bei einem Freund in Johannesburg zu Besuch war und Fernsehen schaute. Laute Pistolenschüsse aus dem Film schreckten ihn aus seinem Schlummer auf und versetzten ihn so in Angst, dass er panisch aus dem Zimmer stürmte.

2012 kam es zwei Monate vor dem Beginn der Olympischen Spiele zu einem Zwischenfall, bei dem zwei Augenzeugen erlebten, wie hysterisch Pistorius werden konnte, wenn er sich bedroht fühlte. Ein Kameramann und ein Tontechniker aus der Crew eines amerikanischen Fernsehsenders – beides Südafrikaner – kamen nach Silver Woods, um in Pistorius' Haus alles für ein geplantes TV-Interview vorzubereiten. Als sie eine Stunde vor dem verabredeten Termin erschienen, um ihr Equipment aufzubauen, war Pistorius noch nicht zu Hause. Stattdessen ließ sein Hausangestellter Frankie Chiziweni sie herein.

Chiziweni, ein kleiner, herzensguter und diensteifriger Mann in den Dreißigern, den sein Chef, wie es unter Schwarzen oft üblich ist, als »Bruder« bezeichnete, war eine Art Exot unter den südafrikanischen Hausangestellten, denn die besser verdienenden Südafrikaner – ganz gleich ob Weiße oder Farbige – stellen für diesen Job in der Regel Frauen ein. In der Nacht zum Valentinstag 2013 war Chiziweni einer der wenigen, die sahen, wie Pistorius mit der schwer verletzten Reeva im Arm die Treppe zum Obergeschoss seines Hauses herunterkam. Der Polizei sagte er später, von den Vorgängen im Haus nichts mitbekommen zu haben, obschon er zum Zeitpunkt, als die Schüsse fielen, in seinem Zimmer im Erdgeschoss war. Die Beamten fanden diese Aussage erstaunlich. Ihrer Meinung nach musste er entweder seinem Arbeitgeber gegenüber außerordentlich loyal sein oder unglaublich tief geschlafen haben. Weil Chiziweni behauptete, nichts gehört zu haben, was nicht leicht zu glauben war, verzichteten später sowohl die Verteidigung wie auch die Anklage darauf, ihn im späteren Prozess als Zeuge zu laden.

Als die beiden Fernsehleute 2012 nach Silver Woods kamen, um das Interview mit Pistorius vorzubereiten, ließ Chiziweni die beiden Männer jedenfalls ein und half ihnen, ihr sperriges Equipment durch die Garage ins Haus zu tragen. Eine halbe Stunde später kehrte sein Chef vom Training zurück. Als er sah, dass die Garagentüren offenstanden, durch die jeder hätte hineingehen können, stürmte er wutentbrannt in die Küche und herrschte Frankie an. Der einstige »Bruder« wurde zum »dummen Arschloch« degradiert. Vor den Augen des Kameramanns und des Tontechnikers brüllte Pistorius: »Was, verdammt noch mal, hast du dir dabei gedacht? Habe ich dir nicht schon tausendmal erklärt, dass das Garagentor geschlossen bleiben muss? Wie blöd bist du eigentlich? Hörst du überhaupt zu, wenn ich dir was erkläre?« In der Art fuhr er fort, seinen Angestellten runterzuputzen und zu beleidigen. Die beiden Fernsehleute waren sprachlos. Für sie war Pistorius der strahlende Held, den sie aus den Medien kannten, ein freundlicher, höflicher und zurückhaltender Mann. Jetzt erlebten sie ihn rasend vor Wut und Kraftausdrücke verwendend, die sie ihm niemals zugetraut hätten. Sie versuchten einzulenken und zu erklären, dass sie die Schuld an allem trugen, weil sie vorgeschlagen hatten, mit der Ausrüstung durch die Garage zu gehen. Aber Pistorius hörte nicht auf sie, sondern fuhr fort, den völlig eingeschüchterten Chiziweni wüst zu beschimpfen. Irgendwann hörte er unvermittelt auf, drehte sich um und ging rauf, um zu duschen.

Als er wieder herunterkam, frisch geduscht und umgezogen, wirkte er souveräner und ausgeglichener denn je. Er hieß seine Gäste willkommen und strahlte sie an, als wäre vorher überhaupt nichts passiert, als hätte er sich urplötzlich in einen ganz anderen Menschen verwandelt. Seine ganze Wut war verflogen. Vor der Kamera war er ruhig und gelassen, so wie man ihn kannte. Im Interview spulte er seine üblichen Phrasen ab, unterschied wie so oft zwischen seiner Behinderung und seinen Fähigkeiten und erklärte, wie stolz er sei, sein Land in London vertreten zu dürfen. In dem später auf der Grundlage dieses Interviews geschnittenen Feature wurde der vorangegangene Zwischenfall mit keinem Wort erwähnt und Pistorius wieder einmal als strahlender Held porträtiert.

Ganz gleich, wohin Pistorius im Sommer 2012 in London auch blickte, überall entdeckte er Plakate mit seinem Konterfei. Mit ihm wurde nicht nur für die Produkte der Firmen geworben, mit denen er Werbeverträge abgeschlossen hatte, sondern auch für die Olympischen Spiele selbst. Manchmal glaubte er noch zu träumen, doch sein Traum war tatsächlich in Erfüllung gegangen: Er trat gegen den Jamaikaner Usain Bolt an, den schnellsten Sprinter aller Zeiten. Die Qualifikation für die Olympischen Spiele in Peking 2008 hatte er nicht geschafft, doch im Juli 2011, nach zwei Monaten eisernem Training in Gemona, brach er bei einem 400-Meter-Lauf in Lignano an der italienischen Adria-Küste seinen persönlichen Rekord. Er ging als Erster durchs Ziel und lief die Strecke in nur 45,07 Sekunden. Bei seiner Rückkehr nach Gemona, das nur eine Fahrtstunde weiter nördlich lag, wurde er jubelnd empfangen. Ähnlich begeistert hieß man ihn bei all seinen öffentlichen Auftritten in London willkommen.

Seit Nelson Mandela vier Jahre zuvor in London seinen 90. Geburtstag gefeiert hatte, hatten die britischen Hauptstadtmedien keinen Südafrikaner mehr so eifrig umworben wie ihn. Fotografen, Journalisten und eine stattliche Zahl Schaulustiger kamen Ende Juli, eine Woche vor Pistorius' erstem offiziellen Rennen, um ihn bei einem Trainingslauf zu beobachten. Der umschwärmte Sportler begrüßte alle Anwesenden mit Handschlag. Wenn ihm auffiel, dass er jemanden übersehen hatte, ging er zurück, streckte der übergangenen Person die Hand entgegen und sagte: »Ich glaube, Sie habe ich noch nicht begrüßt.« Besondere Aufmerksamkeit schenkte er seinen kleinen Fans, den Kindern, die ihn als eine Art Superhelden betrachteten. Einige unter ihnen fragten: »Wie kann ich auch solche Beine kriegen wie du?« Denen, die fragten, wie er seine Unterschenkel verloren habe, tischte er dieselbe Geschichte auf, die ihm seine Mutter zu erzählen empfohlen hatte, um neugierige Klassenkameraden eine befriedigende Antwort zu geben: Ein Hai habe sie abgebissen.

Sportjournalisten erlagen reihenweise seinem Charme, publizierten einen begeisterten Artikel nach dem anderen und feierten Pistorius geradezu als Personifizierung der olympischen Idee, die sie bis zu ihren Anfängen im antiken Griechenland zurückverfolgten. Als Hommage an seine Tugenden zitierten sie den antiken Satiriker Lukian, der den Olympioniken bereits im zweiten nachchristlichen Jahrhundert eine »ungebrochene Siegesleidenschaft« attestiert hatte. Voller Begeisterung las Pistorius in der Abgeschiedenheit seines Hotelzimmers ihre blumigen Ergüsse. Absätze wie dieser aus dem Londoner *Daily Telegraph* schmeichelten ihm besonders: »Dass er jede Logik auszuhebeln scheint, hat keine mechanischen, sondern rein menschliche Gründe: Schuld daran ist nur die triumphale Kraft des Willens … Allein Pistorius' Anwesenheit in London sollte als Inbegriff der olympischen Idee bis in den wolkenverhangenen Himmel gelobt werden.«

Doch je näher der 4. August 2012 und damit sein erster Start bei Olympia rückte, desto nervöser wurde Pistorius. Was, wenn er sich vor aller Welt blamierte? Was, wenn sich das Fiasko von Sheffield 2007 wiederholte, wo er im Wettkampf gegen Nicht-Behinderte nicht nur als Letzter durchs Ziel gelaufen, sondern zu guter Letzt auch noch wegen Verlassens der Bahn disqualifiziert worden war? Pistorius, der Held, würde dann ganz schnell zu Pistorius, der tapfere Behinderte, der es besser hätte wissen sollen, als sich mit den Besten der ganzen Welt messen zu wollen. Dann würden sich diejenigen bestätigt sehen können, die von Anfang gegen seine Teilnahme an den Olympischen Spielen gewesen waren, die nicht wollten, dass Behinderte gegen Nicht-Behinderte antraten. Er würde genau die Schande ertragen müssen, vor der er sich am meisten fürchtete, nämlich Mitleid zu erregen, statt bewundert zu werden.

Keiner erwartete einen Medaillengewinn, nicht einmal Pistorius selbst. Selten hat ein Außenseiter mit so geringen Siegchancen eine derart tragende Rolle bei einer Sportveranstaltung gespielt – ganz sicher nicht bei den Olympischen Spielen. Pistorius hatte sich vorgenommen, sich wenigstens in der Vorausscheidung für den 400-Meter-Lauf gut zu schlagen und vielleicht den einen oder anderen Konkurrenten hinter sich zu lassen. Er konnte nur davon träumen, schnell genug zu sein, um es bis ins Halbfinale zu schaffen. Das Erreichen des Finales war angesichts der Zeiten, die die schnellsten teilnehmenden Sprinter bereits vorgelegt hatten, völlig utopisch. Der einzige Augenblick, auf den er sich seit seinem Sieg vor dem Internationalen Sportgerichtshof in Lausanne 2008 vorbereitet hatte, war der erste Lauf bei den Olympischen Spielen. Hier hatte er die Chance, einen triumphalen Etappensieg in seinem lebenslangen Kampf gegen die Grenzen, die ihm seine Behinderung setzte, zu erringen.

Am Tag des Rennens wurden alle anderen Wettkämpfe und Ereignisse im Zusammenhang mit den Olympischen Spielen durch die Berichterstattung über Pistorius in den Hintergrund gedrängt. Zeitungen aus aller Welt verkündeten, dass an diesem Tag Geschichte geschrieben werde. Zum ersten Mal trat ein beinamputierter Sprinter bei Olympia an – was mit zum Unerhörtesten zählte, was es je gegeben hatte. Das war ein Stoff, aus dem Mythen gewoben werden. So oder ähnlich schwärmten Sportmoderatoren und -journalisten im Einklang mit der vorherrschenden allgemeinen Stimmung. Das Londoner Olympiastadion war restlos ausverkauft. 80 000 Menschen waren gekommen, um Pistorius anzufeuern; unter ihnen waren auch Onkel Arnold und dessen Frau Lois, Pistorius' Schwester Aimée, sein Bruder Carl und seine Großmutter Gerti. Dass er unsterblichen Ruhm erlangte, war zum Greifen nah, doch den ganzen Morgen über gelang es ihm nicht, den Gedanken zu verdrängen, dass der Tag für ihn auch mit einer peinlichen Blamage enden könnte. Was würden die Leute sagen, wenn das Rennen vorbei war? Würden sie denken, dass er zu Recht bei dem Wettkampf angetreten war, oder seinen Auftritt eher als etwas Belustigendes wahrnehmen, so wie viele die Teilnahme der jamaikanischen Bob-Nationalmannschaft an den Olympischen Winterspielen gesehen hatten? Wäre sein Auftritt für sie zu guter Letzt vielleicht nichts anderes als eine amüsante Freakshow-Einlage gewesen?

In Momenten wie diesen dachte er wieder an seine Mutter. Zum x-ten Mal erinnerte er sich an die Botschaft, die sie ihm aufgeschrieben hatte, als er noch ein kleiner Junge gewesen war: »Der wahre Verlierer ist nicht derjenige, der als Letzter durchs Ziel geht. Der wahre Verlierer ist derjenige, der danebensitzt und sich dem Wettkampf gar nicht erst stellt.« Noch im Umkleideraum sagte er sich diese Worte immer wieder vor. Er stellte sich vor, wie unendlich stolz sie auf ihn gewesen wäre beziehungsweise wie unendlich stolz sie war, während sie vom Himmel aus auf ihn hinabblickte. Und in dem Augenblick verflogen all seine Zweifel. Jetzt war er nur noch erfüllt von dem unbedingten Willen, dem unbegrenzten Vertrauen, das seine Mutter in ihn gesetzt hatte, gerecht zu werden.

In Gedanken blieb er bei seiner Mutter, auch als er die Laufbahn des Londoner Olympiastadions betrat. Er trat lediglich zu einem Vorlauf an, doch angesichts des überwältigenden Jubels, mit dem die Menge ihn empfing, hätte man meinen können, dass es sich um das mit der meisten Spannung erwartete Ereignis der gesamten Olympiade handelte. Es herrschte eine Stimmung wie bei einem Fußball-WM-Endspiel oder einer Boxweltmeisterschaft im Schwergewicht, bei der er der unumstrittene Zuschauerliebling war. Pistorius sah, dass auch ein paar südafrikanische Nationalflaggen geschwenkt wurden, doch die allein vermittelten nicht annähernd einen Eindruck von der gewaltigen Unterstützung, die er in einem Stadion fern der Heimat von einem Publikum erfuhr, in dem für diesen einen Moment im Herzen alle Südafrikaner zu sein schienen. Doch keiner zitterte mehr mit ihm, wünschte sich ebenso wie er, dass dieser Lauf zum Lauf seines Lebens werden würde und wusste, wie groß die Schande im Fall einer Niederlage für ihn wäre, wie seine Familie, die in der Nähe der Startblöcke saß. Sie sahen, wie sehr er mit seiner Nervosität zu kämpfen hatte, insbesondere als sich die Fernsehkameras näherten und auf ihn richteten, ohne dass sich die Kameraleute auch nur einen Moment für seine Konkurrenten interessiert hätten. Millionen von Menschen auf der ganzen Welt konnten diese Bilder sehen, darunter auch Pistorius' Vater und Dr. Gerry Versfeld, die die TV-Übertragung in einer Bar in Johannesburg verfolgten. Pistorius zeigte sich der Situation – wie so oft – auf lässige Weise gewachsen, zuerst streckte er die Daumen in die Höhe, dann führte er seine rechte Hand zu einem militärischen Gruß an die Schläfe. Der Stadionsprecher stellte alle acht Läufer namentlich vor. Als er zum Läufer auf Bahn Nummer fünf kam, rief er in der Manier eines Boxkampf-Ansagers: »Oscar ... Pistooooooorius ... der Blade Runner!«

Unterdessen zeigten die großen Stadionleinwände Bilder zweier anderer Sprinter, die die Olympischen Spiele nachhaltig geprägt haben: Jesse Owens, der Afroamerikaner, der bei den Olympischen Spielen in Berlin 1936, im Herzen des zutiefst rassistischen Dritten Reichs, unter den Augen von Adolf Hitler vier Goldmedaillen gewann, und Cathy Freeman, eine Aborigine, die bei den Olympischen Spielen in Sydney 2000 im 400-Meter-Lauf Gold für Australien holte. Beide hatten Armut und Vorurteile überwunden und es bis ganz an die Spitze geschafft.

Pistorius hatte weder Füße noch Unterschenkel, an ihrer Stelle trug er zwei anthrazitfarbene Carbonprothesen. Seine Augen schützte er mit einer aerodynamischen, enganliegenden Sonnenbrille. In seinem einteiligen Lycra-Anzug in den südafrikanischen Nationalfarben Grün und Gold ging er jetzt auf die Knie, um seine Startposition einzunehmen. Im Stadion wurde es still. Nur ein Mann rief so laut Pistorius' Namen, dass alle es hören konnten und sich der Anflug eines Lächelns auf dem Gesicht des Blade Runners zeigte. »Du sexy Prachtkerl«, rief der Mann. Daraufhin rief ihm Oma Gerti ein paar motivierende Worte auf Afrikaans zu und Onkel Arnold gab seinen typischen Pfiff von sich, den Oscar natürlich heraushörte und zuzuordnen wusste. Beides half Pistorius, wie er später dankbar zugab, seine innere Ruhe zu finden. Als der Startschuss ertönte, schnellte er aus dem Startblock, war aber mit seinen Prothesen unweigerlich langsamer als die anderen Läufer. Alle im Stadion schauten nur auf ihn. Während der ersten 50 Meter sahen sie allerdings einen eher trägen Läufer, dessen Körper ein wenig eingerostet wirkte. Pistorius verlor rasch an Boden und die Bestürzung im Stadion war spürbar. Aber nach 100 Metern hatte er seinen Rhythmus gefunden. Von vorne betrachtet wirkte es, als würde er schwanken, sein ganzer Bewegungsablauf wirkte unbeholfener als der seiner Konkurrenten, die mit einer katzenhaften Geschmeidigkeit dahinzufliegen schienen. Von der Seite gesehen machte er jedoch einen sehr eleganten und kraftvollen Eindruck, und nach der Hälfte der Strecke hatte er seinen Rückstand fast wieder wettgemacht. Die Konkurrenten zu seiner Rechten und seiner Linken ließ er hinter sich wie die anderen Läufer neun Jahre zuvor bei den Schulmeisterschaften, als er seinen Lehrer Paul Anthony und alle anderen Zuschauer so sehr verblüffte. Pistorius gewann das Rennen zwar nicht, doch kam er mühelos als Zweiter durchs Ziel, wobei es auf den letzten Metern sogar so ausgesehen hatte, als hätte er sich dazu nicht mehr sonderlich anstrengen müssen.

Damit hatte er sich für die nächste Runde qualifiziert: das Halbfinale. Der Jubel des Publikums galt ihm. Statt mit der befürchteten Blamage leben zu müssen, war er nun überglücklich über seinen spektakulären Erfolg: dieser zweite Platz war für ihn der wichtigste Sieg seiner Karriere. Die ganzen unbeschreiblichen Anstrengungen, ja Quälereien, das unerbittliche Training auf der Laufbahn und an den Geräten, die an Selbstverleugnung grenzende Disziplin, die Enttäuschungen und die Ängste, die er durchgestanden hatte, um genau das zu erreichen, was er nun erreicht hatte – all das rechtfertigte der große Erfolg, den er jetzt auskosten konnte. Den Journalisten, die ihn später eine Stunde lang interviewten, erklärte er unermüdlich, dass es nicht das Schicksal war, dem er eine Behinderung zu verdanken habe, sondern dass Gott ihm ein Talent zum Laufen geschenkt habe.

Sein Onkel, seine Tante, sein Bruder, seine Schwester und seine Großmutter hatten ihn im Stadion angefeuert, bis sie heiser waren, doch diejenige, die er in seinen Gesprächen mit den Journalisten immer wieder erwähnte, war seine Mutter. »Ich habe den ganzen Tag viel an sie gedacht«, sagte er. »Gewiss, sie war eine harte Nuss. Ein Nein akzeptierte sie nicht. Es ist definitiv ihr zu verdanken, dass ich heute hier stehe. Sie sagte immer, der Verlierer ist nicht derjenige, der etwas wagt und als Letzter durchs Ziel geht, sondern derjenige, der erst gar nichts wagt.«

Pistorius hatte es gewagt, und sein Traum war in Erfüllung gegangen. Dass er im nächsten Lauf nicht schnell genug war, um unter die ersten Acht und damit ins Finale zu kommen, tat seiner Euphorie keinen Abbruch. Nie wurde einem unterlegenen Athleten bei den Olympischen Spielen so viel Beifall gespendet wie ihm. Er ging ohne Medaillen nach Hause, doch wurde ihm dennoch eine große Ehre zuteil: Bei der Abschlussfeier trug er die südafrikanische Nationalflagge. Pistorius hatte bewiesen, was er beweisen wollte. Und was noch besser war: Seine nicht-behinderten Mitstreiter standen voll hinter ihm. So sagte etwa der Sprinter aus der Dominikanischen Republik, der ihn im ersten Rennen geschlagen hatte: »Wir haben Jungs dabei, die dopen. Irgendein vermeintlicher Vorteil, den Oscar haben könnte, ist da meine geringste Sorge. Er ist einfach fantastisch. Er ist so inspirierend.« Kirani James aus Grenada, der schließlich die Goldmedaille über 400 Meter gewann, sagte: »Für mich ist er einfach ein ganz normaler Mitstreiter, ein Sportler wie jeder andere auch. Ich respektiere ihn vollauf. So einfach ist das.«

Ganz so einfach war es natürlich nicht. Auch wenn es nach außen hin so wirkte. Gerne hätte Pistorius sich selbst so gesehen, wie die Öffentlichkeit und seine Konkurrenten es taten, aber früher oder später kam immer der Moment, in dem er in den Spiegel blickte und an seinen wunden Punkt erinnert wurde. Er wollte, dass sein Leben perfekt war, wollte alles erreichen, doch selbst damals in London, auf dem Höhepunkt seiner Karriere, sagte ihm eine innere Stimme, dass ihm das nie gelingen würde. Sechs Monate später erschoss er Reeva.

In einem Zeitungsinterview hatte er einmal gesagt, was er sich am meisten wünsche, sei ohne Reue leben und sterben zu können. Denn das hatte er nicht geschafft. Schon in dem erfolgreichen Jahr vor seiner schrecklichen Tat war es ihm nicht mehr möglich gewesen, die Grenzen, die seine Behinderung ihm setzte, seine Unsicherheit in den

Liebesbeziehungen, die übertriebenen Ängste, die irrationalen Wutausbrüche und eben die Reue, die mit vielem davon einherging, zu verleugnen. Er hatte gedacht, er hätte gelernt, damit irgendwie zu leben. Doch mit Reevas Tod war dieser Selbstbetrug wie eine Seifenblase geplatzt.

13

Wir sind alle voller Schwächen und Irrtümer; vergeben wir uns also gegenseitig unsere Torheiten. Das ist das erste Gebot der Natur.

VOLTAIRE, *Abhandlung über den Toleranzgedanken*

Im August 2013 wurde der Termin für die Hauptverhandlung festgelegt. Am 3. März 2014 sollte der erste Verhandlungstag sein – ein Jahr und 17 Tage nach der Tat. Am 20. November 2013 wurde die Anklageschrift eingereicht – die eine Überraschung bereithielt. Dem zentralen Anklagepunkt des vorsätzlichen Mordes hatte der Generalstaatsanwalt drei Anklagen wegen Verstößen gegen das südafrikanische Waffengesetz hinzugefügt.

Verglichen mit dem Hauptanklagepunkt und vor dem Hintergrund der grassierenden Waffengewalt in Südafrika handelte es sich dabei um Bagatellen. Als Erstes wurde Pistorius vorgeworfen, am 30. September 2012 mit seiner 9-mm-Pistole in der Öffentlichkeit einen Schuss durch das offene Schiebedach eines Autos abgegeben zu haben. Pistorius soll seinerzeit mit seiner damaligen Freundin Samantha Taylor und einem Freund unterwegs gewesen sein. Als Zweites ging es um die Glock, mit der Pistorius im Januar 2013 im Restaurant Tasha's in Johannesburg versehentlich geschossen hatte. Darüber hinaus wurde wurde er noch angeklagt wegen des Besitzes von Munition, für die er keine Lizenz besaß. Diese Munition war nach der Tat im Februar 2013 in seinem Haus entdeckt worden.

Pistorius wunderte sich, dass diese Anklagepunkte noch hinzugekommen waren. Was bezweckte der Staatsanwalt Gerrie Nel, der bereits bei der Kautionsverhandlung als Sprecher der Gegenseite aufgetreten war, mit diesen Vorwürfen? Seine Anwälte konnten Pistorius diese Frage leicht beantworten. Zunächst einmal konnte niemand es Nel verbieten, neben dem vermeintlichen Mord auch diese Delikte zur Anklage zu bringen, auch wenn die Polizei in besagten Fällen zuvor nicht tätig geworden ist. Die Hinzunahme dieser Anklagepunkte konnte helfen, Pistorius als gefährlichen Waffennarren darzustellen, dem ein vorsätzlicher Mord zuzutrauen war. Zudem war es Nel dadurch möglich, Samantha Taylor in den Zeugenstand zu rufen, mit deren Hilfe sich – wie er hoffte – zeigen ließ, dass Pistorius ein launischer, jähzorniger und eifersüchtiger Partner war, der seine Freundin durchaus im Zorn erschossen haben konnte. Außerdem mag der Staatsanwalt darauf spekuliert haben, dass er Pistorius – für den Fall, dass er bezüglich dieser neuen Anklagepunkten auf nicht schuldig plädierte – beim Kreuzverhör in Widersprüche verstricken oder des Lügens überführen konnte, was wiederum Zweifel am Wahrheitsgehalt seiner Aussage zu den Ereignissen in der Tatnacht nähren würde.

Pistorius' Hauptverteidiger Barry Roux hielt es für sinnvoll, sich zumindest in einem der drei neuen Anklagepunkte – vielleicht sogar in allen – für schuldig zu bekennen. Sollte Pistorius vor Gericht aufrichtige Reue zeigen, standen die Chancen gut, dass er zumindest in diesen Punkten nur mit einer Bewährungs- oder Geldstrafe davonkam. Noch wichtiger war allerdings, dass er durch ein Geständnis als ehrlicher und vertrauenswürdiger Mensch erscheinen würde, was wiederum einen positiven Einfluss auf die Glaubwürdigkeit seiner Aussage zu den Ereignissen am Valentinstag haben würde. Hinzu kam, dass man mit dieser Strategie verhindern konnte, dass Samantha Taylor, die sich wegen der Trennung von ihr offenbar an Pistorius rächen wollte, in den Zeugenstand berufen wurde. Die südafrikanische Prozessordnung besagt nämlich, dass die Staatsanwaltschaft in einem Mordprozess nur Zeugen aufrufen darf, die eine Aussage zum verhandelten Fall machen können. Samantha Taylor konnte also nur dann vor Gericht aussagen, wenn dort ein Fall verhandelt wurde, in den sie persönlich involviert war – wie es der Fall war bei dem vermeintlich abgefeuerten Schuss durch das offene Schiebedach. Für Nel war Taylor als Zeugin Gold wert, denn nur sie konnte über einige fragwürdige Charaktereigenschaften des Angeklagten Auskunft geben, was der Staatsanwaltschaft zur Untermauerung ihrer Argumentation sehr hilfreich sein würde. Die Anklage ging nämlich davon aus, dass Pistorius Reeva nach einem heftigen Streit getötet hatte, und Taylors Zeugenaussage konnte diese Theorie plausibler machen.

Angesichts der Risiken, die man mit der Verhandlung der neuen Anklagepunkte einging, wäre es für den Verlauf des Mordprozesses besser gewesen, wenn sie außen vor blieben. Voraussetzung dafür wäre gewesen, dass sich Pistorius in allen neu hinzugekommenen Anklagepunkten schuldig bekannte. Davon wollte er allerdings nichts wissen. Die Geschichte von dem Schuss durchs Schiebedach sei frei erfunden, erklärte er seinen Anwälten. Und es stimme zwar, dass sich unter dem Tisch im Tasha's ein Schuss aus der Waffe seines Freundes gelöst habe, doch dabei habe es sich eindeutig um einen Unfall gehandelt, für den er nicht strafrechtlich belangt werden könne. Was die in seinem Haus gefundene Munition anbelange, so gehöre die seinem Vater, der dafür auch die erforderliche Lizenz besäße. Er habe sie lediglich für seinen Vater aufbewahrt und sich deshalb auch in diesem Fall nichts zu Schulden kommen lassen.

Pistorius war in dieser Hinsicht stur. Er wollte nicht aus strategischen Gründen lügen, nur um aufrichtig zu erscheinen. Roux akzeptierte das und übte deswegen auf seinen Klienten auch keinen weiteren Druck aus. Mit seiner Entscheidung würde er es der Verteidigung im Mordprozess nicht einfacher machen, aber wenn Pistorius in den neuen Anklagepunkten auf seine Unschuld pochte, würde er sich als sein Anwalt damit abfinden müssen.

Welcher Richter bei dem im März beginnenden Prozess den Vorsitz führen würde, stand noch nicht fest. Die Institution des Geschworenengerichts war in Südafrika 1969 abgeschafft worden. Weiße Geschworene könnten einem schwarzen Angeklagten unmöglich gerecht werden, lautete die angesichts des staatlich sanktionierten Unrechts der Rassentrennung sehr bemerkenswerte Begründung des damaligen Apartheidregimes. Die kulturellen und sprachlichen Unterschiede zwischen Weißen und Schwarzen seien einfach zu groß.

Die Verantwortung komplett in die Hände eines einzelnen weißen Richters zu legen, der unter Umständen auch Todesurteile fällen konnte, stellte allerdings keinen wirklichen Fortschritt dar. Es war keineswegs so, dass man der Gerechtigkeit damit einen entscheidenden Schritt näher gekommen wäre, wie einige skandalöse Unrechtsurteile belegen. So kam etwa in den späten 1980er-Jahren ein weißer Landwirt, der einen seiner Hilfsarbeiter zu Tode geprügelt hatte, mit einer Bewährungsstrafe davon, während 14 Farbige, die den Tod eines Polizisten zu verantworten hatten, zum Tode verurteilt wurden.

Im späteren demokratischen Südafrika wurde die Todesstrafe abgeschafft, das Geschworenensystem allerdings nicht wieder eingeführt. In der Nation mit ihren elf offiziellen Landessprachen und der bunten Vielfalt an Ethnien, Religionen und Kulturen überließ man das letzte Wort bei der Rechtsfindung weiterhin lieber einem einzigen Richter. Nach 1994 musste dieser nur nicht mehr unbedingt weiß sein; das Richteramt in Südafrika können seitdem Juristen jeglicher Herkunft und Hautfarbe ausüben.

Sicher birgt ein solches System auch Nachteile. Manche Richter sind zwangsläufig erfahrener und fähiger als andere, und alle haben ihre persönlichen Meinungen und eigenen politischen Ansichten, weshalb es ganz und gar objektive Urteile wohl nur in der Theorie gibt. Auch werden Richter in Fällen, an denen ein starkes öffentliches Interesse besteht, die öffentliche Meinung wohl kaum ganz ausblenden können. Immerhin leben auch sie nicht in einem Vakuum. Eingedenk dessen, dass es keine absolute Gerechtigkeit gibt und dass die zwangsläufige Voreingenommenheit des Einzelnen sich bei einer Gruppe von

Geschworenen lediglich auf mehrere Personen verteilt, blieb man den etablierten Strukturen treu.

Der Ernennung des Richters im Fall Pistorius sahen sowohl die Staatsanwaltschaft als auch die Verteidigung mit Spannung entgegen. Man fragte sich, ob der oder die Vorsitzende in der Führung von Mordprozessen erfahren sei, ob man es eher mit einem strengen oder einem nachsichtigen, einem resoluten oder eher unentschlossenen Richter zu tun haben würde. Die Antwort gab es im Dezember 2013: Dunstan Mlambo, der Präsident des Obersten Gerichtshofs der Provinz Gauteng, zu der Pretoria und Johannesburg gehören, ernannte die schwarze Thokozile Matilda Masipa zur vorsitzenden Richterin im Fall Oscar Pistorius.

Bei ihrer Berufung im Dezember 1998 war Masipa erst Südafrikas zweite schwarze Richterin gewesen. Unter ihren Kollegen galt sie als außergewöhnlich fleißig. Ein erfahrener Rechtsanwalt, der eine Zeit lang mit ihr zusammengearbeitet hatte, sagt, dass sie die wohl tüchtigste Studentin ihres Jahrgangs gewesen sein müsse. Er schätzt sie als integere Persönlichkeit, die – anders als viele ihrer Amtskollegen – nicht im Geringsten einen Hang zu Arroganz und Großspurigkeit zeige.

Masipa wurde 1947, ein Jahr vor der Verabschiedung der Apartheidsgesetze, in Soweto geboren, einem riesigen Township südwestlich von Johannesburg, wo auch Mandela vor seiner Inhaftierung 1962 16 Jahre lang lebte. Das Haus, in dem sie mit ihren Eltern und ihren Geschwistern wohnte, unterschied sich kaum von dem Mandelas. Es war ein kleines rotes Backsteingebäude mit nur zwei Zimmern. Nach ihrer Hochzeit zog Masipa in ein Haus, in dem es sogar nur ein einziges Zimmer gab, das der Familie als »Schlafzimmer, Wohnzimmer, Badezimmer – einfach alles« zugleich diente, wie sie später erzählte. Diese ärmlichen Lebensumstände waren während der Apartheid völlig normal für Schwarze, die in der Stadt lebten.

Die Schulbildung, die der Staat der schwarzen Bevölkerung damals gewährte, war im Vergleich zu den staatlich geförderten Ausbildungsmöglichkeiten für Weiße rudimentär. Der Grund dafür war offensichtlich: Schwarze sollten gar nicht erst die Möglichkeit erhalten, mit Weißen um besser bezahlte Jobs konkurrieren zu können. Einigen gelang es dennoch, sich eine bessere Bildung zu erkämpfen. Masipa war eine der wenigen, die alles daransetzten, sich durch die Steine, die man ihnen in den Weg gelegt hatte, nicht aufhalten zu lassen. Sie eignete sich ein exzellentes Schriftenglisch an – ihre Muttersprache war Zulu – und belegte einen Studiengang in Sozialarbeit, den sie 1974 erfolgreich abschloss. Nebenher fand sie noch die Zeit, zu heiraten und zwei Kinder aufzuziehen. Da sie sich mehr und mehr für die gesellschaftlichen Verhältnisse interessierte und sich ihr politisches Bewusstsein zunehmend ausprägte, begann sie nach ihrem Studium als Journalistin zu arbeiten, was dazu führte, dass sie sich immer stärker politisch engagierte. 1976 kam es in Soweto zu einem großen Aufstand, der dazu führte, dass der Widerstand der Schwarzen gegen das Apartheidregime, der seit der Inhaftierung Mandelas und anderer führender Oppositioneller weitgehend zum Erliegen gekommen war, wieder auflebte. Masipa berichtete über Auseinandersetzungen zwischen Demonstranten und Polizeibeamten, die Tausende schwarze Aktivisten verhafteten. In der Folge beteiligte auch sie sich an Protestaktionen. Unter anderem nahm sie mit mehreren Kolleginnen an einer Demonstration in Johannesburg teil und protestierte gegen die Inhaftierung einiger schwarzer Journalisten, die mit ihnen bei der *Post* arbeiteten – einer von Weißen geführten Zeitung. Fünf der Demonstrantinnen, darunter Masipa, wurden verhaftet und vor Gericht gestellt. Sie weigerten sich jedoch, zu den gegen sie erhobenen Vorwürfen Stellung zu beziehen, weil das in ihren Augen bedeutet hätte, die Autorität des Apartheidregimes anzuerkennen.

Nachdem die Zeitung das ihnen auferlegte Bußgeld bezahlt hatte, kamen die fünf Frauen wieder auf freien Fuß. Masipas Vorgesetzte waren durch den Zwischenfall auf das Talent ihrer Mitarbeiterin aufmerksam geworden und boten ihr eine bis dahin ausschließlich an Weiße vergebene Stelle an: die der Redakteurin für die Frauenseite des Blatts. Später wechselte Masipa zu *The Sowetan,* der damals führenden Zeitung für Schwarze, für die sie als Gerichtsreporterin arbeitete. Durch ihre neue Aufgabe lernte sie ein neues interessantes Tätigkeitsfeld kennen, was letztlich dazu führte, dass sie sich entschied, Rechtswissenschaften zu studieren.

Als Mutter und hauptberufliche Journalistin war sie gezwungen, für ihr Studium hauptsächlich in den Abend- und Nachtstunden zu lernen. Allen Widrigkeiten zum Trotz machte sie 1990 ihren Abschluss. Es war das Jahr, in dem Mandela aus der Haft entlassen wurde. Pistorius war damals gerade vier Jahre alt. Masipa hatte mit ihren 43 Jahren hart kämpfen müssen, um trotz Diskriminierungen und Benachteiligungen aufgrund ihrer Hautfarbe ihren Weg zu machen. Von der systematischen Ausgrenzung, die sie überwand, profitierte die sich selbst privilegierende weiße Oberschicht, die für diese Ungerechtigkeiten verantwortlich war – und zu dieser Oberschicht zählte auch die Familie Pistorius. Während Masipa unter ärmlichen und beengtesten Verhältnissen in Soweto aufgewachsen war, residierten Gerti Pistorius und ihr Mann in ihrem herrschaftlichen Anwesen in Pretoria, dem weißen Machtzentrum Südafrikas, dem Stammsitz einer einflussreichen Familiendynastie.

Auf den ersten Blick sah es so aus, als sei es für Pistorius eher von Nachteil, dass Masipa zur Richterin bestellt worden war. Zudem hatten Pistorius' Verteidiger herausgefunden, dass sie in der jüngsten Vergangenheit gegen Männer, die Gewalt gegen Frauen verübt hatten, harte Strafen verhängt hatte. So verurteilte sie beispielsweise einen Wiederholungstäter im Mai 2013 zu einer Haftstrafe von insgesamt 252 Jahren. Der Mann war des Einbruchs und Diebstahls in elf Fällen, der Vergewaltigung in drei Fällen und des versuchten Mordes in einem Fall für schuldig befunden worden. Masipa verurteilte ihn zu je 15 Jahren Haft für die Einbruchsdiebstähle und zu 12 Jahren für den Mordversuch. Für die drei Vergewaltigungen erhielt er von ihr lebenslänglich. Besonders erschüttert habe sie an diesen Fällen, dass er »die Opfer in ihren eigenen vier Wänden, wo sie sich eigentlich sicher fühlten, überfallen und geschändet hat.«

2009 hatte Masipa einen Polizisten, der seine Frau im Streit getötet hatte, zu lebenslanger Haft verurteilt. »Keiner steht über dem Gesetz«, sagte sie damals in der Urteilsbegründung. »Sie verdienen diese Strafe, weil Sie Menschen nicht beschützen, sondern ein Mörder sind.«

Einige von Pistorius' Verwandten fragten sich, ob Masipa womöglich die Ressentiments der Aktivistinnen von der ANC-Frauenliga und anderen radikalen Feministinnen teile, und ob sie vielleicht nur darauf warte, an Pistorius ein Exempel statuieren zu können. Würde sie dem Druck derjenigen nachgeben, die in diesem Fall Gewalt gegen Frauen als zentrales Tatamotiv sehen wollten, und die überzeugt waren, dass man sich die Gelegenheit nicht entgehen lassen sollte, der gesamten Nation zu zeigen, dass man mit aller Härte gegen solche Täter vorgehen würde?

Natürlich würde sich Masipa bemühen, ihre persönlichen Ansichten außen vor zu lassen und den Fall ausschließlich aufgrund der Beweislage zu beurteilen. Sollte die Beweislage aber nicht ganz eindeutig sein, würde sie sich wohl ebenso von ihren persönlichen Überzeugungen leiten lassen wie jeder andere Richter auch. Welche Rolle würde in diesem Zusammenhang ihre ethnische Herkunft spielen? Würde die Tatsache, dass sie eine Schwarze ist und in der Vergangenheit als politische Aktivistin in Erscheinung getreten war, bei der Urteilsfindung eine Rolle spielen? Pistorius' Anwälte befürchteten es zumindest. Aber sie irrten sich.

Masipa hatte wie so viele vom revolutionären Umbruch in Südafrika profitiert, und ihre Ansichten hatten sich ebenso gewandelt wie die Verhältnisse. Kollegen bezeichneten sie als politisch gemäßigt. Ebenso wie Mandela und mit ihm die überwiegende Mehrheit der schwarzen Südafrikaner hatte sie sich entschlossen, das vom Apartheidregime begangene Unrecht zu vergeben, wenn auch nicht zu vergessen. »Versöhnung statt Rache« lautete Mandelas Motto für den erfolgreichen Übergang zur Demokratie – und die allermeisten waren bereit dazu.

Viele weiße Südafrikaner können sich die Bereitschaft der Schwarzen, auf Vergeltung – nicht nur für 46 Jahre Apartheid, sondern auch für über 300 Jahre systematischer Unterdrückung und Ausbeutung – zu verzichten, nur schwer erklären. Diesem Verzicht liegt eine Mischung aus Pragmatismus und Großmut zugrunde, und damit eine Haltung, für die Mandela geradezu mustergültig stand.

Der Pragmatismus war eine aus der Armut geborene Einstellung. Alle schwarzen Südafrikaner sehnten sich nach politischer Freiheit, allerdings waren sie ja nicht nur politisch nicht frei und gleichberechtigt, sondern auch materiell. Natürlich wollten sie das Wahlrecht, aber drängender war für sie zunächst die Frage, wie sie über die Runden kommen und den Alltag bewältigen konnten. Die Weißen besaßen ein Wissensmonopol in eigentlich allen entscheidenden Bereichen, die für das Land überlebenswichtig waren. So kannten sich beispielsweise nur sie mit der Funktionsweise der südafrikanischen Kläranlagen oder Kraftwerke aus. Zudem waren sie es, die den Farbigen Arbeit gaben und somit ihr Einkommen sicherten. Die Weißen ins Exil zu schicken – oder »zurück ins Meer zu werfen«, wie es der Pan Africanist Congress und einige andere schwarze Befreiungsorganisationen vorschlugen –, hätte ihnen auf kurze Sicht vielleicht Genugtuung verschafft, die langfristigen ökonomischen Konsequenzen wären jedoch verheerend gewesen.

Wenn der renommierte amerikanische Anwalt Alan Dershowitz, der zum Verteidigerteam von O. J. Simpson gehört hatte, im Vorfeld des Prozesses gegen Pistorius sagte, Südafrika sei »zerrissen« und »gesetzlos«, bewies er damit nur seine Ignoranz. Gewiss hatten sich nach 20 Jahren an der Spitze auch in der Regierungspartei ANC, die Mandela einst geführt hatte, korruptionsbegünstigende Strukturen gebildet, und die Kompetenz und Effizienz der Verwaltung ließ oft zu wünschen übrig. Die Kriminalitätsrate war erschreckend hoch und die Zahl der Einbrüche stieg stetig an. Die Polizeistatistik zeigte aber auch, dass die Anzahl der Tötungsdelikte seit 1994 von jährlich 26 000 auf 16 000 im Jahr 2010 signifikant zurückgegangen war. Die Wirtschaft wuchs von Jahr zu Jahr, und die Armen, für die sich die Versorgung mit Wasser und Strom erheblich verbessert hatte, waren nicht mehr ganz so arm und wie früher. Der Einkommenszuwachs in schwarzen Haushalten betrug zwischen 2001 und 2011 durchschnittlich 169 Prozent; in weißen Haushalten lag die Steigerungsrate im Vergleich dazu bei lediglich 88 Prozent im Durchschnitt. Und obschon die Wohlhabenden in Südafrika zu einem unverhältnismäßig hohen Anteil immer noch Weiße waren, war der reichste Mann des Landes ein Schwarzer. Sicher konnte man nach Abwägung aller Fakten und wenn man den Wohlstand Westeuropas oder der USA zugrunde legte zu dem Schluss kommen, dass es das neue Südafrika nicht weit gebracht hätte. Die Wahrheit war allerdings wesentlich komplexer und uneindeutiger. Natürlich hätte sich alles auch besser entwickeln können, aber wie die einschlägigen Beispiele aus dem Mittleren Osten und anderswo in Afrika zeigten, waren auch weitaus schlimmere Szenarien denkbar.

Don Gips zufolge, der von 2009 bis 2013 US-Botschafter in Südafrika war, hängt das Bild, das man sich von Südafrika macht, im Wesentlichen davon ab, mit welchem Fuß man am Morgen zuerst aufsteht. Noch immer schwelt ein latenter Rassismus, insbesondere unter der älteren weißen Bevölkerung, und gelegentlich decken die Medien noch grobe Fälle von Diskriminierung auf; allerdings gestaltet sich laut Gips »das tägliche Miteinander zwischen Schwarzen und Weißen in Südafrika entspannter als in den USA«. Die Buren sind heutzutage weitaus aufgeschlossener als zu Beginn der Mandela-Regierung, und zumindest in den Ballungszentren begegnen sich Schwarze und Weiße inzwischen mit einer Selbstverständlichkeit, über die manche Ausländer, die Südafrika und Apartheid immer noch in einem Atemzug nennen, nur staunen können.

Ebenso erstaunlich finden es viele, die das internationale politische Geschehen aufmerksam verfolgen, dass in Südafrika Bedingungen herrschen, die in etlichen anderen Staaten längst schon zum Zusammenbruch geführt haben. So gibt es bei all den Christen, Juden, Hindus und Moslems, die hier leben, neben dem ethnischen und kulturellen Konfliktpotenzial auch noch das religiöse. Und in keinem anderen Land ist das Gefälle im Hinblick auf Einkommen und Ausbildungsstandards so groß wie in Südafrika. Dennoch ist das Land politisch stabil. Es herrscht Rede- und Meinungsfreiheit, es gibt freie und faire Wahlen, wichtige demokratische Institutionen wie das Parlament und die Presse funktionieren tatsächlich und sind denen vieler anderer Staaten als Garanten der demokratischen Pluralität weit voraus. Man werfe zum Vergleich nur einmal einen Blick auf Russland, das sein Zwangsherrschaftssystem ebenfalls vor etwas über 20 Jahren offiziell abgeschafft hat.

Der Großmut, der den friedlichen Wandel in Südafrika möglich gemacht hat, resultierte als Haltung zu einem wesentlichen Teil aus der Erfahrung von Armut und täglichen Unwägbarkeiten, mit denen die meisten schwarzen Südafrikaner seit jeher hatten leben müssen. Die Schattenseiten des Lebens waren ihnen vertrauter als ihren vom Leben verwöhnten weißen Landsleuten. Aber auch eine kulturelle Disposition spielte hier hinein, eine gewisse Gabe, sich in andere einzufühlen und eine Neigung, ihnen vergeben zu können. Unerklärlich ist vor diesem Hintergrund, wieso es in einem Land, in dem die Menschen eigentlich so gütig und freundlich sind, so enorm viele Gewaltverbrechen gibt. Dieses Paradoxon lässt sich ähnlich schwer ergründen wie der Charakter von Oscar Pistorius.

Südafrika ist ein Land der Extreme: Reich und Arm, Gut und Böse leben hier nahe beieinander. Pistorius, ein im Grunde genommen freundlicher und besonnener Mensch, der jedoch hin und wieder in blinder Wut völlig die Kontrolle über sich verlor, ist ein lebendes Beispiel für diese nationale Schizophrenie. Man kann in ihm ein Spiegelbild Südafrikas sehen, insofern er die Licht- und Schattenseiten der Nation in seiner Persönlichkeit vereint. Zudem offenbart sich an ihm eine der tieferen Wahrheiten des Lebens, nämlich dass Menschen – wie auch Nationen – ungemein facettenreich und komplex sein können, sodass man ihnen mit einfachen Erklärungen nicht gerecht werden kann.

Unbestritten ist, dass die schwarzen Südafrikaner ein einzigartiges Maß an Verständnis für ihre Feinde aufbrachten und zu einem ebenso einzigartigen Maß an Vergebung fähig waren. Das erklärt nicht nur wie es ihnen gelang, Frieden mit den Weißen zu schließen, sondern auch, warum der ANC den bewaffneten Widerstand 50 Jahre nach seiner Gründung nur noch als allerletztes Mittel betrachtete und warum die Zahl an zivilen Opfern in den 30 Jahren des aktiven bewaffneten Widerstands zuvor um ein Vielfaches geringer war als die anderer Befreiungsorganisationen in Afrika, dem Mittleren Osten, Asien und Lateinamerika.

Der Großmut der schwarzen Südafrikaner hat sogar einen Namen. Die ihr zugrunde liegende Lebensphilosophie nennt sich »Ubuntu«. Geprägt wurde dieser Begriff von einem ihrer flammendsten Fürsprecher: Desmond Tutu. Diese Lehre sagt, dass ein Mensch erst durch die Augen anderer Menschen zum Menschen wird, und dass jemand, der andere erniedrigt, sich selbst erniedrigt. »Ubuntu« war das ideelle Leitbild der Wahrheits- und Versöhnungskommission, die Mandela 1996 einberief und der Tutu bis zum Ende der Untersuchungen 1998 vorstand. Auf Grundlage dieser Philosophie konnte man Gerechtigkeit walten lassen. Statt Rache zu üben und schwere Strafen zu verhängen, wie etwa bei den Nürnberger Prozessen nach dem Zweiten Weltkrieg, wollte man Opfer und Täter in ein Gespräch miteinander bringen. Gestanden die Täter politisch motivierte Verbrechen, die sie unter dem Apartheidregime begangen hatten – und zwar in Anwesenheit der Opfer oder ihrer Hinterbliebenen –, garantierte ihnen der Staat Strafverfolgungsfreiheit. Während der zweijährigen Tätigkeit der Kommission legten sowohl Mitglieder der früheren Geheimpolizei als auch Aktivisten, die im Namen der schwarzen Befreiungsbewegung Gewaltverbrechen begangen hatten, Geständnisse ab. Tutu wurde als Kommissionsvorsitzender im Verlauf der Anhörungen Zeuge unzähliger ebenso qualvoller wie versöhnlicher Momente zwischen Opfern und Tätern.

Ein besonders denkwürdiges Ereignis war die Aussage von Eugene de Kock, dem ehemaligen Leiter der auch als Todesschwadron bekannten geheimen Einsatztruppe der südafrikanischen Polizei. De Kock war bereits von einem ordentlichen Gericht für 98 Straftaten, darunter sechsfacher Mord, zu 212 Jahren Haft in einem Hochsicherheitsgefängnis in Pretoria verurteilt worden. Er war noch für mehr Morde verantwortlich, allerdings waren diese nicht zur Anzeige gebracht worden. De Kock entschloss sich, diese Taten vor der Wahrheits- und Versöhnungskommission zu gestehen, wenngleich er keinerlei

Hoffnung hegte, dass auch ihm die versprochene Amnestie gewährt werden würde. Für seine Gräueltaten war de Kock derart gefürchtet, dass seine engsten Kollegen bei der Geheimpolizei ihm den Spitznamen »Prime Evil«, Bösewicht Nr. 1, gegeben hatten. Vor der Kommission gestand de Kock, an der Ermordung von vier weiteren Aktivisten beteiligt gewesen zu sein. Aufrichtig und ausführlich gestand er, wie er seine Opfer erschossen und ihre Leichen verbrannt hatte. Anschließend erklärte er, seine Verbrechen zu bereuen, und bat die Hinterbliebenen um Vergebung. Sie wurde ihm gewährt.

Amnestie hingegen gewährte man de Kock nicht. Nach seiner Aussage brachte man ihn unverzüglich ins Gefängnis zurück, auch wenn Tutu vielleicht gerne mehr Nachsicht hätte walten lassen. Anfang 2014 gab er ein Interview, in dem er über die Grenzen des südafrikanischen Strafrechtssystems sprach. »Es gibt nichts, dass sich nicht vergeben lässt, und es gibt niemanden, der der Vergebung nicht würdig ist«, sagte Tutu. »Wir können einen Menschen nicht als Monster abstempeln. Wir können sagen, dass seine Taten monströs sind. Aber sobald wir jemanden als Monster abstempeln, nehmen wir ihm die Verantwortung für das, was er getan hat, weil ein Monster kein sittliches Wesen ist und deshalb keine Moral besitzt. Zugleich unterstellt man ihm, sich nicht ändern zu können. Man gibt ihn verloren, und das darf man keinem Menschen antun.«

Diesen Prinzipien konnte Thokozile Masipa in ihrer beruflichen Praxis nur bedingt etwas abgewinnen. Allerdings wusste sie, dass es zwei möglicherweise für den Fall Pistorius relevante Präzedenzfälle gab, in denen es zu einem Freispruch gekommen war, obschon es keinen Zweifel an der Schuld des Täters gab.

Im Mai 2004 beobachtete Rudi Visagie, wie jemand um fünf Uhr morgens mit seinem in der Garagenauffahrt geparkten Wagen wegfuhr. Er feuerte einen Schuss auf den Wagen mit dem vermeintlichen Autodieb ab. Die Person hinter dem Steuer war sofort tot. Es war seine 19-jährige Tochter. Als der Fall vor Gericht verhandelt wurde, befand der Richter, dass Visagie durch den tragischen Verlust seiner Tochter schwer genug gestraft war und sprach ihn frei. Zehn Jahre später ergriff der ehemalige Rugbyprofi Visagie, als er im Zuge des Prozesses gegen den vermeintlichen Mörder von Reeva Steenkamp von Pressevertretern um eine Stellungnahme gebeten wurde, Partei für Pistorius. »Ich kann ihm versichern, dass ich mit ihm fühle«, sagte er. »Es gibt kein Zurück mehr … Man kann diesen Schuss nicht mehr ungeschehen machen.«

Und dann war da noch der Fall von »Bees« Roux, dem Rugbyspieler, der den schwarzen Polizisten erschlagen hatte und der – mit Zustimmung der Witwe und des Bruders des Opfers – wegen fahrlässiger Tötung auf Bewährung freigekommen war.

Regelmäßige Umfragen in den Monaten zwischen Pistorius' Tat und der Hauptverhandlung belegen deutlich, dass weiße Südafrikaner weitaus härter mit ihrem einstigen Nationalhelden ins Gericht gingen als ihre schwarzen Landsleute. »Pistorius hat sie mit voller Absicht erschossen. Er soll im Knast verrecken«, das war in etwa der Tenor der meisten weißen Südafrikaner. Die Frauenliga des ANC, der vornehmlich Schwarze angehörten, sah es genauso und schlachtete den Fall für ihre Kampagne zur Gewalt gegen Frauen aus. In diesem Zusammenhang muss man wissen, dass die Frauenliga mit einem massiven Glaubwürdigkeitsproblem zu kämpfen hatte. So hatte sie sich zu einem skandalträchtigen Vergewaltigungsvorwurf gegen den damaligen Vize- und heutigen Staatspräsidenten Jacob Zuma Ende 2005 nicht geäußert, dem Politiker nach einem umstrittenen Freispruch hingegen bei den Präsidentschaftswahlen drei Jahre später den Rücken gestärkt. Dass Zuma sich offen zur Polygamie bekennt und mit vier Frauen gleichzeitig verheiratet ist, war für sie in diesem Fall offenbar kein Grund, Kritik zu üben.

Die meisten anderen schwarzen Südafrikaner beiderlei Geschlechts, die keine aktive Rolle in der Politik spielen, bringen mehr Verständnis für Pistorius auf als ihre weißen Landsleute. Und das selbst, wenn sie ebenso wie die Staatsanwaltschaft davon überzeugt sind, dass er genau wusste, wer hinter der Toilettentür war, als er die tödlichen Schüsse abfeuerte.

Immer wieder hört man im Gespräch mit älteren schwarzen Damen Aussagen wie: »Wenn ich an ihn denke, bricht mir das Herz«, oder: »Er hat mit 15 die Mutter verloren. Ich fühle mich, als stünde ich jetzt an ihrer Stelle«. Und von jungen Schwarzen hört man Sätze wie: »Seht nur wie er leidet. Er darf nicht ins Gefängnis kommen«, oder: »Jeder ist zu so etwas Schrecklichem in der Lage, wenn er die Kontrolle über sich verliert. Wir müssen ihm vergeben«. So oder so ähnlich äußern sich schwarze Südafrikaner überall im Land, ganz gleich ob in Johannesburg, Pretoria oder Kapstadt. Desmond Tutu würde wohl sagen, dass sie das »Ubuntu«-Prinzip verinnerlicht hätten. Doch auch die große Armut und die Unterdrückung, die die Schwarzen in Südafrika über Generationen hatten erleiden müssen, werden diese Meinungsbildung beeinflusst haben. Genauso wie vor dem Ende des Apartheidregimes geben sich die weißen Südafrikaner auch heute der von den Wohlhabenden auf der ganzen Welt gern gehegten Illusion hin, ihr Leben unter Kontrolle zu haben. Die Schwarzen hingegen sind sich aufgrund ihrer zahlreichen negativen Erfahrungen stets bewusst, dass jeder Mensch von einem größtenteils unkontrollierbaren Schicksal in die Knie gezwungen werden kann. Deswegen gelingt es ihnen eher, sich in andere hineinzuversetzen, selbst in ihre Feinde. Hätten Schwarze den Weißen all das angetan, was diese ihnen über Jahrhunderte hinweg zugefügt haben, hätten die Weißen ihnen gegenüber am Tag der Abrechnung höchstwahrscheinlich weitaus weniger Gnade walten lassen.

In den vier Jahren zwischen seiner Haftentlassung und seiner Wahl zum Staatspräsidenten 1994 erklärte Nelson Mandela wiederholt, dass er die Ängste der Weißen vor einer Machtübernahme der Schwarzen verstehen könne. Wäre er als weißer Südafrikaner zur Welt gekommen, hätte er die Vorurteile, die sie Schwarzen gegenüber hegten, wohl selbst übernommen. Weil er selbst schwarz war, beurteile er andere, wie die meisten seiner schwarzen Landsleute, hingegen eher nach ihren persönlichen Eigenschaften als nach ihrer Hautfarbe. Nicht alle weißen Südafrikaner verstanden das. Einigen von ihnen rangen seine einzigartige Nachsicht und Großmut immensen Respekt ab. Sie verehrten ihn bald ebenso, wie es ihre schwarzen Landsleute taten. Und als Mandela starb, drei Monate vor Pistorius' Prozessbeginn, am 5. Dezember 2013, trauerten sie ebenso um ihn und feierten sein Lebenswerk, wie alle Südafrikaner es taten, ganz gleich welcher Hautfarbe. Tatsächlich aber war die »anti-rassistische« Haltung, die seit jeher die treibende Kraft hinter dem ANC gewesen war, jener Befreiungsorganisation, der Mandela 70 Jahre lang angehört hatte, eine Haltung, die aus dem Volk kam. Sie war den Menschen nicht von oben verordnet worden, sondern fest in ihren Herzen verwurzelt.

Das galt auch für Thokozile Masipa. Sie würde an den Fall Pistorius ebenso unparteiisch herangehen wie irgendeiner ihrer weißen Kollegen, doch vielleicht würde sie sich ja sogar ein wenig besser in den Angeklagten hineinversetzen können. Ganz abwegig ist dieser Gedanke jedenfalls nicht, denn auch sie war in gewisser Weise behindert. Die zierliche, nur knapp 1,50 Meter große Frau litt unter schwerer Arthrose. Mit ihren 66 Jahren konnte sie nur noch langsam gehen und stand sehr unsicher auf ihren Füßen. Tatsächlich schwankte sie so stark, dass sie immer jemand stützen musste, selbst auf den allerkürzesten Strecken, ansonsten drohte sie, das Gleichgewicht zu verlieren. Pistorius war auf seinen dünnen Stümpfen agiler als sie auf ihren Füßen. In einem Land, in dem sich nahezu jeder vor tätlichen Übergriffen fürchtet, wird ihr das Gefühl, aufgrund eines physischen Makels schwach und angreifbar zu sein, nicht fremd gewesen sein. Und so hofften Pistorius' Verteidiger, dass sie dem, was Pistorius über den Tathergang erzählte, intuitiv mehr Glauben schenkte als ein anderer, weniger gebrechlicher Richter.

14

Er war ein Mann von seltenstem Gemisch, mild im Betragen doch von wilder Seel'.

BYRON, *Don Juan*

Pistorius hatte immer befürchtet, dass andere hinterrücks Witze über ihn reißen könnten. Und nun schien ihn die ganze Welt nach seiner Tat geradezu unverhohlen auszulachen. Für Komiker war er ein gefundenes Fressen. Nik Rabinowitz etwa, der alles und jeden schonungslos durch den Kakao zieht und Pistorius perfekt nachahmen kann, imitierte ihn als jammernden, schießwütigen Psychopathen.

In den ersten drei Monaten nach der Tat animierte Rabinowitz' Pistorius-Nummer die Zuschauer seiner stets ausverkauften Shows zu wahren Lachsalven. Und dann begegnete ihm eines Tages bei einer Party in Johannesburg zufällig der Mensch, den er gerade so erfolgreich parodierte. Pistorius stand ihm so gut wie allein gegenüber – nur eine weitere Person befand sich noch in dem Raum, in dem sich ihre Wege kreuzten. In diesem Moment musste sich Rabinowitz entscheiden. Sollte er Pistorius begrüßen oder den Raum wortlos verlassen? Eine halbe Minute lang stand er stocksteif da und überlegte, wie er reagieren sollte. »Ich fragte mich, was passiert, wenn ich mich vorstelle und er sagt, dass ihm meine Shows gefallen? Was, wenn er mir sympathisch wäre? Oder er mir leid täte?«, erläutert Rabinowitz das peinliche Aufeinandertreffen nicht ohne gewisse Selbstironie. »Abgründe taten sich plötzlich auf. Ich hätte es nicht über mich gebracht, noch einmal Witze über seine Beine zu reißen oder über Leute, die auf Toiletten erschossen werden. Das hätte mir mein ganzes Programm ruiniert.« Und so ging Rabinowitz ohne Pistorius zu begrüßen aus dem Raum.

Er bereute seine Entscheidung nicht. Es war definitiv von Vorteil, den echten Pistorius nicht zu kennen, wenn man ihn als verblödeten Killer darstellen wollte. Rabinowitz machte sich für seine Sketche die Tatsache zunutze, dass Pistorius für die meisten seiner Zuschauer ohnehin immer nur eine Karikatur seiner selbst gewesen war: entweder ein Held oder ein Schurke. Herauszufinden, dass der Mensch, der hinter dem berühmten Blade Runner steckte, vielleicht nicht nur sympathisch war, sondern auch andere für sich einnehmen konnte, wäre für vor diesem Hintergrund nicht hilfreich gewesen.

Ähnlich problematisch wäre es in dieser Situation für Rabinowitz gewesen, einen der vielen Freunde kennenzulernen, die Pistorius in Gemona, Boston, Reykjavík, London, Texas, Pretoria, Johannesburg und anderen Orten dieser Welt hatte und die auch jetzt noch zu ihm hielten. Einer dieser Freunde, der auf den ersten Blick in vielerlei Beziehung wie das genaue Gegenteil von Pistorius wirkt, ist Samkelo Radebe: Radebe ist schwarz, Pistorius weiß. Radebe ist in ärmlichen Verhältnissen aufgewachsen, Pistorius kommt aus einem wohlhabenden Elternhaus. Radebes Eltern führen eine intakte Ehe und seine Mutter ist seit jeher der feste Halt in seinem Leben, Pistorius Eltern haben sich scheiden lassen und seine Mutter ist gestorben, als er 15 war. Radebe kann auf ein abgeschlossenes Jurastudium zurückblicken, Pistorius hat sein Studium nicht zu Ende gebracht. Radebe fehlen beide Unterarme, Pistorius beide Unterschenkel.

Kennengelernt haben sich die beiden Männer auf dem Sportplatz. Radebe war 16, der damals bereits berühmte Pistorius 19. Eine ihrer wenigen Gemeinsamkeiten war, dass sie sehr gute Läufer waren.

»Ich hab Oscar angesprochen und war total nervös. Ich hatte Angst, er könne arrogant sein und kein Interesse daran haben, sich mit jemandem wie mir, den er gar nicht kannte und von dem er noch nie etwas gehört hatte, zu unterhalten.« Wenige Tage vor dem Beginn der Hauptverhandlung sitzt Radebe in einem Restaurant in Johannesburg und zieht nachdenklich an einem Strohhalm, während er sich an seine erste Begegnung mit dem Blade Runner erinnert. »Trotzdem gab ich mir einen Ruck und sagte: ›Du hast uns sehr stolz gemacht.‹ Er schüttelte meinen Arm und sagte: ›Danke, das bedeutet mir wirklich viel.‹ Und dann fügte er hinzu: ›Ich hab dich laufen sehen. Du bist echt schnell. Mach weiter so. Wenn du hart trainierst, wirst du es weit bringen.‹ Ich dachte nur: ›Heilige Scheiße! Er hat mich – mich – laufen sehen und sagt, ich soll weitermachen?‹ Es war verrückt. Völlig unglaublich. Ich meine, er war so berühmt. Dieses Gespräch hat mich total beeindruckt. Es hat meine ganze Einstellung zum Laufen verändert. Ich hab mir seine Worte zu Herzen genommen. Ich fing an, hart zu trainieren, und setzte alles daran, ins Team für die Paralympics 2008 zu kommen. Nach diesem Treffen mit Oscar hab ich für den Sport alles gegeben. Voll und ganz!«

Radebe gibt sich anderen gegenüber ungezwungen. Es ist leicht, mit dem kleinen, drahtigen Mann, der stets gut gelaunt zu sein scheint, ins Gespräch zu kommen. Er strahlt die für Sportler typische Entschlossenheit aus, und genauso geht er durchs Leben. Seine Behinderung vor anderen zu verbergen, kommt für ihn nicht in Frage. Er trägt auch keine Prothesen, dafür aber kurzärmelige Hemden, die seine Armstümpfe offen zur Schau stellen. Auch wenn er jemanden zum ersten Mal trifft, streckt er ihm wie selbstverständlich den rechten Arm entgegen und fordert ihn mit einem verschmitzten Lächeln auf, den Stumpf zu greifen und zu schütteln. Er ist klug, humorvoll und bereit, das Leben so zu nehmen, wie es kommt. Der MIT-Professor Hugh Herr, der infolge eines Bergunglücks seine Unterschenkel verloren hat, ist überzeugt, dass Amputierte wie Pistorius und er durch ihre Erfahrungen gestählt werden. Das gilt allemal für Radebe, der durch seine Behinderung wesentlich stärker eingeschränkt ist als Herr oder Pistorius.

Was man dem immer so locker und ein wenig spitzbübisch wirkenden Radebe auf den ersten Blick vielleicht gar nicht zutrauen mag, ist seine außerordentliche Charakterstärke und Willenskraft.

Ganz offen spricht Radebe darüber, wie er seine Arme verloren hat. Als sich das Unglück ereignete, war er neun. In dem Johannesburger Township, in dem er aufwuchs, hat er damals mit Freunden gespielt und dabei zwei stromführende Elektrokabel in die Hände genommen. Er lag neun Monate im Krankenhaus. Seine Mutter kam ihn täglich besuchen und wirkte stets fröhlich und zuversichtlich. Erst kürzlich – ganze 15 Jahre nach dem Unfall – hat sie ihrem Sohn gestanden, dass sie auf dem Weg zum Krankenhaus und wieder nach Hause immer bitterlich geweint habe. »Ich war total erschüttert, als sie mir das erzählte, weil sie damals immer nur gelächelt hat, wenn ich sie sah«, sagt Radebe. »Seitdem liebe ich meine Mutter nur noch mehr. Dies nach all den Jahren zu erfahren, hat mir geholfen zu begreifen, wie glücklich ich mich schätzen darf, die Familie zu haben, die ich habe.«

Ähnlich viel Glück scheint er damit gehabt zu haben, sein Idol genau in dem Moment kennengelernt zu haben, als er sich fragte, welche Prioritäten er in seinem Leben setzen solle. Nach der Begegnung mit Pistorius hatte er sich entschieden, alles auf eine Karte zu setzen und sich voll und ganz auf den Behindertensport zu konzentrieren. Radebe hat alle möglichen Disziplinen ausprobiert, vom 100- bis zum 800-Meter-Lauf, von Weitsprung über Hochsprung bis hin zum Radsport. Er stellte neue Rekorde auf und gewann Goldmedaillen. »Und das alles noch in dem einen Jahr, in dem ich Oscar kennengelernt hatte. Dass ich es bis in die südafrikanische Nationalmannschaft schaffte, war alles andere als Zufall. Der Weg dahin war ungemein hart, aber Oscar hatte einen Funken entzündet, der ein ganzes Feuer in mir entfacht hat.«

Radebe gestikuliert wild mit seinen Armstümpfen, während er begeistert über seine Sportlerkarriere spricht und darüber, welche Rolle sein späterer Freund Oscar Pistorius darin spielte. 2011, fünf Jahre nachdem sie sich kennengelernt hatten, traten sie gemeinsam bei der

Leichtathletik-Weltmeisterschaft der Behinderten in Neuseeland an. »Ich und ein paar andere von den jüngeren Sportlern waren viel mit Oscar zusammen. Damals bestätigte sich der erste Eindruck, den ich von ihm hatte. Er war so normal. Klar, er war ein Superstar, aber er hat einem nie das Gefühl gegeben, dass er sich für etwas Besseres hielt. Er hat uns Fotos von Autos gezeigt, die er gefahren hatte, von Ländern, die er bereist hatte, und von seinem Haus. Trotzdem war er kein Angeber. Wir wollten einfach alles über ihn wissen. Außerdem half er uns bei ganz praktischen Fragen. Er erklärte uns, was wir tun und was wir besser bleiben lassen sollten, wie wir uns vor Verletzungen schützen und genau im entscheidenden Moment topfit sein konnten.«

Das Highlight der Weltmeisterschaft in Christchurch war für Radebe der Moment, in dem er Südafrika bei der 4 x 100-Meter-Staffel an der Seite seines großen Idols vertreten durfte. Radebe war der Startläufer. »Vor dem Rennen sagte Oscar zu mir: ›Wenn du einen Fehlstart hinlegst, lauf ich einmal um die ganze Bahn und knall dir eine.‹ ›Du kriegst mich nicht‹, antwortete ich ihm. ›Glaub mir, das werde ich‹, entgegnete er. Wir grinsten bis über beide Ohren, aber dann wurde er ernst und sagte: ›Okay, lass uns einfach Spaß haben, lass es uns genießen, und tun, was wir tun müssen.‹ Er hat das als unser Teamkapitän gesagt, und so haben wir es auch verstanden. Er hat gesagt, wir sollen den Wettkampf genießen, und genau das haben wir getan. Und wir haben gewonnen. Für mich war Oscar eine Art großer Bruder.«

Dieser große Bruder zeigte in Neuseeland allerdings auch Reaktionen, mit denen Radebe nicht gerechnet hatte. Der Mann, der in seinen Augen auf einem ganz hohen Sockel stand, war wesentlich dünnhäutiger, als man vermutet hätte. Zum ersten Mal in seiner damals siebenjährigen Sprinterkarriere musste Pistorius eine Niederlage einstecken, und zwar im 100-Meter-Lauf gegen den einbeinigen Amerikaner Jerome Singleton. Radebe wurde Zeuge dieses Misserfolgs.

»Oscar hat nach dem Rennen geweint. Wir anderen haben uns deswegen auf dem Rückweg im Teambus etwas unwohl gefühlt. Er war total sauer und kämpfte lange gegen die Tränen an, aber irgendwann gab er den Widerstand auf, und dann gab es kein Halten mehr.

Ich weiß noch wie ich dachte: ›Wow, das hier ist wirklich sein Leben, sein ganzes Leben.‹«

Radebe, der damals bereits Jura studierte, war angesichts dieses Erlebnisses froh, dass er sich entschieden hatte, sich noch eine andere Tür offenzuhalten. Das Sprinten machte ihm ungeheuer viel Spaß, und er war stolz auf seine sportlichen Leistungen, zugleich verlangte ihm aber auch sein Studium eine Menge ab und befriedigte ihn. Es war gut für ihn, dass er dadurch immer einen Ausgleich zum Sport hatte. Zudem eröffnete ihm das Studium eine Perspektive. Der ganz normale Arbeitsalltag, den sein Freund nie kennengelernt hatte, war ihm wohlvertraut. Radebe hatte keine Sponsoren, und anders als Pistorius stellte ihm niemand kostenlos sündhaft teure Sportwagen zur Verfügung, aber er hatte eine Zukunft jenseits des Sports. Als er gesehen hatte, wie Pistorius nach dem Rennen in Neuseeland zusammengebrochen war, hatte er erkannt, wie verletzlich ein Superheld hinter seiner Maske sein konnte. Dennoch schätzte er seinen Freund nach diesem Zwischenfall umso mehr.

Ähnlich lebhaft wie an dieses Ereignis erinnert sich Radebe an einen Abend in Christchurch nach dem Ende der Wettkämpfe, an dem Pistorius sich seinen Teamkollegen gegenüber sehr großzügig zeigte. »Wir wollten ausgehen und etwas von der Stadt sehen, waren aber ein bisschen unsicher. Wir kannten uns ja überhaupt nicht aus und hatten auch kaum Geld. Da sagte er: ›Jungs, macht euch keinen Kopf, ich lad euch ein. Ich regel das alles. Auf geht's.‹ Er zahlte das Taxi, fuhr mit uns in eine Bar, besorgte uns allen ein paar Drinks und gab uns das Gefühl, etwas Besonderes zu sein. Er fragte: ›Alles klar mit euch, Jungs? Oder wollt ihr lieber nach Hause? Wenn ihr nach Hause wollt, sagt mir einfach Bescheid.‹ Er war unglaublich aufmerksam. Ihm war bewusst, dass das seine Welt war, nicht unsere. Er war tatsächlich so was wie ein großer Bruder, der sich um die kleineren kümmert und ihnen die Welt der Erwachsenen zeigt.«

Radebes Kontakt zu Pistorius beschränkte sich auf ihre gemeinsamen sportlichen Aktivitäten, nichtsdestotrotz schlossen sie in diesem begrenzten Rahmen eine Freundschaft, die noch enger wurde, als sie ein Jahr nach der Weltmeisterschaft in Neuseeland zusammen bei den Paralympics in London antraten. Das Londoner Olympiastadion war gut gefüllt. Zu den Wettkämpfen der Behinderten strömten ebenso viele Zuschauer wie zu den Olympischen Spielen einen Monat zuvor. Früher – in Peking, Sydney und andernorts – waren die Ränge oft ziemlich leer geblieben, doch einige Veranstaltungen in London waren so gut besucht, dass es an der Tageskasse nur noch Stehplätze gab. Sitzplatzkarten wurden auf dem Schwarzmarkt zu exorbitanten Preisen gehandelt. Das britische Fernsehen übertrug die Spiele täglich ohne Unterbrechung, und die Bilder wurden in die ganze Welt ausgestrahlt. Überall in London sah man Plakate mit der Aufschrift: »Paralympics, wir sind die Übermenschen«. Etwas weniger großspurig drückten sich die Veranstalter aus, die erklärten, dass es bei den Spielen, »um Fähigkeiten geht, nicht um Behinderungen – darum, was Menschen können, nicht um das, was sie nicht können«.

Das war schon mehr als nur eine Anspielung auf den Satz, den Pistorius bei jeder sich bietenden Gelegenheit sagte, auf sein Credo. So sah das wohl auch Hugh Herr, der die Wettkampfauftritte des Blade Runner in London interessiert verfolgte. »Nachdem er kurz zuvor bei den Olympischen Spielen Geschichte geschrieben hatte, war Oscar zur Galionsfigur dieser ganzen Sportveranstaltung geworden«, meint Herr. »Die britischen PR-Experten haben das alles exzellent vermarktet; sie wussten, dass es nicht darum gehen konnte, Geschichten über Krüppel zu erzählen, sondern über Gladiatoren. Und Oscar war die große, weltbekannte Marke, auf die ihre Kampagne setzte. Seine Story war *die* Story. Jeder kannte sie. Er stand über allem. Er war der König der Spiele.«

Die Paralympischen Spiele in London schlugen so erfolgreich eine Brücke von den Nicht-Behinderten zu den Behinderten und umgekehrt wie kein anderes Großereignis zuvor. Meinungsumfragen zufolge, die kurz vor der Abschlussveranstaltung in Großbritannien durchgeführt wurden, waren 81 Prozent der Befragten der Ansicht, dass die Veranstaltung in London die allgemeine Wahrnehmung von Behinderten positiv beeinflusst habe. Behinderte, die mit den Paralympics überhaupt nichts zu tun hatten, wurden plötzlich für die Medien interessante Gesprächspartner, die einhellig auf Nachfragen erklärten, dass ihnen plötzlich ein unglaubliches Maß an Aufmerksamkeit und gesellschaftlicher Akzeptanz zuteil würde.

Die paralympischen Athleten, für die sich an den jeweiligen Austragungsorten in den Jahren zuvor kaum jemand interessiert hatte, wurden in London von Fotografen, Journalisten und Sportbegeisterten regelrecht umlagert, sobald sie das olympische Dorf verließen. Als Pistorius' Teamkollege stand Radebe dabei besonders im Fokus.

Auch der Schwimmer Tadhg Slattery gehörte zum südafrikanischen Paralympics-Team. Er war zusammen mit Pistorius schon 2004 und 2008 bei den Spielen in Athen und Peking dabei gewesen. Vom Alter her hätte er Pistorius' Vater sein können. Angefangen hatte Slatterys Nationalmannschaftskarriere 1992 in Barcelona; zwei Jahre zuvor war Mandela aus der Haft entlassen worden und Südafrika durfte nach jahrzehntelangem Ausschluss erstmals wieder an internationalen Wettkämpfen teilnehmen. Slattery ist taub und leidet an einer zerebralen Lähmung. Unterstützt von seinem Bruder und Schwimmtrainer Cormac, verständigt er sich mittels Gebärdensprache. Von Pistorius hat er eine sehr hohe Meinung. Unvergesslich ist ihm vor allem eine Begebenheit in Peking 2008. Im Olympischen Dorf lief Pistorius zufällig Slatterys Mutter und Bruder über den Weg. Weil ihm eine gewisse Ähnlichkeit der beiden zu seinem Teamkollegen auffiel, sprach er sie darauf an. Als sich herausstellte, dass die beiden tatsächlich Slatterys engste Familienangehörige waren, sagte Pistorius ihnen, wie toll er es fände, dass sie den weiten Weg auf sich genommen hätten, um Tadhg in Peking zu unterstützen. »Er war der freundlichste Mensch, den man sich vorstellen kann«, sagt Cormac, und sein Bruder bekräftigt dies mit einem entschiedenen Nicken.

Bei seiner triumphalen Rückkehr von den für ihn äußerst erfolgreichen Paralympischen Spielen in Peking gab Pistorius am Flughafen in Johannesburg eine Pressekonferenz. In deren Verlauf rief er Slattery zu sich vor die Kamera und legte ihm einen Arm um die Schulter.

Ganz besonders dankbar sind die Slatterys Pistorius für einen Freundschaftsdienst, den er Tadhg in London erwiesen hatte. Zugetragen hatte sich das Ganze im großen Speisesaal im Olympischen Dorf, in dem alle Sportler ihre Mahlzeiten einnahmen. Zwei Tage zuvor hatte Pistorius die Niederlage gegen den Brasilianer Oliveira einstecken müssen, den er des Betrugs bezichtigt hatte. »Das waren sicher nicht die besten Umstände«, erinnert sich Cormac, »und ich hatte durchaus verstanden, wenn er keine große Lust gehabt hätte, sich mit uns zu befassen.«

Aber so viel Verständnis war gar nicht nötig. Tadhg hatte kurz zuvor verkündet, heiraten zu wollen. Seine Auserwählte hatte bereits einen 21-jährigen Sohn aus einer früheren Beziehung. Und dieser Sohn, Calvin, hatte Bedenken wegen seines künftigen Stiefvaters. Er saß zusammen mit Cormac im großen Speisesaal, als er plötzlich Pistorius entdeckte, der an einem Tisch in ihrer Nähe saß. Calvin war fasziniert von dem Sportler und ganz aufgeregt, ihn so aus der Nähe zu erleben. Doch als Cormac vorschlug, gemeinsam rüberzugehen und »Hallo« zu sagen, bekam er Muffensausen. Aber Cormac ließ nicht locker. Er redete so lange auf Calvin ein, bis er schließlich mitkam, und stellte seinen Stiefneffen in spe dem berühmten Blade Runner vor. Tadhg hat erst später von diesem Treffen erfahren – und auch davon, wie es verlaufen war.

»Oscar sah, dass wir zu ihm wollten, und erhob sich sofort«, erinnert sich Cormac. »Er schüttelte Calvin nicht einfach die Hand, sondern gab ihm einen freundschaftlichen Klaps auf die Schulter und sagte: ›Schön, dich kennenzulernen!‹ Und als hätte er die Situation sofort durchblickt, fuhr er fort: ›Du musst wissen, dass dein künftiger Stiefvater einer der wunderbarsten Menschen ist, die ich je kennengelernt habe.‹« Diese freundschaftliche Geste hat ihm Tadhg nie vergessen. Als er sechs Monate später erfuhr, dass Pistorius Reeva Steenkamp erschossen hatte, war Tadhg am Boden zerstört.

Auch Arnu Fourie, der ebenfalls im südafrikanischen Paralympics-Team war und wie Radebe der 4 x 100-Meter-Staffel angehörte, hatte

Pistorius viel zu verdanken. Mit 18 hatte er einen tragischen Unfall. Fourie war Weißer und ein großer Rugbyfan, und eigentlich deutete alles darauf hin, dass ihm eine große Rugbykarriere bevorstand. Doch dann geriet er beim Schwimmen mit einem Bein in eine Schiffsschraube. Bei der ersten Umdrehung zertrümmerte die Schraube seinen Fuß, bei der zweiten sein Bein bis hinauf zur Wade. Das war 2003. Es dauerte ganze vier Jahre, bis Fourie sich mit seiner Behinderung abgefunden hatte. Er trug immer nur lange Hosen, niemals Shorts. Durch den Verlust war er verbittert und depressiv geworden. »Einmal hab ich an einem Golfturnier für Behinderte teilgenommen und gehört, wie andere Witze über ihre fehlenden Gliedmaßen rissen«, erzählt er. »Ich konnte darüber allerdings überhaupt nicht lachen.«

2006 wagte Fourie einen Versuch als Sprinter. Zunächst sah es allerdings so aus, als würde es bei einem Versuch bleiben. Fourie trat bei einem 100-Meter-Lauf gegen lauter Nicht-Behinderte an – und das Ergebnis war katastrophal. Er war mit seiner Alltagsprothese gelaufen und als Letzter durchs Ziel gegangen – mit einem Abstand von 30 Metern auf den Vorletzten und in einer Zeit von 13,9 Sekunden. An diesem Punkt hatte der ohnehin schon verzweifelte Fourie nur zwei Möglichkeiten: Entweder er ließ das Laufen ganz bleiben oder er sorgte dafür, dass ihm eine solche Schmach künftig erspart blieb. Grundsätzlich wollte er es noch einmal versuchen, doch um auch nur den Hauch einer Chance zu haben, brauchte er eine Cheetah-Prothese, und Cheetahs waren teuer. Er konnte das Geld dafür nicht aufbringen. Doch dann lernte er Pistorius kennen, und wie bei Radebe gab er ihm einen neuen Impuls, sodass sich das Blatt für ihn wendete.

»Ich hab Kontakt zu Oscar aufgenommen und ihn gefragt, ob ich ihm mal beim Trainieren zuschauen dürfe. Er hatte nichts dagegen, also fuhr ich nach Pretoria und kam bei meiner Mutter unter, die dort lebt. Oscar war sehr aufgeschlossen und freundlich und zeigte echtes Interesse an mir. Ich weiß noch, dass er es sich nicht nehmen ließ, meine Mutter zu begrüßen. Er war sehr freundlich zu ihr. Als er mit mir sprach, sagte er, dass er gerne alles tun würde, was in seiner Macht stünde, um mir zu helfen.«

Und er hielt Wort. Er schenkte Fourie eine seiner alten Cheetahs und stellte für ihn einen Kontakt zu seinem ehemaligen Prothetiker Trevor Brauckmann her, der ihm einen passenden Schaft anfertigte. »Beim ersten Tragen war das ein ganz seltsames Gefühl«, erklärt Fourie. »Das Gehirn stellt sich nicht automatisch auf so eine Spezialprothese um, man muss sich schon ziemlich umgewöhnen. Aber ich habe es geschafft, mit der Prothese zu laufen, und nach zwei Monaten hatte ich meine Zeit auf 12,1 Sekunden verbessert. Da wurde mir klar, dass ich selbst gegen Nicht-Behinderte nicht zwangsläufig verlieren musste. Und ab dem Moment war ich unheimlich motiviert.«

So motiviert, dass er sogar noch zwei Zehntelsekunden schneller lief und es so ins südafrikanische Paralympics-Team schaffte. Er war sowohl 2008 in Peking als auch 2012 in London mit dabei, und beide Male teilte er sich im Olympischen Dorf ein Zimmer mit Pistorius. Die beiden Sportler freundeten sich an, und Fourie fand bald heraus, dass Pistorius' Persönlichkeit wesentlich vielschichtiger war, als er es bei ihrem ersten Treffen vermutet hätte. In Peking regte sich der Paralympics-Star einmal fürchterlich auf, weil es das Management des südafrikanischen Teams seiner Meinung nach nicht fertigbrachte, ihm angemessene Trainingsgeräte zur Verfügung zu stellen. Und das war nicht das einzige Mal, dass er den Verbandsfunktionären gegenüber ausfallend wurde, weil er das Gefühl hatte, dass sie sich für den Sport nicht so sehr engagierten wie er selbst. Auch wegen der Ansprüche, die er aufgrund seines strengen Ernährungsplans stellte, kam es manchmal zu unschönen Szenen. Manch einer, der mit ihm im selben Restaurant aß, wurde Zeuge, wie ihm der Kragen platzte, wenn ein Kellner ihm nicht genau das brachte, was er bestellt zu haben meinte.

Was nur wenige so unmittelbar mitbekamen wie Fourie, war der enorme Druck, dem er sich durch seine jeweilige Beziehung ausgesetzt fand. Besonders aufreibend war die Zeit, in der er mit Samantha Taylor zusammen war. Mitte 2012, als die beiden eine sehr schwierige Phase durchmachten, litt Pistorius besonders.

Während er sich damals in London aufhielt, flog Samantha mit Quinton van der Burgh nach Dubai. Seine Freundin hatte Pistorius zuvor vorgeworfen, sie mit einem russischen Model in New York betrogen zu haben. Für sie war ihre Beziehung damit beendet – was allerdings nichts daran änderte, dass Pistorius vor Eifersucht ganz krank wurde. Da er sich wegen seines gebrochenen Herzens in Selbstmitleid erging, fiel es ihm schwer, sich auf die bevorstehenden Wettkämpfe zu konzentrieren. Sobald er das olympische Dorf verließ, wurde er von Reportern, Sponsoren und Fans auf Schritt und Tritt verfolgt, sodass er sich bei den Gelegenheiten zusammenreißen und sich wie ein Profi verhalten musste. Seinem Ärger konnte er nur in der Abgeschiedenheit seines Zimmers Luft machen. Dort führte er etliche verzweifelte Telefonate und sah immer wieder nervös nach, ob er neue SMS- oder WhatsApp-Nachrichten bekommen hatte. In diesen Tagen erlebte er permanent emotionale Wechselbäder zwischen Hysterie und professioneller Gelassenheit.

Fourie, ein besonnener Mensch und glücklich verheirateter Ehemann, hatte Verständnis für die Probleme seines Freundes, bat aber trotzdem darum, in ein anderes Zimmer umziehen zu dürfen. »Oscar ist jemand, der schnell die Beherrschung verliert«, erklärt er. »Er steht immer unter Stress, ich glaube, er kann ohne gar nicht leben, aber manchmal wird es eben auch für ihn zu viel. In London stand er unter einem enormen Druck. Die Stadt war für ihn im Sommer 2012 das Zentrum der Welt, und er war ihre größte Attraktion, gleich nach Usain Bolt – oder vielleicht sogar neben ihm. Nicht nur seine Fans und die eigentlich neutralen Zuschauer, auch alle anderen Sportler wollten sich mit ihm fotografieren lassen und ein Autogramm von ihm bekommen. Und er machte das alles mit, damit sie ihn weiterhin verehrten. Aber abends, wenn er nicht mehr im Rampenlicht stand, war er ein ganz normaler Kerl, und man konnte geradezu spüren, wie ihn das alles belastete, dieser Druck, ungeschlagen bleiben zu müssen, unantastbar, perfekt … Andererseits hätte er ohne all das gar nicht leben können. Er liebte es, im Mittelpunkt zu stehen.«

Fourie gönnte es ihm. »Er hatte es verdient. Er hat sein ganzes Leben lang kämpfen müssen – hat seine Mutter verloren, seinen Vater –, und trotzdem hat er seine Motivation nicht verloren. Diese Einstellung gefiel mir. Sie hat ihn sein ganzes Leben lang begleitet. Er akzeptiert einfach nicht, dass es Dinge gibt, die er nicht kann.«

Das half, Pistorius' Entgleisung nach seiner Niederlage gegen Oliveira beim 200-Meter-Lauf zu verstehen. Den 400-Meter-Lauf hatte er – zum dritten Mal in Folge bei den Paralympics – wie gewohnt problemlos gewonnen. Beim 200-Meter-Lauf daraufhin nur Zweiter zu werden, hat seinen Glauben an seine eigene Unbesiegbarkeit erschüttert, und das nagte sehr an ihm. Die Chance zur Revanche bekam er mit der 4 x 100-Meter-Staffel, zu der er mit Radebe, Fourie und Zivan Smith, einem weiteren südafrikanischen Sprinter, antrat.

Am 5. September 2012 war es soweit. Pistorius fungierte als inoffizieller Kapitän des Staffelteams. Um ihn versammelten sich alle, als sie sich vor dem Rennen auf der Trainingsbahn im Olympiastadion aufwärmten. Er motivierte und instruierte seine drei Teamkollegen und erinnerte sie daran, dass ihnen die Brasilianer, aber auch die Amerikaner, die dieses Rennen bei den letzten Spielen in Peking gewonnen hatten, gefährlich werden konnten.

Das südafrikanische Team zeichnete sich durch eine eigentümliche Symmetrie aus. Radebe, dem Startläufer, fehlten beide Arme. Zivan Smith, Läufer Nummer zwei, fehlte ein Arm. Fourie, dem dritten Läufer, fehlte ein Bein, und Pistorius, dem Schlussläufer, fehlten beide Beine. Radebe witzelte später: »Wir waren das perfekte Team. Ein beidseitig Beinamputierter, ein beidseitig Armamputierter, ein Läufer, dem ein Bein fehlt, und ein Läufer, dem ein Arm fehlt. Besser hätte man's kaum hinbekommen können, oder? Gott hat uns wohl gesehen und gedacht: ›Hey, das ist nicht schlecht, da kann man doch was draus machen.‹ Gott hat wirklich Sinn für Humor, Mann!«

Dasselbe konnte man ganz sicher auch von Radebe sagen. Doch auch wenn er so witzig und unbekümmert wie immer war, war er doch gerade auch das größte Sorgenkind im Team. Eine Woche vor dem Rennen hatte er sich eine Oberschenkelzerrung zugezogen. »Das Londoner Wetter war schuld«, erklärt Radebe grinsend. »Mal kalt, mal heiß, mal regnerisch, dann wieder heiß, und wieder kalt – innerhalb einer Stunde kann man in dieser Stadt die kompletten vier Jahreszeiten durchmachen.« Dennoch war er fest entschlossen, bei dem Rennen an den Start zu gehen. Zehn Jahre lang hatte er sich auf diesen Moment vorbereitet, das bis dahin wichtigste Sportereignis seines Lebens. Er musste einfach dabei sein, selbst wenn es das Ende seiner Karriere bedeutet hätte. Einen Tag vor dem Rennen bat er Pistorius um seinen Segen. »Mit dir zu laufen, Oscar, und für mein Land zu laufen, das ist mein Traum. Ich werde dich nicht enttäuschen.« Pistorius nahm ihn beim Wort, und das südafrikanische Team erklärte sich bereit, das Risiko einzugehen und ihn antreten zu lassen.

Als sie sich jetzt auf der Trainingsbahn aufwärmten und auf das Rennen vorbereiteten, nur wenige Minuten vor dem eigentlichen Start, gab Radebe Pistorius und seinen beiden anderen Teamkollegen jedoch erneut Anlass zur Sorge. Er war überdreht, völlig nervös – »oder sonst was«, wie Radebe meint –, und als sich die Gruppe für einen Probelauf aufstellte, vermasselte er den Start. Er lief zu früh los. Für sein Team war das der absolute Supergau. Radebe war der erste Läufer der Staffel, und wenn er einen Fehlstart hingelegt hätte, wäre das gesamte Team disqualifiziert worden.

Pistorius bekam natürlich mit, wie verzweifelt Radebe war. Er hörte die Trainer stöhnen und sah, wie sie die Köpfe schüttelten. Wenn dieser kleine Kerl hier schon den Testlauf verbockte, wie sollte er dann erst klarkommen, wenn das echte Rennen begann und die Augen von 80 000 Zuschauern auf ihn gerichtet waren? In diesem Moment schien es so, als könnten sie schon einpacken.

Da übernahm Pistorius das Kommando. Er ging zu Radebe, nahm ihn zur Seite, blickte ihm tief in die Augen und sagte: »Okay, Sam, hör mir zu. Entspann dich. Konzentrier Dich. Bleib ganz ruhig, rühr keinen Muskel, wenn du das ›Fertig!‹ hörst. Warte bis zum Startschuss. Warte! Und dann musst du schneller sein als dein Schatten. Jag deinen Schatten! Jag ihn! Und ich garantiere dir, du wirst ihn fangen.«

Diese Worte lösten den Knoten. »Wäre Oscar nicht auf mich zugekommen und hätte mir mein Selbstvertrauen zurückgegeben, ich hätte mir vor Angst in die Hose gemacht«, gesteht Radebe später.

Zweimal noch übte er den Start, und beide Male ging alles glatt. Dann steckten die vier Läufer die Köpfe zusammen, beteten und verließen den Trainingsplatz Richtung Wettbewerbsbereich im Innenraum des Stadions. Der Jubel, mit dem die Zuschauer sie begrüßten, klang in Radebes Ohren wie hundert gleichzeitig startende Jumbojets. Als der Stadionsprecher seinen Name nannte und die Kameras sich auf ihn richteten, reckte er die Arme in die Höhe und presste seine Stümpfe ein paar Mal gegen die Lippen, um den Zuschauern vor den Bildschirmen und im Stadion Luftküsse zuzuwerfen.

Pistorius verfolgte Radebes Reaktion auf der großen Stadionleinwand. Er wirkte nicht nur glücklich, er war geradezu berauscht. Um ihn musste man sich keine Sorgen mehr machen. Aber was war mit den anderen? Was war mit ihm selbst? Er lächelte nicht. Mit grimmiger Miene erwartete er den Startschuss. Würden Radebe, Smith und Fourie ihm den Vorsprung herauslaufen, den er für die letzten 100 Meter zu benötigen glaubte, wenn er noch einmal gegen den gefürchteten Oliviera antreten musste?

Eine geringere Sorge, die für Pistorius jedoch von ähnlicher Bedeutung war, war die Frage, wie das Publikum nach seinem Ausfall gegen den Brasilianer auf ihn reagieren würde. Diese Sorge zerschlug sich allerdings schnell. Als der Stadionsprecher seinen Namen aufrief, brandete der lauteste Jubel auf, den man bei den Paralympics je gehört hatte. Offenbar hatten sie ihm vergeben. Pistorius war sehr erleichtert. Jetzt musste er dem Publikum nur noch zeigen, dass er sein Vertrauen verdiente.

Bei den Worten »Auf die Plätze!« wurde es mit einem Mal absolut ruhig im Stadion, als hätte jemand einen Schalter umgelegt und alle Nebengeräusche auf stumm geschaltet. Pistorius konnte fast seinen eigenen Puls rauschen hören. »Fertig!«, und dann der Startschuss. Erneut brandete Jubel auf, der jedoch rasch wieder erstarb, als die Läufer zu den Startblöcken zurückbeordert wurden und das Tempo drosselten. Es hatte einen Fehlstart gegeben. »Nicht Samkelo, bitte!«, dachte Pistorius. Seine Worte wurden erhört, und er dankte Gott dafür. Es war nicht Radebe gewesen.

Wieder hieß es »Auf die Plätze!«, »Fertig!« – und noch ein Fehlstart. Wieder traf Radebe keine Schuld. Erst beim dritten Versuch lief alles glatt, und die Läufer konnten durchstarten. Auf Staffelstäbe wurde bei diesem Wettkampf verzichtet, da auch armamputierte Läufer dabei waren. Für die Übergabe mussten sich die jeweiligen Teamkollegen lediglich berühren.

Radebe leistete sich gegen Ende seiner Strecke ein Kopf-an-Kopf-Rennen mit einem weitaus größeren und kräftigeren Amerikaner. Doch den Südafrikanern gelang eine flüssigere Übergabe, und so führte Smith das Feld nach der ersten Kurve um Haaresbreite an. Pistorius ballte erleichtert die Fäuste und konzentrierte sich auf Fourie, den nächsten Läufer des südafrikanischen Teams. Er hatte seinen Freund noch nie so adrenalingeladen erlebt. Die Übergabe zwischen Smith und Fourie verlief reibungslos und Fourie kam wie ein wilder Stier auf ihn zugeprescht, wobei er den Vorsprung für Südafrika auf das restliche Feld weiter ausbaute. Pistorius hätte im Falle einer Niederlage keine Entschuldigung gehabt – das wusste er. Während Fourie immer näher kam – die Nackenmuskeln zum Zerreißen gespannt, das Gesicht in höchster Anstrengung verzogen – schlug ihm das Herz bis zum Hals. Dann war es so weit. Fourie streckte die Hand aus, um Pistorius zu berühren, und schrie, er solle um sein Leben laufen. Und Pistorius rannte. Oliviera war ihm dicht auf den Fersen und kam Stück für Stück näher. Pistorius konnte seinen Atem schon im Nacken spüren, aber er hatte nicht vor, ihn vorbeiziehen zu lassen. Diesmal nicht. Pistorius neigte den Kopf und überquerte die Zielgerade. Er hatte es geschafft! Südafrika hatte gewonnen! Pistorius legte die Hände auf den Kopf, aufs Gesicht. Er lachte, dann verbarg er sein Gesicht noch einmal in den Händen. Es schien, als wisse er nicht, ob er nur erleichtert oder glücklich sein solle. Das Publikum war aus dem Häuschen. Radebe, Smith und Fourie rannten zu Pistorius und kreischten vor Freude – »wie Mädchen«, erinnert sich Radebe später. Radebe schlang seine Stümpfe um Pistorius' Hals und sprang ihm in die Arme. Dann sahen sie ihre Zeit – 41:75 Sekunden. Neuer Weltrekord! Und wieder schrien sie ihre Freude heraus. Radebe flippte völlig aus und schrie: »Wir haben Gold geholt, Mann! Und wir haben den Weltrekord gebrochen! Wir haben den Weltrekord gebrochen! Scheiße noch mal, Mann! Scheiße, Scheiße, Scheiße!«

Danach ging's auf die Ehrenrunde. Zuvor jedoch steckte das Team auf Pistorius' Wunsch hin noch einmal die Köpfe zusammen und schickte ein Dankgebet zum Himmel. Nach der Ehrenrunde ging es zur Medaillenverleihung. Im Hintergrund wurde die südafrikanische Nationalhymne gespielt, die die ehemalige offizielle Hymne »Die Stem van Suid-Afrika« und den einstigen Protestgesang der schwarzen Befreiungsbewegung »Nkosi Sikelel' iAfrika« (dt.: »Gott segne Afrika«) vereint. Radebe sang vor Freude strahlend, während Pistorius um Fassung rang. Auf den großen Stadionleinwänden sah man, wie ihm die Tränen in die Augen schossen.

Fünf Monate später, am 7. Februar 2013, traf sich Pistorius mit seinem Manager Peet van Zyl, um die über Sponsorenanfragen zu sprechen, die seit London an ihn herangetragen worden waren. »Du wirst dich doll und dämlich verdienen«, versicherte ihm Van Zyl. Auf dem großen Schreibtisch vor ihm lagen Verträge, die unterzeichnet oder erst noch geprüft werden mussten. Es waren große Namen darunter, unter anderem der Sportartikelhersteller Nike, der Sonnenbrillenproduzent Oakley und natürlich Össur, die Firma, die Pistorius' Laufprothesen herstellte – sie alle, die schon seit Jahren Sponsorenverträge mit Pistorius abgeschlossen hatten, waren brennend an Vertragsverlängerungen interessiert. Zu den neuen Interessenten zählten eine große US-Firma, die Van Zyl zufolge das Dreifache der Summe zahlen wollte, die Pistorius von Nike bekam (den Namen wollte er allerdings nicht nennen) und der französische Modemacher Thierry Mugler, der Pistorius als Markenbotschafter für seinen neuen Herrenduft Pure Shot gewinnen wollte.

Eigentlich hatte Pistorius geplant, seine Karriere nach den Olympischen und den Paralympischen Spielen in Rio de Janeiro 2016 beenden zu wollen, aber Van Zyl überredete ihn, noch ein Jahr dranzuhängen und bis kurz vor seinem 31. Geburtstag weiterzumachen. Seine –

und Van Zyls – finanzielle Zukunft schien damit gesichert zu sein. Mit den astronomischen Summen, die ihm in Aussicht standen, wollte sich Pistorius ein Haus in Johannesburg sowie einen sündhaft teuren McLaren gönnen. Letzterer war schon bestellt und sollte vom Hersteller im März von England aus direkt nach Südafrika überführt werden. Außerdem wollte sich Pistorius noch mehr Rennpferde zulegen – ein neues Hobby, für das er sich erst seit Kurzem begeisterte. Vor allem aber wollte er sein Leben mit Reeva genießen.

Im Gespräch mit Van Zyl erzählte Pistorius, dass er vorhabe, mit Reeva im kommenden Jahr nach Italien zu reisen. Er wollte ihr Mailand, Venedig und natürlich Gemona zeigen. Sie beide würden sich schon sehr auf diese Reise freuen. Außerdem hatten sie einen Trip nach Rio de Janeiro geplant. Davon hatte Reeva, die sich kostspielige Auslandsaufenthalte nie hatte leisten können, immer schon geträumt. Und es gab noch so viel mehr, das sie sich zusammen ansehen wollten. Reeva sei für ihn alles andere als eine flüchtige Liebschaft, erklärte er Van Zyl. Es war ihm ernst mit dieser Beziehung, und wenn in Europa demnächst wieder Sommer war, wollte er etwas tun, was er mit noch keiner seiner Freundinnen getan hatte: Er wollte Reeva zu den Wettkämpfen mitnehmen, an denen er teilnahm – insbesondere zu einem in Manchester. Es war ihm wichtig, dass sie ihn in seinem ganz normalen Arbeitsumfeld erlebte, wenn er mit den Gedanken woanders war, völlig vereinnahmt und besessen von dem, was er tat. So konnte sie auch diese Seite seiner Persönlichkeit kennenlernen und dann selbst entscheiden, ob sie seine Grantigkeit und seine Launen ertragen konnte, wenn er sich nur noch auf eine einzige Sache konzentrierte und ihm nichts anderes wichtig war, als das nächste große Rennen. Er wollte ehrlich zu ihr sein, und hoffte, den Test zu bestehen und damit die Grundlage für eine gemeinsame Zukunft, eine Ehe und vielleicht auch gemeinsame Kinder zu legen. Auf jeden Fall hatte das Paar schon einmal das Internet nach Möbeln für Pistorius' neues Haus in Johannesburg durchforstet.

Eine Woche nach diesem Treffen hatte Pistorius Reeva erschossen. Mit ihr starben seine Träume, seine Karriere, sein Renommee und sein

Seelenfrieden. Und auch sein Vermögen war dahin, denn um die Anwaltskosten aufbringen zu können, musste er alles verkaufen, was er besaß.

Die Mannschaftskollegen aus dem paralympischen Nationalteam, die mit Pistorius so viel erreicht hatten, konnten den Verlust, den der Blade Runner erlitten hatte, weitaus besser nachempfinden als die meisten anderen Menschen. Völlig fassungslos reagierten sie auf die Schlagzeilen am Morgen des 14. Februar 2013. Tadhg Slattery erfuhr über eine News-Meldung auf seinem Smartphone von dem schrecklichen Ereignis. Er las nur »Pistorius« und »Mord« und fragte sich: »Wie um alles in der Welt kann das möglich sein?«

Radebe erfuhr am Morgen nach dem Aufwachen von seiner Freundin von dem schrecklichen Ereignis. »Ich konnte es überhaupt nicht glauben«, sagt er. »Zuerst dachte ich, sie muss ihn irgendwie erschreckt haben, sodass er irrtümlich glaubte, sie sei ein Einbrecher, der sich an ihn heranschleicht, aber als ich weitere Einzelheiten erfuhr, stellte sich heraus, dass es ganz anders gewesen sein musste. Es war nicht die Art von Unfall, an die ich zuerst gedacht hatte. Ich wusste nicht, was ich denken sollte.«

Der Pistorius, den Radebe kannte, hatte kaum Ähnlichkeit mit dem Mann, von dem er in den folgenden Tagen und Wochen in der Zeitung las. Er hatte keine Ahnung, mit welchen Leuten sich sein Teamkollege privat umgab und was für ein ausschweifendes Leben er abseits der Laufbahn führte. Ebenso wenig war ihm bewusst gewesen, dass er sich so sehr für Waffen interessierte. Radebe hörte zum ersten Mal, wie wütend und ausfallend Pistorius werden konnte, dass er nicht selten betrunken über die Stränge schlug. Sicher, viele der Geschichten, die ihm zu Ohren kamen, waren von den Medien aufgebauscht worden, um Pistorius als den Bösewicht darstellen zu können, den das Publikum jetzt vorgesetzt bekommen wollte. Aber viele andere entsprachen auch der Wahrheit. Selbst Pistorius' Anwälte hatten ihre Schwierigkeiten damit, die Aussage ihres Mandanten plausibel erscheinen zu lassen. So beriefen sie sich beispielsweise auch auf wissenschaftliche Forschungsergebnisse, denen zufolge es nicht ungewöhnlich war, dass sich Menschen mit einer körperlichen Behinderung in einer tiefen existenziellen Krise befinden können und dass aus diesem Grund einige von ihnen auf eine vermeintliche Provokation erschreckend unverhältnismäßig reagieren können.

»Ich persönlich habe Oscar so nie erlebt«, sagt Radebe. Sein Bild von Pistorius ist das eines Mannes, der gelassen und souverän mit seiner Behinderung umgeht. Für Radebe bleibt das, was sich am Valentinstag 2013 im Haus seines Freundes abgespielt hat, völlig rätselhaft.

»Nur Gott, dieses arme Ding und Oscar wissen, was wirklich passiert ist«, sagt er. »Er hat nicht nachgedacht, er ist durchgedreht, ohne über die Konsequenzen nachzudenken. Wenn er wirklich geglaubt hat, es mit einem Einbrecher zu tun zu haben, wird er dermaßen verängstigt gewesen sein und so sehr neben sich gestanden haben, dass er nur noch darüber nachdachte, wie er sich selbst und seine Freundin schützen könne. Was immer auch geschehen ist, es geschah im Bruchteil einer Sekunde, in einer Zeit, die bei einem 100-Meter-Lauf den Sieger vom Zweitplatzierten trennt. Oft handeln wir erst aus dem Instinkt heraus und ERST DANACH schalten wir unseren Verstand ein. Dieser Instinkt hat ihn für einen Sekundenbruchteil fehlgeleitet, und eben dieser Sekundenbruchteil wird sein Leben fortan bestimmen.«

Im Gespräch über die bevorstehende Hauptverhandlung wird der stets gut gelaunte Radebe ernst. Er drückt sich juristisch präziser aus und er schlüpft mehr und mehr in die Rolle des Rechtsreferendars, als der er wenig später bei einer großen Johannesburger Kanzlei anfängt. Die tiefe Freundschaft und die Dankbarkeit, die er gegenüber seinem paralympischen Teamkollegen empfindet, verbieten es ihm, wie Millionen anderer ein Urteil darüber zu fällen, ob Pistorius Reeva Steenkamp vorsätzlich getötet hat oder nicht. Eines steht für ihn allerdings außer Frage: Es ist nicht fair, Pistorius' ganzes Leben nach den Geschehnissen einer einzigen Nacht zu beurteilen, auch wenn er verstehen kann, warum manch einer dazu neigt.

»Das ist nur natürlich. Jeder, der Oscar nicht persönlich kennt, wird von der Berichterstattung der Medien beeinflusst. Das geht uns allen so. Ich selbst bin da auch keine Ausnahme. Gerade wenn es um Morde geht, die von Menschen begangen wurden, die geschätzt oder sogar verehrt wurden. Aber in Oscars Fall ist das anders. Viele betrachten ihn heute als Monster. Aber ich nicht. Das würde ich niemals tun.«

Als kleiner Junge hatte Radebe noch die letzten Tage der Apartheid miterlebt, davon abgesehen hatte er auch persönlich einiges durchgemacht. Er konnte sich in Pistorius hineinversetzen und glaubte nicht, dass er sich einer bewussten kriminellen Tat schuldig gemacht hatte. Vielmehr glaubt er an eine tragische Verkettung unglücklicher Ereignisse.

»Natürlich müssen wir die Schwere der Tat berücksichtigen, aber darüber scheinen wir zu vergessen, was er zuvor alles geleistet und welche Verdienste er sich erworben hat. Ich glaube, etwas Vergleichbares ist noch keinem Sportler vor ihm gelungen. Klar, er hat sein ganzes Leben zerstört. Aber es ist falsch, ihn nur nach dieser Tat zu beurteilen. Selbst wenn er in allen Anklagepunkten für schuldig befunden wird, ist es falsch.

Einige meiner Freunde meinen, in dieser Nacht hätte er sein wahres Gesicht gezeigt, ich hingegen glaube, in dieser Nacht hat er sein wahres Gesicht verloren. Vielleicht war er manchmal rücksichtslos und unbesonnen, aber er ist jung, und wir alle machen Dummheiten, wenn wir jung sind. Wir urteilen einfach vorschnell.

Früher wollte jeder ein Teil seiner Geschichte sein. Jetzt nicht mehr. Heute will niemand mehr etwas mit ihm zu tun haben. Trotzdem ist er das größte südafrikanische Idol seit Mandela. Mir ist egal, was bei der Verhandlung herauskommt. An dem, was er mir bedeutet, wird sich dadurch nichts ändern. Ganz gleich, ob man ihn verurteilt oder freispricht, mit dem, was er zwischen 2004 und 2012 getan hat, hat er mein Leben verändert. Und ob er vorsätzlich gehandelt hat oder nicht, ändert nichts daran, wie sehr er mein Leben oder das Millionen anderer auf der ganzen Welt beeinflusst hat. Das, was in einer einzigen Nacht geschah, kann das nicht auslöschen, auch wenn die südafrikanischen Medien uns das glauben machen wollen. Erst machen sie dich groß und heben dich in den Himmel, dann zerstören sie dich und geilen sich an deinem Absturz auf. Es gibt Leute, die freuen sich diebisch über seinen tiefen Fall. Ich gehöre nicht dazu. Ich bin parteiisch. Jahrelang habe ich davon geträumt, gemeinsam mit ihm vor großem Publikum zu laufen und eine Goldmedaille zu gewinnen, und schließlich ist dieser Traum wahr geworden. Nichts von dem, was er getan hat, kann das, was er für mich war und was er aus reiner Herzensgüte für mich getan hat, zunichte machen. Man kann sich nicht in einer einzigen Nacht in ein Monster verwandeln.«

Ebenso wenig wie Radebe will Fourie ein abschließendes Urteil darüber fällen, was in der Tatnacht passierte. Ebenso wie sein ehemaliger Teamkollege ist er allerdings überzeugt, dass sich die Vergangenheit, »das Gute«, nicht so einfach auslöschen lässt.

»Er hat einen Menschen getötet, das ist wahr«, sagt Fourie. »Und eine Familie hat eine Angehörige verloren, was unendlich tragisch ist. Trotzdem werden seine Verdienste dadurch nicht geringer – und sie werden dadurch schon gar nicht zunichte gemacht. Gerade deshalb ist es schlimm, zu sehen, wie viele Menschen das glauben. Die Medien stürzen sich geradezu auf alles irgendwie Negative an ihm, um ihn zu dem Monster zu machen, das alle in ihm sehen wollen – genau so, wie sie zuvor alles getan haben, um ihn als Superhelden zu präsentieren, den alle in ihm sehen wollten. Immer wieder rufen mich in letzter Zeit dieselben dämlichen Journalisten an, die vor einem Jahr noch nur Gutes von mir über ihn hören wollten. Früher habe ich ihnen erzählt, dass alle im Team, das er bei dem Staffellauf in London angeführt hat, eine enge Freundschaft verbindet. Dass er mir geholfen hat, das zu erreichen, was ich erreichen wollte, dass er alle Türen für mich geöffnet hat. Aber das will jetzt niemand mehr hören. Jetzt interessieren sie sich nur für seine schlechten Seiten. Das macht mich unendlich wütend und traurig zugleich.«

Fourie war enger mit Pistorius befreundet, als es Radebe war, aber auch er war nie dabei, wenn sich der Blade Runner nachts in den Johannesburger Szenelokalen vergnügte. Er kannte ihn als Teamkollegen und als Freund, und als solcher hat er auch von seinen Beziehungsproblemen erfahren. Doch alles hat Pistorius auch ihm nicht anvertraut. Fourie vermutet, dass es ihm gerade im privaten Bereich etwas an Orientierung fehlte. »Er stand ständig im Rampenlicht, und es war schwer für ihn, da rauszukommen. Er brauchte jemanden, mit dem er über ganz normale Dinge sprechen konnte, über Liebe und Freundinnen, darüber, was einen im Leben wirklich glücklich und zufrieden macht.«

Fourie sagt, er habe Pistorius als ganz »normalen Menschen« kennengelernt, der natürlich auch seine Fehler hat. »Keiner ist perfekt. Abseits des Rampenlichts unterscheidet er sich nicht von anderen, von seinem Vater, seiner Familie, Ihnen oder mir. Es war ja absurd, dass die Leute ihn für perfekt gehalten haben. Ich wäre von mir selbst ziemlich enttäuscht, wenn ich einen anderen Menschen je so verehren würde.«

Radebe sind solche Vorbehalte fremd. Pistorius war und ist sein Held, ganz gleich, was am Ende des Prozesses herauskommt. »Selbst wenn er ins Gefängnis muss, werde ich meinen Kindern erzählen, dass er mein Freund und mein Vorbild war und dass er mich und die ganze Welt inspiriert hat. Er war ein Wegbereiter. Es gibt nur einen Oscar, und das ist unser Oscar. Für mich ist er unsterblich.«

15

Das Schlimme ist, dass in Südafrika jeder eine Waffe hat… Man sollte so etwas nicht rumliegen lassen, weil schreckliche Dinge passieren können, wenn das jemand in die Hände kriegt, der irrational oder emotional reagiert oder betrunken ist.

CHARLIZE THERON, *südafrikanische Schauspielerin*

Ich bin ein Schwarzer, der bei Weißen vor Gericht steht«, sagte Nelson Mandela 1962 zum Auftakt eines gegen ihn geführten Prozesses in Pretoria. Über ein halbes Jahrhundert später und drei Monate nach Mandelas Tod hatte sich Südafrika politisch und gesellschaftlich von Grund auf verändert. Jetzt saß eine schwarze Richterin über den berühmtesten Weißen des Landes zu Gericht.

Das Verfahren im »Fall des Staates gegen Oscar Leonard Carl Pistorius« wurde planmäßig am 3. März 2014 vor dem Obersten Gerichtshof von North Gauteng eröffnet. Der Gerichtssaal lag im Erdgeschoss des düsteren, neunstöckigen Backsteingebäudes, nur einen kurzen Fußmarsch von der Old Synagogue entfernt, wo Mandela gut 50 Jahre zuvor angeklagt war. Die Old Synagogue befindet sich am Church Square, im Zentrum von Pretoria. Mitten auf diesem Platz steht noch heute ein Paul-Kruger-Denkmal, das an den ersten Präsidenten des

Burenstaates erinnert, der Ende des 19./Anfang des 20. Jahrhunderts den Kampf gegen die britischen Invasoren angeführt hatte. Das neue Gerichtsgebäude liegt an der Madiba Street. Diesen Namen trug die Straße erst seit der kürzlich erfolgten Umbenennung. Er erinnert an den traditionellen Clannamen Mandelas – »Madiba«; viele Südafrikaner nannten den ehemaligen Freiheitskämpfer ehrfurchts- wie liebevoll so, nachdem er zum ersten schwarzen Präsidenten des Landes gewählt worden war.

Pistorius erschien am Tag des Prozessauftakts um 9:00 Uhr vorm Gerichtsgebäude. Eine große Schar Schaulustiger erwartete ihn bereits. Die Menschenmenge war so groß, dass die Leute nicht nur den gesamten Bürgersteig blockierten, sondern auch einen Teil der verkehrsreichen Straße, was den morgendlichen Berufsverkehr fast zum Erliegen brachte. Kameraleute und Fotografen stritten sich mit den Schaulustigen um die besten Plätze, um einen guten Blick auf den Blade Runner erhaschen zu können. Pistorius wirkte angeschlagen und schmaler als in seiner letzten Trainingsphase. Er trug einen schwarzen Anzug mit weißem Hemd und schwarzer Krawatte. Ob es Zufall war? Auf jeden Fall hatte er das gleiche Outfit auch bei seinem ersten Date mit Reeva auf der Gala zu den South African Sports Awards getragen. Der Gang zum Gericht wurde für ihn zu einem Spießrutenlauf. Die drei Schwiegersöhne seines Onkels Arnold, kräftige, große Männer, die in den letzten Monaten mit ihm im Fitnessraum seines Onkels Gewichte gestemmt und ihn auf der halbstündigen Fahrt zum Gericht im Van begleitet hatten, eskortierten ihn durch die Menge. Der Schock und der Schmerz standen Pistorius ins Gesicht geschrieben, inzwischen konnte er aber zumindest klarer denken als bei der Kautionsverhandlung, die nur fünf Tage nach den tödlichen Schüssen auf Reeva stattgefunden hatte und bei der er von den Medienvertretern ähnlich hart bedrängt worden war. Die Nacht zuvor hatte er nicht auf einem nackten Zellenboden verbracht, sondern in dem komfortablen Bett des Gartenhauses, in dem er lebte, seitdem Desmond Nair ihn bis zur Hauptverhandlung auf freien Fuß gesetzt hatte. Geschlafen hatte er dennoch kaum.

Die Richterin traf erst um 11:32 Uhr mit einiger Verspätung im Gerichtssaal ein. »Erheben Sie sich!«, forderte ein uniformierter Beamter die Anwesenden auf. In der hinteren linken Ecke des Saales öffnete sich eine Tür, Thokozile Masipa trat ein, und Pistorius stand zum ersten Mal der Frau gegenüber, die nun sein Schicksal in der Hand hielt.

Er war erstaunt, wie gebrechlich sie war. Das Gehen bereitete ihr offenbar erheblich größere Mühe als ihm. Masipa war kaum größer als er selbst, wenn er keine Prothesen trug, beim Gehen hinkte sie leicht, und sie schwankte ein wenig in ihrer langen roten Robe, als sie die drei Stufen zu dem erhöhten Podest hochstieg, von wo aus sie die Verhandlung leiten würde. Der Richterin folgten zwei von ihr ausgewählte Beisitzer, deren Aufgabe es war, sie während des Prozesses zu beraten. Der erste hieß Janet Henzen-du Toit. Sie war eine Weiße mittleren Alters mit langjähriger Erfahrung als Verteidigerin. Der zweite war ein junger Schwarzer namens Themba Mazibuko, der gerade erst sein Jurastudium abgeschlossen hatte. Über ihn hatten weder die Staatsanwaltschaft noch die Verteidigung Näheres in Erfahrung bringen können.

Wie es das Protokoll verlangte, verneigte sich Masipa ehrfurchtsvoll vor dem Gericht. Pistorius, sein Anwalt Barry Roux, der Staatsanwalt Gerrie Nel und alle anderen Anwesenden taten es ihr nach. Anschließend nahm die Richterin auf dem schwarzen orthopädischen Stuhl Platz, der eigens für sie bereitgestellt worden war. Die Beisitzer setzten sich auf die burgunderfarbenen Ledersessel, die normalerweise auch von den Vorsitzenden des Gerichts benutzt wurden.

Pistorius saß der Richterin direkt gegenüber auf einer extrem langen Holzbank auf der linken Seite des Saales, auf der mühelos 30 weitere Angeklagte Platz gefunden hätten. Direkt vor ihm, also zwischen Pistorius und der Richterin, saßen die Verteidiger: Pistorius' Anwalt und langjähriger Freund Brian Webber, zwei Junioranwälte sowie Barry Roux und Roux's Nummer zwei Kenny Oldwadge. Roux und Oldwadge fungierten beide als Prozessanwälte, die ihren Mandanten vor Gericht verteidigen. Roux, der Ältere der beiden, übernahm die

Hauptrolle. Seinen Kollegen Oldwadge zog er, wenn er Unterstützung brauchte, gelegentlich bei Zeugenbefragungen und Fallpräsentationen hinzu.

Oldwadge hatte sich bereits durch einige aufsehenerregende Mandate einen Namen gemacht. So hatte er beispielsweise die Verteidigung des Mannes übernommen, der 2010, einen Tag vor Beginn der Fußballweltmeisterschaft in Südafrika, Mandelas 13-jährige Urenkelin Zenani bei einem Autounfall getötet hatte. Die Anklage lautete auf fahrlässige Tötung und Fahren unter Alkoholeinfluss, zudem wurde der Mann des rücksichtslosen, fahrlässigen Verhaltens im Straßenverkehr beschuldigt. Es war ein schwieriger und politisch brisanter Fall. Doch Oldwadge gewann, sein Mandant wurde in allen Anklagepunkten freigesprochen. Der Anwalt konnte überzeugend darlegen, dass es weder einen Nachweis für den vermeintlichen Alkoholmissbrauch noch für die angeblich fahrlässige Fahrweise seines Mandanten gab. Außerdem berief er zwei Sachverständige in den Zeugenstand, die glaubwürdig darlegen konnten, dass der Tod des Mädchens auf eine Verkettung tragischer Umstände zurückzuführen war.

Im Fall Pistorius besaß Oldwadge ein starkes persönliches Interesse am Ausgang des Prozesses. Anders als Webber kannte er den Sportler zwar nicht schon seit seiner Jugendzeit, doch hatte er sich mit ihm angefreundet, nachdem er ihn 2009 schon einmal vertreten hatte. Damals ging es um den Vorfall auf der Geburtstagsparty, auf der Pistorius eine junge Frau tätlich angegriffen haben sollte. Der Klägerin zufolge hatte Pistorius ihr absichtlich eine Tür vor der Nase zugeschlagen und sie dabei am Bein verletzt. Dank Oldwadges geschicktem Vorgehen wurde die Angelegenheit rasch beigelegt.

Wie Webber gehörte Oldwadge für Pistorius schon fast zur Familie. Obschon es ihn tröstete, zu wissen, dass sich der Anwalt sehr darüber aufregte, wie die Medien gegen seinen Mandanten hetzten, wäre es nicht klug gewesen, sein Schicksal voll und ganz in seine Hände zu legen. Oldwadge konnte sehr aufbrausend sein, und es wäre denkbar gewesen, dass Gerrie Nel ihn hätte aus dem Konzept bringen und zu einer unbesonnenen Reaktion verleiten können, wenn er im Verlauf des Prozesses eine zu zentrale Rolle einnahm. Sein Urteilsvermögen hätte durch seine emotionale Anteilnahme getrübt werden können.

Roux hingegen ging den Fall wie ein Chirurg eine bevorstehende Operation an. Vor Gericht war er ein eiskalter Profi, auch wenn er privat ein eher ruhiger, freundlicher, gut gelaunter und leutseliger Mensch war, der gerne ein Glas Wein trank und sich in Gesellschaft seiner Freunde, von denen er eine ganze Menge besaß, am wohlsten fühlte. Seine Kollegen hielten den stämmigen Mann mit den silbergrauen Haaren für einen der zwei besten Strafverteidiger Südafrikas. Er hatte bereits seit 1982 seine Anwaltszulassung und übernahm oft Fälle, bei denen er seine persönliche Meinung zur Schuld oder Unschuld des Angeklagten hintanstellte. Wie viele seiner Kollegen gab er sein Mandat oft auch dann nicht zurück, wenn er überzeugt war, von seinem Mandanten angelogen zu werden. In solchen Fällen empfahl er den Angeklagten normalerweise sich schuldig zu bekennen, falls sie das jedoch ablehnten, tat er vor Gericht trotzdem sein Bestes für sie – denn das verlangte sein Berufsethos von ihm. Im aktuellen Fall, dem größten seiner gesamten Karriere, war er von der Unschuld seines Mandanten allerdings vollauf überzeugt – zumindest insofern, als er glaubte, dass Pistorius Reeva nicht vorsätzlich ermordet hatte, sondern ihr Tod auf eine tragische Fehlhandlung zurückzuführen war. Er war, wie er Freunden oft erzählte, nach reiflicher Überlegung zu dem Schluss gekommen, dass der ganze Fall »ein beschissener Schlamassel [war], ja, der Inbegriff eines beschissenen Schlamassels«.

Pistorius vertraute Roux. Er ließ sich seine Dienste ein Vermögen kosten – Roux's Honorar verschlang all seine Ersparnisse, sodass er schließlich sogar gezwungen war, sein Haus zu verkaufen. Aber Oldwadge und Webber hatten ihm erklärt, dass er der beste Anwalt sei, den er bekommen konnte, und Pistorius war dankbar, ihn auf seiner Seite zu haben. Seinem Gegner, dem eher kleingewachsenen, rothaarigen Staatsanwalt, der auf gleicher Höhe mit ihm auf der rechten Seite des Gerichtssaals saß, war er zumindest ebenbürtig.

Ebenso wie Roux war Gerrie Nel burischer Abstammung. Hartnäckigkeit war den beiden Männern in die Wiege gelegt worden. Sie waren bekannt dafür, bei Zeugenbefragungen äußerst pedantisch und vor allem unerbittlich vorzugehen. Während Roux jedoch eher der abgeklärte Verteidiger war, der versuchte, nicht von einem hohen moralischen Ross aus zu urteilen, umgab Nel die Aura eines selbstgerechten, säuerlichen Moralapostels. Als Beamter verdiente er weitaus weniger als ein freiberuflicher Anwalt wie Roux, doch er war fest davon überzeugt, dass er mit seiner Tätigkeit zur Festigung der Demokratie in seiner Heimat beitrug, und das entschädigte ihn für das geringere Einkommen. Einen Namen gemacht hatte sich Nel, der bereits seit 1984 Staatsanwalt war, unter anderem durch seine Tätigkeit bei den südafrikanischen »Untouchables«, einer übergeordneten Polizeibehörde namens Directorate of Special Operations (auch bekannt als die »Scorpions«), das 2001 zur Bekämpfung des organisierten Verbrechens und der Korruption in südafrikanischen Regierungsstellen eingerichtet worden war. Wegen seines aggressiven Auftretens bei Kreuzverhören war dem Freizeitringer Nel schon vor Längerem der Spitzname »Pitbull« verliehen worden. Kollegen, die ihn auch privat kennen, schätzen ihn jedoch als zurückhaltenden, sympathischen Menschen. Nationale Berühmtheit erlangte Nel 2008 durch seine Ermittlungen gegen den Chef der südafrikanischen Polizei und ehemaligen Interpol-Präsidenten Jacob Selebi. Selebi wurde vorgeworfen, Schmiergelder von einem bekannten Johannesburger Drogenhändler und Mafiaboss angenommen zu haben. Noch während Nel die Verhaftung Selebis in die Wege leitete, wurde er selbst verhaftet: Zwanzig bewaffnete Beamte, die Selebi treu ergeben waren, nahmen ihn zu Hause vor den Augen seiner Frau und seiner Kinder fest. Allerdings wurde er bereits wenig später wieder auf Kaution freigelassen; alle gegen ihn erhobenen Vorwürfe erwiesen sich als haltlos. Einschüchtern ließ sich Nel durch Selebis Machtdemonstration nicht, vielmehr ging er fortan mit noch größerer Entschlossenheit gegen den Polizeichef vor, bis er ihn vor Gericht schließlich einem gnadenlosen Kreuzverhör unterzog. »Sie wissen, was das bedeutet, Mr. Selebi?«, blaffte Nel den Angeklagten während dieses Verhörs an. »Es bedeutet, dass Sie arrogant sind und lügen.« Nel gewann den Prozess, und Selebi musste ins Gefängnis.

Roux, der Nels Ruf kannte, konnte nicht umhin, seinem Gegner in diesem Fall Respekt für dessen Verdienste zu zollen, doch stellte er fest, dass Nel die Rolle des von seiner Mission völlig überzeugten Sachwalters der Gerechtigkeit nicht ohne eine gewisse Eitelkeit spielte. Er ging davon aus, dass Nel nicht darauf verzichten würde, auf der großen Bühne, die ihm dieser Prozess bot, seinem Spitznamen alle Ehre zu machen, und fürchtete, das sein emotional instabiler und traumatisierter Mandant vor Gericht zusammenbrechen könnte, wenn ihn der bissige Nel so hart rannehmen würde, wie man es von ihm gewohnt war.

Direkt neben Nel saß an jedem Verhandlungstag Mike van Aardt, der Polizeibeamte, dem man die Leitung der Ermittlungen im Fall Pistorius übertragen hatte, nachdem der erste leitende Ermittler, Hilton Botha, vom Fall abgezogen worden war. Der große, untersetzte Mann mit dem melancholischen Blick war geschieden und hatte zwei Kinder im Teenageralter. Er hatte schon lange vor, mit dem Rauchen aufzuhören, schaffte es aber nicht. Ebenso sehr wünschte er sich, ein höheres Gehalt zu bekommen. Nichtsdestotrotz liebte er seinen Beruf, nicht zuletzt, weil er etwas Unverzichtbares zum Funktionieren der Gesellschaft beitrug. Seine Kollegen – ganz gleich ob schwarz oder weiß – mochten und bewunderten ihn. Van Aardt war bereits seit 22 Jahren beim Morddezernat und hatte es in dieser Zeit mit etlichen furchtbaren Gräueltaten zu tun. Trotzdem – oder gerade deshalb – versuchte er stets, diese Dinge nicht zu nah an sich herankommen zu lassen. Ablenkung verschafften ihm seine Kinder, Rugbyspielen und Lesen.

Der Fall Pistorius hatte Van Aardt im vergangenen Jahr stark in Anspruch genommen, da er wegen der vier verschiedenen Anklagepunkte eine große Zahl an Zeugenbefragungen hatte durchführen müssen. Allerdings hatte er dabei mit weitaus weniger Schwierigkeiten zu kämpfen gehabt als bei vielen früheren Fällen, und emotionale Distanz zu wahren war ihm in diesem Fall nicht allzu schwer gefallen. In der Regel hatte er es mit viel grausameren Tötungsdelikten zu tun. Etwa mit dem Mord und der Vergewaltigung zweier kleiner Mädchen im Alter von zwei und drei Jahren, deren Leichen man zufällig in einer

Toilettenkabine entdeckt hatte. Oder mit einem Serienmörder, der drei Mädchen im Alter von sechs, neun und elf Jahren verbrannt hatte. Oder mit einem 17-Jährigen, der zunächst eine 14-Jährige vergewaltigt und ermordet und danach deren Eltern umgebracht hatte. Mit das Erschreckendste an diesen Verbrechen ist, dass sie sich alle nur in dem einen Monat vor Beginn der Hauptverhandlung gegen Pistorius ereignet hatten.

Der Fall Pistorius war für Van Aardt – in einem Land, wo Morde von Männern an Frauen praktisch auf der Tagesordnung stehen – im Grunde eine Routineangelegenheit. Wäre der Angeklagte nicht so berühmt gewesen, hätte der Fall in der Öffentlichkeit keinerlei Aufsehen erregt. Anders als die meisten Südafrikaner hatte sich Van Aardt für die Karriere des gefeierten Blade Runners bislang kaum interessiert, und so geriet er durch den Fall auch in keinerlei persönlichen Interessenskonflikt. Das Einzige, was ihn interessierte, war sicherzustellen, dass seine Ermittlungsergebnisse hieb- und stichfest waren – anders als bei seinem glücklosen Vorgänger Hilton Botha. Seine Vorgesetzten guckten ihm ganz genau auf die Finger, und jeder Fehler, der ihm unterlief, schmälerte seine Aussichten auf eine Beförderung oder Gehaltserhöhung. Abgesehen davon war es für ihn nur ein Fall unter vielen in einem Land, in dem seit Jahren durchschnittlich 45 Morde pro Tag begangen wurden. Ein bisschen Genugtuung bereitete Van Aardt die Vorstellung, dass seine Arbeit an diesem speziellen Fall eine zusätzliche abschreckende Wirkung auf andere Kriminelle haben könnte; in Südafrika hatte sich die Zahl der Tötungsdelikte, seitdem er im Morddezernat arbeitete, nämlich trotz der gegenteiligen öffentlichen Wahrnehmung nahezu halbiert. Auch Diebe gingen auf ihren Raubzügen inzwischen weniger brutal vor; offenbar hatten sie mittlerweile begriffen, dass die Strafe, mit der sie im Falle eines Raubmords zu rechnen hatten, weitaus härter war als die für gewöhnlichen Raub.

Zufrieden machte Van Aardt auch der Gedanke, dass er Gerrie Nel – insbesondere durch seine Hilfe bei der Zeugenbeschaffung – genügend Ausgangsmaterial geliefert hatte, um der Staatsanwaltschaft die Konzeption einer soliden Prozessstrategie zu ermöglichen. Van

Aardt reichte es, zu wissen, dass er gründliche und gute Arbeit geleistet und den Schaden, den das Image der Polizei durch seinen chaotischen Vorgänger erlitten hatte, wiedergutgemacht hatte. Für den Rest war das Gericht zuständig. Persönlich ging ihn der Fall nichts an.

Pistorius war sich bewusst, welche Rolle der Beamten spielte, daher hegte er keinerlei offensichtliche Ressentiments gegen Van Aardt. Stattdessen konzentrierte er seinen ganzen Hass auf Nel, der ihn bei der Kautionsverhandlung ein Jahr zuvor dadurch, dass er ihm vorgeworfen hatte, seine Tat nur wegen des Schadens zu bereuen, den er sich selbst zugefügt habe, als jemanden beschrieben hatte, der nur auf seine eigene Reputation bedacht ist.

Noch nie zuvor hatte Pistorius einem anderen Menschen gegenüber so negative Gefühle gehegt. Nicht einmal gegenüber Alan Oliveira, dem Brasilianer, der ihn – wovon er nach wie vor überzeugt war – um eine Goldmedaille betrogen hatte. Trotzdem war ihm klar, dass er sich in seiner Wut niemals gehenlassen durfte, wenn der Moment gekommen war, in dem er Nel Auge in Auge gegenüberstand. Um ihn genau daran zu erinnern, und um ihn der Zuneigung und Unterstützung zu versichern, die er brauchte, hatte ihn eine ganze Reihe Familienangehöriger ins Gericht begleitet. Sie saßen auf einer Bank direkt hinter ihm. Arnold Pistorius, im dunkelgrauen Anzug mit Krawatte, wurde begleitet von seiner stets elegant gekleideten Frau Lois. Neben ihnen saßen Pistorius' Schwester Aimée, die eine Kombination aus schwarzem Rock und Blazer trug und die Haare zu einem strengen Knoten zusammengebunden hatte, sowie sein Bruder Carl, der im Anzug, aber ohne Krawatte erschienen war. Darüber hinaus waren auch Diana, die Schwester von Pistorius' verstorbener Mutter, sowie einige Onkel, Tanten und Cousinen väterlicherseits gekommen. Ganz besonders freute sich Pistorius über die Anwesenheit seiner Cousine Maria, die mit ihrer Familie in dem Haus gleich neben dem ihres Vaters Arnold Pistorius lebte. Sechs Monate nachdem Pistorius Reeva erschossen hatte, hatte Maria ihr erstes Kind zur Welt gebracht, und in einer ebenso liebevollen wie vertrauensvollen Geste, die Pistorius sehr bewegte, hatten sie und ihr Mann ihn gebeten, der Taufpate des Jungen zu werden. Dieser Vertrauensbeweis gab Pistorius eine Menge Kraft. Dass er jetzt ein Patenkind hatte, war etwas, das Bestand hatte, ganz gleich, ob man ihn vor Gericht als Mörder verurteilen würde, ob er ins Gefängnis gehen musste oder nicht. In den Monaten vor dem Prozessauftakt hatte er das Baby oft in den Armen gehalten und dabei in Äuglein geblickt, die noch keine Vorstellung davon hatten, was Unglück, Mitleid und Schande bedeuteten. Von all den Menschen, die er kannte, war dieser der Einzige, der nichts von der grauenhaften Tat wusste, die er begangen hatte, und so fand er in der Beziehung zu diesem kleinen Wesen ein wenig Ruhe und Trost.

Anders als bei seinem Vater. Henke Pistorius kam weder am ersten Verhandlungstag in den Gerichtssaal, noch an den folgenden. Erst gegen Ende des Prozesses mischte er sich unter die Zuschauer. Pistorius hatte allerdings auch gar kein Interesse daran, seinen Vater zu sehen. Sechs Jahre lang hatte er praktisch keinen Kontakt zu ihm gehabt. Die schlimme Phase, die er jetzt durchmachte, hatte ihm deutlicher denn je vor Augen geführt, wie desinteressiert sein Vater an ihm war und wie wenig es ihm gelungen war, die Lücke zu füllen, die der Tod seiner Mutter hinterlassen hatte. Er hätte es wohl kaum als tröstlich empfunden, wenn Henke jetzt auch im Gerichtssaal gewesen wäre.

Auf derselben langen Holzbank wie Pistorius' Angehörige, nur durch eine kleine, frei gebliebene Lücke von diesen getrennt, saßen die Familie und Freunde der Frau, die Pistorius geliebt hatte. Reevas Vater, Barry Steenkamp, war nicht dabei. Er war sich sicher, die detaillierte Schilderung der Umstände, wie seine Tochter zu Tode kam, nicht ertragen zu können. Reevas Mutter, June, war allerdings gekommen, und die Blicke der unbeteiligten Prozessbeobachter verfolgten fast ebenso interessiert ihre Reaktionen wie die des Angeklagten. Mrs. Steenkamp gegenüber verspürte Pistorius eine Mischung aus Schuld und Scham, nicht zuletzt, weil er es in dem ganzen Jahr seit seiner Tat nicht geschafft hatte, ihr gegenüber sein Bedauern über das, was geschehen war, zum Ausdruck zu bringen – weder persönlich noch schriftlich. Er hatte all seinen Mut zusammennehmen müssen, um jetzt am ersten Verhandlungstag wenigstens ein »Guten Morgen, Mrs. Steenkamp« herauszupressen. June Steenkamp erwiderte diesen Gruß mit einem schroffen Nicken. Ihr leerer, verbitterter Gesichtsausdruck ließ vermuten, dass sie gerne darauf verzichten würde, von ihm zu hören, wie sehr er ihre Tochter geliebt habe und dass er ihr Andenken in Ehre halte. Neben June Steenkamp saß Simone, Junes ältere Tochter aus erster Ehe, sowie einige Freunde der Verstorbenen, die Pistorius kaum kannte, die jedoch – wie er vermutete – die Auffassung der Staatsanwaltschaft teilten, dass er Reeva nach einem Streit vorsätzlich erschossen hatte. Definitiv galt das für die beiden Damen in der grünblauen Uniform der ANC Women's League, beides Schwarze, die ebenfalls neben June Steenkamp saßen; die Frauenliga hatte von Anfang an keinen Zweifel daran gelassen, dass Reeva in ihren Augen das Opfer eines klassischen sexistischen Gewaltverbrechens war.

Hinter den Familien Pistorius und Steenkamp saßen einige Privatpersonen, denen es gelungen war, einen Platz in der überall mit Spannung erwarteten Verhandlung zu ergattern, darunter Pistorius' isländische Bekannte Ebba Guðmundsdóttir und Sigga Hanna Jóhannesdóttir, die extra zum Prozessauftakt nach Südafrika gereist waren, um sich so für die unvergessene Unterstützung von Pistorius' zu revanchieren. Nicht weit entfernt davon verfolgten 80 Journalisten aus aller Welt den Prozess. Das weltweite Interesse an dem Fall war so groß, dass sich die Verantwortlichen gezwungen gesehen hatten, die Verhandlung in einen zweiten Saal zu übertragen, in dem eine ähnlich große Anzahl weiterer Journalisten das Prozessgeschehen verfolgen konnte.

Besonders aufsehenerregend war der eigentliche Fall – abgesehen vom Täter – im Grunde genommen nicht. Das wusste keiner besser als Mike van Aardt. Hier ging es nicht um die klassische Täterfrage wie etwa im Fall O. J. Simpson. Der Täter stand zweifelfrei fest. Die zentrale Frage, die die Richterin zu klären hatte, war die nach dem Warum. Sollte sie zu dem Schluss kommen, dass Pistorius vorsätzlich gehandelt habe, selbst wenn sich dieser Vorsatz nur wenige Sekunden, bevor er den Abzug betätigte, in seinem Bewusstsein konkretisiert hatte, konnte sie ihn zu einer lebenslänglichen Haftstrafe verurteilen, was mindestens 25 Jahre Gefängnis bedeutete. Je nach den Umständen konnte sie Pistorius aber auch wegen fahrlässiger Tötung verurteilen, wobei sich das Strafmaß nach dem Grad der Fahrlässigkeit richten würde. Die Höchststrafe betrug in diesem Fall 15 Jahre Haft. Angesichts der beiden Präzedenzfälle – dem des Mannes, der seine Tochter erschossen hatte, weil er sie für einen Dieb hielt, der sein Auto klauen wollte, und dem des Rugbyspielers, der ungewollt einen Polizisten erschlagen hatte – wäre für Pistorius im äußersten Fall auch nur eine Bewährungsstrafe oder die Verurteilung zu Sozialstunden denkbar gewesen. Da sich Pistorius' Täterschaft nicht bestreiten ließ, wäre das für ihn der bestmögliche Ausgang, und genau darauf wollte Barry Roux hinarbeiten.

Es gab aber auch noch eine dritte Möglichkeit, und das war die, mit der die meisten Anwälte in Südafrika, die nicht in den Fall involviert waren, rechneten. Denn selbst wenn man von seiner Schilderung der Ereignisse ausging und er der Richterin überzeugend darlegen konnte, dass er nicht gewusst habe, dass Reeva Steenkamp im Bad war, so muss ihm trotzdem bewusst gewesen sein, dass sich hinter der Tür ein Mensch befand, als er schoss. Und deswegen war es durchaus wahrscheinlich, dass er trotz allem wegen Mordes verurteilt werden würde – auch wenn ihm die Höchststrafe für eine solche Tat in diesem Fall wohl erspart bliebe. Barry Roux war sich dessen vollauf bewusst. Strafhandlungen dieser Art können nach dem südafrikanischen Strafrecht gemäß der Voraussetzungen des *Dolus Eventualis*, also eines Eventualvorsatzes, als Mord geahndet werden. Dieser Eventualvorsatz ist genau dann gegeben, wenn jemand sich über die mögliche Todesfolge seiner Tat im Klaren ist und sie billigend in Kauf nimmt. Sollte die Richterin der Ansicht sein, dass es sich im Fall Pistorius um einen *Dolus Eventualis* handelt, müsste sie nur noch klären, ob Pistorius die Waffe in Tötungsabsicht abgefeuert hatte oder nicht.

Als Erstes stand Roux vor dem Problem, die Anschuldigung des vorsätzlichen Mordes entkräften zu müssen. Dazu war es erforderlich, die Behauptung der Staatsanwaltschaft, den Schüssen sei ein heftiger

Streit vorausgegangen und Pistorius habe deshalb genau gewusst, auf wen er schoss, zu widerlegen. War die Richterin tatsächlich so kompromisslos, wie es ihre Urteile in früheren Fällen vermuten ließen, war einiges an Überzeugungsarbeit vonnöten, damit sie zu der Einsicht gelangen konnte, dass Pistorius die vier Schüsse nicht aus blinder Wut, sondern allein aus Angst vor einem vermeintlichen Einbrecher abgefeuert hatte. Denn natürlich würde sie sich fragen, warum er sich nicht erst versichert hat, ob seine Freundin im Bett lag, bevor er mit der Waffe in der Hand ins Badezimmer geeilt war. Ebenso würde sie sich, wie schon der Richter bei der Kautionsverhandlung, mit der Frage beschäftigen, ob Reeva vor oder auch zwischen den einzelnen Schüssen nicht aus Angst oder vor Schmerzen geschrien habe und ihm damit klar geworden sein muss, dass sie es war, auf die er schoss. Kurz gesagt: Es könnte Masipa schwerfallen, nachzuvollziehen, warum er zunächst geschossen und sich erst danach Gedanken zu seiner Tat gemacht hat.

Trotzdem hatte es auch der Staatsanwalt nicht leicht, denn um zweifelsfrei beweisen zu können, dass Pistorius Reeva Steenkamp bewusst und damit vorsätzlich erschossen hatte, fehlte es ihm an Augenzeugen. Pistorius' Verteidiger waren, wie es das Gesetz verlangte, bereits vor Beginn der Verhandlung über die zentralen Argumente der Staatsanwaltschaft in Kenntnis gesetzt worden. Daher wussten sie, dass es ihnen nicht allzu schwer fallen würde, dem Vorwurf des vorsätzlichen Mordes die Grundlage zu entziehen.

Damit war Pistorius jedoch noch lange nicht aus dem Schneider. Denn auch wenn die Frage, ob er zum Tatzeitpunkt wusste, auf wen er schoss oder nicht, wichtig war im Hinblick auf die öffentliche Schmach und das Strafmaß, so entschied sie in keiner Weise darüber, ob ihm eine Gefängnisstrafe erspart blieb oder nicht. Nach südafrikanischem Strafrecht, das anders als das deutsche keine Unterscheidung zwischen Mord und Totschlag kennt, gilt jedes Tötungsdelikt nämlich zunächst einmal als Mord – es sei denn, das eigene Leben wurde zum Tatzeitpunkt durch das Opfer bedroht. Ein Anwalt, der nicht in den Fall verwickelt war, erklärte, was das genau bedeutet, anhand einer

Situation, in die er selbst kurz zuvor geraten war und die ihn ins Gefängnis hätte bringen können.

Der Anwalt und seine Frau lagen nachts im Bett, als sie an einem Fenster im Erdgeschoss plötzlich ein Geräusch hörten. Beim Blick aus dem Schlafzimmerfenster sah der Anwalt, dass zwei Personen versuchten, in sein Haus einzubrechen. Er holte die Waffe, die neben seinem Bett lag, stellte sich wieder ans Schlafzimmerfenster und machte sich bereit, auf die Eindringlinge zu schießen. Darauf begann seine völlig verängstigte Frau zu schreien: »Schieß! Schieß!« Einen Moment lang war er versucht, dieser Aufforderung zu folgen, doch dann meldete sich sein, wie er sagt, juristisches Gewissen. Ihm wurde klar, dass er, sollte er einen der Eindringlinge töten, durchaus wegen Mordes angeklagt werden könnte und dass es ihm höchstwahrscheinlich schwerfallen dürfte, zu beweisen, dass er aus der durchaus berechtigten Angst um sein Leben und das seiner Frau gehandelt hatte. Daraufhin beließ er es dabei, in die Luft zu schießen, was auch ausreichte, um die beiden Kriminellen in die Flucht zu schlagen.

»Pistorius«, so der Anwalt, »steht vor dem Problem, dass selbst wenn es sich bei seinem Opfer um einen Einbrecher gehandelt hätte und selbst wenn dieser mit einer Axt bewaffnet in sein Badezimmer gelaufen wäre und sich in der Toilette verbarrikadiert hätte, er nach südafrikanischem Recht trotzdem wegen Mordes würde verklagt und verurteilt werden können, solange nicht glaubhaft gemacht werden kann, dass sein Leben unmittelbar bedroht war.« In den Augen des Gesetzes, so der Anwalt weiter, hätte »eine *Reasonable Person* – und die bildet hier die Ausgangsbasis – auf die vermeintliche Bedrohung nicht derart brutal und unverhältnismäßig reagiert.« (Anm. d. Ü.: Bei der *Reasonable Person* handelt es sich um eine in vielen Rechtsordnungen vorkommende, in Deutschland aber nicht gebräuchliche Rechtsfigur. Dieses Konstrukt hilft bei der Definition, wie sich ein typisches Mitglied einer Rechtsgemeinschaft im Falle einer Bedrohung oder Gefährdung verhalten sollte.)

Einige weiße Pressekommentatoren spekulierten über eine mögliche dritte Schwierigkeit, die sich für Pistorius ergeben könnte, nämlich dass die Richterin ihn als Rassisten betrachten würde. Zwar gab es so gut wie keine Hinweise, um zu dieser Schlussfolgerung zu kommen, dennoch war sie nicht völlig aus der Luft gegriffen. So wie Pistorius den Tathergang schilderte, konnte das in südafrikanischen Ohren wie die geradezu stereotype Geschichte eines Verbrechens klingen, in der der Bösewicht immer ein Schwarzer ist. Der Richterin dürfte das kaum entgangen sein. Ganz gleich ob Pistorius' Version der Wahrheit entsprach oder nicht, der gesichtslose Eindringling in seiner Vorstellung war zweifelsohne ein Schwarzer, denn es ließ sich nun einmal nicht leugnen, dass Verbrechen in den Augen der Weißen in Südafrika in der Regel von Schwarzen begangen wurden. Was der Richterin aber ebenso bewusst gewesen sein muss, ist, dass dies nicht notwendigerweise ein zwingender Beweis für eine rassistische Grundhaltung ist. Auch schwarze Südafrikaner glaubten, dass die überwiegende Mehrheit der Verbrechen in ihrem Land von Schwarzen begangen wird. Selbst Jesse Jackson, der afroamerikanische Bürgerrechtler, sagte einmal: »In dieser Phase meines Lebens gibt es für mich nichts Schmerzlicheres, als eine Straße entlangzugehen, Schritte hinter mir zu hören … und mich dann umzudrehen und erleichtert aufzuatmen, wenn ich einen Weißen sehe.« Es kostete Jackson Überwindung, das zu sagen. Dem durchschnittlichen Südafrikaner, der, was vermeintlich rassistische Äußerungen anbelangte, weit weniger empfindlich war als die meisten Amerikaner, wäre eine solche Äußerung wesentlich leichter gefallen. Masipa machte da anscheinend keine Ausnahme. Anders als wohl einige vermuteten, spielten rassistische Ressentiments in ihren Überlegungen jedenfalls so gut wie keine Rolle.

Roux's Hauptproblem bestand darin, die Richterin davon überzeugen zu müssen, dass sich sein Mandant zum Tatzeitpunkt in einer Geistesverfassung befand, in der man sein Handeln als durchaus vernünftig bezeichnen könnte. In Ermangelung überzeugender Beweise für oder gegen einen Vorsatz, kam es für Roux – wie er Kollegen erklärte – vor allem darauf an, »das Herz der Richterin zu erweichen« und sie dazu zu bewegen, das juristische Konstrukt der *Reasonable Person* im Fall Pistorius neu zu überdenken.

Roux wollte die Richterin dazu bringen, seinem Mandanten als Behinderten in der Frage der vernünftigen Reaktion auf die vermeintliche Bedrohung mehr Spielraum einzuräumen als einem Nicht-Behinderten. Dazu musste Roux den berühmten Blade Runner jedoch als wesentlich verletzlicher, traumatisierter und ängstlicher darstellen, als er sich bisher in der Öffentlichkeit präsentiert hatte. Anders gesagt: Seine Verteidigungsstrategie basierte im Wesentlichen darauf, all das, worauf Pistorius sein öffentliches Image jahrelang aufgebaut hatte, als Lüge oder zumindest als riesigen Selbstbetrug zu entlarven.

Roux wollte das Gericht davon überzeugen, dass Pistorius' Image das Ergebnis einer lebenslangen Verleugnung seiner Behinderung war. Weil er das Mitgefühl anderer scheute und ihm vor der Vorstellung, andere könnten ihn bemitleiden, graute, war Pistorius stets als Mensch aufgetreten, der in körperlicher Hinsicht keine Grenzen kannte, wobei seine Qualifikation für die Olympischen Spiele, bei denen er gegen die schnellsten Sprinter der Welt angetreten war, einen spektakulären Höhepunkt markierte. Um die schwerste Herausforderung seines Lebens zu meistern, musste er nun als Schwächling und nervöses Wrack auftreten, als Mann, der eine schwere psychische Last zu tragen hatte und durch seine Behinderung körperlich eingeschränkt war. Er musste den ganzen Stolz, den er seit seiner Kindheit wie eine hohe Mauer um sich herum aufgebaut hatte, um sein mangelndes Selbstwertgefühl zu überspielen, ablegen, er musste sein Innerstes nach außen kehren und die Richterin dazu bringen, ihn zu bemitleiden.

Das Allerschlimmste war, dass er das vor Millionen Zuschauern auf der ganzen Welt tun musste. Denn gegen seine Einwände und die seiner Verteidiger hatte der Präsident des Obersten Gerichtshofs von Gauteng, Dunstan Mlambo, der auch schon Masipa als Richterin ernannt hatte, den gesamten Prozess als ersten in der südafrikanischen Geschichte für TV-Übertragungen freigegeben. Roux fand, dass damit das Recht seines Mandanten auf einen fairen Prozess untergraben würde, doch Mlambo ließ sich durch diesen Einwand nicht von seiner einmal getroffenen Entscheidung abbringen. Er hielt nicht viel von der Arbeit der Journalisten, deren Zusammenfassungen seiner Meinung nach oft »fehlerhaft« waren. Daher entschied er, dass es besser sei, der Öffentlichkeit die Möglichkeit zu geben, den Prozess live mitzuverfolgen, damit sie sich ohne die fragwürdigen Filtermethoden der Medien ihre eigene Meinung bilden konnte. Sein einziges Zugeständnis bestand darin, den Wunsch der Zeugen zu berücksichtigen, wenn sie bei ihrer Aussage nicht gezeigt werden wollten. Als Tonsignal wurden ihre Aussagen aber in jedem Fall übertragen; die Staatsbediensteten hatten übrigens keine Wahl, sie mussten die Videoübertragung ihrer Aussage akzeptieren.

Die Staatsanwaltschaft unterstützte Mlambos Entscheidung, und so war die TV-Übertragung des Prozesses schnell eine ausgemachte Sache. Die Verteidigung spekulierte, dass der Eifer, mit dem Gerrie Nel Mlambos Pläne unterstützte, nicht zuletzt auch seiner Eitelkeit entsprang. Wie viel daran war, sei dahingestellt. Unstrittig ist, dass Mlambos Entscheidung zur Gründung eines neuen südafrikanischen Pay-TV-Senders führte, der den Prozess ohne Unterbrechung live aus dem Gerichtsaal übertrug. Auch ESPN in den USA und Sky Television in Großbritannien übertrugen den Prozess live in ihren Programmen. Darüber hinaus strömten Journalisten der BBC, der führenden amerikanischen Nachrichtenmagazine und der wichtigsten internationalen Printmedien in Scharen nach Südafrika, um über die eine Art Mensch zu berichten, von der die Öffentlichkeit noch faszinierter war als von einem Helden, nämlich von einem gefallenen Helden.

Schließlich konnten weltweit ebenso viele Menschen an Pistorius' Schmach vor Gericht teilhaben wie nur wenige Monate zuvor an seinem Triumph in London. Eines hatte sich allerdings nicht geändert: Das Gerichtsdrama verfolgten sie mit der gleichen Erwartungshaltung wie einen Sportwettkampf.

Die meisten Zuschauer hatten sich bereits vor Prozessbeginn entschieden, welchem Team sie die Daumen drückten. Und nachdem der Startschuss gefallen war, jubelten die einen, wenn Gerrie Nel mit seiner Strategie punktete, während die anderen enttäuscht den Kopf schüttelten. Genau umgekehrt verhielt es sich, wenn Barry Roux für die Verteidigung einen Etappensieg errang. Auf »Kanal Oscar«, wie der neue südafrikanische Pay-TV-Sender bald genannt wurde, kommentierten Experten bis ins Detail das Geschehen im Gericht, während man in Prozesspausen die spektakulärsten Verhandlungsszenen für die Zuschauer in Zusammenschnitten noch einmal Revue passieren ließ. Die ausländischen Sender machten im Grunde genommen dasselbe. In Verhandlungspausen wurden in den provisorischen Studios, die die wichtigen amerikanischen und britischen Sender auf einer großen Terrasse mit Blick auf das Gerichtsgebäude an der Madiba Street errichtet hatten, diverse Gäste interviewt. Zugleich veröffentlichten Journalisten direkt vom Gerichtssaal aus die allerneuesten Nachrichten zum Fall über die Blogs und / oder Social-Media-Kanäle ihrer Auftraggeber. Bei der Frage, für welches Informationsmedium man sich entschied, hatte man somit die Qual der Wahl. Auf jeden Fall verbreiteten sich der Klatsch, die Empörung, die Scherze und all die klugen und tiefsinnigen Äußerungen, die in Pretoria zum Fall Pistorius in die Welt gesetzt wurden, rasend schnell in anderen virtuellen Chaträumen und fanden von dort aus ihren Weg in die Bars, Restaurants, Kantinen und Wohnzimmer rund um den Globus. Von New York über London, Paris, Barcelona, Rom, Amsterdam, Berlin, Sydney und Buenos Aires bis in die entlegendsten Winkel der Erde wurde über den Fall diskutiert.

In Südafrika standen zwei Monate nach Prozessbeginn die nächsten Parlamentswahlen an, und eigentlich hätte man erwarten dürfen, dass der auf Hochtouren laufende Wahlkampf der Parteien Themen für Gesprächsstoff lieferte. Dass der Fall Pistorius aber eigentlich das einzige Thema war, über das die Menschen in diesem Land sprachen, sagt einiges über die politische Lage Südafrikas – der ANC zweifelte nicht daran, die Parlamentswahl wieder zu gewinnen –, wie auch über die magische Anziehungskraft von Prominenten. Am Morgen des Prozessauftakts erklärte die stellvertretende Chefredakteurin des *Sowetan* – jene Zeitung, für die auch Masipa einst gearbeitet hatte –, dass die Wahlen ja durchaus ein interessantes Thema seien, der Prozess gegen Pistorius für ihre größtenteils schwarze Leserschaft jedoch die Story des Jahres wäre.

Pistorius gehörte einmal zu den Menschen, die glauben, dass es nur eines gibt, was schlimmer ist als schlechte Presse, nämlich gar nicht beachtet zu werden. Aber auch diesbezüglich hatte er seine Meinung geändert. An seiner Situation änderte das freilich nichts. Dass er sich im Verlauf des Prozesses nicht nur vor der Richterin zu verantworten hatte, sondern gleichzeitig auch vor einer riesigen Öffentlichkeit, musste er hinnehmen. Und während er vor Gericht nach den Regeln des südafrikanischen Strafjustizsystems beurteilt wurde, tobte sich im Internet der Mob ungehindert aus.

Dass sein Fall in der Öffentlichkeit gewaltiges Aufsehen erregte, war Pistorius nur allzu bewusst, und er musste sich sehr beherrschen, sich nicht in die Diskussion einzumischen. Hatte er vor seiner Tat noch fleißig getwittert, so hatte er sich auf Anraten seiner Verteidiger seitdem offiziell in Schweigen gehüllt. Nur ein einziges Mal hatte er dieses Schweigen gebrochen. Zweieinhalb Wochen vor Prozessbeginn, auf den Tag genau ein Jahr, nachdem er Reeva erschossen hatte, veröffentlichte er folgendes Statement: »Worte können nicht beschreiben, was ich empfinde angesichts des verheerenden Unfalls, der allen, die Reeva von Herzen geliebt haben – und es immer noch tun –, so viele Schmerzen bereitet hat. Das Leid und die Schmerzen, insbesondere von Reevas Eltern, ihrer Familie und ihren Freunden, erfüllen mich mit tiefer Trauer. Der Verlust von Reeva und der Schock dieses ganzen Tages werden mich für den Rest meines Lebens begleiten.«

Er hielt es nicht länger aus, sich vor der Welt darüber auszuschweigen, wie sehr er Reeva geliebt hatte. Und die Chance, einen Appell an die Öffentlichkeit zu richten – der vielleicht auch die Richterin erreichte –, wollte er sich ebenso wenig entgehen lassen. Er musste einfach versuchen, die Menschen davon zu überzeugen, dass Reevas Tod ein Unfall war.

Pistorius war natürlich nicht entgangen, dass er in den südafrikanischen Medien nicht gut wegkam. Und ihm war auch klar, dass Reeva von denselben Medien zwangsläufig zur Heiligen stilisiert wurde, die ohne ihn eine Traumkarriere vor sich gehabt hätte. Denn auf diese Weise ließen sich die Monstrosität seiner Tat und sein neues Image als

Ungeheuer besonders gut herausstellen. Überall auf der Welt zitierten Zeitungen und Nachrichtenmagazine Freunde und Verwandte der Toten, die Reeva ganz unterschiedlich, aber immer positiv als »engelsgleich«, »intelligent«, »fleißig«, »aufgeweckt«, »elegant«, »großzügig«, »freundlich«, »witzig«, »klug«, »bescheiden«, »selbstironisch«, »selbstlos«, »fürsorglich«, »liebenswürdig«, »loyal«, »willensstark«, »konsequent«, »faszinierend«, »sozial engagiert« und »Kind Gottes« bezeichneten. Negatives bekam man über sie in dem Jahr nach ihrem Tod bis zum Beginn der Hauptverhandlung nicht zu hören, was auch kaum verwunderlich war.

Pistorius wäre der Letzte gewesen, der dieser Darstellung widersprochen hätte. Er idealisierte die tote Reeva mehr, als es irgendein Journalist je vermocht hätte. Was er mit diesem Statement beabsichtigt hatte – und später auch im Prozess mit seiner Zeugenaussage erreichen wollte –, war, zu zeigen, wie sehr er Reeva liebte und wie sehr auch sie ihn geliebt hatte, trotz der unbestreitbaren Meinungsverschiedenheiten, die es zwischen ihnen gegeben hatte.

Für Reeva war er definitiv mehr als nur ein kurzes Abenteuer gewesen. Sie hatte viel in die Beziehung investiert. Sie hatte ihn zu seinem Training begleitet und sich, während er lief, von Ampie Louw Workout-Tipps für schlanke Beine geben lassen. Nach dem Training hatte sich Pistorius oft erschöpft auf einer Bank ausgestreckt und seinen Kopf auf ihren Schoß gelegt, wobei sie ihm dann liebevoll übers Haar gestrichen hatte. Sie hatte mit ihm gebetet, wohl wissend wie wichtig der Glaube für ihn war, und sich bemüht, sich für die Dinge zu interessieren, die ihn faszinierten. Einmal hatte sie ihn sogar zum Schießstand begleitet und unter seinen verliebten Blicken auch auf eine Zielscheibe geschossen. Trotz des permanenten Blitzlichtgewitters, dem sie sich ausgesetzt sahen, liebte das Paar Fotos, vor allem Privatfotos, die sie beide in vertrauter Zweisamkeit zeigten. Gerade diese Bilder sah sich Pistorius in dem Jahr vor seinem Prozess im Gartenhaus seines Onkels Arnold immer wieder an, wobei ihn das Foto, auf dem Reeva schlafend in seinen Armen liegt, besonders wehmütig machte.

Reeva war ihm gegenüber loyal gewesen, er konnte sich auf sie verlassen. Kurz nachdem sie ihrer Mutter erzählt hatte, wie ernst es ihr mit ihrer neuen Beziehung war, wurde diese auch schon auf die Probe gestellt. Eines Dezemberabends war Pistorius in einem Johannesburger Nachtclub angegriffen und verletzt worden. Wer ihm das angetan hatte, wollte er nicht verraten, obschon ihm eine Wunde am Hinterkopf zugefügt worden war, die mit mehreren Stichen genäht werden musste. Hintergrund der Auseinandersetzung war ein Ereignis aus der Zeit, bevor Pistorius Reeva kennengelernt hatte. Damals lag seine Beziehung zu Samantha Taylor in den letzten Zügen. Am Kyalami Grand Prix Circuit, derselben Rennstrecke, an der er Reeva zum ersten Mal begegnet war, hatte er einen heftigen Streit mit Quinton van der Burgh, dem Mann, mit dem Samantha nach Dubai geflogen war, während Pistorius in London bei den Olympischen und Paralympischen Spielen seine großen Triumphe gefeiert hatte. Diese Reise war der Auslöser für all die emotionsgeladenen Telefonate gewesen, die Pistorius' Teamkollege und Zimmergenosse Arnu Fourie mitbekommen hatte. Van der Burgh hatte sich nichts dabei gedacht, Samantha mit nach Dubai zu nehmen. Er war davon ausgegangen, dass ihre Beziehung mit Pistorius beendet und sie wieder solo war. Als ihm später am Kyalami Grand Prix Circuit der Blade Runner über den Weg lief, wurde ihm schnell klar, dass der die Sache völlig anders sah. Pistorius geriet mit Van der Burgh aneinander. Daraufhin ging der ehemalige Fußballprofi Marc Batchelor, ein Freund von Van der Burgh, dazwischen, um zu schlichten. Pistorius, so erzählte Batchelor später, soll allerdings gedroht haben, ihm die Beine zu brechen, wenn er sich nicht aus der Sache heraushielt.

Pistorius betrachtete die Attacke in dem Nachtclub als eine verspätete Reaktion auf diesen Streit. Er wollte den Vorfall am liebsten unter den Teppich kehren. Obschon er diesmal das Opfer war, wollte er mit Personen, die ihre Differenzen auf solch primatenhafte Weise regeln, öffentlich nicht in Verbindung gebracht werden. Allerdings hatte ein Reporter der Johannesburger *Sunday Times* von der Angelegenheit Wind bekommen und bei Pistorius angerufen, um von ihm

Näheres zu erfahren. »Das ist das erste Mal, dass ich davon höre«, antwortete er. »So jemand bin ich nicht … Schreiben Sie bitte nicht darüber. Das könnte meinem Ruf schaden.«

Da er fürchtete, den Journalisten nicht wirklich überzeugt zu haben, bat er Reeva um Unterstützung. Und als der Reporter auch bei ihr anrief, spielte sie ihre Rolle perfekt. Sie erklärte, wie besorgt ihr Freund sei, wenn er daran denke, was für eine Story die Zeitung aus der Geschichte machen könne. »Schreiben Sie bitte nicht darüber«, bat sie ihn. »Oscar fürchtet, dass dies seinem Ruf schaden könnte.«

Dass es dabei nicht zuletzt um seine Eitelkeit ging, war Reeva klar, und auch, dass natürlich seine Sponsorenverträge auf dem Spiel standen, wenn er mit solchen Geschichten Schlagzeilen machte. Nike beispielsweise war durch die Werbepartnerschaft mit Tiger Woods und Lance Armstrong schon genug Schaden entstanden. Es wäre nicht ausgeschlossen gewesen, dass sie nach diesen Erfahrungen schnell die Zusammenarbeit mit Pistorius aufgekündigt hätten, wenn es erste Anzeichen dafür gegeben hätte, dass auch er kein so strahlendes Vorbild ist wie erwartet. Letztlich kam die Story erst ein Jahr nach Reevas Tod ans Licht.

Zu ihren Lebzeiten vermittelten Reeva und Oscar der Öffentlichkeit und ihren Freunden nur das Bild von sich als Paar, das sie vermitteln wollten. Ein Pärchen, das sie im Januar 2013 zum Essen trafen, erklärte nach Reevas Tod, dass die beiden »ausgesprochen glücklich« gewirkt und »wunderbar zusammengepasst« hätten. Nachdem sie drei Monate zusammen waren, schien Pistorius sogar seine Eifersuchtsanfälle unter Kontrolle zu haben. Reevas Ex-Freund Wayne Lahoud traf das Paar bei diversen Gelegenheiten und erklärte, dass er sich in ihrer beider Gegenwart nie unwohl gefühlt oder den Eindruck gehabt habe, er hege irgendwelche Ressentiments gegen ihn.

Auf einer Party in einem angesagten Johannesburger Einkaufszentrum am 26. Januar 2013, nur wenige Tage nach dem etwas gereizten Wortwechsel via WhatsApp, in dem Reeva erklärt hatte, sich hin und wieder vor Pistorius zu fürchten, stand das Paar erneut im Zentrum der Aufmerksamkeit. Der zentrale Anlaufpunkt der Party war das

Tasha's, ebenjenes Restaurant, in dem Pistorius wenige Tage zuvor versehentlich einen Schuss aus der Glock eines Freundes abgefeuert hatte – ein Vorfall, für den er sich jetzt ebenfalls vor Gericht verantworten musste. Die Gäste schienen sich alle darüber unterhalten zu haben, wie verliebt sie aussahen und was für ein hübsches Paar sie abgaben. Der Chefredakteur der *Heat* versuchte das Paar den ganzen Abend dazu zu überreden, sich für das Cover seines Magazins ablichten zu lassen. Darauf waren sie allerdings überhaupt nicht erpicht und erklärten ihm: »Das ist alles noch so neu. Geben Sie uns noch etwas Zeit, uns kennenzulernen, bevor wir in diesem Promizirkus mitmischen.«

Am 3. März 2014, ein Jahr, einen Monat und eine Woche nach der Party im Tasha's, stand Pistorius wieder mitten in der Promizirkusmanege. Wochenlang hatte er den Fall mit seinen Anwälten durchgesprochen und sich auf die vor ihm liegende Aufgabe vorbereitet. Die Dämonen, die ihn vor knapp einem Jahr so sehr geplagt hatten, schienen für den Moment besänftigt zu sein. Er war gut präpariert. Ihm war mehr oder weniger bewusst, was ihn erwartete. Barry Roux und seine anderen Verteidiger hatten es ihm erklärt. Er wusste Bescheid über die verschiedenen Urteile, die möglich waren, und auch über den jeweiligen Strafrahmen. Und er hatte verstanden, welches die für die Urteilsfindung der Richterin zentralen Fragen sein würden. Außerdem wusste er, dass er die Richterin immer mit »Euer Ehren« anzusprechen hatte, dass er sich tief verbeugen sollte, wann immer sie sich verbeugte, dass er ernst auftreten und den Eindruck vermitteln sollte, seine Tat zu bereuen. Vor allem aber hatten seine Anwälte ihm eingeschärft, darauf gefasst zu sein, dass Gerrie Nel erbarmungslos versuchen würde, ihn in die Enge zu treiben. Trotzdem solle er sich nichts anmerken lassen, wenn der Staatsanwalt das Wort habe, und ihn vor allem seine tief empfundene Antipathie nicht spüren lassen.

Jetzt war der Tag gekommen, vor dem Pistorius sich so lange gefürchtet hatte. Die Richterin saß vor ihm in ihrer blutroten Robe, bereit, den Prozess zu eröffnen, und er versuchte, sich einzureden, dass er eine gewisse Erleichterung verspüre, weil er jetzt bald Gewissheit bezüglich seines Urteils und seiner Strafe hätte. Wenn die Öffentlichkeit seinen Prozess wie eine Art Sportveranstaltung betrachtete, würde er versuchen, es auch so zu sehen. Für die anderen war seine Verhandlung allerdings nicht mehr als ein beiläufiges Unterhaltungsangebot, das sie wahrnehmen konnten, wann immer ihnen der Sinn danach stand. Für ihn hingegen ging es um seine Zukunft, und jetzt, da die Entscheidung darüber näherrückte, verspürte er ein vertrautes flaues Gefühl in der Magengegend, das er in seinem früheren Leben immer dann hatte, wenn er sich vor einem Rennen am Startblock bereit machte. In diesen Momenten hatte er üblicherweise den Kopf gesenkt und ein kurzes Gebet gesprochen. Jetzt tat er genau das gleiche. Das, was ihm hier bevorstand, hatte tatsächlich etwas von einem wichtigen Rennen, denn wie in London stärkte ihm auch hier seine Familie den Rücken. An diesem Tag war zwar sein Trainer Ampie Louw nicht mit dabei, doch stattdessen hatte er Barry Roux an seiner Seite, der lächelnd und ruhig in seiner schwarzen Anwaltsrobe in der Bank vor ihm saß und den Anschein erweckte, als könne ihn kein Wässerchen trüben.

Gerrie Nel hatte als Erster das Wort. Auf ein Nicken der Richterin hin erhob er sich von seinem Platz und eröffnete die Verhandlung mit der Verlesung des ersten der insgesamt vier Anklagepunkte.

Wie es das Protokoll verlangte, stand auch Pistorius auf. Sein Blick war auf Masipa gerichtet, die Hände hatte er vor der Hüfte verschränkt, die Schultern hingen leicht herab und der Oberkörper war ein wenig nach vorn gebogen. Masipas prüfender Blick hinter den runden Brillengläsern ruhte auf Nel. Der erklärte, dass man den Angeklagten beschuldige, am 14. Februar 2013 »eine Person, nämlich die 29-jährige Reeva Steenkamp, unrechtmäßig und vorsätzlich getötet« zu haben. Die Richterin wandte sich an Pistorius und fragte ihn keineswegs unfreundlich mit ihrer sanften, angenehmen Stimme: »Haben Sie die Anklage verstanden?« Pistorius antwortet: »Ja, Euer Ehren.« »Worauf plädieren Sie?« »Nicht schuldig, Euer Ehren.«

Pistorius blieb stehen, während Nel den zweiten Anklagepunkt verlas: Der Angeklagte habe gegen den Firearms Control Act verstoßen, als er eine Schusswaffe durch das geöffnete Schiebedach eines PKW abfeuerte. Wieder wandte sich Masipa an Pistorius und fragte, ob er die Anklage verstanden habe. »Ja, Euer Ehren«, entgegnete dieser. »Worauf plädieren Sie?« »Nicht schuldig, Euer Ehren.« Im dritten Anklagepunkt ging es um einen weiteren Verstoß gegen das Waffengesetz. Pistorius wurde vorgeworfen, eine Pistole fahrlässig und unrechtmäßig in der Öffentlichkeit, nämlich im Restaurant Tasha's, abgefeuert zu haben. Wieder plädierte Pistorius auf nicht schuldig. Und auch der vierte Anklagepunkt betraf einen Verstoß gegen den Firearms Control Act. Diesmal ging es um illegalen Munitionsbesitz. Auch zu diesem Vorwurf sagte Pistorius: »Nicht schuldig, Euer Ehren.«

Nel setzte sich. Pistorius blieb stehen, die Hände wie zum Gebet verschränkt. Hätte er sie locker herunterhängen lassen, hätte die Richterin sehen können, wie sie zitterten. Aber er hatte ihr mit fester Stimme geantwortet. Er war nicht zusammengebrochen.

Für die Verteidigung sprach als Nächstes nicht Barry Roux, sondern Kenny Oldwadge. Er machte einen so angespannten Eindruck, dass man befürchten konnte, ihm könne gleich eine Ader platzen. Als er aufstand, zeigte sich, dass er einen ganzen Kopf größer war als der eher kleinwüchsige, drahtige Nel. Er wechselte einen Blick mit der Richterin und begann mit der Verlesung der Verteidigungsrede, eine in der ersten Person geschriebene eidesstattliche Erklärung seines Mandanten. Die Schilderung des Tathergangs entsprach im Wesentlichen der Darstellung bei der Kautionsverhandlung. Der Mordvorwurf wurde »auf das Schärfste« zurückgewiesen.

»Tatsache ist, dass wir zum Zeitpunkt des tragischen Unfalls, der zu Reevas Tod führte, eine innige, liebevolle Beziehung hatten«, verlas Oldwadge stellvertretend für Pistorius. »Zwar gebe ich zu, dass ich Reeva die tödlichen Schusswunden zugefügt habe. Doch es war ein Unfall. Ich hatte irrtümlicherweise angenommen, dass sich ein oder mehrere Eindringlinge, die eine Bedrohung für Reevas und mein Leben darstellten, Zugang zu meinem Haus verschafft hatten.«

Er sei, so hieß es in der Verteidigungsrede weiter, mitten in der Nacht aufgestanden, um zwei Ventilatoren, die auf dem Schlafzimmerbalkon standen, hereinzuholen. Was dann folgte, war allerdings neu und bei der Kautionsverhandlung noch nicht erwähnt worden:

»Kurz zuvor hatte ich noch mit Reeva gesprochen, die neben mir im Bett lag.«

Hierbei handelte es sich um ein wichtiges Detail, denn es half, eine Frage zu beantworten, die sich viele stellten: Warum hatte sich Pistorius nicht erst davon überzeugt, dass Reeva im Bett lag, bevor er durch den Flur ins Badezimmer gestürmt war und auf die Toilettentür geschossen hatte? Aufgrund dieses kurzen Wortwechsels war er davon ausgegangen, dass sie noch im Bett lag, und dass das Geräusch, das er aus dem Badezimmer hörte, von einem Einbrecher kommen musste.

»Reeva muss, ohne dass ich es gemerkt habe, auf die Toilette gegangen sein, während ich die Ventilatoren hereinholte… Ich bin mit meiner Waffe ins Bad gegangen, um Reeva und mich zu verteidigen. Zu diesem Zeitpunkt ging ich davon aus, dass Reeva im Bett lag. Wegen eines aus der Toilette kommenden Geräuschs habe ich angenommen, dass sich ein oder mehrere Einbrecher darin befänden, die herausstürmen wollten, um Reeva und mich anzugreifen. In meiner Angst, auf meinen Stümpfen weder weglaufen, noch mich richtig verteidigen zu können, lösten sich die Schüsse. Ich bin mit allem gebotenen Respekt davon überzeugt, dass kein Grund für die Annahme besteht, dass ich Reeva töten wollte.«

Oldwadge wies an dieser Stelle darauf hin, dass die Verteidigung zwei der entscheidenden Punkte, auf die sich die Staatsanwaltschaft in ihrer Anklage berief, im Verlauf des Prozesses widerlegen würde. Eine Zeugin, die sagte, dass sie vor den Schüssen Schreie aus dem Haus seines Mandaten gehört hatte, müsse sich irren, und die von der Staatsanwaltschaft aufgestellte Hypothese, das Opfer und sein Mandant hätten sich vor den Schüssen gestritten, sei haltlos. »Es hat keinen Streit gegeben.«

Die drei Anklagepunkte zu Verstößen gegen das südafrikanische Waffengesetz wurden pauschal zurückgewiesen.

Oldwadge setzte sich, nachdem ihm die Richterin die Erlaubnis dazu erteilt hatte, und wischte sich ein paar Tränen aus dem Gesicht, die er während der Verlesung der Schrift nicht zurückhalten konnte. Auch Pistorius trocknete seine Augen.

Die Wettkampfbedingungen waren nun klar, und Pistorius war entschlossen, bis zum Ende durchzuhalten. Er würde weiterhin auf seine Unschuld pochen und an dem von ihm geschilderten Tathergang festhalten, ganz gleich was ihm der Staatsanwalt vorwerfen mochte. Er war darauf vorbereitet, im Verlauf dieses Prozesses seine Würde zu verlieren, und dass sein Image zerstört würde. Doch trotz seiner Angst und seinem Kummer hatte er wie eh und je die Gewissheit, dass keine Herausforderung zu groß für ihn war. Dabei war diese sicher die größte, der er sich bisher stellen musste. Doch Pistorius war überzeugt, zwei Schutzengel zu haben, die über ihn wachten und ihn beschützten. Einer davon war seine Mutter, der andere die Frau, die er erschossen hatte.

Ob allein in seinem Gartenhaus unter ihrem gerahmten Porträt oder hier im Gerichtssaal – Pistorius spürte die Kraft, die Reevas Geist ihm schenkte. In der Nacht vor dem ersten Verhandlungstag entzündete er eine Kerze unter ihrem Bild. Und diese Kerze zu löschen, war das Letzte, was er tat, bevor er am nächsten Morgen zum Gericht fuhr. Am Abend zündete er sie wieder an, und am darauffolgenden Morgen blies er sie wieder aus. Dieses Ritual gab ihm ein vorübergehendes Gefühl der Sicherheit und Ruhe. Er wiederholte es jeden Abend und jeden Morgen, bis Thokozile Masipa, die Frau, die von nun an sein Schicksal in der Hand hielt, sein Urteil verkündete.

16

Selbst Stimmen schienen in dieser Luft zu verstummen. Es war, als sei die Luft müde geworden, weil sie die Schallwellen schon zu lange hatte tragen müssen.

WILLIAM FAULKNER, *Schall und Wahn*

Gerrie Nel, der Staatsanwalt, schickte seine stärksten Zeugen gleich zu Beginn ins Feld – diejenigen Nachbarn also, die zu Protokoll gegeben hatten, in den Morgenstunden des 14. Februars 2013 durch Schreie oder Schüsse (oder beides) aus dem Schlaf gerissen worden zu sein. Aufgerufen werden sollten Michelle Burger und ihr Ehemann Charl Johnson, die hinter einer hohen Mauer auf einem benachbarten Grundstück wohnten – genau 177 Meter vom Tatort entfernt, Estelle van der Merwe, die 100 Meter entfernt lebte, sowie Johan und Anette Stipp, die hinter dem Haus wohnten, in dem die Schüsse gefallen waren, allerdings immer noch 72 Meter vom Tatort entfernt und von diesem durch eine größere Baulücke getrennt. Alle fünf waren Buren; alle hatten darauf bestanden, dass bei der TV-Übertragung aus dem Gerichtssaal ihre Gesichter nicht gezeigt würden.

Diese ersten Zeugen waren auch die einzigen, die den Hauptanklagepunkt der Staatsanwaltschaft untermauern konnten, dass Pistorius nach einem lautstarken Streit Reeva Steenkamp mit voller Absicht erschossen habe – und dass er folglich des vorsätzlichen Mordes schuldig sei. Wie auch Nel offen einräumte, war es ein Indizienbeweis, da er sich nicht auf Augenzeugen, sondern allenfalls auf Ohrenzeugen berufen konnte. Angesichts der Tatsache, dass es nur zwei Augenzeugen gab – von denen einer angeklagt und der andere tot war – war es aber immer noch das Beste, was er aufbieten konnte.

Den Anfang machte Michelle Burger, eine elegant gekleidete Universitätsprofessorin. Von Nel befragt, sagte sie aus, dass sie in der fraglichen Nacht um drei Uhr morgens wach geworden sei – aufgeschreckt durch »die furchtbaren Schreie« einer Frau.

»Noch nie in meinem Leben habe ich in einem Schrei so viel Hilflosigkeit gehört, Euer Ehren«, sagte sie – und achtete dabei peinlich genau auf die Einhaltung des in südafrikanischen Gerichtssälen üblichen Protokolls: Unabhängig davon, ob der Staatsanwalt oder der Verteidiger die Frage stellt, wird die Antwort stets dem Richter gegeben.

»Ich wusste sofort, dass in diesem Haus gerade etwas Furchtbares geschah«, fuhr sie fort. »So schreit man nur, wenn man in akuter Lebensgefahr ist. Es ging mir durch Mark und Bein.«

Burger erklärte weiter, dass sie zunächst einen Einbruch vermutet habe. (Folgt man einer Analyse der University of Cape Town, steht der Einbruch auf der Liste derjenigen Ereignisse, vor denen sich die Südafrikaner am meisten fürchten – unabhängig von der Hautfarbe. Wobei dieses Verbrechen in der Kriminalitätsstatistik interessanterweise unter »ferner liefen« rangiert.) »Ich war überzeugt, dass dort gerade eine Frau angegriffen wurde«, sagte sie, »dass sie und ihr Ehemann in ihrem Haus überfallen worden waren.«

Barry Roux, der sich zurückgelehnt hatte, legte einen Arm über die Rückenlehne, schaute sie über den Rand seiner Brille an – er legte ein demonstratives Desinteresse an den Tag. Nel, der sich erhoben hatte und Burger durch ihre Aussage lotste, gab ihr hingegen ein ermunterndes Zeichen.

»Ich hörte, wie ein Mann um Hilfe rief, dann wieder die Schreie der Frau. Es war, als würden sie sich gegenseitig steigern. Die panische Angst in ihrer Stimme war unüberhörbar. Sie war offensichtlich extrem verängstigt.« Dann hörte sie einen Schuss, gefolgt von einem kurzen Moment der Stille, daraufhin drei weitere aufeinanderfolgende Schüsse. »Es war wie peng … peng, peng, peng.« Zwischen den Schüssen hörte sie noch einmal den Schrei der Frau, dann blieb es still.

Burger klang durchaus überzeugend, doch Roux schien nicht sonderlich beunruhigt. Er nahm seine Brille ab, knabberte geistesabwesend am Bügel des Gestells und sah Burger mit einem vielsagenden Blick an – mit einem Blick, der zu verraten schien, dass er sich schon sehr darauf freue, ihre Aussage genüsslich auseinanderzunehmen. Pistorius verfolgte ungläubig Burgers Worte und schüttelte mehrfach den Kopf. Gelegentlich schaute er nach unten und kritzelte einen Kommentar auf den weißen Notizblock, den er jeden Tag in seiner Aktentasche mit ins Gericht brachte. Dann und wann schob er eine Notiz zu seinem Anwalt Brian Webber hinüber, der sie dann an Roux weiterreichte. Es ist oft darauf hingewiesen worden, dass O. J. Simpson in seinem Prozess – genau 20 Jahre zuvor – mürrisch und geistesabwesend gewirkt habe. Pistorius hatte sich offenkundig fest vorgenommen, eine deutlich aktivere Rolle zu spielen.

»Ihre Schreie waren markerschütternd«, fuhr Burger fort. »So hilflos habe ich mich in meinem ganzen Leben noch nicht gefühlt – ich war starr vor Schreck. Man kann es nicht richtig erklären. Man weiß nur instinktiv, dass es in dem Moment für eine Frau um Leben und Tod geht.«

Nel wandte sich zur Richterin: »Keine weitere Fragen, Euer Ehren.« Roux erhob sich, um mit dem Kreuzverhör zu beginnen. Von Anfang an schien in seinem Tonfall eine gewisse Ungläubigkeit mitzuschwingen. Sein Mandant, sagte er, habe ihm glaubhaft versichert, dass es sich bei ihrer Aussage um eine Lüge handeln müsse. Er gehe deshalb davon aus, dass sie – wohlwollend formuliert – den Ablauf der Ereignisse schlicht durcheinanderbringe oder aber – was weitaus bedenklicher sei – ihre Aussagen an den Darstellungen in den Medien orientiere, die sie im Lauf des letzten Jahres verfolgt habe.

Der tatsächliche Tathergang, so erklärte er Burger, sähe dagegen wie folgt aus: Pistorius habe die vier Schüsse abgegeben und anschließend entsetzt und fassungslos aufgeschrien, als ihm dämmerte, dass er möglicherweise gerade seine Freundin erschossen hatte. Er habe nach Hilfe gerufen, danach mit drei Hieben seines Cricketschlägers einen Teil der Türfüllung zertrümmert und hysterisch gekreischt, als er im Badezimmer ihre Verletzungen und Wunden sah.

Roux wollte mit seiner Version Burgers Aussage gleich relativieren – in der Hoffnung, bei der Richterin erste Zweifel zu säen, ob man dem, was Burger nur gehört hatte, überhaupt Glauben schenken dürfe.

»Ich gebe Ihnen insofern Recht«, sagte Roux, »als Mr. Pistorius, wenn er sich in einer Stress-Situation befindet, durchaus Schreie ausstoßen kann, die wie die einer Frau klingen. Seine Schreie waren mal hoch und schrill, mal tiefer – und aus diesem Grund glaubten Sie denn auch, vor allem zu dieser nachtschlafenden Zeit, eine Frau schreien zu hören.«

Burger beharrte auf ihrer Aussage, definitiv eine Frau gehört zu haben. Roux wiederholte seine Version, doch Burger schloss rundweg aus, dass sie einen Mann gehört haben könnte.

»Es liegt auf der Hand, dass Sie diese Möglichkeit nur aus einem Grund nicht in Erwägung ziehen wollen«, sagte Roux. »Sie befürchten, dass Mr. Pistorius dadurch entlastet werden könnte.«

Roux kam dann darauf zu sprechen, dass sie auch zwischen den Schüssen Schreie gehört habe – was ein zentraler Punkt in der Argumentation der Staatsanwaltschaft war. Dies war nämlich grundlegend für die Theorie, dass Pistorius weitere Schüsse ins Badezimmer abgab, obwohl er Reeva dort schreien gehört hatte. War sich Burger wirklich ganz sicher? Burger bejahte die Frage. »Kurz nach den Schüssen hörte ich, wie die Schreie der Frau immer schwächer wurden, Euer Ehren.«

»Aber ganz sicher sind Sie sich wohl nicht«, sagte Roux, inzwischen etwas vernehmlicher. »Ich unterstelle Ihnen einfach mal, dass Sie adaptierten, dass Sie spekulierten, dass sie interpolierten, um die Löcher in Ihrer Erinnerung zu schließen … Sie haben Sky News geschaut und all die anderen Fernsehkanäle – und haben nun einen nachträglich gebildeten Eindruck des Tathergangs.«

Burger bestritt dies.

Doch Roux hatte noch einen Trumpf in der Hand. Es sei schlechterdings unmöglich, sagte er, dass sie noch Schreie nach den Schüssen gehört haben könnte – ja sogar »immer schwächer werdende Schreie« –, da »sie ja bereits schwere Hirnschäden hatte«. Es war im Verlauf des Prozesses das erste Mal, dass Reeva Steenkamps Verletzungen angesprochen wurden – und Pistorius wurde angesichts der unvermittelten Erwähnung der tödlichen Verwundungen von seinen Gefühlen völlig überwältigt. Er schlug die Hände vors Gesicht und konnte ein lautes Schluchzen nicht unterdrücken.

In der betretenen Stille des Gerichtssaals wirkte der Gefühlsausbruch umso beklemmender, doch Roux, der einen möglichen Zusammenbruch seines Mandanten wohl erwartet hatte – und mit weiteren Vorfällen dieser Art rechnen musste –, setzte sein Verhör unbeirrt fort.

»Sie besitzen also die Fähigkeit, aus 177 Metern Entfernung eine Gefühlsregung wie Angst oder wachsende Panik wahrzunehmen?«, fragte Roux, nun mit merklicher Ungeduld.

»Unsere Fenster standen offen, die Klimaanlage war nicht eingeschaltet«, antwortete Burger.

Roux bat sie darum, doch einmal objektiv an den Sachverhalt heranzugehen. Sie habe doch in ihrer Zeugenaussage zu Nel gesagt, dass sie – bevor die Schüsse fielen – gehört habe, wie ein Mann um Hilfe gerufen habe. Wenn ein Mann die Absicht hat, seine Freundin zu erschießen, die sich im Badezimmer eingeschlossen hat – würde er dann wirklich nach Hilfe schreien?

»Sie schrie nach Hilfe, er schrie nach Hilfe. Warum weiß ich auch nicht, Euer Ehren«, sagte Burger.

Roux machte eine Kunstpause, zeigte dann mit dem Finger auf sie und fragte unverblümt: »Wenn Sie jetzt hier Ihre Aussage machen – tun Sie es dann nicht vor dem Hintergrund Ihrer festen Überzeugung, dass Oscar Pistorius in der Kautionsverhandlung log und dass seine ganze Verteidigung eine Lüge ist?«

»Ich kann einfach nicht nachvollziehen, dass ich eine Frau laut und vernehmlich schreien hörte, während Mr. Pistorius es nicht hören konnte.«

»Wenn er behauptet, er habe das Opfer nicht schreien gehört, muss er lügen – das ist doch Ihr Standpunkt. So wie sich für sie die Dinge darstellen, kann er einfach nicht die Wahrheit sagen. Glauben Sie, dass Mr. Pistorius lügt?« Sie sagte erneut, dass sie eindeutig die panischen Hilferufe einer Frau gehört habe – und erneut stellte Roux ihr die Frage: »Glauben Sie, dass Mr. Pistorius lügt?« Burger betonte noch einmal, dass sie nicht verstehen könne, dass Pistorius die Rufe, die sie deutlich gehört habe, nicht vernahm.

Fünf Mal wiederholte Roux die Frage, fünf Mal verweigerte sie ihm ein eindeutiges Ja oder Nein. Nel stand auf und erhob Einspruch, doch die Richterin, die sich die ganze Zeit Notizen gemacht hatte, gab dem Einspruch nicht statt.

Roux wechselte das Thema und widmete sich dem Cricketschläger. Die Verteidigung argumentierte wie folgt: Zunächst hatte Pistorius die Schüsse abgegeben, dann geschrien und danach versucht, mit dem Schläger die Tür einzuschlagen. Burger blieb bei ihrer Aussage, dass dies Reevas Schreie waren. Roux unternahm einen weiteren Anlauf, um Zweifel an ihrer Darstellung zu nähren: Wenn die zweiten Schüsse, die sie gehört habe, nun gar keine Schüsse, sondern Geräusche, die durch den Aufschlag des Schlägers gegen die Tür erzeugt worden waren, dann bedeute das auch, dass die Schreie von Pistorius stammen mussten, da Reeva zu diesem Zeitpunkt schon tot war. Roux unterstellte Burger, dass sie gar nicht in der Lage sei, zwischen dem Klang eines Schusses und dem eines Cricketschlägers zu unterscheiden.

»Nehmen wir einfach mal an«, so Roux, »dass Sie sich entschlossen haben, seine Version nicht zu glauben – und folglich die Geräusche des Schlägers als Schüsse und seine Schreie als ihre deuteten.«

Das Kreuzverhör stand auf des Messers Schneide.

»Ich bin mir ziemlich sicher, dass ein Schuss um einiges lauter ist als ein Cricketschläger«, sagte Burger mit dem gleichen spöttischen Unterton, den Roux angeschlagen hatte.

Keine Frage: Burger hatte es geschafft, ihre Glaubwürdigkeit zu verteidigen. Sie hatte sich nicht einschüchtern lassen, doch als das Kreuzverhör beendet war und Richterin Masipa sie entließ und sich für ihre Hilfe bedankte, sah man, dass der Disput mit Roux nicht spurlos an ihr vorübergegangen war. Wie jeder gute Prozessanwalt hatte er sie immer weiter in die Enge getrieben, bis sie kaum noch Luft zum Atmen hatte, geschweige denn zum Denken. Als Burger den Zeugenstand verließ, brach sie in Tränen aus.

Gerrie Nel sollte Ähnliches im weiteren Verlauf des Prozesses auch mit Zeugen der Verteidigung erleben. Mit seinen 32 Jahren Berufserfahrung war Barry Roux zweifellos ein alter Hase, der genau wusste, wie er die Leute anpacken musste. Wenn er sich jemanden vorknöpfte, konnten sich die meisten Zeugen nicht mehr erinnern, was sie morgens zum Frühstück gegessen hatten – geschweige denn, was sie vor zwölfeinhalb Monaten gehört hatten, als sie mitten in der Nacht aus dem Schlaf gerissen wurden.

Mit Estelle van der Merwe, der nächsten Zeugin, ging Roux allerdings erheblich behutsamer um – nicht zuletzt, weil sie im Zeugenstand wesentlich nervöser wirkte als Burger. Er wollte bei der Richterin nicht den Eindruck eines rücksichtslosen Rambos erwecken – zum einen, weil sich der zentrale Bestandteil von van der Merwes Aussage ohnehin nicht mit den anderen Zeugenaussagen deckte, zum anderen, weil ihre Ausführungen sogar indirekt der Verteidigung in die Hände spielten.

Van der Merwe, eine Frau mittleren Alters, war die einzige Zeugin der Anklage, die die These der Staatsanwaltschaft bestätigen konnte, dass den Schüssen ein Streit vorausgegangen sei. Sie machte ihre Aussagen in Afrikaans – wobei ein farbiger Dolmetscher ihre Ausführungen ins Englische übersetzte – und bestätigte, dass sie kurz vor zwei Uhr durch eine lautstarke Auseinandersetzung in einem Nachbarhaus geweckt worden sei – mehr als eine Stunde vor den Schüssen. »Es klang so, als würden sich Leute streiten.« Sie fuhr fort, dass sie für mehr als eine Stunde »laute Stimmen« gehört habe – und versuchte ihre Glaubwürdigkeit mit dem Hinweis zu untermauern, dass sie nicht wieder eingeschlafen sei, weil ihr Sohn am nächsten Tag eine Prüfung in der Schule hatte. Nach einiger Zeit habe sie sich ein Kissen über den Kopf gezogen, um von dem Lärm nicht so gestört zu werden. Wie Roux gleich zu Beginn des Verhörs betonte, bestand die Krux für den Staatsanwalt darin, dass sie über den Inhalt der Auseinandersetzung keine Aussagen machen konnte. Sie konnte nicht einmal feststellen, in welcher Sprache der Disput geführt wurde – und ebenso wenig, aus welchem Teil der Wohnanlage die Stimmen kamen.

Gegen drei Uhr hörte sie vier Schüsse, die allerdings nicht von einer Pause unterbrochen waren, wie Michelle Burger ausgesagt hatte, sondern »einen nach dem anderen«. Danach sei es kurz völlig still gewesen, gefolgt von einem weiteren Tumult. Ihr Ehemann sei aufgewacht, habe aus dem Fenster geschaut, aber nichts Verdächtiges bemerkt. Dann habe sie gehört, wie jemand laut schrie. Roux fragte, was für eine Art Schreie das gewesen seien. »Das fragte ich meinen Mann auch – und er meinte, dass es Oscars Stimme gewesen sei. Für mich klang es eher wie die Stimme einer Frau.«

Roux erklärte das Kreuzverhör für beendet. Auch wenn sein Name auf der Zeugenliste stand, verzichtete die Staatsanwaltschaft darauf, Mrs. van der Merwes Ehemann Jacques in den Zeugenstand zu rufen. Auf der Liste befanden sich ursprünglich 107 Namen, aber die meisten von ihnen – Sanitäter, die zu Pistorius' Haus gerufen worden waren, Polizisten, die den Tatort abriegelten – waren von der Staatsanwaltschaft nur für den Fall benannt worden, dass kleinere Details noch weiterer Klärung bedurft hätten. Am Ende beschränkte sich Nel auf 21 Zeugen.

Interessant an Mrs. van der Merwes Ausführungen war noch die beiläufige Bemerkung, dass sie nach den Schüssen und dem anschließenden Chaos wieder eingeschlafen sei – und dass sie über den Vorfall auch nicht mit ihrem Ehemann am nächsten Morgen beim gemeinsamen Frühstück gesprochen habe. Es war ein aufschlussreicher Einblick in die südafrikanische Realität, in der nächtliche Schüsse an der Tagesordnung sind – scheinbar auch in einer exklusiven, streng bewachten Wohnanlage. Selbst der Aufruhr, der sich mitten unter ihnen abgespielt hatte, wurde als nichts Besonderes wahrgenommen.

Als Nächstes kam Charl Johnson, Michelle Burgers Ehemann, in den Zeugenstand. Im Prinzip bestätigte er die Aussage seiner Frau und erklärte, dass er vor und während der Schüsse Schreie gehört habe. Nur in einem Detail wich er von der Darstellung seiner Gattin ab: Er war sich nicht so sicher wie sie, vier Schüsse gehört zu haben. Vielleicht waren es auch nur drei. Nichtsdestotrotz biss sich Roux im Kreuzverhör daran fest, dass Johnsons Aussage der seiner Frau verdächtig ähnele. »Sie sprach über diesen schwächer werdenden Schrei, Sie sprechen von einem schwächer werdenden Schrei. Wie erklären Sie sich diese Übereinstimmung, Mr. Johnson?«

»Wenn zwei Menschen, die zehn Meter voneinander entfernt sind, dasselbe erleben, werden sich ihre Erinnerungen daran zwangsläufig ähneln«, sagte Johnson, ein hochgewachsener, schlanker, gelassener Mann, der entschlossen war, sich nicht von Roux aus der Ruhe bringen zu lassen.

Als Johnson eine weitere Formulierung gebrauchte, die schon seine Frau benutzt hatte, schüttelte Roux den Kopf, lächelte müde und sagte: »Mr. Johnson, ich sollte Sie besser unterbrechen. Scheinbar wissen Sie nicht, was Sie sich gerade antun. Denn offenbar haben Sie Ihre Aussage mit Ihrer Frau abgestimmt.«

»Ich kann ehrlich sagen, dass wir über den Fall nicht weiter gesprochen haben«, antwortete Johnson. Roux antwortete: »Wenn Zeugen das Wort ehrlich benutzen, komme ich immer ins Grübeln. Ihre Interpretation der Vorfälle dient nur dazu, den Angeklagten zu belasten – was sehr bedauerlich ist. Sie und Ihre Frau hätten genauso gut gemeinsam aussagen können.«

Nel erhob Einspruch – und diesmal gab ihm die Richterin statt. Ruhig und leise sagte sie: »Gehen Sie da nicht zu weit, Mr. Roux?«

»Das hat das Gericht zu befinden, Euer Ehren«, sagte Roux – wobei »das Gericht« natürlich niemand anderes war als Masipa selbst. Aber keine Frage: Er hatte seinen Stich trotzdem gemacht. Roux verfolgte das Thema nicht weiter, sondern wandte sich einem Sachverhalt zu, der in seinen Augen die Frage beantwortete, warum Johnson und seine Frau die Schläge mit dem Cricketschläger für Schüsse gehalten hatten.

Nachdem er das, was er für Schüsse hielt, gehört hatte, rief Johnson umgehend beim Sicherheitsdienst an. Es war 3:16 Uhr. Die Protokolle der Telefongesellschaft belegten aber auch, dass Pistorius um 3:19 Uhr seinen Freund Johan Stander anrief, der auch der Manager der Wohnanlage war. Roux argumentierte, dass Pistorius überhaupt nicht die Zeit hatte, die Schüsse abzufeuern, seine Prothesen anzuschnallen, mit dem Schläger die Tür einzuhauen und den Anruf zu tätigen. Aus diesem Grunde mussten es die Schläge mit dem Cricketschläger gewesen sein, die Johnson gehört habe. Ruhig und ungerührt antwortete Johnson, dass das, was er gehört habe, eindeutig Schüsse gewesen seien.

»Manchmal sind Menschen felsenfest davon überzeugt, dass etwas passiert ist – und genau so erzählen sie es dann auch anderen Leuten«, sagte Roux. »Was aber noch lange nicht heißt, dass es sich wirklich so abgespielt hat.« In seiner Stimme schwang ein Tadel für Johnsons vermeintliche Sorglosigkeit mit, als er anfügte: »Es geht hier immerhin um das Leben eines Mannes, Mr. Johnson.«

Der nächste Zeuge war Dr. Johan Stipp. Von den fünf Nachbarn, die vom Staatsanwalt aufgerufen wurden, war der Arzt mit Abstand der überzeugendste. Er konnte offensichtlich scharf denken und sich präzise artikulieren, er war eloquent und besaß eine feste, vertrauenerweckende Stimme. Zudem lebten er und seine Frau Anette (die nach ihm aussagte, aber keine zusätzlichen Erkenntnisse liefern konnte) nur 72 Meter vom Tatort entfernt, also näher als Burger und Johnson oder Estelle van der Merwe.

Stipp schien in jeder Beziehung der ideale Zeuge der Anklage zu sein – und doch sollte seine Aussage eher der Verteidigung in die Hände spielen. Darüber hinaus lieferte Stipp auch einen der emotional aufgeladensten Höhepunkte des gesamten Prozesses.

In seiner Antwort auf Nels Frage erklärte Stipp, dass er – erstens – gegen drei Uhr von drei lauten Geräuschen geweckt worden sei, bei denen er sicher war, wie er umgehend seiner Frau sagte, dass es sich um Schüsse handelte. Zweitens habe er Schreie gehört. »Es hörte sich für mich wie die Stimme einer Frau an«, sagte er. »Sie klang verängstigt, sie klang völlig aufgelöst, sie klang schmerzverzerrt, panisch – so panisch, als würde sie im nächsten Moment ohnmächtig, würde ich sagen.« Nachdem er drittens Licht im Haus des Angeklagten gesehen habe und Zeuge wurde, wie eine Person am Fenster von rechts nach links ging, habe er den Sicherheitsdienst der Wohnanlage angerufen, doch sei die Leitung besetzt gewesen. Daraufhin habe er die Nummer des Polizeinotrufs gewählt. Viertens: Während er telefonierte, habe er »zwei bis drei« laute, schnell aufeinanderfolgende Schläge gehört. Fünftens sei er auf den Balkon gegangen, wo er einen Mann »Hilfe, Hilfe, Hilfe« rufen hörte.

Abgesehen davon, dass er die Schreie einer weiblichen Stimme zuordnete, gab es in Stipps Darstellung mehr Übereinstimmungen mit der Version der Verteidigung als mit der des Staatsanwalts – vor allem, was die Reihenfolge der gehörten Geräusche betraf: dass es zunächst Schüsse gegeben habe, dann Pistorius' Schreie, dann die Schläge mit dem Cricketschläger. Die Staatsanwaltschaft hatte ja eingeräumt, dass Steenkamp nach den vier Schüssen – von denen einer ihren Kopf traf – nicht mehr in der Lage gewesen sei, überhaupt noch einen Laut von sich zu geben. Roux war plötzlich klargeworden, dass Nel sich damit ein Eigentor geschossen hatte, dass er Dr. Stipp in den Zeugenstand berufen hatte.

Für Pistorius sollte sich Dr. Stipps Aussage nicht nur als unerwartetes Geschenk, sondern auch als zweischneidiges Schwert erweisen. Dr. Stipp, so hatte er ausgesagt, sei einer der Ersten gewesen, die nach den Schüssen vor seiner Tür gestanden hätten. Stipp habe gesagt, dass er Arzt sei – und für einen kurzen Augenblick hatte Pistorius tatsächlich gehofft, dass er Reeva vielleicht noch retten könne. Aber Stipp konnte nichts mehr für sie tun. Nicht nur das: Jetzt war er sogar hier als Zeuge der Anklage, als Gewährsmann des verhassten Gerrie Nel, um auch sein eigenes Leben zu zerstören. Pistorius befürchtete, dass Stipp früher oder später detailliert das Schreckensszenario beschreiben würde, das er in seinen Albträumen immer wieder durchlebte und das seit über einem Jahr auch seinen Wachzustand zum Albtraum machte. Und genauso kam es auch. Nel hatte nicht die Absicht, ihm diese Tortur zu ersparen.

Nel fragte Stipp, was sich nach seiner Ankunft in Pistorius' Haus zugetragen habe.

»Ich wurde hineingebeten«, sagte Stipp. »Auf dem Boden lag eine Frau, während der Mann neben ihr kniete. Seine rechte Hand lag auf ihrer Leiste, die Finger der linken Hand befanden sich in ihrem Mund. Sie hatte ihre Zähne zusammengebissen. Er sagte: ›Ich hab sie erschossen. Ich dachte, es sei ein Einbrecher. Ich hab sie erschossen.‹«

Pistorius, der auf seiner Holzbank saß, beugte sich nach vorn, bis sein Kopf fast die Knie berührte. Er hatte sein Hände vors Gesicht gelegt, seine Schultern zuckten. Doch Stipp fuhr ungerührt fort.

»Ich vermute, dass der Angeklagte ihr die Finger in den Mund schieben wollte, um ihre Atemwege zu öffnen. Ich wollte ihm helfen, doch nachdem ich vergeblich nach einem Lebenszeichen bei ihr gesucht hatte, wusste ich, dass es zu spät war. Sie hatte keinen Puls mehr. Ich öffnete ihr rechtes Augenlid, doch ihre Kornea war bereits milchig.«

Pistorius schluchzte herzerweichend. Als er durch die gespreizten Finger seiner Hände zur Richterin sah, konnte er allerdings feststellen, dass sie ihn ignorierte und stattdessen aufmerksam die Aussage des Zeugen zu ihrer Linken verfolgte und sich Notizen machte. Pistorius brach völlig zusammen und heulte hemmungslos. Er hatte sich überhaupt nicht mehr im Griff und schluchzte in einem Saal voller Zuschauer, die von seinem Gefühlsausbruch peinlich berührt waren.

Stipp fuhr fort und beschrieb mit geradezu wissenschaftlicher Präzision die Szene, die er in jener Nacht vorgefunden hatte. Pistorius verschränkte seine Finger im Nacken und drückte seine Unterarme gegen die Ohren, konnte aber nicht verhindern, dass er die Worte trotzdem hörte.

»Ihre Zähne bissen hart auf seine Finger. Es war offensichtlich, dass ihre Verletzungen zum Tod geführt hatten ...«

»Bitte reden Sie weiter, Dr. Stipp«, sagte Nel.

»Ich sah Wunden auf ihrem rechten Oberschenkel und Arm, ich konnte Hirnmasse sehen, da die obere Schädeldecke offen war ...«

Pistorius begann zu würgen. Er hatte plötzlich wieder den Geruch ihres Blutes in der Nase. Der neben ihm sitzende Gerichtszeichner reichte ihm eine weiße Plastiktüte, doch auch wenn sein Magen rebellierte, konnte er sich nicht übergeben. Zumindest nicht jetzt. Er würgte wieder – und Aimée, die hinter ihm saß, schlug die Hände vors Gesicht und fing an zu weinen. Brian Webber beugte sich vor und legte eine Hand auf seine Schulter. Barry Roux stand auf und bat die Vorsitzende um eine Pause. Sie kam der Bitte umgehend nach, erhob sich, verneigte sich und hinkte aus dem Gerichtssaal. Aimée eilte zu Pistorius, ihren Bruder Carl im Gefolge – und die drei Geschwister fielen sich in die Arme. Sie sahen aus wie drei obdachlose Waisenkinder, die vor einem Sturm Schutz suchen.

Es war der 6. März, der vierte Tag des Prozesses und der zwölfte Todestag ihrer Mutter.

Es schien unmöglich, dass sich Pistorius an diesem Tag noch so weit fangen würde, dass er dem Prozess noch weiter folgen könnte. Doch zur Überraschung aller schaffte er es. Als Richterin Masipa eine halbe Stunde später zurückkehrte, hatte er sich wieder gesammelt – und als kurz darauf Roux mit dem Kreuzverhör begann, hörte er aufmerksam zu, machte sich Notizen und lieferte nicht zum letzten Mal in diesem Prozess ein Beispiel dafür, dass sich seine Gemütslage schlagartig ändern konnte.

Roux hatte Stipps Aussage konzentriert und mit wachsender Verwunderung verfolgt. Als er mit dem Kreuzverhör begann, war er die Höflichkeit in Person und behandelte den Doktor wie einen geschätzten Berufskollegen. Er versuchte gar nicht erst, ihn in Widersprüche zu verwickeln, sondern schien sich ausschließlich auf akademischer Ebene mit ihm auszutauschen. Roux hatte gar nicht die Absicht, Stipps Aussage in Zweifel ziehen – im Gegenteil. Er war auf einmal in der sehr ungewöhnlichen Situation, die Glaubwürdigkeit eines Zeugen der Anklage nicht erschüttern zu wollen.

Roux ließ Stipp wissen, dass ihm ein medizinischer Experte erklärt habe, dass das Opfer nach den Schüssen nicht mehr in der Lage gewesen sei, zu schreien. Ob er diese Meinung teile? Stipp bejahte. Wenn das aber der Fall sei, so Roux, könne es also nicht das Opfer gewesen sein, das nach den Schüssen geschrien habe. Und eine andere Frau sei zu diesem Zeitpunkt ja nicht im Haus gewesen.

Nel sprang von seinem Sitz auf. »Einspruch, Euer Ehren!« Er wirkte nervös. Ihm dämmerte, dass es ein Fehler war, Dr. Stipp in den Zeugenstand gerufen zu haben. Und sollte Nel das Dilemma noch nicht in vollem Umfang erkannt haben, so half ihm die Richterin mir ihrer Einschätzung des Auftritts von Dr. Stipp: Der Zeuge, sagte sie leicht irritiert, scheine die Position der Verteidigung zu vertreten und nicht die der Anklage. Was aber natürlich kein Grund sein könne, Mr. Roux's Frage nicht zuzulassen. Sie wies den Einspruch ab und bat den Verteidiger, mit der Befragung fortzufahren.

Roux quittierte die Richterentscheidung mit einem leichten Nicken und wandte sich wieder dem Zeugen zu. »Also, Dr. Stipp«, sagte er, »wenn wir davon ausgehen, dass die Schreie nicht von der Verstorbenen kommen konnten – wer sonst hätte schreien können? Wäre es denkbar, dass es Mr. Pistorius war?«

»Ich weiß es nicht. Wäre es denkbar?« Stipp wirkte unschlüssig.

Roux – dankbar, diesen Punkt zu seiner Zufriedenheit abhaken zu können – wandte sich der größten Ungereimtheit in Stipps Aussage zu. Er behaupte, zwei Serien von Schüssen gehört zu haben, während die Anklage wie auch die Verteidigung von der Tatsache ausgingen, dass nur einmal Schüsse abgefeuert worden seien.

»Ich stelle einfach einmal die Möglichkeit zur Diskussion«, sagte Roux, »dass die letzten zwei oder drei Geräusche von einem Cricketschläger stammten, mit dem eine Tür eingeschlagen wurde – auch wenn Sie von Ihnen als Schüsse wahrgenommen wurden.«

»Sie klangen identisch«, sagte Stipp.

»Die tatsächlichen Schüsse hatten Sie aber bereits vorher gehört«, sagte Roux, »folglich muss es für die nachfolgenden Geräusche eine andere Erklärung geben.«

Stipp zuckte mit den Schultern. Nel machte einen angespannten Eindruck, während sein Chefermittler Mike van Aardt, der gewöhnlich teilnahmslos wirkte, kerzengerade auf seinem Stuhl saß.

»Sollte die Staatsanwaltschaft davon ausgehen, dass es zwei Serien von Schüssen gab«, fuhr Roux fort, »dann sollten sie uns die entsprechenden Erkenntnisse aber auch zugänglich machen, Euer Ehren. Oder hat uns der Staatsanwalt etwa die ganze Zeit hinters Licht geführt?«

Roux wollte mit seiner spitzen Bemerkung natürlich nur Unruhe stiften. Und das gelang ihm auch: Nel rutschte nervös auf seinem Stuhl hin und her – zumal Roux zum Abschluss des Kreuzverhörs Dr. Stipp bat, noch einmal eine Aussage zu bestätigen, die er im Verlauf von Nels bemerkenswert nachlässiger Befragung gemacht hatte. Es ging um die Gefühlslage des Angeklagten, als Stipp etwa 15 Minuten nach den Schüssen dessen Haus betrat. Stipp erklärte, dass Pistorius »völlig aufgelöst« gewesen sei und Gott angefleht habe, seine Freundin zu retten. »Bitte, Gott, bitte, lass sie am Leben«, habe er laut gefleht.

»Hatten Sie den Eindruck, dass seine Gefühle echt waren?«, fragte Roux.

»Auf mich wirkten sie echt«, antwortete Stipp. »Er war in Tränen aufgelöst.«

Nachdem Stipp den Zeugenstand verlassen hatte, gab es eine Unterbrechung. Arnold Pistorius, der den Prozess konzentriert und mit unbewegter Miene verfolgt hatte, erlaubte sich ein Lächeln. Er ging nach vorne und flüsterte seinem Neffen etwas ins Ohr. Es war das erste und letzte Mal im gesamten Prozess, dass die Anwesenden Pistorius lächeln sahen. Ermutigt von dem unerwarteten Hochgefühl, vielleicht auch in der aufkeimenden Hoffnung, dass man seiner Darstellung doch noch Glauben schenken würde – selbst im Lager seiner lautstärksten Kritiker –, ging er zu den drei Damen der ANC Women's League, die in ihren grün-schwarzen Kostümen auf der ersten Zuschauerbank saßen. Er begrüßte sie und gab jeder Frau die Hand. Sie schauten ihn perplex an, erwiderten aber den Händedruck.

Später, außerhalb des Gerichtssaals, bemerkte jemand zu Arnold

Pistorius, dass Barry Roux für seinen Neffen wirklich ganze Arbeit leiste. Arnold nickte, grinste und sagte: »Gerrie Nel aber auch!«

Einen Monat später – das Kreuzverhör seines Neffen hatte begonnen – sah er die Dinge ganz anders. Nel sei ein rachsüchtiger Giftzwerg, schimpfte er im Familienkreis und unter Freunden, ein Mann, der nicht an der Wahrheit interessiert sei, sondern nur sein Ego bauchpinseln wolle, ein Mann, der den Prozess um jeden Preis gewinnen müsse. Bis zu diesem Moment aber blieben Arnold Pistorius und seine Familie, so argwöhnisch sie auch sonst waren, im festen Glauben, dass sich die Dinge in ihrem Sinne entwickeln würden.

Die Tage und Wochen verstrichen, immer wieder unterbrochen von nicht eingeplanten Verzögerungen. Die Staatsanwaltschaft quälte sich durch den weiteren Prozess, der manchmal so nervtötend stupide und ergebnislos vor sich hindümpelte, dass selbst der Mann, dessen Leben hier auf dem Spiel stand (und der mehrfach von einem derart starken Brechreiz überwältigt wurde, dass ihm der Gerichtsdiener einen grünen Plastikeimer neben den Stuhl stellte), auf weitere Notizen verzichtete und stattdessen geistesabwesend auf seinem Notizblock herumkritzelte. Aufschlussreicher indes war die Tatsache, dass er in den Prozesspausen manchmal einen Bibel-Leitfaden aus seinem Aktenkoffer zog oder ein Buch mit dem Titel *Breakthrough Prayer: The Power of Connecting with the Heart of God,* das Jim Cymbala, der Pastor der Brooklyn Tabernacle Church, geschrieben hatte. Pistorius las dort von Menschen, die im Moment höchster Not Trost im Gebet gefunden hatten.

Nel hatte zu Beginn des Prozesses eingeräumt, dass seine Beweisführung in der Hauptsache auf Indizien basieren werde – auf den Aussagen der Nachbarn etwa, aber auch auf ballistischen und forensischen Untersuchungsergebnissen. Doch nichts davon konnte eine Antwort auf die zentrale Frage liefern: Warum wurden die Schüsse abgegeben? Nel hatte immerhin die Hoffnung, auf diesem Wege die Ungereimtheiten oder offensichtlichen Lügen in der Beweisführung der Verteidigung herauszuarbeiten.

Die ballistischen und forensischen Beweise der Anklage konzentrierten sich daher auf die Frage, wie Pistorius die verschlossene Toilettentür mit dem Cricketschläger bearbeitet hatte, wo die Handys und Kleidungsstücke im Bad und Schlafzimmer lagen, aus welchem Winkel und in welcher Reihenfolge die Schüsse abgegeben wurden. Vor allem wollte Nel so herausarbeiten, dass der erste Schuss nicht das Hirn des Opfers getroffen hatte – dass Reeva also sehr wohl noch in der Lage gewesen sei, nachdem Pistorius zum ersten Mal geschossen hatte, auf sich aufmerksam zu machen.

Um diese Theorie zu belegen, ließ die Staatsanwaltschaft im Gerichtssaal eine Holztür mit dem dazugehörigen Rahmen aufstellen, die bis zum Prozessende dort bleiben sollte: Es war die Toilettentür, auf die die tödlichen Schüsse abgegeben worden waren.

Von den Experten beider Parteien wurde die Tür als stumme Zeugin der Ereignisse in jener Nacht ausgiebig untersucht. Die Tür wurde gewissermaßen zum Symbol für die Schwierigkeit der Staatsanwaltschaft, zweifelsfrei zu beweisen, dass der Angeklagte in einem Anfall von blinder Wut den Abzug gedrückt hatte. Die genauen Positionen der vier Einschusslöcher waren deutlich markiert und befanden sich mal höher, mal tiefer als die Türklinke, also etwa auf Hüfthöhe.

Die Anklage rief als Zeugen zwei Polizisten auf, einen Afrikaans-sprechenden Colonel (der mit Hilfe einer farbigen Dolmetscherin aussagte) sowie einen farbigen Captain, der seine Aussage auf Englisch machte. Klugerweise hatte man darauf verzichtet, Hilton Botha, der als erster Ermittler am Tatort war, in den Zeugenstand zu berufen. Botha hatte sich nicht nur bei Pistorius' Kautionsverhandlung als unzuverlässiger Zeuge erwiesen, sondern stand sogar wenig später wegen versuchten Mordes selbst vor Gericht.

Der Forensiker Colonel Johannes Vermeulen hatte ein Jahr Zeit gehabt, um die Tür gründlich zu untersuchen. Bei der Verhandlung aber stellte sich heraus, dass er eine entscheidende Spur auf dem Türrahmen völlig übersehen hatte. Roux behauptete, dass eben dies die Stelle war, die sein Mandant mit der Beinprothese getroffen habe, als er versucht habe, die Tür einzutreten. Die forensischen Kriminaltechniker der Verteidigung würden diese These im weiteren Prozessverlauf bestätigen, so Roux. Vermeulen, der die Spur gar nicht erst untersucht hatte, konnte darauf nichts erwidern.

Auch in einem weiteren Punkt konnte die Anklage nicht überzeugen. Sie hatte behauptet, Pistorius' Aussage, er sei auf seinen Beinstümpfen ins Schlafzimmer gehumpelt, um zuerst die Prothesen anzulegen und dann mit dem Cricketschläger auf die Tür einzuschlagen, sei eine Lüge. Roux, der mehr als einmal verächtlich schnaubte, bat den bedauernswerten Colonel Vermeulen, den Cricketschläger in die Hand zu nehmen und vor der Tür niederzuknien. Es war offensichtlich, dass Pistorius nicht auf seinen Beinstummeln gestanden haben konnte, als er gegen die Tür schlug: Die Markierungen waren dafür viel zu hoch.

Colonel Vermeulen gab im Kreuzverhör ein derart blamables Bild ab, dass am nächsten Tag ein Aufschrei durch die Medien des Landes ging: Wie war es zu erklären, dass die südafrikanischen Polizeiermittler derart stümperhaft arbeiteten?

Der Ballistiker Christian Mangena, Nels nächster Zeuge, schaffte es zumindest, die Glaubwürdigkeit der Polizei halbwegs wiederherzustellen. Nachvollziehbar und wissenschaftlich fundiert schilderte er, dass die erste Kugel das Opfer am Hüftknochen getroffen habe, der darauf zersplittert sei. Der zweite Schuss habe das Ziel verfehlt, während erst der dritte oder vierte Schuss ihren Schädel traf. Die Kugeln aus der 9-mm-Pistole des Angeklagten seien Black Talon mit Metallmantel gewesen – Dumdum-Geschosse also, die sich wie ein Blumenkelch öffnen und mit ihren Krallen (»Talon«) im menschlichen Gewebe den größtmöglichen Schaden verursachen.

Während Mangena sprach, wurde die Aufmerksamkeit der Zuschauer von einem gellenden Schrei abgelenkt: Pistorius war wieder in seinem Stuhl zusammengebrochen, hatte wieder seine Hände hinter dem Kopf verschränkt, schluchzte mehrfach, würgte – und übergab sich diesmal, von Magenkrämpfen geschüttelt, in den grünen Eimer.

Aimée begann zu weinen, ebenso Lois Pistorius. Ihr Ehemann Arnold hingegen hockte weiterhin so versteinert auf seinem Platz, als säße er einem Porträtmaler Modell. Als man zur Mittagspause kurz auf die Straße trat, sagte Arnold: »Er wusste ja, dass das kommen würde. Er muss wohl oder übel da durch – genau wie wir alle.« Aimée, deren Augen noch immer gerötet waren, lief an den Fotografen und Kameraleuten vorbei, die vor dem Gericht campierten. Wie an jedem Prozesstag kaufte sie in einem Café in einer Nebenstraße ein Sandwich, das sie ihrem Bruder in den Gerichtssaal brachte. Die russische Besitzerin des Cafés verzichtete rücksichtsvollerweise darauf, neugierige Fragen zu stellen.

Nach dem Lunch setzte Roux die Befragung von Captain Mangena fort. Pistorius, der zwei Reihen hinter ihm saß, hatte jetzt zwar immer häufiger Schwächeanfälle, aber Roux konnte und wollte die Richterin nicht um weitere Unterbrechungen bitten. Das Gericht musste sich notgedrungen an das Stöhnen und Schluchzen gewöhnen, das nun regelmäßig von Pistorius zu hören war.

Und Roux musste feststellen, dass er sich an Captain Mangena die Zähne ausbiss: Mit dem waffentechnischen Fachwissen des Polizisten konnte er einfach nicht mithalten. Mangena hatte Laserstrahlen zu Rate gezogen, um die exakte Flugbahn der Kugeln zu berechnen, die – im Falle dieses speziellen Modells – mit einer Geschwindigkeit von 380 Metern pro Sekunde aus dem Revolverlauf austreten. Er hatte den mutmaßlichen Abstand zur Tür ausgerechnet wie auch den genauen Standort und die Körperhaltung des Schützen. Roux versuchte vergeblich Mangena dazu zu bewegen, einzuräumen, dass die Reihenfolge der Schüsse eventuell auch eine andere gewesen sein könnte. Später im Prozessverlauf sollte die Verteidigung ihren eigenen Waffenexperten aufrufen, um an Mangenas Hypothese zu rütteln, doch der pensionierte Polizist war zwar noch erfahrener als Mangena, aber bei Weitem nicht so redegewandt und überzeugend. Er behauptete zwar, dass die Reihenfolge der Schüsse im Nachhinein unmöglich feststellbar sei – doch als ein weiterer Zeuge eine völlig neue These präsentierte (dass nämlich der laute Knall der ersten Kugel im gefliesten Badezimmer ein derartiges Echo ausgelöst habe, dass Pistorius mögliche Schreie gar nicht hören konnte), wuchsen im Gericht die Zweifel am Wert der endlosen Ballistik-Diskussion.

Man brauchte noch einige Tage, um zu klären, ob Pistorius' Behauptung, dass Reeva das Bett in der Nacht nicht mehr verlassen habe, richtig sein konnte. Von beiden Parteien wurden Experten aufgerufen, die mit Hilfe von komplizierten Tests zu beweisen suchten, wie viele Stunden vor ihrem Tod Reeva zum letzten Mal etwas gegessen hatte. Das Ziel der Anklage war, Pistorius als Lügner zu überführen: Anders als er ausgesagt hatte (nämlich dass sie gegen 22 Uhr eingeschlafen und danach nicht mehr aufgestanden sei), müsse sie sehr wohl gegen Mitternacht das Bett verlassen haben, um sich etwas zu essen zu holen. Zu diesem Zeitpunkt sei es vermutlich auch zu einem ersten Streit mit ihm gekommen. Die Verwandten von Pistorius waren genauso befremdet wie seine Anwälte von dem Aufwand, den die Anklage investierte, um die Antwort auf eine Frage zu finden, die letztlich nicht zu beantworten war. Denn selbst wenn Steenkamp in der Nacht tatsächlich noch einmal aufgestanden und zur Küche gegangen war, wie hätte man ausschließen können, dass Pistorius davon nichts mitbekam?

Von all den Zeugen, die der Staatsanwalt aufrufen sollte, wurde niemand von den Medien so ungeduldig erwartet wie Samantha Taylor. Pistorius' Ex-Freundin – die junge Frau, von der er sich getrennt hatte – kannte ihn nun mal viel näher als alle, die noch folgen sollten. Sie war von der Anklage als Zeugin benannt worden, um in einem anderen der vier Klagepunkte gegen Pistorius für Klarheit zu sorgen – nämlich dass er gegen das Waffengesetz verstoßen habe, als er einen Schuss durch das offene Schiebedach seines Autos abgab. Seine Anwälte gingen allerdings davon aus, dass es Nel eigentlich darum ging, Taylor ein Bild von Pistorius zeichnen zu lassen, durch das es plausibler würde, in ihm einen potenziellen Mörder zu sehen.

Als die hübsche Blondine Samantha Taylor im Zeugenstand Platz nahm, schienen sich Wehmut und Resignation in Pistorius' Gesicht widerzuspiegeln. Sie war 17 gewesen, als sie ein Paar geworden waren. Er war völlig verrückt nach ihr gewesen und hatte sie »Sam« oder »Mein kleiner Schmetterling« genannt. Er hat zu ihr gesagt: »Du bist mein Traum, du bist alles, was ich will und was ich brauche«, oder:

»Du bist die Liebe meines Lebens«. Und hier saß sie nun und sollte ihren Teil dazu beitragen, ihn hinter Schloss und Riegel zu bringen.

Vielleicht erinnerte er sich daran, dass sich Samanthas Mutter nach Reevas Tod via Facebook zu Wort gemeldet hatte: Sie sei so froh, dass sich »Sammy aus seiner Umklammerung« gelöst habe und dass »etwas Schlimmes hätte passieren können mit ihr und seiner Waffe«. Neu hingegen war ihm das Gerücht, das einer von Taylors Freunden im Lauf des letzten Jahres in die Welt gesetzt hatte: Bei einem seiner zahlreichen Wutausbrüche habe Pistorius Samantha seine Pistole an den Kopf gehalten. Es lag in erster Linie an dieser Geschichte, dass die Presse so gespannt auf ihren Auftritt war: Würde sie diesen Vorfall vor Gericht bestätigen? Würde sie Pistorius ans Messer liefern und aussagen, dass sie um ihr Leben gefürchtet habe, wenn sie zusammen waren?

Sie tat es nicht. Keine Frage: Wäre die Geschichte wahr gewesen, hätte Nel Taylor schon dazu gebracht, eine entsprechende Aussage zu machen. Was sie allerdings aussagte, war, dass Pistorius den Schuss durchs Schiebedach abgegeben und anschließend laut gelacht habe. Das reichte Nel völlig, um das Bild des rücksichtslosen Waffennarren zu untermauern, das er von Pistorius zu zeichnen suchte.

Im Kreuzverhör stellte Roux der Zeugin eine überraschende Frage: Ob Pistorius, wenn er außer sich sei und schreie, vielleicht wie eine Frau klinge? Sie hätte ihm einen rettenden Ausweg eröffnen können, wenn sie die Frage bejaht oder zumindest Zweifel geäußert hätte. Stattdessen war sie sich völlig sicher: »Nein, Euer Ehren, dem ist nicht so. Er klingt wie ein Mann. Ich habe ihn in Situationen erlebt, wo er außer sich war und mich anschrie. Und er klang dann definitiv wie ein Mann, Euer Ehren.«

Roux konnte ihr zumindest das Zugeständnis entlocken, dass sie ihn nie in einer lebensbedrohlichen Situation habe schreien hören. Doch als er ihr eine Frage stellte, die für die Verteidigung von elementarer Bedeutung war – nämlich ob Pistorius auf sie wie ein Mann wirke, der übermäßig viel Angst hat, Opfer eines Verbrechens zu werden –, sagte sie: »Nicht wirklich.«

Pistorius hatte sich die ganze Zeit Notizen gemacht und auch bei dieser Antwort keine Miene verzogen, doch als sie auf Roux's Nachhaken gestand, noch immer ein wenig traurig zu sein, von ihm verlassen worden zu sein, huschte doch der Anflug eines Grinsens über sein Gesicht.

»Als er mich betrogen hat, war ich am Boden zerstört, Euer Ehren«, sagte sie und konnte sich eine Träne nicht verkneifen. Neben Pistorius sollte Taylor die Einzige bleiben, die im Zeugenstand weinte – was stets eine Unterbrechung des Prozesses nach sich zog. Und jedes Mal war es ihre Schwester, die Taylor tröstete – genau wie es Aimée Pistorius war, die ihrem Bruder beistand.

Ihre amourösen Verstrickungen waren für den Prozess so gut wie nicht von Bedeutung – weder für den Mordfall noch für den Verstoß gegen das Waffengesetz –, dafür aber umso faszinierender für die Sorte Presse, die von Seitensprüngen und anderen intimen Geschichten gar nicht genug bekommen konnte. Wenn Taylor über ihre Beziehung sprechen sollte, konnte sich das für die Verteidigung allenfalls in einer Hinsicht als schädlich erweisen: Wenn die Richterin den Eindruck gewinnen sollte, es bei Pistorius mit einem geborenen Lügner zu tun zu haben. Um diese Möglichkeit von vornherein ausschließen, sah sich Roux zu der fast schon lächerlichen Aufgabe gezwungen, mit Taylor über die Reihenfolge ihrer Seitensprünge zu reden. Pistorius behauptete nämlich, dass sie ihn zuerst betrogen habe – mit Quinton van der Burgh – und zwar Mitte 2012, als er in London bei den Olympischen Spielen war.

»Ich habe nie einen Seitensprung gestanden, weil ich Oscar nie untreu war«, entgegnete sie – und erzählte, dass sie sich in dieser Phase zwar getrennt hatten, nach London aber wieder zusammengekommen seien. Und genau zu dieser Zeit habe er sie mit Reeva betrogen. Roux konterte mit dem Hinweis, dass er im Besitz von E-Mails sei, die offensichtlich auf eine Trennung hinwiesen – Taylor hingegen behauptete, die Trennung sei nie »offiziell« vollzogen worden. Roux räumte gegenüber seinen Kollegen später ein, dass er das Thema nicht weiterverfolgte, weil er der offensichtlich zartbesaiteten und treuherzigen Taylor nicht allzu sehr zusetzen wollte. Er wusste nur zu gut, dass die Richterin ein derart ungleiches Gefecht nicht gebilligt hätte. Wenn er sich weiterhin Hoffnung auf ein für seinen Mandanten möglichst glimpfliches Urteil machen wollte, musste er schon an ihr ausgeprägtes Feingefühl appellieren.

Es war eine von Arnolds Töchtern, die am Abend, nachdem Taylor ihre Zeugenaussage gemacht hatte, Pistorius fragte, wie er sich in eine derart junge und vollkommen naive Frau hatte verlieben können. Seine Cousine konnte sich nicht erklären, wie ihr souveräner, sensibler, weltgewandter Onkel in diesem Mädchen eine ernstzunehmende Partnerin sehen konnte. Eine plausible Antwort darauf hatte ihr Pistorius nicht geben können.

Darren Fresco, der nächste Zeuge, war ebenfalls jemand aus Pistorius' Vergangenheit, dem er zeitweise sehr nahegestanden hatte. Einmal mehr wunderte sich seine Familie, dass sich Pistorius mit jemandem anfreunden konnte, der so schillernd und flatterhaft war. Diesmal hatte er eine Antwort: Er sei einsam gewesen, wenn er nach längeren Auslandsaufenthalten wieder nach Südafrika heimgekehrt sei – und habe sich in dieser Situation über jeden sozialen Kontakt gefreut. Wie er selbst habe auch Fresco unter der Woche Zeit gehabt, abends auszugehen – etwa ins Tasha's in Johannesburg, wo die Schönen und Reichen der Stadt essen gingen.

Fresco bestätigte Taylors Aussage, dass Pistorius durchs offene Schiebedach geschossen habe – schließlich habe er in diesem Moment selbst hinterm Steuer gesessen. Seine Aussage bezog sich auch auf den dritten Anklagepunkt: den Schuss, den Pistorius im Tasha's abgegeben hatte. Fresco war der entscheidende Zeuge, da die fragliche Pistole ihm gehörte. Er habe die Waffe unterm Tisch Pistorius gegeben, der auf seinem Schoß solange damit herumgespielt habe, bis sich ein Schuss löste, der einen anderen ihrer Tischgenossen am Bein streifte. »Oscar sagte: ›Momentan haben mich die Medien auf dem Kieker‹«, so Fresco, »›sei bitte so gut und nimm die Schuld auf dich.‹ Und als guter Freund hab ich's natürlich getan.«

In beiden Fällen – dem Schuss im Auto wie auch dem Schuss im Restaurant – hatte niemand Anzeige erstattet. Keiner der Vorfälle wäre überhaupt jemals vor Gericht gelandet, wenn Pistorius nicht seine Freundin erschossen hätte. Gerrie Nel ging aber davon aus, dass besonders Taylors Aussage bei der Richterin einen bleibenden Eindruck hinterlassen würde. Sollte sie Pistorius' Jähzornigkeit in die Gesamtbeurteilung des Falls miteinbeziehen, so würde eine Verurteilung wegen Mordes im Affekt wesentlich wahrscheinlicher werden.

Roux hingegen war der Meinung, dass die unkontrollierten Gefühlsausbrüche seines Mandanten während dieses Prozesses durchaus eine zweischneidige Angelegenheit waren. Natürlich schienen sie einerseits die These zu bestätigen, dass er Reeva Steenkamp in einem Tobsuchtsanfall erschossen hatte. Andererseits konnten sie aber auch dahingehend interpretiert werden, dass er auf eine eingebildete Bedrohung panisch und völlig unangemessen reagiert hatte. Seine Leidenschaft für Waffen und schnelle Autos, die Schüsse im Tasha's und im Auto, seine Gefühlsausbrüche vor Gericht – all das brachte die südafrikanischen Kommentatoren dazu, anzunehmen, dass er ein ausgewachsenes psychologisches Problem habe, das vielleicht – wie einer es formulierte – auf ein »defektes Pistorius-Gen« zurückzuführen sei. Roux hätte dem wohl nicht einmal widersprochen. Wie er später im Prozess zu argumentieren versuchte, sah er in der Existenz dieses Gens aber eher einen für die Verteidigung nützlichen Vorteil.

Das Gleiche galt für die Textnachrichten, die sich Pistorius und Reeva über den Instant-Messaging-Dienst WhatsApp schickten – und die von der Staatsanwaltschaft mit immensem Aufwand rekonstruiert worden waren.

Pistorius hatte Captain Mike van Aardt einen dicken Knüppel zwischen die Beine geworfen, als er ihn – über seine Anwälte – darüber informierte, dass er die PIN für sein iPhone vergessen habe. Was den Ermittler wie auch Nel natürlich hellhörig werden ließ. Sie waren zuversichtlich, dass entscheidendes Belastungsmaterial noch auf seinem Handy gespeichert sein könnte. Das Problem war, dass es nur einen Weg gab, um sich Zugang zu den Daten – auch den gelöschten – zu verschaffen: Man musste das iPhone zur Apple-Zentrale ins kalifornische Cupertino schicken. Doch bevor sich Apple der Sache überhaupt anzunehmen bereit war, musste eine juristische Einwilligungsbescheinigung vorgelegt werden. Im zweiten Halbjahr 2013 wurden Gerichte in Südafrika und den USA bemüht – mit dem Erfolg, dass einige Tage vor Prozessbeginn die auf beiden iPhones gespeicherten Daten zugänglich gemacht wurden.

Der Staatsanwalt hatte auf eine Textnachricht von Reeva gehofft, die nicht nur einen vermuteten Wutausbruch von Pistorius erklären würde, sondern vielleicht auch die tödlichen Schüsse. Wie die Staatsanwaltschaft hatten auch große Teile der Öffentlichkeit von Anfang an darauf gewettet, dass Eifersucht das wahre Motiv gewesen sei. Die unbekannte Größe in diesem Szenario war der bekannte südafrikanische Rugbyspieler Francois Hougaard, mit dem Reeva vor Pistorius zusammen war. Gerüchten zufolge hatte er Reeva zum Valentinstag eine anzügliche SMS geschickt (oder – in einer anderen Version – über Oscars fehlende Beine gewitzelt), die sie mit ebenso schlüpfriger Eindeutigkeit beantwortet hatte.

Diejenigen, die von Pistorius' Schuld überzeugt waren und – sozusagen im Umkehrschluss – in Reeva eine Heilige sahen, schienen diese Widersprüchlichkeit gar nicht bemerken zu wollen. Die unbestätigten Gerüchte über Reeva und Hougaard, die erst nach ihrem Tod in Umlauf kamen, reichten den Verschwörungstheoretikern jedenfalls, um sich folgende Erklärung zusammenzureimen: Es ging um Hougaard bei dem vermeintlichen Streit, in dessen Verlauf sie ins Badezimmer flüchtete, wo sie sich auf der Toilette verschanzte, um dann im Kugelhagel zu sterben. Es war nicht mehr als eine gewagte Hypothese, die auch dadurch nicht gerade plausibler wurde, dass Hougaard vor Prozessbeginn die Existenz erwähnter Kurznachrichten rundweg abstritt.

Als die WhatsApp-Mitteilungen vor Gericht verlesen wurden, lieferten sie keineswegs den schlagenden Beweis, den sich die Anklage davon versprochen hatte. Dennoch blieb das Vorlesen der Mitteilungen nicht ohne Wirkung: Pistorius empfand es offensichtlich als sehr beschämend, miterleben zu müssen, wie diese sehr privaten Nachrichten einem Millionenpublikum laut vorgelesen wurden.

Hätte er als Außenstehender das Spektakel verfolgen können, hätte er vielleicht sogar selbst gelacht. Die Person, die seine Textnachrichten im Zeugenstand rezitierte, war ein großer, plumper Polizeiermittler namens Francois Moller, der sich durch die 1709 Mitteilungen gekämpft hatte und nun mit feierlicher Stimme die Highlights des Liebesgezwitschers zum Besten gab.

Die einzige Andeutung einer belastenden Aussage war eine Zeile, in der Reeva schrieb: »Manchmal hab ich Angst vor dir – wenn du mich so heftig anblaffst oder wie du auf mich reagierst.« Doch dann bat Barry Roux Moller, auch die Zeile zu lesen, die unmittelbar darauf folgte: »In 90% der Zeit machst du mich wirklich glücklich. Ich glaube, dass wir ganz wunderbar zusammenpassen.«

Roux konstatierte – ohne von Nel korrigiert zu werden –, dass 98 Prozent der Botschaften nicht etwa gegenseitige Anschuldigungen beinhalteten, sondern zärtliches Liebesgeplänkel. Um seine Behauptung zu untermauern, bat er Moller, eine längere, repräsentative Auswahl der Mitteilungen vorzulesen, die Reeva an seinen Mandanten geschickt hatte. Ohne mit der Wimper zu zucken, kam Moller seiner Aufgabe nach: »Ich liebe es, neben dir zu schlafen. Und ich werde dich nicht umkrempeln wollen«, »Du bist eine unglaubliche Person, vor der man nur den Hut ziehen kann«, »Gottes Segen sei mit dir.« Und der letzte WhatsApp-Chat am Nachmittag ihres Todestages: »Baby, kann ich dir am Donnerstag was Schönes kochen?« »Fänd ich riesig«, war seine Antwort.

Sollte sich der Polizeibeamte Moller beim Verlesen dieser endlosen Litanei an Kosenamen unbehaglich gefühlt haben, so hat er sich zumindest nichts anmerken lassen. Doch selbst er dürfte sich gefragt haben, was sich die Anklage von dieser fragwürdigen Geschichte versprach. Sich dermaßen intensiv mit dem Liebesbotschaften eines Mannes zu beschäftigen, den man eines vorsätzlichen Mordes zu überführen versuchte – der in sein vermeintliches Opfer aber anscheinend völlig vernarrt war –, schien schlicht und ergreifend kontraproduktiv. Umso mehr, als sich im weiteren Verlauf herausstellte, dass Reeva keinerlei Valentinstag-Grüße von früheren Liebhabern erhalten hatte, sondern ihr letzter Tweet, geschrieben am Abend des 13. Februars, wie folgt lautete: »Und, womit willst du Morgen deinen Liebling überraschen?«

Um herausfinden zu können, was in der Nacht von Reevas Tod wirklich geschehen war, waren für Richterin Masipa die Geräusche, die die Nachbarn gehört hatten, wesentlich aufschlussreicher. Drei dieser Zeugen wurden von der Verteidigung vorgeladen, nachdem die Anklage nach 15 Tagen ihre Beweisaufnahme abgeschlossen hatte.

Die nun noch ausstehenden drei Zeugen waren zwar von der Polizei vernommen, aber nicht von Nel in den Zeugenstand berufen worden. Die fünf Zeugen, die er selbst aufgeboten hatte, waren allesamt weiß – die drei, die nun von der Verteidigung aufgerufen wurden, ausnahmslos schwarz. Es waren Pistorius' nächste Nachbarn.

Als erster Zeuge wurde Michael Nhlengethwa befragt, dessen Balkon elf Meter von dem Badezimmer entfernt war, in dem Reeva Steenkamp erschossen wurde. Auf Fragen von Roux erklärte Nhlengethwa, dass er zu seinem Nachbarn ein freundschaftliches Verhältnis gehabt habe, ohne dass es zu einem engeren Kontakt gekommen sei. Als er Reeva erstmals begegnete, habe Pistorius sie als »meine Verlobte« vorgestellt. Nhlengethwa, der im Baugewerbe tätig war, machte keinen Hehl daraus, von dem Paar sehr beeindruckt gewesen zu sein.

»Oscar ist jemand, der – wenn er mich sieht – aus dem Auto steigt, um mich zu begrüßen.« Als er Reeva kennenlernte, habe er die Hand zur Begrüßung ausgestreckt, »aber sie breitete ihre Arme aus und drückte mich an sich. Ich wusste sofort, was für ein Mensch sie war.« Er habe Pistorius später einmal den Rat gegeben, sie unter keinen Umständen ziehen zu lassen. Sie sei eine Frau »für die Ewigkeit«.

Nhlengethwa gab zu Protokoll, dass er in der fraglichen Nacht von seiner Frau geweckt worden sei, weil sie ein lautes Geräusch gehört habe. Da er zunächst befürchtet hatte, das Geräusch könne aus dem Inneren seines eigenen Hauses gekommen sein, lief er zunächst ins Schlafzimmer seiner Tochter. Als er sah, dass sie tief und fest schlief, nahm er an, dass das Geräusch von außen gekommen war.

»Dann hörten wir einen Mann, der laut schrie ... Irgendetwas war nicht in Ordnung. Wir bekamen Panik. Man hört sofort den Unterschied zwischen einem normalen Schrei und dem Schrei eines Menschen, der in Gefahr ist, der dringend Hilfe braucht – und wir hatten den Eindruck, dass dieser Mann wirklich in Gefahr schwebte. Er schrie extrem laut.«

Roux bat ihn, die Art des Schreis noch genauer zu beschreiben. Nhlengethwa sagte, dass er »hoch und schrill« gewesen sei. Er habe auch gehört, wie der Mann »Bitte, bitte, nicht!« geschrien habe.

Um 3:16 Uhr rief Nhlengethwa den Sicherheitsdienst an und hörte die Schreie auch während des Telefonats, ja sogar noch danach. Plötzlich sei ihm klar geworden, dass die Schreie aus dem Nachbarhaus kommen mussten. »Ich fragte mich: Ist Oscar okay?«

Gerrie Nel begann mit dem Kreuzverhör in der gleichen Weise, wie es Roux mit Michelle Burger getan hatte: Er unterstellte Nhlengethwa, dass seine Aussage durch die mediale Berichterstattung beeinflusst worden sei. Nhlengethwa machte keinen Hehl daraus, dass er den Fall aufmerksam verfolgt habe. »Oscar ist mein Nachbar«, sagte er. »Es ist doch völlig unvorstellbar, sich dann nicht dafür zu interessieren.«

Nel zitierte die Aussagen der Zeugen, die für die Anklage ausgesagt hatten, und fragte Nhlengethwa, ob er denn auch Schüsse gehört habe und die Geräusche des Cricketschlägers, mit dem gegen die Tür geschlagen wurde, oder die Schreie einer Frau. »Ich habe nichts davon mitbekommen«, sagte Nhlengethwa – und zeigte sich verwundert, dass Nachbarn in weit größerer Entfernung sowohl Schüsse als auch Schreie gehört haben wollten.

Nel fragte ihn, ob er in der Zwischenzeit mit dem Angeklagten gesprochen habe. Nhlengethwa verneinte dies. Und damit – und zur allgemeinen Überraschung – war Nel mit seinem Kreuzverhör bereits fertig.

Roux's nächster Zeuge war Nhlengethwas Frau, Eontle Nhlengethwa. Sie gab zu Protokoll, »von einem Knall, einem sehr lauten Geräusch« geweckt worden zu sein. Dann hörte sie, wie jemand »Hilfe,

Hilfe, Hilfe« schrie. Es sei eine männliche Stimme gewesen, sagte sie. Roux fragte sie, ob sie versuchen könne, einen ähnlichen Laut zu erzeugen. Mrs. Nhlengethwa gab daraufhin ein gellendes Heulen von sich, stellte aber umgehend klar, dass »es von einer männlichen Stimme kam«.

Nel fragte sie später, ob sie eine Frau schreien gehört habe. Als sie die Frage verneinte, drehte er sich ohne Umschweife um und erklärte, keine Fragen mehr zu haben.

Rika Motshuane, Roux's nächste Zeugin, war eine Psychologin, die beim Arbeitsministerium angestellt war. Sie gab zu Protokoll, dass sie und ihr Mann nicht mit dem Angeklagten befreundet seien. Als sie 2008 in ihr Haus eingezogen seien, habe er aber vorbeigeschaut, um sie als neue Nachbarn willkommen zu heißen. Da sie nicht zu Hause waren, seien sie »am nächsten Tag zu ihm rübergegangen, um uns vorzustellen. Er lud uns auf einen Kaffee ein, aber da wir gerade in Eile waren, haben wir das freundliche Angebot ablehnen müssen.«

Sie hatte keine Schüsse oder lauten Schläge gehört, sondern war von den Schreien eines Mannes geweckt worden. »Es war ein Schmerzensschrei, Euer Ehren«, sagte sie. »Ich weckte meinen Mann auf und sagte: ›Hast du das gehört?‹ Er meinte: ›Ja, aber ich dachte, ich hätte geträumt.‹ Ich sagte: ›Nein, der Schrei war echt.‹ Ich war völlig aufgelöst ... Ich sagte, vielleicht sei es ja einer der Sicherheitsleute, der erschossen wurde. Das Schreien war so laut und so nah, dass ich sogar dachte, es könne aus unserem Haus kommen.«

Roux bat auch sie darum, den gehörten Schrei zu imitieren. Wie Eontle Nhlengethwa gab sie ein langes, erstaunlich überzeugendes Heulen von sich, das die Zuschauer im Gericht wie auch vor den Fernsehern erschauern ließ.

Roux fragte, ob sie eine Frauenstimme gehört habe – und auch sie verneinte dies.

Nel drückte auch bei Mrs. Motshuane aufs Gas und überraschte die Beobachter einmal mehr mit dem Tempo, in dem er das Kreuzverhör durchführte. Er fragte sie, ob sie den bisherigen Prozess im Fernsehen verfolgt habe. Sie bejahte die Frage, schränkte aber ein, dass sie das erst getan habe, nachdem sie erfahren habe, nicht als Zeugin der Anklage aufgerufen zu werden. Er fragte sie, ob sie Schüsse gehört habe. Als sie verneinte, sagte Nel: »Keine weiteren Fragen von Seiten der Anklage.« Die Richterin bedankte sich bei Mrs. Motshuane, die daraufhin den Zeugenstand verlassen durfte.

Im Zuschauerraum kursierten zwei Theorien, warum Nel so viel weniger Zeit für ein Kreuzverhör mit den Zeugen der Verteidigung aufwandte, als es Roux mit den Zeugen der Anklage getan hatte. Die eine besagte, dass er ihren Äußerungen einfach keine große Bedeutung zumaß. Alles, was sie gehört hatten, war nach den Schüssen – oder Cricketschläger-Geräuschen – passiert. Sie mussten also die panischen Schreie einer Frau, die von den Zeugen der Anklage gehört wurden, einfach verschlafen haben. Die zweite Theorie besagte, dass er die Bedeutung der männlichen Schreie, die sie gehört haben wollten, so weit wie möglich herunterspielen wollte.

Die Richterin musste letztlich die Frage klären, ob die unmittelbaren Nachbarn, die einen Mann schreien hörten, die Schreie zur gleichen Zeit hörten wie die Zeugen der Anklage, die offensichtlich eine Frau gehört hatten. Wenn ja, würden die Aussagen der unmittelbaren Nachbarn plötzlich erheblich an Gewicht gewinnen. Die größte Hilfe bei der Klärung dieser Widersprüche kam dabei den gespeicherten Daten der Anrufe zu, mit denen sich die Anwohner beim Sicherheitspersonal oder der Polizei gemeldet hatten. Wenn die weiter entfernten Nachbarn die weiblichen Schreie zur gleichen Zeit hörten, als die unmittelbaren Nachbarn die männlichen Schreie hörten, würde das die Position der Verteidigung stärken. Wenn hingegen Nel die Richterin davon überzeugen konnte, dass die Schreie zu verschiedenen Zeiten zu hören waren – dass also die weiblichen Schreie durch die Nacht gellten, bevor die unmittelbaren Nachbarn wach wurden –, würde er sich mit seiner Einschätzung durchsetzen können, dass ihre Aussagen wenig Gewicht hatten. Beide Seiten sollten im weiteren Verlauf versuchen, die Dinge so zu drehen und zu wenden, dass es ihre Darstellung des Tathergangs stützte. Erst am Ende der Verhandlung, als sie in ihren Schlussplädoyers die gesamte Beweislage noch einmal rekapitulierten, sollten sie auch ihre endgültige Deutung dieses Rätsels präsentieren.

Das Team der Verteidigung hatte noch ein weiteres Ass im Ärmel, um die Diskussion über die Schreie in ihrem Sinne zu lenken. Sie riefen als Zeugen Ivan Lin auf, einen Elektroingenieur, der sich auf akustische Messungen spezialisiert und Forschungen zu dem Thema durchgeführt hatte, wie Menschen Schallwellen wahrnehmen. Der junge Brillenträger Lin machte von vorneherein den Eindruck, dass er – anders als die drei Nachbarn – kein persönliches Interesse am Ausgang des Prozesses hatte. Er schien mit dem Namen Oscar Pistorius kaum etwas anfangen zu können und interessierte sich offensichtlich auch nicht für seine missliche Lage. Ganz gleich, ob ihn Roux befragte oder Nel in die Zange nahm: Er antwortete stets als Wissenschaftler, sachlich und unparteiisch.

Auf eine Frage von Roux führte Lin aus, dass er in der Umgebung von Pistorius' Haus einige akustische Tests durchgeführt habe, um den Gehalt der bisherigen Aussagen überprüfen zu können. Er gab zu Protokoll, in der vorangegangenen Woche einen Bericht angefertigt zu haben, der seine Untersuchungsergebnisse zusammenfasste. Er habe dafür im Bad, Schlafzimmer und auf dem Balkon die Lautstärke der entsprechenden Geräuschquellen gemessen – und anschließend berechnet, wie sie in den Häusern der Nachbarn registriert wurden. Er illustrierte seine Vorgehensweise anhand mehrerer Beispiele, die speziell das Verhalten von Schallwellen in einer ruhigen Nacht veranschaulichten. Als Maßeinheit verwendete er dabei db(A) – eine Einheit des Schalldruckpegels, die auf die Eigenarten des menschlichen Gehörs Rücksicht nimmt. Roux hatte offensichtlich die Absicht, das Gericht mit einer Lawine wissenschaftlicher Fakten zu überrollen, und ließ Lin eine ganze Reihe von möglichen Lautstärken – 50, 60, 90, 75, 110, 140 db(A) – vorführen, um den Effekt verschiedener Entfernungen des Hörers von der Klangquelle zu demonstrieren oder aber den Unterschied zu erklären, der bei geschlossenen oder geöffneten Fenstern und Türen entsteht.

»Der Akt des Hörens ist ein analytischer Vorgang«, sagte Lin und führte aus, dass es letzten Endes um die Frage gehe, ob der Hörer einen Klang sowohl als »hörbar« wie auch als »verstehbar« vernehmen könne – das heißt, ob er den Klang nicht nur hören, sondern auch verstehen und interpretieren könne.

All seine Messungen führten natürlich zu der Frage, die Roux von ihm beantwortet haben wollte: War es wirklich möglich, dass Michelle Burger und ihr Ehemann, die 177 Meter entfernt wohnten, nicht nur »markerschütternde« Schreie hören, sondern auch das Geschlecht des Schreienden ausmachen konnten?

Lin entgegnete, dass es nicht immer möglich sei, zwischen dem Schrei eines Mannes und dem einer Frau zu unterscheiden. Konkret, sagte er, »ist es unwahrscheinlich, dass der Schrei von jemandem, der in einem Badezimmer ist, 170 Meter weiter hörbar und verstehbar wahrgenommen wird«. Er sei daher zu dem abschließenden Urteil gekommen, dass es angesichts der Entfernung nicht möglich sei, mit absoluter Sicherheit zu unterscheiden, ob ein Schrei von einem Mann oder einer Frau stamme.

Im Kreuzverhör mühte sich Nel vergebens, Lin auf seinem Spezialgebiet Paroli zu bieten – genau wie es Roux ergangen war, als er die Glaubwürdigkeit des Waffenexperten Mangena anzuzweifeln suchte.

Nels primäres Ziel war es allerdings auch nicht, Lin persönlich unglaubwürdig erscheinen zu lassen, sondern seine wissenschaftliche Disziplin als solche. Es sei doch die normalste Sache der Welt, meinte er, zwischen dem Schrei eines Mannes und einer Frau zu unterscheiden – ein alltägliches Phänomen, für das man keine aufwendigen Messgeräte benötige.

»Man kann aber nicht hundertprozentig sicher sein«, entgegnete Lin. Nel ließ nicht locker. »Wir hören männliche Stimmen, wir hören weibliche Stimmen – und in der Regel sind wir in der Lage, zwischen ihnen zu unterscheiden. Das vermag doch einfach der gesunde Menschenverstand.«

»Richtig«, sagte Lin, »in der Regel ist das so.«

Nel mutmaßte, dass der Schrei einer Frau eine spezifische Klangfarbe, eine andere Tonalität habe – »fast schon so was wie ein musikalischer Ton«. Lin räumte ein, dass das die landläufige Meinung sei. Er wies allerdings auch darauf hin, dass in einer Entfernung von 177 Metern ein sehr lauter Schrei mit 160 db(A) als leiser wahrgenommen würde als der gedämpfte Geräusch-Level im Gerichtssaal, der es auf 40 db(A) bringe.

Nel, der Lin zu keinen Zugeständnisse bewegen konnte, beendete das Kreuzverhör mit der Frage, ob er an der Aufrichtigkeit der Zeugen zweifle: »Sie wollen doch nicht etwa behaupten, dass die Zeugen, die Schreie einer Frau hörten, uns angelogen haben, Mr. Lin?«

»Meine Arbeit besteht ausschließlich darin, aus wissenschaftlicher Sicht die Wahrscheinlichkeit eines Szenarios zu bestimmen«, sagte Lin leicht genervt. »Es ist ganz sicher nicht an mir, zu beurteilen, ob die Zeugen lügen oder nicht.«

Nel beendete das Kreuzverhör. Sein Versuch, Lin als weltfremden Nerd darzustellen, der den Wald vor Bäumen nicht sieht, endete in einem Patt, das niemandem Klarheit verschaffte – und genau das hatte sich Roux davon versprochen, Lin in den Zeugenstand zu rufen. Die alles entscheidende Frage war nun, welche Rückschlüsse die Richterin aus den widersprüchlichen Aussagen der acht Nachbarn ziehen würde, die – mit Ausnahme von Pistorius selbst – die einzigen Zeugen – wenn auch nur Ohrenzeugen – im ganzen Prozess bleiben sollten.

Heerscharen von Journalisten kommentierten den Prozess – sei es auf dem »Oscar-Kanal« des südafrikanischen Fernsehens oder in anderen Medien des In- und Auslands. Sie beurteilten die Glaubwürdigkeit der Zeugen, analysierten die juristischen Winkelzüge von Nel und Roux – und versuchten die Schlussfolgerungen der Richterin vorauszusagen. Die Meinungen gingen diametral auseinander – teils aufgrund der sehr unterschiedlichen juristischen Vorkenntnisse (oder dem gänzlichen Nichtvorhandensein derselben), vor allem aber aufgrund der Tatsache, dass sich viele Kommentatoren – wie auch große Teile der Öffentlichkeit – bereits eine abschließende Meinung über Schuld oder Unschuld des Angeklagten gebildet hatten, bevor der Prozess überhaupt begonnen hatte. Nüchterne Beobachter wiesen darauf hin, wie wenig überzeugend eigentlich beide Versionen erklären konnten, was in Pistorius' Haus geschehen war. Die Tragischer-Unfall-Hypothese war ebenso wenig plausibel wie die Suche nach möglichen Mordmotiven, um erklären zu können, weshalb er die Frau ermordete, die er offensichtlich ebenso liebte wie sie ihn. Abgesehen von Estelle van der Merwes vager und von niemandem sonst bestätigter Aussage hatte die Anklage keine Beweise für ihre Theorie, dass es vor den Schüssen zu einem heftigen Streit gekommen sei.

In einem Punkt hingegen waren sich alle Beobachter einig: Alles, was im Prozess bisher zur Sprache gekommen war, würde verblassen vor der Aussage der einzigen lebenden Person, die genau wusste, was sich in jener Nacht ereignet hatte. Da wirklich überzeugende Fakten Mangelware waren, würde der Ausgang des Prozesses davon abhängen, wie stimmig und plausibel Oscar Pistorius' Aussage sein würde, ob er ein Kreuzverhör überstehen würde, das Nel mit gnadenloser Härte zu führen gedachte – und ob am Ende des Tages die Richterin ihm glauben würde oder nicht.

17

Ich bin gebunden auf einem Feuerrad, dass meine Tränen brennen wie flüssig Blei.

SHAKESPEARE, *König Lear*

Am 7. April 2014 um 12:10 Uhr sagte Barry Roux: »Ich rufe Mr. Pistorius in den Zeugenstand.« Pistorius stand auf und ging rasch an der Sitzbank entlang, die in der Mitte des Gerichtssaals stand und ausschließlich von ihm genutzt wurde. Auf dem Weg zum Zeugenstand schaute er weder nach links zur Richterin noch nach rechts zu den Zuschauerrängen, wo auch Reevas Mutter June Steenkamp Platz genommen hatte. Es war der Moment, auf den er sich über ein Jahr lang vorbereitet hatte – die erste Gelegenheit seit den tödlichen Schüssen, seine Geschichte selbst zu erzählen.

Doch er war alles andere als in einer halbwegs aufgeräumten Verfassung. Allen Medikamenten zum Trotz hatte Pistorius in der Nacht kein Auge zugetan, und eben noch hatte er Roux's ersten Zeugen über sich ergehen lassen müssen – den Pathologen Jan Botha, der mit klinischer Präzision Reevas klaffende Hüftwunde beschrieb und dann die Löcher in ihrem Schädel, aus denen die Hirnmasse herausquoll. Anschließend hatte Nel während seines Kreuzverhörs auf einer Leinwand

Großaufnahmen des blutverschmierten Badezimmers gezeigt, dann die Wunden selbst und – für einen qualvollen Moment – auch ein Foto der toten Reeva, das ihr Gesicht im Profil zeigte: grau und von Schrammen gezeichnet, mit blutverschmierten Haaren, die Einschusswunde deutlich sichtbar. Reevas Mutter hatte die Hände vors Gesicht geschlagen, einige Zuschauer hatten laut geschluchzt – doch niemand reagierte so bestürzt wie Pistorius. Er drückte sich ein Taschentuch gegen den Mund, um den Brechreiz zu unterdrücken, presste dann die Daumen auf die Ohren und schluchzte lauter als jemals zuvor bei diesem Prozess. Es war unmöglich, die Verhandlung unter diesen Umständen fortzusetzen. Roux stand auf und bat die Richterin, seinem Mandanten eine kurze Unterbrechung zu gewähren. Als sie dem Wunsch entsprach, lief Aimée – kaum weniger aufgelöst als ihr Bruder – einmal mehr zu ihm hinüber, um ihn zu trösten.

Zumindest einen, wenn auch nur schwachen Trost hatte er tatsächlich: Als er sich zur Richterin drehte, um den Eid abzulegen, war er – auf eigenen Wunsch – in der Live-Übertragung des Fernsehens nicht mehr zu sehen. Nichtsdestotrotz konnten Millionen Interessierte via Fernsehen, Radio oder Smartphone zumindest hören, wie ihn eine Gerichtsbedienstete instruierte, ihr folgende Worte nachzusprechen: »Ich schwöre, dass die Aussage, die ich machen werde, die Wahrheit ist, die reine Wahrheit und nichts als die Wahrheit. So wahr mir Gott helfe.« Er musste mit sich ringen, um die Worte über die Lippen zu bringen. Und es schien ihm noch viel schwerer zu fallen, anschließend – noch immer stehend – ein vorbereitetes Statement zu verlesen.

»Bevor ich beginne, möchte ich um Verzeihung bitten«, sagte Pistorius. »Ich möchte diese Gelegenheit wahrnehmen, um Mr. und Mrs. Steenkamp um Vergebung zu bitten, und auch all ihre Familienangehörigen und Freunde, alle, die heute hier versammelt sind, bitte ich um Vergebung.« Sein Kiefer zitterte und seine Stimme war so brüchig und leise, dass seine Worte fast nicht zu hören waren. »Ich kann Sie kaum verstehen, Mr. Pistorius«, unterbrach ihn die Richterin. »Tut mir leid, Euer Ehren«, sagte er und fuhr fort, diesmal etwas gefasster und lauter.

»Seit sich diese Tragödie ereignet hat, ist kein Moment vergangen, in dem ich nicht an Ihre Familie gedacht habe«, sagte er und wandte sich in die Richtung von Mrs. Steenkamp. »Wenn ich morgens wach werde, sind Sie die Ersten, an die ich denke. Die Ersten, für die ich bete. Der Schmerz und das Leid und der Verlust, die ich Ihnen und Ihrer Familie bereitet haben muss, sprengten die Grenzen meiner Vorstellungskraft. Ich wollte nichts anderes, als Reeva zu beschützen. Als sie am Abend schlafen ging, wusste sie, dass sie aus ganzem Herzen geliebt wurde – das verspreche ich Ihnen. Ich habe so oft versucht, meine Worte zu Papier zu bringen und Ihnen zu schreiben, aber Worte können meine Gefühle einfach nicht zum Ausdruck bringen.«

War es Berechnung, ein Trick, den sich seine Anwälte ausgedacht hatten, um die Richterin gnädig zu stimmen? Oder waren ihm diese an Reevas Familie gerichteten Worte ein aufrichtiges Anliegen? Es war wohl beides – wobei June Steenkamp Pistorius mit versteinerter Miene zuhörte. Am nächsten Tag erklärte sie dem britischen Boulevard-Blatt *Daily Mirror*, dass die Entschuldigung ihren gewünschten Zweck verfehlt habe. »Das hat mich nicht berührt«, sagte sie. »Ich wusste ja, dass so was kommen würde. Meine Anwälte hatten mich darauf vorbereitet. Und wenn ich trotzdem zunächst geweint habe, dann nicht wegen seiner Erklärung, sondern weil ich an meine geliebte Tochter denken musste, an all die Schmerzen, die sie erleiden musste. Und daran, dass ich sie nie wieder sehen werde.«

Gleich nach Reevas Tod konnte man die Reaktionen der Familie Steenkamp immer nur auf denjenigen Fernsehsendern und in den Publikationen verfolgen, die – wie der *Daily Mirror* – bereit waren, für ein Interview zu zahlen. Ihr Anwalt Dup de Bruyn hatte der Familie empfohlen, sich in der Öffentlichkeit grundsätzlich nur gegen Zahlung eines Honorars zu äußern. June und Barry Steenkamp lebten von der Hand in den Mund – vor allem zum Zeitpunkt, als Reeva starb. Barry verdiente sich ein Zubrot, indem er an der Landstraße Brennholz verkaufte, während June auf der nahe gelegenen Galopprennbahn selbst zubereite Speisen anbot. Während der kurzen Zeit, als Reeva mit Pistorius liiert war, waren sie auf ihre finanzielle Unterstützung angewiesen, um die wichtigsten fälligen Rechnungen bezahlen zu können. Seit Reeva begonnen hatte, als Model tatsächlich Karriere zu machen und gutes Geld zu verdienen, hatten sie die Hoffnung auf einen sorgenfreien Lebensabend. Nach Reevas Tod drohte ihnen die völlige Verarmung und nackte Not.

Ursprünglich hatten sie gehofft, im Rahmen eines Zivilprozesses Pistorius auf Schadensersatz verklagen zu können, doch mittlerweile sah es so aus, dass sein gesamtes Vermögen von seinen Anwaltskosten aufgezehrt werden könnte, so dass diese ganze Anstrengung, selbst wenn sie Erfolg hätte, vergebens wäre. Erst als sich die Steenkamps mit einer Flut von Interview-Wünschen konfrontiert sahen, war ihnen die zündende Idee gekommen: Um sich für ein Gespräch überhaupt zur Verfügung zu stellen, verlangten sie – mit de Bruyn als Mittelsmann – durchaus stattliche Summen. Keine Frage: Ihr Schmerz musste grenzenlos sein, doch durch eine geradezu perverse schicksalhafte Fügung tat ihre verstorbene Tochter nun mehr für ihre Zukunftssicherung, als es ihr zu Lebenszeiten je möglich war.

Zwei südafrikanische Publikationen, die das nötige Budget und keine moralischen Bedenken hatten, waren die Klatsch- und Promi-Magazine *You* (in Englisch) und *Huis Genoot* (in Afrikaans), die beide im selben Verlag erschienen. Wie de Bruyn durchblicken ließ, erhielten Reevas Eltern für ein Interview 500 000 Rand (umgerechnet ca. 36 000 Euro), für die Abdruckrechte der Fotos, die sie bei der Bestattung zeigen – Reevas Asche wurde im Indischen Ozean verstreut –, weitere 250 000 Rand (rund 18 000 Euro). Im Laufe des nächsten Jahres – und über den Prozess hinaus – gaben die Steenkamps eine ganze Reihe von Interviews, allein in England den Zeitungen *Mail on Sunday*, *Daily Mail*, *Daily Mirror* und *Hello* sowie dem Fernsehsender Channel Five.

Auf diesem Weg erfuhr die Öffentlichkeit von dem, was sie als »unerträglichen Schmerz« bezeichneten oder »die Leere in unserem Inneren, die nie mehr gefüllt werden wird«. Sie erfuhr auch, dass Barry oft in der Nacht aufstand und auf die Veranda ging, um dort etwas zu trinken, zu rauchen und zu weinen.

Regelmäßig ließ de Bruyn die Journalisten wissen, dass die Steenkamps mittellos seien – was sich im Lauf der Monate aber anscheinend ändern sollte. Noch vor Prozessbeginn waren Barry und June in ein neues Haus auf dem Land gezogen, ganz in der Nähe der bei Port Elizabeth gelegenen Trabrennbahn. Barry verkaufte kein Holz mehr, sondern trainierte wieder Rennpferde – und plante, auf ihrem Grundstück (das fast halb so groß war wie ein Fußballfeld) noch Stallungen zu bauen. Im November 2013 war Barry zumindest wieder so gut im Geschäft, dass er an Renntagen drei Pferde auf die Bahn schicken konnte. Oft genug saß dabei Reevas Exfreund Wayne Agrella als Jockey im Sattel.

In der Nähe der Trabrennbahn hatten die Steenkamps auch ein Gasthaus gekauft, das The Barking Spider hieß. June verdiente noch immer mit Kochen ihr Geld, aber diesmal servierte sie ihre Speisen im eigenen Lokal. Journalisten, die hier unangekündigt erschienen, um vielleicht kostenlose Informationen aufzuschnappen, wurden umstandslos hinauskomplimentiert.

Zu Beginn des Prozesses hatte die Pistorius-Familie, die im Gerichtssaal auf der gleichen langen Bank saß wie June Steenkamp, noch versucht, auf Reevas Mutter zuzugehen und ihre Anteilnahme auszudrücken. Aimée war mit einem bedauernden Gesichtsausdruck zu ihr hinübergegangen und hatte ihr ein Papier in die Hand gedrückt. Als ein Journalist einer südafrikanischen Zeitung fragte, ob June zum Inhalt der Notiz etwas sagen möchte, antwortete sie: »Sie kennen doch die Geschichte, Sie kennen doch die Geschichte ...« Der Journalist hatte den Eindruck, dass sie vielleicht etwas gesagt hätte, wenn sie dafür bezahlt worden wäre.

Das letzte Interview, das die Steenkamps vor Prozessbeginn gaben, erschien in der *Mail on Sunday*. June, die in den Interviews immer redegewandter war als ihr Ehemann, sagte, dass es für sie eine Qual sein werde, dabei zu sein, wenn »die letzten Momente meiner wundervollen Tochter« geschildert würden. Sie müsse aber einfach wissen, was Reeva in diesen Momenten durchgemacht habe – und warum Pistorius die Tat begangen habe. »Es geht mir nur darum, zu erfahren, warum Oscar tat, was er tat.«

Gleichzeitig zeigte sie sich erstaunlich versöhnlich gegenüber dem Mann, der ihre Tochter getötet hatte. »Wie immer das Gericht entscheiden wird – ich werde bereit sein, ihm zu vergeben«, sagte sie. »Ich weiß, dass viele Menschen ihn lieber tot sehen würden, wenn sie in meiner Situation wären – tot oder zumindest hart bestraft. Aber ich halte mich an meinem Glauben fest, ich vertraue auf die Gerechtigkeit und verspüre keinen Hass und keine Rachsucht in mir. Das ist nicht meine Art. Ich möchte lieber für ihn beten, so wie ich auch für meine Familie bete, auf dass sie diese furchtbare Zeit übersteht. Ich möchte ihn anschauen, möchte Oscar in die Augen schauen und für mich selbst die Wahrheit entdecken. Ich möchte wissen, was mit Reeva passierte.«

Am 7. März sollte dieser Tag endlich gekommen sein. Hier, im Obersten Gericht in Pretoria, war es tatsächlich das erste Mal, dass sie ihn leibhaftig sprechen hörte, da Reeva ihnen Pistorius nie persönlich vorgestellt hatte. Doch nachdem schon seine einleitenden Worte auf sie keinen Eindruck gemacht hatten, verfolgte sie nun mit ebenso ausdrucksloser Miene, wie Barry Roux seinen Mandanten behutsam durch sein Verhör lotste. Er bat ihn zunächst, seinen gegenwärtigen Gefühlszustand zu beschreiben – um von da aus einen Blick zurück auf die prägenden Ereignisse seiner Kindheit zu werfen.

Pistorius erklärte, dass er seit der dritten Februarwoche, als er von einer Polizeizelle ins Haus seines Onkels gezogen sei, starke Medikamente verschrieben bekommen habe. Allerdings seien die Schlaftabletten und Antidepressiva eine zwiespältige Angelegenheit, da er nun Angst habe, überhaupt schlafen zu gehen. »Ich habe furchtbare Albträume, in denen ich die Ereignisse jener Nacht immer wieder durchlebe. Ich werde wach und rieche das Blut, ich werde wach und bin entsetzt. Und wenn ich aufwache, bin ich derart geschockt, dass ich lieber gar nicht erst wieder schlafen möchte, weil ich nie wieder so aufwachen will. Wochenlang habe ich nicht richtig geschlafen.«

Trost habe er nur im Glauben gefunden. »Mein Glaube hat mir geholfen, das letzte Jahr durchzustehen. Es war ein harter Kampf«, sagte er. Indirekt habe ihm dabei auch Reeva geholfen. »Ich wollte immer eine Freundin haben, die auch gläubig ist. Vor dem Schlafengehen hat sie immer für mich gebetet, und vor den Mahlzeiten beteten wir gemeinsam.«

Roux dirigierte Pistorius durch eine detaillierte Aufarbeitung seines Lebens, wobei er nicht auf die Triumphe und seine legendäre Zähigkeit einging, sondern die emotionalen und körperlichen Handicaps herausarbeitete – und damit das Image, das er vor den tödlichen Schüssen gehabt hatte, praktisch auf den Kopf stellte.

Er begann mit der Beschreibung der angeborenen Missbildung seines Fußgelenk, der sogenannten fibularen Hemimelie – und der Entscheidung, seine Unterschenkel unter den Knien zu amputieren. Die beiden Worte, die er in diesem Zusammenhang am häufigsten benutzte, waren »meine Mutter«. Mit tonloser, leicht weinerlicher Stimme – die so leise war, dass ihn die Richterin mehrfach ermahnte, lauter zu sprechen – sprach er über all die Bereiche seines Lebens, in denen sie ihn besonders geprägt habe.

»Meine Mutter wurde in einer anglikanischen, später dann in einer methodistischen Gemeinde groß. Meine Mutter lehrte mich, auf den Herrgott zu vertrauen.«

»Meine Mutter gab mir die Kraft, mich über meine Körperbehinderung hinwegzusetzen. Sie spornte mich dazu an, verschiedene Sportarten auszuprobieren.«

»Meine Mutter brachte mir bei, mir selbst zu helfen. Sie sagte immer, ich solle nur ja nicht heulend nach Hause kommen und nach den Eltern rufen.«

»Meine Mutter besaß eine Pistole, die sie in einem gefütterten Beutel unter dem Kopfkissen aufbewahrte. Mein Vater war oft nicht da. Nachts kam es daher häufiger vor, dass sie die Polizei rief. Wir alle hatten dann Angst – ich, mein Bruder, meine Schwester – und warteten gemeinsam im Schlafzimmer meiner Mutter, bis die Polizei eintraf.«

»Meine Mutter war unglaublich wichtig für uns. Alles, was ich im Leben gelernt habe, hat sie mir beigebracht.«

Als er auf ihren Tod zu sprechen kam, versagte ihm wieder die Stimme. »Meine Mutter starb, als ich 15 war«, sagte er stockend und war selbst zwölf Jahre später noch immer sehr bewegt. »Sie starb aus heiterem Himmel. Ich war kurz vorher aufs Internat gegangen, sie hatte gerade wieder geheiratet. Wir wussten nicht, dass sie krank war – und plötzlich hieß es, dass sie im Koma liegt... An dem Tag, als sie starb, eilten wir alle an ihr Krankenbett und hatten noch zehn Minuten mit ihr, bevor sie von uns ging.«

Roux, der auch die große Hilfsbereitschaft seines Mandanten angemessen würdigen wollte, befragte ihn zu dem Projekt, das er mit der Strathclyde University in Schottland ins Leben gerufen hatte, um Beinprothesen für Amputierte in Afrika kostengünstig herstellen zu können. Er sprach über seine wohltätiges Engagement für Landminenopfer in Mozambique und seinen Besuch in einer dortigen Küstenstadt, wo er die schnellsten Läufer der Gegend zu einem Wettrennen herausforderte. Nachdem er den Sprint gewonnen hatte, seien einige Amputierte zu ihm gekommen, hätten ihre Hosen hochgezogen, ihre Prothesen gezeigt und gemeint, dass sie »sich nun nicht mehr schämen bräuchten«.

Gleichzeitig räumte Pistorius ein, dass es nicht leicht sei, anderen Amputierten als Vorbild zu dienen. Seine Prothesen empfinde er längst als natürliche Verlängerungen seines Körpers. »Ich mag es nicht, ohne sie gesehen zu werden... Es ist mir peinlich, ich schäme mich, wenn ich sie nicht anhabe. Sie sind ein Teil von mir.«

Und damit ging der erste Tag seiner Zeugenaussage zu Ende – 20 Minuten früher, als im Zeitplan vorgesehen. »Mr. Pistorius ist mit seinen Kräften am Ende«, sagte Roux der Richterin, die verständnisvoll nickte. »Er sieht müde aus und klingt auch so«, sagte sie und fragte Nel, ob er Einwände habe. Er habe nichts dagegen einzuwenden, sagte Nel, »solange es nicht zur täglichen Gewohnheit wird«.

Pistorius stand auf und verneigte sich vor der Richterin, die ihren Platz verließ – um unmittelbar danach auf seinem Stuhl zusammenzusacken und fast auf den Boden zu rutschen. Seine Schwester eilte zu ihm, um ihm zu helfen.

Aimée sollte ihm während des ganzen Prozesses nicht von der Seite weichen – sowohl im Gericht als auch zu Hause. Morgens legte sie ihm seine Kleidung zurecht – schwarzer Anzug, weißes Hemd, Krawatte – und machte ihm Frühstück. Tagsüber saß sie im Gericht und aß mit ihm zu Mittag. (Im Gerichtsgebäude war dafür extra ein Raum zur Verfügung gestellt worden, in dem sie sich meistens alleine aufhielten.) Sie machte ihm das Abendessen und setzte sich neben ihn, wenn er vor dem Zubettgehen noch etwas fernsah. Oft brachte sie ihn sogar zu Bett und schlief auf dem Sofa neben ihm – ganz so, als sei er ein krankes Kind. Was er in gewisser Weise ja auch war. Sie wollte sichergehen, dass er sein Versprechen, das er Onkel Arnold einige Wochen zuvor gegeben hatte, auch hielt: Nämlich sich nicht selbst umzubringen und weiter an den Sinn des Lebens zu glauben.

Tag zwei des Verhörs von Oscar Pistorius begann mit einem Tiefschlag in Form eines Tweets, den Samantha Taylor auf Twitter gepostet hatte – allerdings selbst wieder löschte, da sie die Mitteilung wohl schnell bereute: »Das werden die letzten Lügen sein, die du uns auftischen kannst … Gib Dir wenigstens Mühe.«

Wie der Zufall es wollte, begann Roux sein Verhör mit der Frage, ob Pistorius jemals einen Schuss durchs offene Schiebedach eines Autos abgegeben habe – um anschließend auch die beiden anderen Vergehen gegen das Waffengesetz abzuhaken. Pistorius leugnete, durchs offene Schiebedach geschossen zu haben und widersprach damit den Aussagen von Taylor und Darren Fresco. Für den Schuss im Tasha's machte er Fresco mitverantwortlich, da ihm dieser seine ungesicherte Pistole unter dem Tisch rübergeschoben habe. Den Besitz von Patronen, für die er keinen Berechtigungsschein besaß, erklärte er damit, dass sie nicht ihm, sondern seinem Vater gehörten, für den er sie lediglich bei sich zu Hause aufbewahrt habe.

Roux fragte ihn, welche Einstellung er heute zu Waffen habe. »Ich werde in meinem ganzen Leben nie mehr eine Waffe in die Hand nehmen«, sagte Pistorius.

Roux nickte, machte eine kurze Pause, um ein Schriftstück von seinem Tisch zu holen, und sagte dann betont beiläufig: »Mr. Pistorius, ich möchte nun mit Ihnen über die Ereignisse des 13. Februars sprechen.«

Im Zuschauerraum war plötzlich etwas Unruhe zu spüren, die Anspannung stieg. Vorhang auf zum Hauptakt des Dramas.

Roux befragte Pistorius zunächst zum Verlauf des Abends vor »dem Unfall«. Er sagte, Reeva sei zu ihm nach Hause gekommen, um dort auch die Nacht zu verbringen. Als er gegen sechs Uhr heimkam, sei sie schon im Haus gewesen, da sie das Abendessen vorbereiten wollte. Er duschte und zog sich um. Um sieben Uhr begannen sie mit dem Abendessen und unterhielten sich dabei über das, was sie tagsüber gemacht hatten. Er erzählte, dass er ein Haus in Johannesburg besichtigt habe, das er vorhatte zu kaufen – sie von dem neuen Modelvertrag, den sie nur noch unterschreiben musste. Gegen acht Uhr gingen sie ins Schlafzimmer. Da die Klimaanlage nicht funktionierte und es eine schwül-heiße Nacht war, öffnete er die Schiebetür zum Balkon. Er stellte zwei Ventilatoren – einen großen und einen kleinen – draußen vor die Tür. Wie stets auf Sicherheit bedacht, legte er die Pistole unter die linke Seite des Bettes und stellte einen Cricketschläger neben ein Schränkchen an der Tür.

Er nahm seine Prothesen ab, um sie über Nacht zu lüften, und ließ sie auf dem Boden zwischen Bett und Balkontür liegen. Sie gingen zu Bett, wobei er sich ausnahmsweise auf die linke Seite legte: In einer Schulter hatte er so starke Schmerzen, dass er deshalb sogar einen Arzt konsultiert hatte. Er surfte eine Weile mit seinem iPad im Internet, während sie noch einmal aufstand, um ein paar Yoga-Übungen zu machen. In den Pausen zwischen den Übungen ging sie manchmal zu ihm und gab ihm einen Kuss. Irgendwann sei sie wieder ins Bett gekommen und habe sich noch eine Weile mit ihm unterhalten. Er merkte, wie ihm die Augen zufielen. Er sagte ihr, sie möge später bitte noch daran denken, die Balkontür zu schließen und die Vorhänge zuzuziehen. Er habe dann seinen Kopf auf ihren Bauch gelegt und sei vor ihr eingeschlafen.

Roux lockerte die Spannung im Saal etwas auf, als er wieder das Wort ergriff und ihn fragte, ob er und Reeva irgendwelche Pläne für den Valentinstag gehabt hätten. Pistorius entgegnete, dass sie zumindest nicht geplant hatten, abends auszugehen. Er hatte bei einem Juwelier ein Armband von einem Designer bestellt, den sie sehr schätzte, und wollte es im Lauf des Tages abholen. Sie wiederum hatte ein Geschenk für ihn eingepackt, auf das sie »Ozzie« geschrieben hatte. Es waren vier gerahmte Fotos, auf denen sie gemeinsam zu sehen waren, dazu eine Karte zum Valentinstag, auf die sie geschrieben hatte: »Eigentlich ist heute ein guter Tag, um dir zu sagen, dass ich dich liebe.«

Pistorius hielt inne, seufzte und trocknete seine Augen. Sie hatte keine Möglichkeit gehabt, ihm die Karte zu geben, bevor sie starb.

Roux kam wieder zurück auf die Ereignisse in der besagten Nacht. Was hatte er im Bett an? Pistorius sagte, er habe Basketballshorts getragen. Das war das verabredete Stichwort: Roux bat die Richterin um eine »sehr kurze« Unterbrechung, da er dem Gericht eine wichtige Präsentation nicht vorenthalten wolle. Er machte keine Andeutungen, worum es sich dabei handeln würde.

Nachdem die Richterin ihren Platz verlassen hatte, nickte Roux zu Pistorius hinüber, der daraufhin den Saal durch einen Nebeneingang verließ. Fünf Minuten später kam er in einem langärmligen weißen Unterhemd und schwarzen Shorts zurück. Seine fleischfarbenen Beinprothesen, deren Fußelemente unten in Turnschuhen steckten, waren nun deutlich sichtbar.

Als die Richterin zurückkam, verneigten sich alle Anwesenden – und Roux entschuldigte sich für »die legere Kleidung von Mr. Pistorius«. Aber natürlich hatte er einen guten Grund für diesen Auftritt. Er forderte Pistorius auf, aus dem Zeugenstand zu treten und zu der Tür mit den Einschusslöchern zu gehen, die noch immer auf einer Seite des Gerichtssaals aufgebaut war. Roux bat ihn, die Prothesen abzunehmen.

Pistorius setzte sich auf einen Stuhl, nahm die künstlichen Hilfsmittel mit ein paar schnellen Handgriffen ab und stand auf. Alle im Saal reckten die Köpfe, um dem Geschehen besser folgen zu können. Selbst die Richterin lehnte sich nach vorn. Einer Frau auf den Zuschauerbänken entfuhr ein erschrockenes »Oooh«.

Pistorius war nun rund 30 Zentimeter geschrumpft. Südafrikas Sportidol, von den Medien als Sexsymbol und »heißester Junggeselle« gefeiert, entpuppte sich plötzlich als ein zwergenhaftes Wesen, das alle Mühe hatte, auf seinen dünnen, blassen, faltigen Beinstümpfen überhaupt stehen zu können. Masipa beugte sich weiter vor, um mit regungslosem Gesichtsausdruck die unterschenkellosen Beine zu begutachten. 30 Sekunden später entspannte sie sich und ließ sich wieder in ihren Sessel fallen. Pistorius setzte sich, schnallte die Prothesen an und kehrte auf seinen Platz im Zeugenstand zurück.

Es war ein riskantes Unterfangen von Roux gewesen – einer seiner Schachzüge, um »das Herz der Richterin zu erweichen« –, wobei er natürlich immer auf die sachliche Notwendigkeit verweisen konnte, der Richterin plastisch vor Augen zu führen, in welchem körperlichen Zustand sich sein Mandant befand, als er mitten in der Nacht aufstand und die tödlichen Schüsse abgab. Für Pistorius war es eine weitere Kröte, die er zu schlucken hatte, doch er hatte der öffentlichen Vorführung seiner Behinderung zähneknirschend zugestimmt.

Weitaus schlimmer war es für ihn, als Roux in der Nachmittagssitzung damit begann, ihn zu den Ereignissen in den Morgenstunden des 14. Februar zu befragen.

»Ich richtete mich im Bett auf«, so Pistorius, »und bemerkte, dass das Licht zwar ausgeschaltet war, die Ventilatoren aber noch liefen und die Schiebetür offenstand. Reeva war noch immer wach oder schlief zumindest nicht. Sie drehte sich um und fragte: ›Kannst du nicht schlafen, mein Schatz?‹ Ich sagte: ›Nein, kann ich nicht.‹«

Sein bereits die ganze Zeit bedrückter Tonfall schlug nun vollends ins Weinerliche um. Er kämpfte damit, die Tränen zurückzuhalten.

»Ich stand auf meiner Seite des Bettes auf und ging ums Fußende herum, an dem ich mich mit der linken Hand festhielt. Ich tastete mich dann dorthin vor, wo auf dem Balkon die Ventilatoren standen. Ich nahm den kleinen, der auf dem Boden stand, und stellte ihn ins Schlafzimmer. Dann nahm ich den größeren und trug ihn an seinem Ständer ebenfalls ins Zimmer hinein. Beide Ventilatoren liefen noch. Dann schloss ich die Schiebetür und zog die Vorhänge zu.«

Er bewegte sich die ganze Zeit auf seinen Beinstümpfen. Im Zimmer brannte kein Licht. Da die dicken Schlafzimmervorhänge zugezogen waren, war es stockdunkel.

»Als ich wieder ins Schlafzimmer trat, war das einzige Licht das kleine blaue LED-Lämpchen am Verstärker … Auf dem Boden sah ich eine Jeans, Reevas Jeans …«

Er hielt inne und musste sich bemühen, die Fassung zu bewahren.

»Ich hob die Jeans auf und wollte sie über den Verstärker, über das Lämpchen legen …« Er machte erneut eine Pause. Im Gerichtssaal konnte man die sprichwörtliche Nadel fallen hören. Es war, als hätten alle Anwesenden ihren Atem angehalten. Pistorius atmete einmal tief durch und fuhr fort.

»In diesem Moment hörte ich, wie im Badezimmer das Schiebefenster geöffnet wurde. Ich hörte, wie es gegen den Rahmen schlug – als wäre es so weit geöffnet worden, dass es nun den Fensterrahmen traf.«

»Was ging Ihnen in diesem Moment durch den Kopf, Mr. Pistorius?«, fragte Roux.

»Euer Ehren«, sagte er und konnte seine Tränen nicht mehr zurückhalten, »das war der Augenblick, der alles verändern sollte.«

Er machte eine Pause, um sich wieder zu sammeln. Der Blick der Richterin war auf ihn geheftet. Nachdem Roux ihm ein Zeichen gegeben hatte, fuhr Pistorius fort.

»Ich ging davon aus, dass sich gerade ein Einbrecher Zutritt verschaffen wollte. Ich war auf der Seite des Zimmers, die auf den Flur zum Badezimmer hinausführte. Ich war wie gelähmt vor Schreck. Ich hörte ein Geräusch.« Er hielt inne, schaute auf den Fußboden und fuhr dann fort: »Ich hatte den Eindruck, als würde jemand ins Badezimmer klettern. Ich rechnete damit, dass sie in jeder Sekunde im Haus sein würden. Mein erster Gedanke war, dass ich mich bewaffnen musste. Ich musste mich und Reeva verteidigen, ich musste meine Pistole holen. Ich schaute den Flur hinunter und hatte Angst, dass die Person oder die Personen in diesem Moment auf den Flur treten könnten. Ich bewegte mich, so schnell ich konnte, aber ich konnte in der Dunkelheit absolut nichts sehen.«

Er habe mit den Fingern unter dem Bett nach der Waffe gesucht, habe die 9-mm-Pistole aus dem Holster geholt und sei dann durch den schmalen, fast sechs Meter langen Flur gegangen, der vom Schlafzimmer zum Bad führt. Beim Sprechen machte er jetzt immer häufiger eine Pause – als wollte er die Schilderung des tragischen Finales so weit wie möglich hinauszögern.

»Ich flüsterte Reeva zu, dass sie sich auf den Boden legen und die Polizei rufen solle. Ich wollte unbedingt zwischen dem Eindringling und Reeva sein. Bevor ich an die Ecke zum Flur kam, hielt ich noch einmal inne, weil ich Angst hatte, dass die Person vielleicht schon ans hintere Ende des Flurs gelangt war, wo die Einbauschränke standen. Ich streckte den Arm mit der Waffe aus. Als ich in den Flur trat, wurde ich von Angst übermannt und schrie, dass die Einbrecher mein Haus verlassen sollten. Und zu Reeva schrie ich, dass sie sich auf den Boden legen solle …

Ich ging ganz langsam den Flur hinunter, weil ich Angst hatte, dass die Leute sich jeden Moment auf mich stürzen könnten … und ich hatte meine Prothesen nicht angeschnallt.

Kurz bevor ich zu der Wand mit den Badfliesen kam, hörte ich auf zu schreien. Ich hatte Angst, dass der Eindringling mich genau orten konnte und auf mich schießen würde.

Ich hörte, wie eine Tür zugeschlagen wurde – was nur die Toilettentür gewesen sein konnte. Ich konnte nicht ins Badezimmer schauen, aber das Türschlagen bestätigte meine Vermutung, dass eine Person oder mehrere Leute dort drinnen waren.«

Roux rief einen Polizeibeamten auf und bat ihn, ein Foto des Badezimmers auf die Leinwand zu projizieren. Doch stattdessen, offensichtlich aufgrund eines Fehlers, erschien dort ein Foto der toten Reeva Steenkamp, das einen Augenblick alle Anwesenden sehen konnten. June Steenkamp schlug ihre Hände vors Gesicht, Pistorius schnappte nach Luft. Ein uniformierter Polizist griff sich den grünen Plastikeimer und eilte zum Zeugenstand. Pistorius übergab sich. Die Richterin vertagte die Sitzung bis nach der Mittagspause. Arnold Pistorius ging sichtlich verärgert zu dem Polizisten, den er für das falsche Foto verantwortlich machte. Aimée lief weinend aus dem Sitzungssaal.

Eine Stunde später wurde die Verhandlung fortgesetzt. Roux bat Pistorius, mit der Schilderung des Tathergangs dort fortzufahren, wo er aufgehört habe.

»Am Ende des Flurs kam ich zum Eingang des Badezimmers und hörte auf zu schreien. Ich schrie nicht mehr, weil ich davon ausging, dass die Einbrecher gleich aus dem Bad kommen würden – oder sich zumindest im Bad aufhielten. Mit der Pistole in meiner rechten Hand spähte ich ins Badezimmer. Dann ging ich weiter zu der Stelle, wo auf der linken Seite Teppichboden und Fliesen aneinanderstoßen. Ich lehnte mich mit meiner Schulter gegen die Wand und hob die Pistole auf Augenhöhe, als ich langsam um die Ecke schaute. Im Badezimmer brannte kein Licht.«

Und wieder legte er eine lange Pause ein. Roux sagte einfühlsam: »Bitte fahren Sie fort, Mr. Pistorius.«

»Als ich ins Bad spähte, bemerkte ich, dass das Fenster offenstand. Ich lehnte mich mit dem Rücken gegen die Wand – auch mit der linken Hand, um mich besser auf den Beinen halten zu können – und bewegte mich langsam an der linken Wand entlang.

Ich war mir nicht sicher, ob die Einbrecher in der Toilette waren oder hinter der Duschwand oder ob sie vielleicht draußen auf einer Leiter standen, die sie benutzt haben mussten, um sich überhaupt Zutritt zu verschaffen. Mit gestrecktem Arm ging ich weiter, um in die Dusche sehen zu können.«

Und wieder hielt er eine halbe Minute lang inne. Im Gerichtssaal war kein Laut zu hören. Roux verharrte reglos auf seinem Platz.

»In diesem Moment ist mir klar geworden, dass sich niemand im Bad aufhielt, dass die Toilettentür aber verschlossen war und das Fenster offenstand. Ich ging ein, zwei Schritte zurück und schrie wieder zu Reeva hinüber, dass sie die Polizei rufen solle.

Mein Blick ging vom Fenster zur Toilette und wieder zurück. Ich muss dort eine ganze Weile gestanden haben. Ich wusste nicht, ob nicht jemand aus der Toilette herausspringen würde, um mich anzugreifen – oder ob jemand die Leiter hochkam, um mit einer Waffe auf mich zu schießen. Also blieb ich einfach stehen und schrie weiter.

Dann hörte ich ein Geräusch aus der Toilette, das so klang, als würde gleich jemand herauskommen. Und bevor ich mich versah, hatte ich vier Schüsse auf die Tür abgegeben.

Meine Ohren waren so betäubt, dass ich keine Geräusche mehr wahrnahm – also schrie ich einfach weiter. Ich schrie zu Reeva, dass sie die Polizei rufen solle. Ich hatte noch immer Angst, ins Schlafzimmer zurückzugehen, weil ich mir nicht sicher war, ob jemand auf der Leiter stand oder ob noch immer jemand in der Toilette war. Ich weiß nicht, wie lange ich dort gestanden habe.

Ich rief nach Reeva. Irgendwann ging ich dann doch zum Schlafzimmer zurück. Da meine Ohren noch immer wie betäubt waren, konnte ich nicht hören, ob sie antwortete oder nicht. Ich rief noch immer nach Reeva, hörte aber keine Antwort. Zu diesem Zeitpunkt war ich noch immer nicht auf die Idee gekommen, dass es vielleicht Reeva war, die ich auf der Toilette gehört hatte. Ich war immer noch überzeugt, dass es Einbrecher waren. Inzwischen war ich an der Ecke des Bettes angekommen. Ich begann, mich aufs Bett hochzuziehen und sprach dabei zu Reeva. Aber da war niemand. Niemand antwortete mir.

Ich hatte mich aufs Bett gehievt und streckte meine Hand nach Reeva aus, aber das Bett war leer. Zunächst dachte ich, dass sie sich vielleicht wirklich auf den Boden gelegt hatte – wie ich's ihr gesagt hatte. Vielleicht hatte sie ja immer noch Todesangst. Ich hielt die Pistole weiter in Richtung Flur gerichtet.

Und in diesem Moment, Euer Ehren, dämmerte mir erstmals, dass es vielleicht Reeva war, die ich im Bad oder auf der Toilette gehört hatte.«

Er sei auf die andere Seite des Bettes gesprungen und habe mit den Händen den Boden an den Vorhängen der Balkontür abgetastet, um sicherzugehen, dass sie sich nicht dort versteckt hatte. Dann sei er in den Flur zurückgegangen, die Pistole noch immer in der Hand.

»Zu diesem Zeitpunkt drehte sich alles in meinem Kopf«, sagte er. Seine Backenknochen zitterten. »Ich wusste nicht … Ich wollte nicht glauben, dass Reeva auf der Toilette war. Und ich hatte noch immer

Angst, dass mich jemand angreifen würde. Oder uns. Ich ging zurück ins Badezimmer und versuchte die Toilettentür aufzustoßen, aber sie war verschlossen. Ich lief zurück ins Schlafzimmer, von da aus auf den Balkon und rief: ›Hilfe, Hilfe, Hilfe, ich brauche jemanden, der mir hilft.‹ Ich ging wieder hinein, legte meine Prothesen an und lief so schnell ich konnte ins Badezimmer. Ich versuchte die Tür einzutreten, schaffte es aber nicht. Also rannte ich zurück zum Schlafzimmer, wo der Cricketschläger stand …«

»Und während dieser Zeit schrien Sie noch immer?«, fragte Roux.

»Ich schrie und brüllte die ganze Zeit. Ich glaube nicht, dass ich jemals in meinem Leben so geschrien habe, Euer Ehren. Ich flehte den lieben Gott an, mir zu helfen, ich schrie nach Reeva …«

Immer öfter wurde seine Darstellung nun von seinem Schluchzen unterbrochen.

»Ich ging wieder zum Badezimmer und legte meine Pistole auf den Teppichboden. Inzwischen hatte ich auch das Licht angeschaltet … Ich trat zunächst gegen die Tür und schlug dann mit dem Cricketschläger dagegen, drei Mal, glaube ich. Beim ersten Mal spürte ich nur den Rückprall in meinen Händen. Dann schlug ich noch mal – und hatte ein kleines Loch ins Holz geschlagen. Ich schlug noch mal – und eine ganze Paneele begann sich zu lockern. Ich brach sie mit den Händen heraus und warf sie auf den Boden.«

Er würgte erneut und schnappte nach Luft. Mit seinen geröteten Augen erinnerte Pistorius an einen zum Tode Verurteilten, der zum Schafott geführt wird.

»Nachdem ich die Paneele herausgebrochen hatte, versuchte ich die Tür von innen zu öffnen. Ich sah, dass der Schlüssel auf dem Boden lag … Ich beugte mich über den mittleren Querbalken, hob den Schlüssel vom Fußboden auf, steckte ihn ins Schloss, drehte um und drückte die Tür auf …«

Seine Schultern gingen auf und nieder. Tränen liefen über sein Gesicht. Er biss sich auf die Oberlippe. Niemand im Saal rührte sich. Nachdem er 14 lange Monate versucht hatte, diese unbeschreibliche Szene aus seinem Kopf zu verbannen – eine Szene, die er in seinen

Albträumen wieder und wieder erlebte, eine Szene, über die er nicht einmal mit seiner Familie reden konnte –, musste er sie nun selbst durch seine eigenen Worte heraufbeschwören. Es war, als würde sich die Szene direkt vor seinen Augen abspielen.

»Ich ging zu Boden nieder«, sagte er und dehnte nun jedes Wort. »Ich beugte mich über Reeva und weinte. Ich weiß nicht, wie lange …«

Wieder Stille, dann ein tiefer, hörbarer Atemzug. Mit einem lang gezogenen Heulen presste er schließlich die Worte heraus: »Sie atmete nicht mehr …«

Und dann brachen alle Dämme.

Sein Kopf fuhr so plötzlich auf seine Knie herunter, als habe er sich das Genick gebrochen. Ein jammervolles Krächzen entwand sich seiner Kehle, wieder und wieder. Er rang nach Luft wie ein Mann, der zu ertrinken droht. Das Gesicht in den Händen vergraben, heulte er wie ein Baby, das keine Scham kennt und keinen Trost. Es war, als würde ihn ein innerer Schmerz, der sich ein Leben lang angestaut hatte, mit einem Mal zerreißen.

Aimée konnte auch nicht anders, als hemmungslos zu heulen. Lois weinte still. Und selbst Arnold, der bislang als der unbeugsame Bure aus dem Bilderbuch immer Haltung bewahrt hatte, wischte sich mit einem Taschentuch Tränen aus den Augen. June Steenkamp stützte ihren Kopf auf die Hand und verzog keine Miene.

Auch die Richterin war mit diesem Gefühlsausbruch überfordert. Ohne dass Roux sie bitten musste, erhob sie sich von ihrem Platz, nahm sich kaum noch die Zeit für die zeremonielle Verneigung und entschwand durch die Hintertür zu ihrer Kammer. Pistorius' Wehklagen begleitete sie und hallte durch die ehrwürdigen Hallen des Gerichts.

Fünf Minuten später kehrte Masipa zurück. Roux erhob sich. »Ich sehe mich nicht in der Lage«, sagte er, »das Gericht unter diesen Umständen um die Fortsetzung der Verhandlung zu bitten.« Sie mochte ihm nicht widersprechen. Genauso wenig wie Gerrie Nel. Die Verhandlung wurde vertagt.

18

»Wenn ich ein Wort verwende, dann bedeutet es genau, was ich es bedeuten lasse – und nichts anderes.«

LEWIS CARROLL, *Alice hinter den Spiegeln*

Am nächsten Morgen, es war der 9. April und damit der 19. Verhandlungstag, begann Gerrie Nel mit seinem mit Spannung erwarteten Kreuzverhör. In der südafrikanischen Presse war es im Vorfeld zum Duell zwischen dem »Pitbull« und dem »Blade Runner« hochstilisiert worden. Einige Journalisten, die den Prozess vor Ort verfolgten, fragten sich allerdings, ob es überhaupt zu einem Duell kommen werde. Wie wollte Pistorius die Angriffe des Staatsanwalts überstehen, wenn er schon bei den verständnisvollen Fragen seines Anwalts zusammenbrach? Wäre es denkbar, dass ihm die Richterin Verhandlungsunfähigkeit attestierte? Wäre es sogar vorstellbar, dass er zum Kreuzverhör gar nicht erst erschiene? Nicht einmal die im Zuschauerraum kursierenden Gerüchte schienen völlig aus der Luft gegriffen zu sein: Möglicherweise würde Pistorius ja in der Nacht zuvor mit Hilfe von Schlaftabletten versuchen, sich das Leben zu nehmen.

Eine Stunde vor Prozessbeginn war die Stimmung im Pistorius-Lager aber bei Weitem nicht so gedrückt, wie es Außenstehende vermutet hatten. Angst, dass sich Pistorius etwas antun könnte, schien hier niemand zu haben – zumindest ließ sich keiner derartige Sorgen anmerken. Die Familie hatte sich im Café Tribeca getroffen, von dem es nur 200 Meter bis zum Gericht waren. Arnold und Lois, ihre schwangere Tochter Maria sowie einige Onkel, Tanten und Neffen machten den Eindruck, als hätten sie die traumatischen Ereignisse des Vortags gut verdaut. Sie lächelten – matt und zaghaft zwar, aber immerhin – und vermittelten einen emotional gefestigten und entschlossenen Eindruck. »Wir müssen da durch«, sagte Lois. »Es gibt keinen Ausweg, es gibt keine Alternative, also müssen wir das Beste daraus machen.« Eine der Tanten gab zu Protokoll, dass der Prozess die ganze Familie sehr zusammengeschweißt habe. Sie seien ein Team mit dem Auftrag, »Ozzie« bei seinem schweren Gang zu unterstützen. Und dabei, sagte sie, gäben alle ihr Bestes.

Als Pistorius kurz vor neun im Gericht erschien – wie immer von Arnolds drei stämmigen Schwiegersöhnen begleitet –, ließ er sich seine Anspannung nicht anmerken. Mit ungerührter Miene passierte er die Kamerateams und Fotografen – ganz so, als sei er einer der vielen Anwälte, die morgens dorthin kommen, um ihrer Arbeit nachzugehen. Fast konnte man den Eindruck gewinnen, er sei wieder der Alte, der sich in der Öffentlichkeit mit der Lässigkeit und Selbstsicherheit eines Promis bewegt. Er nahm Platz, senkte den Kopf und betete. Als er danach aufstand und seine Anwälte begrüßte, wirkte er energisch und präsent. Als Roux ihm etwas ins Ohr flüsterte, wirkte er beim Zuhören wie ein Boxer, der in seiner Ecke noch letzte Anweisungen von seinem Trainer erhält; er nickte kurz und setzte sich wieder. Zum ersten Mal verfolgte Ampie Louw den Prozess im Gerichtssaal. Louw, der seit zehn Jahren Pistorius' Fitness-Coach war, meinte später zufrieden, sein Schützling habe dasselbe Pokerface aufgesetzt, das er auch im Wettkampf zeige: bis in die Haarspitzen angespannt und völlig kontrolliert.

Nel sollte dafür sorgen, dass die selbstbewusste Fassade schon bald zu bröckeln begann.

Der Staatsanwalt war davon überzeugt, dass es nur eine Möglichkeit gab, um zu ereichen, dass Pistorius wegen Mordes verurteilt würde: Da der Angeklagte wohl kaum ein Geständnis ablegen würde, musste er ihn, den einzigen lebenden Zeugen, als notorischen Lügner entlarven. Seine Strategie bestand deshalb darin, absolut jedes Detail des von Pistorius geschilderten Tathergangs in Frage zu stellen. Nel legte es darauf an, ihn auf dem falschen Fuß zu erwischen und in Widersprüche zu verstricken, was ihm letztlich zum Verhängnis werden sollte. Er musste die Richterin davon überzeugen, dass es eigentlich nur eine plausible Erklärung für die Ereignisse geben konnte: Es gab einen Streit zwischen Angeklagtem und Opfer, in dessen Verlauf Reeva Steenkamp schreiend ins Bad lief, wo sie Pistorius mit Absicht und bei vollem Bewusstsein erschossen habe.

Nel ging gleich in die Vollen.

»Sie haben Reeva Steenkamp getötet, Mr. Pistorius. Sie gaben die tödlichen Schüsse ab. Ist das richtig?«

»Ich habe einen Fehler gemacht«, sagte Pistorius, »einen schrecklichen Fehler.«

»Sie haben einen Fehler gemacht? Sie haben einen Menschen umgebracht – so sollte man das wohl besser nennen, Mr. Pistorius. Auf der ganzen Welt kennt man Ihr Gesicht ... Sie waren ein Vorbild für Sportler mit und ohne Behinderung. Bevor Sie Reeva umbrachten, schauten die Menschen zu Ihnen auf. Aber nun müssen Sie sich Ihrer Verantwortung stellen und die ganze Wahrheit erzählen. Oder wollen Sie sich etwa aus der Verantwortung stehlen?«

»Ich habe eine Verantwortung mir und Reeva gegenüber«, antwortete er mit bereits brüchiger Stimme.

»Sie haben Reeva Steenkamp umgebracht! Sie haben die tödlichen Schüsse abgegeben! Wollen Sie dafür etwa nicht die Verantwortung übernehmen?«

»Ja, ich habe es getan, Euer Ehren.«

»Sagen Sie es! Sagen Sie: ›Ja, ich habe Reeva Steenkamp erschossen.‹«

»Ja, Euer Ehren ...«, wimmerte er.

Das Kreuzverhör war nicht einmal eine Minute im Gange – und Pistorius war bereits ein Häufchen Elend.

Im sicheren Gefühl, diesen Stich schon mal gemacht zu haben, kündigte Nel an, den Ausschnitt eines Videos zeigen zu wollen, das vom englischen Fernsehsender Sky News ausgestrahlt worden war. Das Video, das im Gericht auf eine große, für alle sichtbare Leinwand projiziert wurde, zeigte einen Schießstand und Pistorius, der auf eine Wassermelone zielt und dann abdrückt. Das nächste Bild zeigte in Nahaufnahme die Melone in dem Moment, als die Kugel in sie einschlug.

»Sie wissen, dass genau das Gleiche mit Reevas Kopf passierte, Mr. Pistorius. Er explodierte förmlich.« Nel machte eine Pause, um seine Worte wirken zu lassen. »Nun werde ich Ihnen zeigen, was die Kugel in ihrem Kopf anrichtete.«

Das Foto, das am Vortag versehentlich kurz auf der Leinwand zu sehen war, wurde erneut gezeigt. Und es sollte so schnell nicht wieder verschwinden. Reevas Gesicht war zur Seite gewandt. In dem blonden Haar gab es blutige Strähnen, die Hautfarbe war gräulich-gelb, aus der zerfetzten Stirn traten Hirnmasse und weiße Knochensplitter heraus. Aus dem Zuschauerraum hörte man lautes Murmeln, Seufzen und einen spitzen Schrei. Die anwesenden Mitglieder der Familie Pistorius schauten betroffen zu Boden und schüttelten den Kopf – entsetzt und angewidert von dem, was sie später als Nels Brachialstrategie bezeichnen sollten. Doch niemanden im Saal verfolgte das Foto so sehr wie June Steenkamp, die später einer Zeitung anvertraute, dass sie das Bild nicht mehr loslasse, dass es sich für immer in ihr Hirn eingebrannt habe. Nel hatte sie allerdings im Vorfeld – über ihren Anwalt – von seinem Vorhaben informiert und ihre Zustimmung eingeholt. Ja, sie war damit einverstanden, den Mörder ihrer Tochter mit dem ungeschönten Horror seiner Tat zu konfrontieren.

»Das ist es, Mr. Pistorius«, bellte Nel ihn an. »Schauen Sie es sich in Ruhe an. Ich weiß, dass Sie das nicht wollen, weil Sie auch keine Verantwortung übernehmen wollen, aber es ist an der Zeit, dass Sie es sich anschauen müssen, dass Sie sich ihrer Tat stellen müssen. Übernehmen Sie endlich die Verantwortung für das, was Sie getan haben, Mr. Pistorius.«

»Ich habe bereits die Verantwortung übernommen, Euer Ehren«, sagte Pistorius und starrte unverwandt die Richterin an. Indem er dem Blick des Anklägers auswich, schien er zu glauben, sich weiteren solchen Qualen nicht aussetzen zu müssen. »Aber ich werde mir nicht dieses Foto anschauen, das mich an diesen entsetzlichen Augenblick erinnert.«

Nel bestand darauf, dass er sich das Foto ansah: »Übernehmen Sie Verantwortung, Mr. Pistorius.«

»Ich habe lange darauf gewartet, in den Zeugenstand gerufen zu werden, um meine Geschichte erzählen zu können«, sagte Pistorius schluchzend. »Ich erinnere mich! Ich muss mir kein Foto ansehen, um mich an den Horror zu erinnern, den ich dort sah. Ich habe ihren Kopf gehalten. Ich war da!«

Nel ließ noch immer nicht locker: »Werden Sie sich nun das Foto anschauen oder nicht?«

Unfähig, noch etwas zu erwidern, ließ Pistorius seinen Tränen freien Lauf. Masipa ordnete an, das Foto zu entfernen – und Nel bereitete all dem ein Ende, indem er selbst um eine Unterbrechung bat. Noch bevor Roux aufstehen konnte, um das Gleiche zu fordern, sagte er kühl: »Ich gebe dem Zeugen Zeit, sich wieder zu erholen. Es hat ihn offensichtlich mitgenommen.«

Am Ende war dieses Aufeinandertreffen symptomatisch für das nun folgende fünftägige Kreuzverhör. Nel ging vielleicht nicht mehr ganz so brutal vor wie zu Beginn, aggressiv und schroff war er aber immer. Er hatte sich mehrere Formulierungen zurechtgelegt, die er nun unablässig seinem Gegenüber um die Ohren schlug: »Sie sind ein heimtückischer Mensch, Mr. Pistorius.« »Ihre Schilderung ergibt keinen Sinn.« »Sie lügen, Mr. Pistorius.« »Sie übernehmen wohl nie die Verantwortung, Mr. Pistorius.« »Alles dreht sich immer nur um Sie, Mr. Pistorius. Nur Oscar zählt.«

In den Verhandlungspausen machte die Pistorius-Familie ihrer zunehmenden Empörung Luft. Sie warfen Nel vor, nicht wie ein Staatsanwalt aufzutreten, sondern wie ein rasender Rächer, der eine private Rechnung zu begleichen habe. Doch damit hatte sein Auftreten nicht das Geringste zu tun. Nel hatte sich vor dem Prozess gegen Pistorius bereits den Ruf eines bärbeißigen Staatsanwalts erarbeitet, der auch vor persönlichen Angriffen nicht zurückschreckt. Der frühere Polizeipräsident Jackie Selebi, den er 2008 wegen des Verdachts auf Korruption aus dem Verkehr gezogen hatte, war nur einer von vielen, die ein Lied davon singen konnten. Den Spitznamen »Pitbull« – andere nannten ihn auch »Bulldog« – hatte man ihm bereits vor geraumer Zeit verliehen. Ein Anwalt, der Nel seit fast 30 Jahren kannte, bestätigte, dass dieses sehr offensive, sehr aggressive Vorgehen schon immer typisch für ihn gewesen sei – selbst zu Beginn seiner Karriere Anfang der 80er-Jahre, als er als stellvertretender Staatsanwalt dafür sorgte, Steine werfende Teilnehmer einer Anti-Apartheid-Demonstration hinter Gitter zu bringen. Für Chefermittler Mike van Aardt machte Nel nur seinen Job. Wenn der Angeklagte seine Schuld nicht eingestehe, müsse er halt damit rechnen, dass ihm der Wind ins Gesicht bläst. »Gerrie ist ein Staatsanwalt, wie er im Buche steht«, meint van Aardt.

Fast konnte man den Eindruck gewinnen, als würden seine Erfahrungen, die er als Ringer gemacht hatte, nun auch im Gerichtssaal zum Tragen kommen. Er ließ seinem Gegenüber keine Ruhe und überraschte ihn immer wieder mit unerwarteten Angriffen. Unvermittelt sprang er von den dramatischen Ereignissen des 14. Februars zu der Bagatelle im Tasha's, als sich unterm Tisch ein Schuss aus einer Pistole gelöst hatte – und wieder zurück. Vom Ventilator, den Pistorius auf den Balkon gestellt hatte, ging's nahtlos zu der Waffe, die unterm Bett lag, von da aus weiter zum Bad, wo die Schüsse abgegeben wurden. Letztlich ging es um die Frage, was in Pistorius' Kopf vorging, als er die vier Schüsse abfeuerte. Je mehr Umgereimtheiten er Pistorius entlocken konnte, umso größer waren die Chancen, dass die Richterin ihn wegen Mordes verurteilen würde.

Pistorius war von seinen Anwälten eingebläut worden, dass er zwei Punkte im Hinterkopf behalten musste: Entscheidend war nicht nur die Frage, ob er, als er schoss, wusste, dass Reeva in der Toilette war. Entscheidend war auch die Absicht, die er mit seiner Tat verfolgte. Das südafrikanische Recht unterscheidet nicht wie das deutsche zwischen Mord und Totschlag, sondern spricht in beiden Fällen von Mord, wobei es auf die Art des Vorsatzes ankommt. Neben dem vorausgeplanten Mord, bei dem der Vorsatz zu töten zweifelsfrei besteht, gibt es noch den Mord mit Eventualvorsatz, den sogenannten *Dolus Eventualis*. Demnach war es möglich, ihn wegen Mordes zu verurteilen, wenn er den vermeintlichen Eindringling nicht vorsätzlich hatte töten wollen, aber sich bewusst war und es akzeptierte, dass die Schüsse den Tod der Person hinter der Toilettentür zur Folge haben konnten.

Es gab im Lauf des Kreuzverhörs durchaus längere Phasen, in denen Pistorius sein inneres Gleichgewicht wiederzufinden schien. Er antwortete dann gefasst und wohlüberlegt, ließ sich dazwischen aber immer wieder von Nel aus der Reserve locken.

»Ich hatte nicht die Absicht, irgendjemanden zu töten«, sagte Pistorius, »weder Reeva noch einen Einbrecher. Es war ein Unfall. Ich hab geschossen, weil ich panische Angst hatte. Ich wollte niemanden erschießen, ich wollte niemanden töten.«

»Sie wollen einfach keine Verantwortung übernehmen, Mr. Pistorius. Sie scheinen wohl nie einen Fehler einzugestehen.«

»Das ist nicht wahr, Euer Ehren«, entgegnete er. »Natürlich übernehme ich die Verantwortung für das, was passiert ist. Aber es war nun mal ein Unfall. Ich hatte überhaupt keine Möglichkeit, einen klaren Gedanken zu fassen. Ich hab abgedrückt, bevor ich die Situation richtig einschätzen konnte.«

Als Pistorius mehrfach das Wort »Unfall« gebrauchte, schaute Nel leicht spöttisch. Er machte einen energischen Schritt nach vorn und schien seinen strategischen Vorteil genüsslich auskosten zu wollen.

»Worin genau bestand denn der ›Unfall‹, Mr. Pistorius? Ging Ihre Pistole vielleicht wieder einmal von alleine los?«

»Als ich abdrückte, war ich überzeugt, dass jemand aus der Toilette kommen und mich angreifen würde, Euer Ehren. Ich verstehe nicht, worauf Mr. Nel mit seiner Frage, ob es ein Unfall war oder nicht, hinauswill. Meine Schusswaffe war geladen und ich hatte den Finger am Abzug … Ich hatte überhaupt keine Zeit, um mir klar zu werden, was gerade passierte… Ich hab erwartet, dass jemand aus der Toilette kommen würde… Natürlich kann ich heute an diesen Moment zurückdenken und mich fragen, was ich wohl getan hätte, wenn ich alle Zeit dieser Welt gehabt hätte. Aber in diesem Moment musste ich nun mal mit der Situation, wie sie war, zurechtkommen – und ich war überzeugt, angegriffen zu werden. Ich hatte Angst um mein Leben. Ich konnte keinen klaren Gedanken fassen. Ich fragte mich ständig, was sie Reeva antun könnten… Als ich in der Toilette Geräusche hörte, feuerte ich ohne nachzudenken vier Schüsse ab – aus schierer Angst. Als mir bewusst wurde, was ich da machte, hörte ich auf zu schießen. Ich stand unter Schock…«

Und wieder konnte er die Tränen nicht unterdrücken. Nel war sichtlich genervt. »Warum lassen Sie gerade jetzt Ihren Gefühlen freien Lauf? Gerade jetzt, wo die Fragen unangenehm für Sie werden? Was bewegt sie denn jetzt schon wieder so sehr? Was ist los?«

»Einen Moment, Mr. Nel, einen Moment«, unterbrach ihn die Richterin, diesmal sogar ohne auf einen Einspruch von Roux zu warten.

»Er ist wieder einmal so furchtbar gefühlig, Euer Ehren«, sagte Nel. »Darf ich fragen, warum…?«

Die Richterin schnitt ihm das Wort ab. »Es mag ja sein, dass er starke emotionale Regungen zeigt«, sagte sie. »Das kann ihm aber niemand zum Vorwurf machen. Ich glaube auch nicht, dass Sie ihn fragen sollten, warum er gerade in diesem Moment so gefühlsbetont reagiert. Er hat schließlich im gesamten bisherigen Prozess sehr gefühlsbetont reagiert.«

Ihr Einwand war bemerkenswert: Offensichtlich teilte Richterin Masipa nicht die Meinung, die sich in Teilen der Medien und der Öffentlichkeit gebildet hatte – dass nämlich all das Weinen, Würgen und Jammern nichts weiter als Show sei. In der Presse und den sozialen Netzwerken war bereits eine Debatte darüber entbrannt, ob sein gestriger Zusammenbruch nicht auch ein kalkuliertes Schauspiel war, um seine vermeintliche Reue zu belegen.

Allerdings hatten nur wenige Beobachter, die Pistorius tagtäglich bei der Verhandlung verfolgten, den Eindruck, dass seine Verzweiflung gespielt war. Die Richterin glaubte das offensichtlich auch nicht und erteilte ihm nun gewissermaßen von höchster Stelle die Genehmigung, seine Gefühle offen auszudrücken. Dem streitlustigen Staatsanwalt blieb nichts anderes übrig, als kleinlaut beizugeben: »Wir werden die Entscheidung des Gerichts respektieren, Euer Ehren.«

Das bedeutete aber keinesfalls, dass Nel seine bissigen Attacken einstellte. Er hatte ganz eigene Vorstellungen von seiner Pflicht als Staatsanwalt – und dazu gehörte nun mal, einen Zeugen so in die Enge zu treiben, wie es Pistorius in jener Nacht seiner Meinung nach mit Reeva Steenkamp getan hatte. Als er am Ende eines besonders heftigen Wortwechsels mit betonter Drohgebärde sagte: »Ich werde nicht von Ihnen ablassen, Mr. Pistorius«, waren das gewiss keine leeren Worte.

Er hörte auch nicht auf, weiter nachzubohren und die Frage zu stellen, die letztlich entscheidend war: Was ging in Pistorius' Kopf vor, als er den Abzug seiner Pistole drückte? Nel war davon überzeugt, zu dieser Frage bislang nur Lügen gehört zu haben. Einmal behaupte Pistorius, er habe in Notwehr geschossen, dann wieder, dass es eine reflexartige und unerklärliche Reaktion gewesen sei. Er habe den Eindruck gehabt, dass »jemand herauskäme«, dass er »angegriffen« werde, dass er »in Lebensgefahr schwebe« – und doch habe er im gleichen Atemzug auch behauptet: »Ich hatte überhaupt keine Möglichkeit, einen klaren Gedanken zu fassen.« Was Nel an die Erklärung erinnerte, mit der Pistorius das »Wunder« beschrieb, als sich im Tasha's »ein Schuss von alleine löste«.

Wie war es nun wirklich? Nel bestand auf einer Antwort. Worauf gründet seine Verteidigung?

»Was meine Verteidigung betrifft, Euer Ehren, kann ich mich nur wiederholen: Ich hörte Geräusche und hatte nicht die Zeit, mir wirklich darüber Gedanken zu machen – und feuerte die Schüsse deshalb aus Angst ab.« Worauf Nel ihm vorwarf, zwei unterschiedliche Erklärungen gleichzeitig zu liefern: Einmal plädiere er auf Notwehr, das andere Mal behaupte er, aus einem blinden Impuls heraus geschossen zu haben.

»Für welche Version entscheiden Sie sich nun?«, fragte Nel immer wieder und erinnerte Pistorius daran, dass er Barry Roux gegenüber gesagt habe: »Bevor ich mich versah, hatte ich vier Schüsse auf die Tür abgegeben.« Bedeute das, fragte Nel, dass er »nie absichtlich auf die Tür geschossen« habe?

»Ja, Euer Ehren, genaus so war's.«

Nel konnte sich ein spöttisches Lächeln nicht verkneifen. Er ließ seinen Blick langsam durch den Gerichtssaal schweifen, als wolle er sichergehen, dass wirklich alle Anwesenden ebenso amüsiert waren wie er selbst.

»›Ich hatte nie die Absicht, auf den Abzug zu drücken.‹ Haben Sie das so gesagt?«, fragte Nel.

»Das ist korrekt.«

»Das heißt also, dass Sie auf die Einbrecher gar nicht schießen wollten?«

»Das ist korrekt … Ich hörte Geräusche und drückte ab. Mein Blick ging zwischen dem Fenster und der Toilettentür hin und her. Es war ein Unfall.«

Nel schaute geradezu vergnügt in die Runde.

»Es tut mir leid, Mr. Pistorius, aber jetzt muss ich Ihnen etwas zeigen. Und zwar die Abschrift der Kautionsverhandlung, in der Sie sagten: ›Ich fühlte mich, als säße ich in der Falle. Die Schlafzimmertür war geschlossen – und ohne Prothesen war ich viel unbeweglicher. Ich feuerte Schüsse auf die Toilettentür.‹ Warum haben Sie seinerzeit gesagt, Sie hätten auf die Tür geschossen, während Sie heute das Gegenteil behaupten?«

»Ich denke, es liegt auf der Hand, dass ich auf die Tür geschossen habe, Euer Ehren. Natürlich leugne ich nicht, auf die Tür geschossen zu haben. Ich gab Schüsse auf die Toilettentür ab. Genau das tat ich.«

»So einfach kommen Sie aus dieser Nummer nicht raus, Mr. Pistorius. Ich fragte Sie, ob Sie gezielt auf die Tür geschossen hätten – und Sie verneinten die Frage. Dann lese ich Ihnen Ihre Aussage aus der Kautionsverhandlung vor, in der Sie etwas ganz anderes erzählen. Warum?«

»Ich habe nie behauptet, nicht geschossen zu haben.«

»Aber Sie sagten, Sie hätten geschossen, weil es ›auf der Hand gelegen‹ habe.«

»Nein, weil es der Wahrheit entspricht.«

Pistorius versuchte Nel Paroli zu bieten und im verbalen Schlagabtausch mitzuhalten, doch es stand außer Frage: Das Reden war Nels Stärke und nicht seine. Mehr als einmal verstrickte er sich in Widersprüche.

»Denken Sie eigentlich auch manchmal an die Konsequenzen dessen, was Sie sagen, Mr. Pistorius?«

»Euer Ehren, wenn ich hier säße und nicht in jedem Moment an die Konsequenzen meiner Aussage denken würde, wäre ich sträflich unbesonnen. Mein Leben steht auf dem Spiel.«

»Reeva ist es, die ihr Leben verloren hat – durch Sie!«, bellte Nel zurück. »Sie lebt nicht mehr. Also beantworten Sie gefälligst meine Fragen und sagen Sie uns die Wahrheit – und reden Sie nicht von den Konsequenzen, die Sie vielleicht tragen müssen, Mr. Pistorius.«

Nel wurde nicht müde, der Richterin vor Augen zu führen, was auch für neutrale Beobachter unübersehbar war: Die Aussagen des Angeklagten waren zu widersprüchlich, um glaubhaft zu sein. Mal behauptete er, nicht die Absicht gehabt zu haben, auf die Tür zu schießen – dann wiederum sagte er, auf die Tür geschossen zu haben, weil er einen vermeintlichen Einbrecher dahinter vermutete. Und doch habe er niemanden erschießen wollen, schon gar nicht die Frau, deren Leben er ausgelöscht habe. Einmal gab er zu Protokoll, dass er nicht in die Dusche geschossen habe, weil er Angst hatte, die Kugeln könnten von den Fliesen zurückprallen. Woraus Nel wiederum den Schluss zog, dass Pistorius sich sehr wohl Gedanken gemacht habe, bevor er abdrückte.

Ob Pistorius nun durch Nels Verhörstrategie aus dem Gleichgewicht gebracht wurde oder einfach nur müde war (wie er mehrfach beteuerte) – die Mehrzahl der Anwesenden war der Meinung, dass Pistorius zu viel redete, zu viel argumentierte und ohne Not zu viele Informationen preisgab. Und Barry Roux sah das genauso.

Sein Verteidiger hatte Pistorius davor gewarnt, sich von Nel zu einem offenen Schlagabtausch verleiten zu lassen. Er hatte ihm empfohlen, kurze Antworten zu geben oder – wenn notwendig – mit »Ich weiß es nicht« oder »Ich erinnere mich nicht« zu antworten. Aber Roux musste frustriert feststellen, dass sich Pistorius als ein eitler Hitzkopf entpuppte, mit dem immer wieder die Pferde durchgingen. Manchmal machte er sogar den Eindruck, als habe er endlich die Plattform gefunden, um seinen geschundenen Stolz zu kurieren. Und er konnte es sich nicht verkneifen, regelmäßig auf Konfrontationskurs zum Staatsanwalt zu gehen. Bei einem dieser Wortgefechte fuhr sich Roux mit der Hand über die Stirn und schüttelte den Kopf: Es war absolut selbstmörderisch, dass sich sein Mandant auf eine Auseinandersetzung einließ, die er nie und nimmer gewinnen konnte.

Vor dem Prozess hatte sich Roux entscheiden müssen: Sollte er Pistorius in den Zeugenstand rufen oder nicht? Wenn ja, dann hätte sich der Angeklagte automatisch belasten müssen, da er die tödlichen Schüsse natürlich zugeben musste. Wenn er darauf verzichtete, ihn als Zeugen zu vernehmen, belastete sich Pistorius dadurch ebenfalls, da er dann den Eindruck erweckte, den Dreh- und Angelpunkt seiner Verteidigung – Reeva Steenkamp für einen Einbrecher gehalten zu haben – nicht überzeugend vermitteln zu können. Roux hatte sich für das aus seiner Sicht kleinere Übel entschieden.

Als Nels Kreuzverhör nun schon fünf Tage dauerte, war er gezwungen, sich zu fragen, ob seine Entscheidung wirklich klug war. Spätestens als Nel die Minuten vor den Schüssen penibel rekapitulierte – und sich besonders an den beiden Ventilatoren auf dem Balkon festbiss –, musste Roux einräumen, dass sich die Lage für seinen Mandanten eindeutig verschlechtert hatte. Als Pistorius zu Protokoll gab, beim Hereintragen der Ventilatoren so abgelenkt gewesen zu sein, dass er Reeva nicht aus dem Bett steigen hörte, höhnte Nel: »Nur zu, machen Sie ruhig weiter, Mr. Pistorius. Es funktioniert nicht. Ihre Darstellung ist so haarsträubend, dass sie kaum jemand für glaubwürdig halten wird.«

Nel ließ nicht locker, da er sich gerade von diesem Detail sehr viel versprach. Bereits als Pistorius gleich nach den tödlichen Schüssen erklärt hatte, dass er in der Toilette einen Einbrecher vermutete, hatten sich viele Beobachter gefragt, wie es möglich war, dass er nicht mitbekommen hatte wie Reeva ins Bad gegangen war. Hatte er nicht gehört, wie sie aus dem Bett gestiegen war?, fragte auch Nel.

»Nein, die Ventilatoren bliesen mir ins Gesicht«, sagte er.

Nel konnte sich ein Lachen nicht verkneifen – was ihm aber prompt einen Tadel der Richterin einbrachte. »Möglichweise betrachten Sie diesen Prozess als eine Unterhaltungsveranstaltung«, sagte sie. »Dem ist aber nicht so. Bitte beherrschen Sie sich.«

»Ich entschuldige mich für mein Lachen, Euer Ehren«, sagte Nel. »Es wird nicht wieder vorkommen. Ich war nur überrascht.«

Die richterliche Zurechweisung brachte Nel zumindest kurzzeitig aus dem Konzept. Sachlich und nüchtern begann er mit dem nächsten Fragenkomplex, einer detaillierten Untersuchung der Gegenstände im Schlafzimmer, wie sie nach der Tat von der Polizei fotografiert worden waren. Und wieder begann Nel eine Diskussion, auf die sich der Angeklagte besser nicht eingelassen hätte. Es ging um die Position des Oberbetts und der Jeans. Da sich Pistorius daran erinnerte, sie an einem anderen Ort gesehen zu haben, hatte er die Vermutung geäußert, die Polizei müsse nach ihrem Eintreffen diese Beweismittel woandershin gelegt haben. Nel wollte wissen, warum die Polizei das wohl gemacht haben sollte. Pistorius hatte keine Erklärung dafür, bestand aber auf seiner Aussage, dass sie es getan haben mussten. Mit seiner Dickköpfigkeit tat er sich keinen Gefallen. Nel wies darauf hin, dass die Präzision, mit der sich Pistorius an die exakten Positionen der beiden Gegenstände erinnerte, doch im eklatanten Gegensatz stehe zu dem Zustand der Panik und Desorientiertheit, den er ansonsten für sich reklamiere. Und wieder tappte er – wie Roux glaubte – in eine Falle. Oder er war einfach zu ehrlich – so jedenfalls stellte es seine Familie dar. Es hätte seiner Glaubwürdigkeit sicher nicht geschadet und ihm insgesamt wohl eher geholfen, wenn er behauptet hätte, sich nicht mehr genau daran erinnern zu können, wo das Oberbett und die Jeans gelegen hatten. Doch so lieferte er Nel nur Argumente, um ihn als notorischen Lügner darzustellen.

»Ich habe keinen Grund zu lügen«, sagte er. »Ich kann die Wahrheit nun mal nicht ändern.«

Nel erwiderte, dass die Wahrheit wohl das Letzte sei, woran Pistorius gelegen sei. Seine ganze Zeugenaussage sei an den Haaren herbeigezogen. »Sie legen sich alles so zurecht, wie es Ihnen gerade passt«, sagte er.

Im weiteren Verlauf des Verhörs rief Nel plötzlich: »Ihre Darstellung des Tathergangs ist eine Lüge! Als Sie aus dem Bett stiegen, hatten sie Streit – und deshalb ist sie schreiend vor Ihnen davongelaufen.«

»Das ist nicht wahr, Euer Ehren.«

»Sie haben auf Reeva geschossen.«

»Ich habe nicht auf Reeva geschossen.«

Ob Nel sich tatsächlich selbst so sehr in die Sache hineinsteigerte, wie es den Anschein machte, oder ob er damit bewusst den Angeklagten zu einer unüberlegten Reaktion provozieren wollte, war schwer zu sagen. Er nannte Pistorius so oft einen ausgemachten Lügner, dass sich die Richterin irgendwann dann doch zum Einschreiten genötigt sah. »Mäßigen Sie sich bei Ihrer Wortwahl, Mr. Nel«, sagte sie. »Wir bezichtigen einen Zeugen nicht der Lüge – zumindest nicht, solange er im Zeugenstand ist.«

Die Kaffeesatzleser auf der Tribüne fragten sich einmal mehr, ob man aus der Intervention der Richterin Rückschlüsse auf eine wohlwollende Beurteilung des Angeklagten ziehen könne – auch wenn dieser gerade dabei war, sich immer weiter in Widersprüche zu verstricken. Pistorius sah jedenfalls plötzlich eine winzige Chance, das Blatt zu seinen Gunsten zu wenden.

»Wenn es denn stimmen würde, Euer Ehren, dass ich die Beweislage manipulieren würde, würde ich sie doch so manipulieren, dass ich davon auch profitieren würde«, beklagte er sich und wirkte für einen Moment spitzzüngig und scharfsinnig. Offenbar war ihm klar geworden, dass die Widersprüche in seiner Aussage – selbst wenn sie einzeln betrachtet der Wahrheit entsprachen – in der Summe ein unvorteilhaftes Gesamtbild von ihm ergaben. »Ich kann durchaus nachvollziehen, dass vieles von dem, was ich sage, rational nicht nachvollziehbar ist«, fuhr er fort, »aber ich war zum damaligen Zeitpunkt auch nicht in einer rationalen Verfassung.«

Nel riss sich zusammen, um nicht wieder laut loszuprusten – und ging zum nächsten Punkt des Kreuzverhörs über. Die Ermahnung der Richterin hatte ihn offensichtlich nicht ernsthaft von seinem Kurs abbringen können.

Eine Frage, die von vielen Beobachtern gestellt worden war, betraf den Sachverhalt, dass Reeva Steenkamp auf dem Weg zum Bad nicht das Licht angeschaltet hatte, obwohl es im Schlafzimmer doch stockdunkel war. Nel stellte die gleiche Frage, aber diesmal schien die Erklärung des Angeklagten durchaus plausibel – zumal sie auch gleich noch eine weitere schwierige Frage beantwortete: Warum hatte Reeva – was von keiner Seite angezweifelt wurde – das Handy mit zur Toilette genommen?

Pistorius antwortete, dass sie vermutlich das Licht im Display benutzt habe, um ihren Weg zu finden. Viele Leute würden das Handy auch als Taschenlampe nutzen.

Doch Nel hatte ihm eine Falle gestellt.

»Genau auf diese Antwort habe ich gewartet«, rief er laut. »Diese Antwort wird ihnen noch leidtun, Mr. Pistorius. Wenn es stockdunkel war, hätten Sie nämlich das Licht im Display auch wahrnehmen müssen – zumindest aus Ihren Augenwinkeln.«

Pistorius ließ sich nicht aus der Ruhe bringen. Auch dafür schien er eine plausible Erklärung zu haben. »Peripheres Sehen bedeutet aber nicht, dass man auch hinter sich sehen kann. Wenn sie gerade in meinem Rücken war, hätte ich sie nicht wahrnehmen können. Und mein Rücken war dem Badezimmer zugewandt.«

Nel schien wenig beeindruckt. »Mr. Pistorius«, sagte er, »das sieht nicht gut für Sie aus. Wenn Sie sich vom Bett weggedreht haben und gerade den Ventilator abstellen und sich dann nach rechts drehen, sehen Sie automatisch den Flur hinunter… Wenn es stockdunkel war, hätten Sie das Licht zumindest aus Ihren Augenwinkeln sehen müssen. Also: Warum haben Sie es nicht gesehen?«

Diesmal hatte er keine Antwort parat. »Ich weiß es nicht«, sagte er.

Und auch auf Nels nächste Frage fiel ihm nichts ein: »Wenn Sie einen Warnschuss abgegeben hätten, bevor Sie um die Ecke in den Flur gingen, dann hätte das einen Einbrecher doch abschrecken müssen, oder nicht? Warum haben Sie das nicht getan?«

»Ich weiß nicht, warum ich das nicht getan habe.«

Wenn er so viel Angst hatte – warum hatte er dann nur vier Schüsse abgegeben? Warum hatte er nicht gleich das ganze Magazin leer geschossen? Und warum hatte er nicht später einen Warnschuss durch das offene Badezimmerfenster abgegeben, da er doch vermutete, dass ein Einbrecher auf der Leiter stehen könnte?

Pistorius entgegnete, dass er nicht wisse, warum er vier Schüsse abgegeben habe. Er habe nicht klar denken können.

»Mit ›Ich habe nicht klar denken können‹ werden Sie sich aber keinen Gefallen tun, Mr. Pistorius. Es gibt auch ein grob fahrlässiges Verschulden.«

Zielte er zunächst und drückte dann ab – oder hatte sich der Schuss ungewollt gelöst?

Pistorius sagte, er habe nicht gezielt, sondern nur abgedrückt.

»Dann war es also reines Glück, dass die Schüsse tatsächlich die Tür trafen?«

»Wie kann man das nur Glück nennen?«, schluchzte Pistorius laut auf. »Sie verlor dadurch ihr Leben!«

»Das wollen wir nicht schon wieder hören«, sagte Nel und schüttelte missbilligend den Kopf – ganz so, als würde er ein Kind tadeln.

Bei seinen Kreuzverhören hatte Roux immer wieder mit sarkastischen Bemerkungen geglänzt. Er konnte durchaus angriffslustig und kämpferisch sein, doch seine Gefühle hatte er immer unter Kontrolle. Bei Nel war das anders, er zeigte eine breite Spektrum an Gefühlsäußerungen und konnte auch seinen Hang zur Theatralik nicht verhehlen: Er war herablassend, er war voller Hohn, er war voller Verachtung, er war ironisch, er war schockiert, er war außer sich, er war empört, er war verärgert und hatte einmal auch lauthals gelacht. Und doch führte er seine Befragung mit überraschender Zurückhaltung zu Ende. Da er das

Kreuzverhör schon mit einem Knalleffekt eröffnet hatte, sah er dafür nun offensichtlich keine Notwendigkeit mehr. Er hatte vielleicht keinen K.o.-Sieg errungen – denn es gab in der Aussage des Angeklagten keinen evidenten Schuldbeweis –, aber er war sich sicher, nach Punkten deutlich gewonnen zu haben. Er hatte sein primäres Ziel erreicht, nämlich an der Glaubwürdigkeit des Angeklagten Zweifel zu wecken. Die Richterin hatte mitbekommen, wie widersprüchlich und ausweichend Pistorius herumlavierte, wie verunsichert und konfus er manchmal auftrat und wie er gelegentlich vom Thema abkam. Richterin Masipa könnte vielleicht noch immer zu dem Schluss gelangen, dass Nel ihr keinen Beweis geliefert hatte, der jeglichem Zweifel standhielt. Aber zumindest hatte sie mit eigenen Ohren gehört, wie ihm Pistorius zwei grundverschiedene Gründe nannte, warum er die tödlichen Schüsse abgefeuert hatte: Einmal war es eine instinktive Reaktion, ein Unfall, bei dem sowohl seine panische Angst als auch sein nervöser Finger eine Rolle gespielt hätten. Dann wiederum war es ein bewusster und absichtlicher Akt der Selbstverteidigung, mit der er sich und die geliebte Frau vor einer Bedrohung schützen wollte, was sich im Nachhinein allerdings als tragische Fehleinschätzung erweisen sollte.

In der Erwartung, dass die Richterin zu den gleichen Schlussfolgerungen komme wie er, beendete Nel das Verhör ohne jeden Theaterdonner. Er wiederholte nur noch einmal seine Behauptung, dass die Darstellung des Angeklagten keinerlei Sinn ergebe – und dass es nur einen plausible Erklärung des Tathergangs geben könne: Die von den Nachbarn gehörten Schreie waren nicht etwa seine eigenen, sondern Reevas Schreie, die nach einem Streit in Todesangst vor ihm geflohen sei.

»Ihre Schilderung des Tathergangs ist so unglaubhaft, dass sie den gesunden Menschenverstand beleidigt«, sagte Nel. In Wahrheit »gaben Sie vier Schüsse auf die Tür ab – wohl wissend, dass Reeva dahinter stand. Ihnen war bewusst, dass sie mit Ihnen sprach … Sie holten die Waffe in der alleinigen Absicht, auf sie zu schießen und sie zu töten. Und genau das taten Sie dann auch.«

»Das ist nicht wahr, Euer Ehren«, sagte Pistorius.

Nel wandte sich zur Richterin und erklärte, keine weiteren Fragen zu haben. Die im Gericht anwesenden Mitglieder der Familie Pistorius stießen einen kollektiven Seufzer der Erleichterung aus. Aimée weinte, während Arnold die anschließende Pause nutzte, um zu seinem Neffen zu gehen und ihn fest an sich zu drücken. »Er mag eine schwierige Zeit durchmachen«, sagte Arnold zu einem Bekannten auf der Tribüne, »aber eines kann ich Ihnen mit absoluter Gewissheit sagen: Oscar ist kein Krimineller.«

Roux befand abschließend, dass es richtig war, Pistorius in den Zeugenstand gerufen zu haben. Dabei hatte es Pistorius ihm nicht leicht gemacht, ihn von der Richtigkeit seiner Entscheidung zu überzeugen. Roux war zunehmend nervöser geworden, wenn sich Pistorius auf Wortgefechte mit Nel eingelassen hatte, statt einfach nur mit »Ja« oder »Nein« zu antworten – von seinen unnötigen, sachfremden Ausführungen ganz zu schweigen. Pistorius war ein schwacher Zeuge, der sich ständig in Widersprüche verwickelte. Aber nach südafrikanischem Recht war das noch lange kein Schuldbeweis. Die Richterin konnte durchaus noch Gründe genug haben, um an der Beweislage »berechtigte Zweifel« zu hegen. Zudem hatten sich Roux's schlimmste Befürchtungen nicht erfüllt: Pistorius hatte keine völlig desaströse Vorstellung abgeliefert, und er hatte Nels hinterhältige Fragen halbwegs zufriedenstellend beantwortet – und auch der Versuchung widerstanden, dem Staatsanwalt ins Gesicht zu sagen, was er wirklich von ihm hielt.

15 Minuten nach dem Ende des Kreuzverhörs wurde die Verhandlung fortgesetzt. Roux erhob sich, um Pistorius ein letztes Mal zu befragen. Er wollte die Gelegenheit nutzen, um die Aufmerksamkeit der Richterin von dem verkorksten Auftritt seines Mandaten auf die offensichtliche Unfähigkeit der Anklage zu lenken, ein Motiv für den vermeintlichen Streit und die anschließenden Schüsse zu präsentieren. Die Indizien schienen im Gegenteil darauf hinzudeuten, dass sein Mandant und die Verstorbene zur Tatzeit sehr verliebt gewesen seien. Es gab keine Hinweise auf einen Streit – und schon gar kein Motiv für einen Mord. Als Beweismaterial zückte Roux einen Umschlag, in dem

sich eine Karte befand. Pistorius hatte die Karte bereits erwähnt, als ihn Roux sechs Tage zuvor durch seine Aussage lotste. Roux hielt die Karte aber für ein derart bedeutsames Beweismittel, dass er sie der Richterin so nachdrücklich wie möglich präsentieren wollte, damit sie sie nicht vergaß.

Roux fragte Pistorius, ob er wisse, was er in seiner Hand halte. Pistorius sagte, dass es die Valentinstagskarte sei, die er »am Tag des Unfalls« von Reeva bekommen habe. Roux bat ihn, den Umschlag zu beschreiben, in dem sich die Karte befand. Er sei an »Ozzie« adressiert, antwortete er, und mit aufgemalten Herzchen und Schnörkeln verziert. Roux bat ihn, die Karte vorzulesen. Mit Tränen in den Augen kam Pistorius seinem Wunsch nach. Hinter den gedruckten Glückwunsch »Happy Valentine's Day« hatte sie handschriftlich geschrieben: »Eigentlich ist heute ein guter Tag, um dir zu sagen, dass … ich dich liebe.«

Roux wandte sich zur Richterin und sagte, dass er keine weiteren Fragen habe.

Es war um 11:48 Uhr am 15. April 2014, der wiederum der 23. Verhandlungstag war, als sich Richterin Masipa bei »Mr. Pistorius« für seine Hilfe bedankte und ihn aus dem Zeugenstand entließ. Er war dort sieben Tage lang verhört worden, und allein fünf davon hatte er Gerrie Nel Rede und Antwort stehen müssen.

Nachdem die Verhandlung vertagt worden war, hatte sich am Nachmittag vor dem Gericht ein Dutzend Teenager versammelt, in der Hoffnung, einen Blick auf Oscar Pistorius werfen zu können. Sie waren ausnahmslos schwarz und trugen Schuluniform. Ein etwa 15-jähriges Mädchen war ihre Wortführerin. »Oscar wird immer unser Held bleiben«, sagte sie, während ihre Klassenkameraden zustimmend nickten. »Natürlich ist es schlimm, was er getan hat – und er wird dafür vielleicht auch ein paar Jahre ins Gefängnis müssen. Aber wir werden nie vergessen, wie stolz er uns als Südafrikaner gemacht hat.«

Auf eine Bushaltestelle in der Nähe hatte ein Schüler seine Botschaft gekritzelt: »Wir werden uns vor DEINEM Talent immer verneigen. Gefängnis ist nicht das Ende.«

19

Oft ist man hartnäckig aus Schwäche und verwegen aus Angst.

FRANÇOIS DE LA ROCHEFOUCAULD, *Maximen und Reflexionen*

Colonel Gerard Labuschagne, der Pistorius am Morgen nach den tödlichen Schüssen ins Krankenhaus begleitet hatte, um dort medizinische Tests durchführen zu lassen, hatte von vornherein die Vermutung geäußert, dass die Verteidigung zumindest teilweise die psychologische Karte spielen würde. Das unterstellte Kalkül wäre in diesem Fall, Pistorius als psychisch labilen Menschen darzustellen, der insgeheim sehr verängstigt ist und von allen möglichen Phobien getrieben wird, was dazu beitragen könnte, die Glaubwürdigkeit seiner Schilderungen zu erhöhen. Man hätte dann etwa eine Erklärung dafür, warum er auf die vermeintlichen im Bad so kopflos und so überzogen reagiert hatte.

Doch als sich die Verteidigung ihrem Plädoyer näherte, gab es noch einen weiteren Grund, Pistorius psychische Probleme zu attestieren: Seine konfusen Aussagen im Kreuzverhör mit Gerrie Nel würden dadurch in einem etwas anderen, weniger negativen Licht erscheinen. Und diese Probleme würden dann hoffentlich auch Nels These erschüttern, dass Pistorius ein gewohnheitsmäßiger Lügner sei.

Auf Anraten seiner Anwälte (die noch zu Beginn des Prozesses einen derartigen Schritt nicht für sinnvoll erachtet hatten) fand sich Pistorius in der ersten Maiwoche 2014 bei Dr. Merryl Vorster ein, einer anerkannten Psychologie-Professorin von der Witwatersrand-Universität in Johannesburg, um sich für die Erstellung eines Gutachtens untersuchen zu lassen. Sie führte zwei Tage lang Gespräche mit Pistorius, um sich ein Bild von ihm zu machen, und sprach auch mit Aimée, Carl und Peet van Zyl. Am 12. Mai, dem 30. Verhandlungstag, trat Dr. Vorster in den Zeugenstand und erläuterte dem Gericht die Ergebnisse ihrer Begutachtung.

Zuerst von Barry Roux befragt, konzentrierte sie sich zunächst auf Pistorius' Kindheit. Die Amputation seiner Beine im Alter von elf Monaten, erklärte sie, habe noch in der vorsprachlichen Lebensphase stattgefunden. Da ihm der Eingriff nicht erklärt werden konnte, sei der emotionale Schaden umso größer gewesen. »Für ein Kleinkind manifestiert sich der Schmerz als traumatische Attacke auf seine gesamte Existenz«, sagte sie. »Es war ein Schmerz, der auch durch eine tröstende Mutter nicht gelindert werden konnte.«

Um mit dem Verlust seiner Beine klarzukommen, hätten ihn seine Eltern dazu angehalten, sich so normal wie möglich zu verhalten. »Er hat nie die Möglichkeit erhalten, sich selbst als anormal zu begreifen und anzunehmen.« Was laut Dr. Vorster einen ungewollten Nebeneffekt zur Folge gehabt habe: Die Verpflichtung, sich ständig als normal zu empfinden – obwohl er von den hänselnden Kindern der Grundschule ständig an seine Beinprothesen erinnert wurde –, habe zu »Angst und Stress« als Dauerzustand geführt, was sich zum Beispiel in ständigen Kopfschmerzen niedergeschlagen habe.

Sich anhören zu müssen, wie die sehr professionell auftretende, Respekt einflößende Dr. Vorster in aller Öffentlichkeit sein Seelenleben zerpflückte, muss Pistorius als eine ganz neue Form der Demütigung empfunden haben. Schicht um Schicht entblätterte sie eine Person, die er und seine Eltern mühevoll erschaffen hatten. Mit dem Resultat, dass er plötzlich wie ein Mann wirkte, der sich hinter einer Lebenslüge versteckt. Das Bild, das er in der Öffentlichkeit von sich präsentiert hatte – der beherzte, tapfere Junge, der »Einer von uns«-Teenager, der preisgekrönte Athlet, der geborene Frauenversteher, »der König der Londoner Olympiade« –, war eben nur ein Teil seiner Persönlichkeit. Der andere, den er vor sich und der Welt geheim zu halten versuchte, war ängstlich, kindisch, gehemmt und in ständiger Sorge, bemitleidet oder ausgelacht zu werden. Da er unfähig sei, diese beiden Pole miteinander in Einklang zu bringen, so Dr. Vorster, lebe Pistorius in einem permanenten Stresszustand.

Pistorius, der sich immer geweigert hatte, diesen Tatsachen ins Auge zu sehen, wurde nun nicht nur auf unliebsame Weise mit ihnen konfrontiert, sondern musste auch ertragen, dass die ganze Welt neugierig zuhörte. Seine Geheimnisse waren mit einem Schlag nicht mehr geheim. Genauso gut hätte er sich auf einen öffentlichen Platz stellen können, um sich von der johlenden Meute anpöbeln zu lassen.

Dr. Vorster sprach auch über Pistorius' Mutter Sheila, die in seinem Leben nun mal »der primäre emotionale Bezugspunkt« gewesen sei, die aber letztlich dem Bild der Heiligen, das er von ihr hatte, nicht gerecht werden konnte. Es störte ihn nicht, dass die Psychiaterin seinen Vater als »unstet und unverantwortlich« charakterisierte, doch als sie das wohlgehütete Familiengeheimnis lüftete, dass die ebenso lebenslustige wie fromme Mutter eine Alkoholikerin war, empfand er das als weiteren Schlag unter die Gürtellinie. Es machte ihm deutlich, wie schwierig seine Lage war, dass es die Verteidigung für nötig erachtete, nicht nur sein eigenes Image zu beschädigen, sondern auch den Ruf jener Frau, der er doch alles Positive in seinem Leben zu verdanken hatte. »Sheila Pistorius«, sagte Dr. Vorster ungerührt, »war eine tief verängstigte Person, die zeitweilig alkoholabhängig war.«

Es war keineswegs Sensationslust, die sie zu dieser Enthüllung veranlasste. Von dieser Tatsache ausgehend schlussfolgerte Dr. Vorster, dass Sheilas Einfluss auf ihren Sohn keineswegs nur als positiv bezeichnet werden könne. Sie schreckte nicht einmal davor zurück, eine direkte Beziehung zwischen Sheila und Reevas Tod herzustellen: Da die Bedeutung der Mutter für ihn »nicht überschätzt werden« könne, kam Dr. Vorster vor Gericht auch auf das andere Geheimnis zu sprechen, das bis zu Prozessbeginn nur im Familienkreis bekannt war: Dass Sheila unter ihrem Kopfkissen stets eine Pistole versteckt hatte. Und das, so Dr. Vorster, habe zweifelsfrei einen nachteiligen Einfluss auf die Entwicklung ihrer Kinder gehabt. »Man gewinnt den Eindruck, dass das Verhalten der Mutter die Kinder nicht beruhigte, sondern im Gegenteil zur Bildung von Angstsymptomen beitrug.« Als Roux sie bat, diesen Aspekt noch ausführlicher zu erläutern, sagte sie: »Die Kinder wurden dazu erzogen, ihre Umgebung grundsätzlich als Bedrohung wahrzunehmen.«

Pistorius blieb nichts anderes übrig, als die Zähne zusammenzubeißen und sich immer wieder bewusst zu machen, dass Dr. Vorster eigentlich auf seiner Seite stand.

Auf Nachfragen von Barry Roux fuhr Dr. Vorster mit ihren Ausführungen fort. Das öffentliche Interesse, das Pistorius zuteil wurde, nachdem er sich mit 17 Jahren für eine Sportlerlaufbahn entschieden hatte, habe die Stress-Situation nur noch verstärkt, da er »sich krampfhaft bemühte, seine Umwelt zu kontrollieren« und die »externen Facetten seines öffentlichen Lebens« von seinem beschädigten Innenleben zu trennen. Seinem sportlichen Erfolg und der stets höflichen Oberfläche zum Trotz sei er unglücklicher und unsicherer gewesen, als er sich habe anmerken lassen. Abgesehen davon, dass er immer ein enges Verhältnis zu seinen beiden Geschwistern hatte, hätten ihn die vielen Auslandsreisen daran gehindert, längerfristige Bindungen oder gar Freundschaften einzugehen. Auch seine sexuellen Kontakte und Beziehungen seien für ihn problembehaftet gewesen, da er Hemmungen habe, offen zu seiner Behinderung zu stehen – was es ihm wiederum erschwert habe, »emotionale Unterstützung von außen zu erhalten«.

Angesichts der Probleme habe sich Pistorius geradezu ins Laufen geflüchtet, so Dr. Vorster. Das strikte Trainingsprogramm, das Pistorius freiwillig mitmachte, sei ein weiteres Instrument in dem fortwährenden Kampf gewesen, seine tiefsitzende Angst zu kontrollieren. Die übersteigerte Angst vor einem Verbrechen, die sie ebenfalls bei ihm festgestellt habe, werde natürlich noch durch die Tatsache verstärkt, dass er zwei Prothesen trage – was bedeute, dass er eine Bedrohung anders wahrnehme als ein gesunder Mensch. Pistorius sei zwar nicht paranoid, wohl aber »hyperwachsam« und auf die Antizipation möglicher Gefahren programmiert. Wenn er bedroht würde und die Wahl hätte, zu kämpfen oder zu fliehen, würde er notgedrungen zum Kampf tendieren, da wegzurennen aufgrund der Amputation wenig aussichtsreich sei.

Vor diesem Hintergrund müsse man auch sein Verhalten interpretieren, als er in der Nacht des 14. Februars die Geräusche im Badezimmer gehört habe. »Meiner Meinung nach«, so Dr. Vorster, »sollte seine Reaktion im Kontext seiner körperlichen Behinderung wie auch seiner Angstzustände gesehen werden.«

Solch eine Angststörung hätten sechs Prozent der südafrikanischen Bevölkerung. Sie führe dazu, Gefahren zu sehen, wo de facto keine Gefahren seien, trete oft im Zusammenhang mit Schlafstörungen auf und zeichne sich durch »eine hohe Frequenz unspezifischer Angstgefühle« aus, die sich negativ auf »alle Aspekte des Lebens« auswirke. »Sollte er tatsächlich Angst gehabt haben, es mit einem Einbrecher zu tun zu haben, so hätte die Angststörung mit Sicherheit seine Reaktion beeinflusst.«

Roux fragte Dr. Vorster auch nach Ihrer Meinung zu Pistorius' momentaner Verfassung. Er hoffte, die Einschätzung der Expertin könne helfen, die Gefühlsausbrüche und Widersprüche, zu denen sich Pistorius im Kreuzverhör mit Gerrie Nel hatte verleiten lassen, zu relativieren. Dr. Vorster führte aus, dass Pistorius seit der Tatnacht unter Depressionen leide, die zum einen aus Schuld- und Reuegefühlen herrührten, zum anderen aber auch aus einem posttraumatischen Stress-Syndrom. Roux hakte nach und wollte wissen, wie Pistorius auf sie gewirkt habe, als er über die Ereignisse in der Tatnacht sprach.

»Als er schilderte, was geschehen war, war er sichtlich aufgewühlt, weinte und kämpfte mit einem Würgereiz«, sagte sie. Roux fragte sie, ob sie diese Gefühlsausbrüche als echt empfunden habe. »Ja, in meinen Augen waren sie echt«, sagte sie. »Man kann einen Würgereiz nicht so überzeugend simulieren. Wer es trotzdem versuchen sollte, würde es mit einer heiseren Stimme tun und dabei rot anlaufen. Er aber war schneeweiß und schwitzte. So etwas lässt sich kaum simulieren.«

Wie von Roux erwartet, verfehlten Dr. Vorsters Ausführungen auch bei Nel nicht ihre Wirkung. Er wirkte unruhig und war offenkundig besorgt, dass der Erfolg seines Kreuzverhörs durch Vorsters psychologische Beurteilung zunichte gemacht werden könnte. Nel war klar, dass er fachliche Unterstützung brauchte, um das unerwartete Problem in den Griff zu bekommen. Kaum war die erste Unterbrechung der Verhandlung anberaumt worden, diskutierte er lebhaft mit Gerard Labuschagne. Der Leiter der forensischen und psychologischen Abteilung bei der südafrikanischen Polizei hatte den Prozess vom ersten Tag an vor Ort verfolgt.

Dr. Vorsters Aussage hatte genau den von Roux erhofften Effekt. Sie lieferte der Richterin möglicherweise eine wissenschaftlich plausible Erklärung für Pistorius' klägliches Auftreten im Kreuzverhör. Wichtiger aber noch: Sie eröffnete die Möglichkeit, dass die Panikattacken, die Pistorius in der Tatnacht hatte, als »angemessene« Reaktion interpretiert werden könnten, da sie auf seine körperliche Behinderung und die schwierige Kindheit zurückzuführen seien. Roux wollte die Richterin von Dr. Vorsters Grundannahme überzeugen, dass eine Reaktion, die bei einer gesunden Person als unangemessen und potenziell kriminell gelten müsse, bei einer behinderten oder unter psychischen Störungen leidenden Person durchaus nachvollziehbar sein kann.

Nel passten diese Gedankenspiele natürlich gar nicht ins Konzept. Wenn die Staatsanwaltschaft den Prozess gewinnen wollte, musste Pistorius von der Richterin genauso wahrgenommen werden, wie er sich vor Prozessbeginn selbst dargestellt hatte – nicht als Behinderter, sondern als willensstarker Athlet, der bei den Olympischen Spielen gegen die schnellsten Männer der Welt angetreten war. Nel wollte die Aufmerksamkeit verstärkt auf den Mythos Pistorius richten, um dessen menschliche Schwächen in den Hintergrund treten zu lassen. Um zu beweisen, dass er Reeva Steenkamp vorsätzlich getötet habe, musste Nel ihn als einen Champion porträtieren, dessen Erfolge das Resultat seines starken, freien Willens waren – und er konnte eben nicht akzeptieren, dass er nun als Schwächling dargestellt wurde, der von Impulsen getrieben wurde, die er in letzter Instanz weder verstand noch kontrollieren konnte.

Nachdem er mit Colonel Labuschagne gesprochen hatte, entwickelte Nel eine Strategie, die er allerdings erst am Ende eines Kreuzverhörs publik machte, das für ihn enttäuschend verlaufen sollte. Keine Frage: Dr. Vorster war eine perfekte Zeugin, die in druckreifen Sätzen sprach und sich ihrer Expertise so sicher war, dass sie oft mit einem einfachen »Ja« oder »Nein« antworten konnte. Selbst ein entwaffnendes »Ich weiß es nicht« kam ihr ohne Zögern über die Lippen. Sie machte aber auch unmissverständlich klar, dass sie nicht gewillt war, den Angeklagten ungerechtfertigterweise in einem zu positiven Licht erscheinen zu lassen. So betonte sie etwa, dass Pistorius niemand sei, der leichtfertig eine Beziehung aufs Spiel setze. Insofern sei Eifersucht durchaus eine Regung, zu der er fähig sei. Zudem, so Dr. Vorster, sei es unverantwortlich, Patienten mit Angststörungen den Zugang zu Waffen zu ermöglichen.

Was jedoch den zentralen Punkt ihrer Analyse betraf, so wollte Dr. Vorster nicht im Geringsten von ihrer Position abrücken: Die Amputation im Alter von elf Monaten habe Pistorius' Charakter genauso nachdrücklich geprägt wie die Angstzustände und der Alkoholismus seiner Mutter. Er sei daher in jeder Hinsicht unsicherer und verängstigter als die meisten Menschen. Ob diese Faktoren berücksichtigt werden sollten, wenn über die Schuld oder Unschuld des Angeklagten befunden würde, müsse das Gericht entscheiden. Ihr Urteil falle aber kurzgefasst wie folgt aus: »Wenn jemand stetig stärker werdende Angstgefühle hat, sieht er natürlich auch permanent seine eigene Sicherheit bedroht – selbst wenn überhaupt gar keine Gefahr und objektiv kein Grund zur Sorge besteht. Durch das erhöhte Angstlevel nimmt man seine Umwelt als bedrohlich war, auch wenn es kein Anzeichen einer Bedrohung gibt.«

Mit anderen Worten: Es könne durchaus so gewesen sein, dass Pistorius hinter der Toilettentür einen Eindringling vermutet habe, vor dem er Todesangst empfand.

Bei Nel schrillten alle Alarmglocken. Im Verlauf des gesamten Prozesses hatte er nie so nervös und unbeholfen gewirkt wie gerade jetzt. Er war derart konfus, dass er sogar vergaß, sein Handy auszuschalten, als er nach einer Verhandlungspause mit dem Kreuzverhör begann. Als mitten in der Befragung von Dr. Vorster sein Telefon klingelte, hätte sich Nel am liebsten in Luft aufgelöst. Die Richterin rügte ihn – und dem Staatsanwalt blieb nichts anderes übrig, als sich für diesen Fauxpas zu entschuldigen.

Nel war klar, dass der Prozess urplötzlich in eine kritische Phase getreten war. Es war für seine Argumentation unverzichtbar, dass die Behinderung des Angeklagten – samt der psychologischen Auswirkungen – für den Prozess als nebensächlich gewertet wurde und nicht als Dreh- und Angelpunkt, worauf die Verteidigung abzielte. Um dies erreichen zu können, musste er Dr. Vorsters Ausführungen in Zweifel ziehen. Doch das war leichter gesagt als getan. Da er selbst nicht über die Fachkompetenz verfügte, um ihre Thesen in Frage zu stellen, musste er sich Beistand von außen holen.

Und an der Stelle kam Colonel Labuschagne ins Spiel, mit dem er einen Plan ausgeheckt hatte. Nel stellte bei der Richterin den Antrag, Pistorius von einem weiteren externen Psychiater begutachten zu lassen.

Nun waren es Roux und seine Kollegen, denen es nicht gelang, sich nicht anmerken zu lassen, dass Nel sie kalt erwischt hatte, obwohl sein Antrag keine Gegenreaktion war, die man nicht hätte erwarten können. Psychiatrische Zweitgutachten anzufordern, wenn ein Angeklagter verminderte Zurechnungsfähigkeit für sich reklamiere, sei gängige Praxis, so Nel. Sollte die Richterin zustimmen, würde Pistorius nach Weskoppies geschickt, einer staatlichen psychiatrischen Klinik in Pretoria, wo sich ein ganzes Expertenteam ein Bild von ihm machen würde. Nel hoffte mit dieser Hilfe Dr. Vorsters Befund erfolgreich in Zweifel zu ziehen.

Roux protestierte energisch. »Das Zweitgutachten ist nur ein fadenscheiniger Winkelzug der Anklage«, sagte er zu Richterin Masipa. »Es gibt keine sachliche Rechtfertigung dafür.« Nel wolle damit nur davon ablenken, dass sein Kreuzverhör von Dr. Vorster »nicht in seinem Sinne« verlaufen sei.

Nel, der mit seinem Coup sichtlich zufrieden war, ließ sich von Roux nicht aus der Reserve locken. »Mr. Roux scheint ein wenig aufgebracht zu sein«, sagte er zur Richterin gewandt. »Was ich an seiner Stelle ja auch wäre, wenn ich eine Zeugin aufgerufen hätte, die den Weg für ein Zweitgutachten überhaupt erst freigemacht hat.« Roux, der sich inzwischen wieder etwas gefasst hatte, wies die Richterin darauf hin, dass Dr. Vorster seinem Mandaten ja keinesfalls Wahnvorstellungen attestiere oder dass er nicht zwischen Recht und Unrecht unterscheiden könne. »Die Zeugin hat nur darauf hingewiesen, dass das Gericht seinen Gesamtzustand in die Beurteilung miteinfließen lassen sollte.«

Nel erwiderte, dass er sehr wohl verstehe, warum Roux Dr. Vorster erst in den Zeugenstand gebeten habe, nachdem Pistorius ausgesagt hatte: zum einen, um die Schwachpunkte seiner »wenig überzeugenden« Aussage mit dem Hinweis zu neutralisieren, dass er irgendwie fahrig und unausgeglichen gewesen sei – zum anderen, weil die Verteidigung seine Geistesverfassung zur alles entscheidenden Frage in diesem Mordprozess machen wolle.

Nel räumte ein, dass er sich der Konsequenzen seines Antrags durchaus bewusst sei: Ein ohnehin schon langwieriger Prozess werde dadurch noch mehr in die Länge gezogen. Andererseits, so Nel, sei es im Sinne einer fundierten Begutachtung geboten, den Angeklagten in einer psychiatrischen Klinik eine Zeit lang unter Beobachtung zu stellen. Denn sollte Pistorius des Mordes für schuldig befunden werden, würde bei einer Berufung zwangsläufig die Frage der Schuld- bzw. Zurechnungsfähigkeit in den Vordergrund rücken. Insofern könne er der Richterin nur empfehlen, »diesen Aspekt schon jetzt entsprechend zu berücksichtigen«.

Richterin Masipa vertagte die Verhandlung. Sie werde ihre Entscheidung am nächsten Morgen bekanntgeben. So hitzig das Wortgefecht zwischen Roux und Nel auch gewesen sein mochte: Als die beiden Anwälte an jenem Nachmittag den Gerichtssaal verließen, fragten sich vermutlich beide, ob sie eine kluge Entscheidung getroffen hatten. Wenn die psychiatrische Beobachtung tatsächlich stattfinden sollte, wären beide Seiten wohl oder übel gezwungen, das Urteil der Experten anzuerkennen. Sollten die Sachverständigen Pistorius eine völlig normale Geistesverfassung attestieren, wäre Nel im Vorteil, da die psychologischen Erklärungsversuche nicht mehr greifen würden. Sollten sich die Psychiater hingegen Dr. Vorsters Diagnose anschließen und Pistorius ebenfalls eine traumatische Störung bescheinigen, hätte Roux die besseren Karten. Bei nochmaligem Überlegen wurde Nel klar, dass er gerade ein erhebliches Risiko eingegangen war. Roux wiederum kamen ebenfalls Zweifel, ob es richtig war, sich darauf einzulassen.

Am nächsten Morgen gab Richterin Masipa dem Antrag des Staatsanwalts statt. Als sei ihr Roux's Unschlüssigkeit nicht verborgen geblieben, stellte sie fest, dass er Nels Antrag »mit seltsamen Argumenten« zu verhindern gesucht habe. Dr. Vorster habe in ihrer Aussage doch »die Möglichkeit einer verminderten Schuldfähigkeit« eingeräumt – wovon doch eher die Verteidigung profitiere. Da aber weder sie noch die Verteidigung noch die Staatsanwaltschaft in der Lage seien, die psychiatrischen und psychologischen Aspekte angemessen zu beurteilen, wäre es geboten, sich von einer externen Instanz objektiv beraten zu lassen. Und nichts anderes habe Nel vorgeschlagen.

»Dieses Gericht hat nicht die Fachkompetenz, um Dr. Vorsters Ausführungen inhaltlich beurteilen zu können«, ließ sie offiziell verlautbaren. »Eine sachgemäße Überprüfung ist aber wünschenswert, da nur so ein fairer Prozess für den Angeklagten gewährleistet werden kann.« Sie legte aber auch Wert auf die Feststellung, dass sie »den Angeklagten nicht zweimal bestrafen wolle«. Es sei daher »wünschenswert«, wenn der Angeklagte nicht stationär in die Klinik eingewiesen würde, sondern nur zur ambulanten Beobachtung dorthin gehen müsse.

Der Wunsch der Richterin wurde respektiert. Pistorius wurde verpflichtet, sich einen Monat lang täglich in der Weskoppies-Klinik einzufinden, wo ihn drei Psychiater und ein Psychologe diversen Tests unterzogen. Danach dürfe er jeden Tag zum Haus seines Onkels zurückkehren, wenn er wolle.

Auf den ersten Blick sah es aus wie eine Niederlage für die Verteidigung, doch als die Richterin ihre Entscheidung verkündete, wirkte Barry Roux nicht sonderlich unglücklich. Nachdem er Zeit gehabt hatte, Nels unerwarteten Schachzug zu überdenken, hatte er beschlossen, sich auf die positiven Aspekte der Entscheidung zu konzentrieren. Er war sich relativ sicher, dass die erneute psychologische Begutachtung für die Verteidigung eher von Vorteil sein werde.

Von Aimée abgesehen, die ständig mit ihren Tränen zu kämpfen hatte, wirkte auch die Familie Pistorius zuversichtlich. Als Arnold später am Tag vor die Journalisten trat, gab er zu Protokoll, dass »sie die Klugheit und Klarheit des Urteils ermutige«. Womit er das ganze Gefühlsspektrum seines Neffen aber wohl kaum adäquat wiedergab. Wie man später aus Familienkreisen erfuhr, habe Pistorius Nels Antrag als bösartige Gemeinheit eines rachsüchtigen Menschen empfunden.

June Steenkamp, die den Prozess täglich verfolgt hatte, blieb weiterhin ihrer Linie treu, sich vor Ort jeden Kommentar zu verkneifen. Sie gab allerdings der britischen *Daily Mail* ein Interview, das anzudeuten schien, dass sie die Gelassenheit früherer Tage verloren habe. Vor dem Prozess hatte sie noch behauptet, nur die Wahrheit hören zu wollen und im Zweifelsfall auch Pistorius vergeben zu können. Inzwischen sagte sie: »Letztlich ist es mir egal, was mit Oscar passiert ... ob er nun freigesprochen wird oder nicht. Ich bin nicht der Typ, der ihn unbedingt bestrafen will. Ich möchte nur meine Tochter wiederhaben – was aber leider unmöglich ist.«

Doch während ihr Ehemann, der im Interview ebenfalls zu Wort kam, weiterhin betonte, nicht auf Rache zu sinnen, kam June nun an einen Punkt, wo sie ihre Verbitterung nicht mehr verbergen konnte: »Er hat ein aggressives Wesen«, sagte sie. »Er ist es gewohnt, von Leuten bewundert zu werden – dass das nun nicht mehr so ist, dürfte eine neue Erfahrung für ihn sein. Sein Umfeld hat ihn derart verhätschelt, dass er wie ein Pfau herumspaziert und so tut, als sei er etwas Besonderes. Doch aus dem Helden ist ein Teufel geworden.«

Simone Steenkamp, Junes Tochter und Reevas Halbschwester, die ihre Mutter täglich zum Gerichtssaal begleitete, fand zwei Tage später in einem Interview mit der *Mail on Sunday* noch deutlichere Worte: »Er hat meine Schwester umgebracht, scheint sich aber immer noch an seinem Promi-Status zu ergötzen. Er versucht das Gericht davon zu überzeugen, dass sie sich wirklich nahestanden und dass er sich ernsthaft um sie gekümmert habe. Doch das ist nicht wahr. Er ist ein widerlicher Lügner.«

Am 30. Juni 2014 setzte das Gericht die Verhandlung fort. Das Weskoppies-Team hatte zwei Analysen angefertigt: eine psychiatrische Expertise, bei der es um die Frage nach der Funktionstüchtigkeit von Pistorius' Hirn ging – sowie ein psychologisches Gutachten, dass sich damit befasste, wie die speziellen Lebensumstände seinen Charakter und sein Verhalten geprägt hatten. Richterin Masipa nahm die Gutachten zu den Prozessakten – und griff bei ihrer späteren Urteilsbegründung auch auf diese neuen Erkenntnisse zurück. Staatsanwalt und Verteidigung versprachen, die Ergebnisse nicht weiter anfechten zu wollen. Die Gutachten wurden vor Gericht zwar nicht verlesen, aber den Medien zugänglich gemacht.

Auf den ersten Blick schien das Resümee der einmonatigen Untersuchung die Position der Verteidigung nicht unbedingt zu stärken. Dr. Vorsters Diagnose, dass Pistorius an einer Angststörung leide, wurde von dem Sachverständigengremium nicht übernommen. Doch eine intensivere Beschäftigung mit dem Gutachten förderte komplexere Einschätzungen zu Tage, die von der Verteidigung durchaus als positiv interpretiert werden konnten. So bewertete jedenfalls Roux die Lage, nachdem er die Expertisen studiert hatte. Gegenüber Kollegen sprach er davon, dass 80 Prozent der Gutachten für seinen Mandanten von Vorteil seien.

Tatsächlich unterschieden sich Dr. Vorsters Diagnose und der Bericht des Weskoppies-Teams weniger in der Substanz als in den Nuancen. Die Experten hatten zwar ebenfalls Anzeichen einer Angststörung festgestellt, hielten diese aber nicht für »klinisch signifikant«. Sie diagnostizierten allerdings eine »klinisch signifikante Depression«, eine posttraumatische Belastungsstörung und auch eine »fortgeschrittene Öffentlichkeitsphobie«, die sich nicht zuletzt in der Angst manifestiere, ausgelacht oder bloßgestellt zu werden. Sie stellten fest, dass Pistorius sehr wohl in der Lage sei, zwischen rechtmäßigem und unrechtmäßigem Handeln zu unterscheiden – und widersprachen Nels Behauptung, dass es sich bei Pistorius um einen Narzissten handle. Man attestierte ihm auch ein erhöhtes Suizidrisiko, das aber wiederum verringert werde durch seine religiösen Überzeugungen und familiären Bindungen.

Der psychologische Bericht von Professor Jonathan Scholtz, dem Leiter der Abteilung für Psychologie in Weskoppies, sollte für die Verteidigung sogar von noch größerem Wert sein. Scholtz machte die interessante Feststellung, dass es Pistorius' »heimlicher Traum war, mit Leichtathleten ohne Körperbehinderung konkurrieren zu können – um so vielleicht indirekt die Auffassung seiner Mutter zu bestätigen, dass er eigentlich gar nicht behindert sei.« Noch wichtiger war jedoch seine Einschätzung (die Dr. Vorsters Diagnose weitgehend bestätigte), dass es eigentlich »zwei Oscars« gebe.

Der eine Oscar sei »ein internationaler Superstar, der über ein gesundes Selbstvertrauen verfüge und mit seinen 1,84 Meter stets das Gefühl hat, Herr der Lage« zu sein. Der andere Oscar sei »ein verletzlicher, ängstlicher, körperlich behinderter Mensch, der nicht einmal 1,50 Meter misst, wenn er seine Prothesen abgeschnallt hat und alleine im Bett liegt«.

Scholtz fügte an, dass die Hilflosigkeit des sich nur auf seinen Beinstümpfen bewegenden Pistorius seine Angst vor einem körperlichen Angriff nur noch verstärkt habe – und dass Verhaltensmuster, die bei normalen Menschen als ungewöhnlich eingestuft würden, »im Kontext eines Körperbehinderten mit seinem spezifischen Hintergrund durchaus als normal bezeichnet werden können«.

Pistorius sei in seinen Augen ein »freundlicher, friedfertiger und respektvoller« Mann, der kein abnormes »Aggressionspotenzial oder explosive Gewalttätigkeit« erkennen lasse. Er zeige auch keine »Persönlichkeitsstörungen, wie sie für narzisstische und/oder psychopathische Männer typisch sind, die in Beziehungen zur Gewalttätigkeit neigen und auch zu einem Mord im Affekt fähig sind«.

Doch auch Nel war geholfen. Die Gutachten stärkten die Position der Verteidigung bei Weitem nicht so, wie sie es nach der Aussage von Dr. Vorster hoffen durfte: Aus psycholgischer Sicht gab es keine Entschuldigung für Pistorius' peinliche Vorstellung im Kreuzverhör – was neben den Schreien, die die Nachbarn gehört hatten, noch immer Nels stärkstes Argument war.

Am Ende hatte die vierwöchige psychologische Untersuchung beiden Parteien neue Munition geliefert: Die Staatsanwaltschaft konnte behaupten, dass der Geisteszustand von Pistorius nicht so prekär gewesen sei, dass er für die tödlichen Schüsse nicht verantwortlich sei. Die Verteidigung wiederum konnte ihr Hauptargument aufrechterhalten, dass Pistorius ein Opfer seiner Phobien sei und getrieben von Angst – und keinesfalls von Rachegelüsten – auf die Toilettentür geschossen habe. Um Letzteres noch weiter herauszuarbeiten, rief Roux Dr. Gerry Versfeld in den Zeugenstand, jenen Arzt, der vor einem Vierteljahrhundert Pistorius' Unterschenkel amputiert hatte.

Versfeld wurde gebeten, dem Gericht zu erläutern, wie schmerzhaft und schwierig es sei, sich auf den Beinstümpfen zu bewegen. Roux war überzeugt, dass es dem Anliegen der Verteidigung nicht schaden könne, wenn die Richterin ein weiteres Mal Gelegenheit hätte, sich Pistorius' amputierte Beine anzusehen. Zu Beginn von Versfelds Aussage bat Roux seinen Mandanten, nach vorne vor den Zeugenstand zu treten – gleich neben die Tür mit den Einschusslöchern, die dort noch immer aufgebaut war – und seine Prothesen abzulegen. Pistorius kam der Aufforderung nach. Und dieses Mal erhob sich die Richterin von ihrem Stuhl, um sich mit eigenen Augen aus der Nähe ein Bild machen zu können. Jeder im Gerichtssaal sah, dass ihr das Gehen erhebliche Mühen bereitete. Langsam und unsicher kam sie von ihrem erhöhten Sitz herunter und ging – auf den Arm eines Polizisten gestützt – um die Schranke.

Sollte sie Schmerzen verspürt haben, so hat sie wohl tapfer die Zähne zusammengebissen. Und selbst die knöchellange rote Robe, die für ihre schmächtige Statur eigentlich viel zu groß ausgefallen war, konnte der Würde ihres Auftretens nichts anhaben. Aufmerksam verfolgte sie die Ausführungen von Dr. Versfeld, der dem Gericht erläuterte, wie er vor 27 Jahren die Fersenballen von den verkrüppelten Füßen abgetrennt habe, um sie dann unterhalb der Knie wieder dranzuoperieren. Im Lauf der Jahre sei allerdings einer der Ballen seitlich verrutscht, sodass Pistorius beim Gehen heute größere Schmerzen empfinde als in seiner Kindheit. Während die Richterin Pistorius' Beine begutachtete, legte Nel Wert darauf, gar nicht erst Teil dieses morbiden Spektakels zu werden, das scheinbar alle Anwesenden zu faszinieren schien. Als er Platz nahm, setzte er sich demonstrativ mit dem Rücken zu der Szene – als wollte er schon mit seiner Körperhaltung demonstrieren, an dieser fragwürdigen Vorführung nicht teilzunehmen zu wollen.

Als letzter Zeuge der Verteidigung wurde Wayne Derman aufgerufen, ein an der Universität von Kapstadt lehrender Professor für Sportmedizin, der das südafrikanische Team bei den paralympischen Spielen in Peking 2008 und London 2012 betreut hatte. Derman sollte letztlich nur das psychiatrische Gutachten von Dr. Vorster und die »Zwei Oscars«-Theorie von Professor Schultz bestätigen. Das Problem war nur, dass Derman, weil er mit dem Angeklagten befreundet war, nicht als unvoreingenommener Zeuge gelten konnte. Nel wies bei seiner Befragung nicht nur immer wieder auf die vermeintlich mangelnde Neutralität, sondern schaffte es auch, Dermans fachliche Qualifikation in Frage zu stellen, als es um die psychologischen Faktoren ging, die möglicherweise in der Tatnacht eine Rolle gespielt hatten. Dennoch verschaffte Dermans Auftritt Roux noch ein letztes Mal die Gelegenheit, die eigentliche Zielsetzung seiner Strategie in den Fokus zu rücken: Es ging ihm im Grunde nur darum, das Herz der Richterin zu erweichen.

»Es ist und bleibt eine paradoxe Situation«, sagte Derman. »Auf der einen Seite haben Sie hier ein Individuum, das hochgradig talentiert ist, gleichzeitig aber auch mit einer erheblichen Behinderung leben muss … Und auch wenn er es verabscheut, bemitleidet zu werden, ändert das nichts an der nackten Tatsache, dass er keine Unterschenkel mehr hat. In den sechs Jahren, in denen ich mit behinderten Athleten gearbeitet habe, war für mich eigentlich das Deprimierendste, zu sehen, dass eine Behinderung nie mal kurz Pause macht. Sie ist da, wenn man abends ins Bett geht – und sie ist da, wenn man morgens wieder aufwacht. Es gibt eigentlich keinen Aspekt des Lebens, der durch sie nicht beeinträchtigt wird.«

Roux konnte nur hoffen, dass Richterin Masipa durch ihre eigene Behinderung daran erinnert würde, diesen Aspekt nicht aus den Augen zu verlieren. Als Derman seine Ausführungen abgeschlossen hatte, erklärte Roux den Fall aus Sicht der Verteidigung für beendet. Es war der 8. Juli. Das Gericht hatte 39 Tage getagt, doch aufgrund der langen Unterbrechungen hatte sich der Prozess, der am 3. März begonnen hatte, über vier Monate und fünf Tage hingezogen. Am 7. und 8. August hielten Nel und Roux ihre Schlussplädoyers – und Richterin Masipa gab den Termin der Urteilsverkündung bekannt: Am 11. September 2014 sollte sich das Schicksal von Oscar Pistorius entscheiden.

20

Zweifel ist kein angenehmer, Gewissheit aber ein lächerlicher Zustand.

VOLTAIRE

Es war 9:33 Uhr, als Richterin Masipa am Donnerstag, dem 11. September 2014, den Gerichtssaal betrat, um das Urteil zu verkünden. Alle Plätze auf den Zuschauerbänken waren belegt, sogar die Lücke zwischen den Mitgliedern der Familien Pistorius und Steenkamp hatte sich geschlossen, zumal diesmal auch Henke Pistorius und Barry Steenkamp anwesend waren. Bei den Schlussplädoyers vier Wochen zuvor hatten beide zum ersten Mal den Prozess im Gericht verfolgt – und damals wie heute auf eine Begrüßung verzichtet.

Carl Pistorius hingegen hatte bei den Schlussplädoyers nicht dabei sein können, da er eine Woche zuvor einen schrecklichen Autounfall hatte. Bei dem Frontalzusammenstoß waren seine Beine unterhalb der Knie zertrümmert worden – und als er in kritischem Zustand ins Krankenhaus eingeliefert wurde, war zunächst nicht einmal sicher, ob er seinen schweren Verletzungen nicht erliegen würde. Doch dann bestand plötzlich keine Lebensgefahr mehr und die Genesung machte raschere Fortschritte als erwartet; inzwischen machten ihm die Ärzte sogar Hoffnung, zum Jahresende wieder gehen zu können. Und so hatte er sich nun im Rollstuhl im Gerichtssaal eingefunden, um bei der Urteilsverkündung dabei zu sein.

Da der Fahrer des entgegenkommenden Wagens ebenfalls schwer verletzt worden war, hatte die Polizei eine Untersuchung eingeleitet, um zu klären, ob es sich vielleicht um einen Fall von grober Fahrlässigkeit gehandelt haben könnte – was Carl vehement bestritt. In den Medien wurde allerdings daran erinnert, dass Carl bereits im Mai 2013 wegen fahrlässiger Tötung angeklagt worden war, nachdem bei einem anderen von ihm verursachten Unfall eine Frau ums Leben gekommen war. Er war damals freigesprochen worden – und betete nun, zusammen mit dem Rest der Familie, dass Oscar das Urteil bekommen würde, dass ihm damals erspart blieb.

Als sich die Richterin setzte, blieb Pistorius als Einziger stehen – so wie es die Gerichtsordnung vorsah. Doch Masipa wandte sich zu ihm und erklärte, dass es bis zur Verkündung des endgültigen Urteils wohl noch eine Weile dauern würde. »Mr. Pistorius, bitte nehmen Sie Platz. Ich werde Ihnen sagen, wann Sie sich zu erheben haben.«

Masipa rückte ihre Brille zurecht, nahm das oberste Blatt eines beträchtlichen Papierstapels zur Hand – die Urteilsbegründung sollte nicht weniger als 72 Seiten umfassen – und begann zu verlesen.

Sie zählte die vier Anklagepunkte auf, für die sich Pistorius vor Gericht zu verantworten habe – und ging zunächst auf die Anklage wegen Mordes ein. Sie zitierte aus der Verteidigungsschrift, die Kenny Oldwadge zu Beginn des Prozesses in Pistorius' Namen verlesen hatte, ging dann auf die Argumentation der Verteidigung (»tragischer Unfall«) ein und verwies schließlich auf die Darstellung der Anklage, »... dass der Beschuldigte und die Verstorbene einen Streit hatten – und dass der Beschuldigte dann vorsätzlich auf die Verstorbene, die sich auf der Toilette eingeschlossen hatte, schoss und sie tötete«.

Die Richterin fasste kurz die Beweislage zusammen und erwähnte die unbestreitbaren Tatbestände, die von keiner Partei angezweifelt wurden: dass Pistorius die Schüsse abgab, während er auf seinen Beinstümpfen stand, dass die Toilettentür von innen verschlossen war, dass Pistorius anschließend um Hilfe schrie, dass er einen Cricketschläger benutzte, um die Tür einzuschlagen, dass er nach dem Vorfall extrem aufgewühlt wirkte und dass er versucht hatte, die Verstorbene wiederzubeleben.

»Angesichts dieser Tatsachen«, so Masipa, »liegt es auf der Hand, dass wir uns ausschließlich mit der Frage beschäftigen müssen, ob der Angeklagte wissentlich und vorsätzlich auf die Verstorbene geschossen hat oder nicht«. Sie verwarf den Einwand der Verteidigung, dass die Polizei den Tatort im Hinblick auf die sachgerechte Sicherung der Spuren verunreinigt habe, und erklärte: »Ich werde mich nun den Beweismitteln im Einzelnen zuwenden und beginne mit Punkt eins.«

Masipa verlas das Urteil mit fester, verständlicher Stimme, wobei sie kein einziges Mal von ihrem Manuskript abzuweichen schien. Auch wenn in der ganzen Welt Millionen von Fernsehzuschauern die Urteilsverkündung verfolgten, konnte man bei ihr keinerlei Anzeichen von Nervosität feststellen. Pistorius schaute sie unverwandt an und zeigte – zumindest anfangs – keinerlei Regung.

Die Ordner mit den Beweismitteln, fuhr sie fort, enthielten einige Tausend Aktenseiten. »Glücklicherweise lässt sich die strittige Frage auf drei Punkte eingrenzen: die Schüsse, die vom Cricketschläger stammenden Geräusche, die er beim Schlagen auf die Tür machte – und zu guter Letzt die Schreie, die in den frühen Morgenstunden gehört wurden.« Alle drei seien »untrennbar miteinander verbunden« und müssten als solche auch im Kontext beurteilt werden. Die Grundlage für die Beurteilung bildeten dabei die Zeugenaussagen von Pistorius' Nachbarn, von denen fünf für die Anklage und drei für die Verteidigung ausgesagt hätten.

Zunächst einmal, fuhr sie fort, könne man mit Sicherheit festhalten, dass einige der Geräusche von den Zeugen falsch interpretiert worden seien. Offensichtlich sei es unmöglich gewesen, eindeutig zwischen den vier Schüssen und den Schlägen des Cricketschlägers zu unterscheiden. Sie beschäftigte sich zunächst mit der Aussage von Michelle Burger und ihrem Ehemann Charl Johnson, die 177 Meter von Pistorius' Haus entfernt lebten, und konstatierte, dass die beiden deshalb »einen entscheidenden Nachteil« gehabt hätten. Man könne ihre

Aussage mit Sicherheit nicht, wie Barry Roux es tat, als vorsätzliche Lüge bezeichnen, aber es sei wohl gerechtfertigt, »ihre Aussage … als unzuverlässig zu werten«. Ein Beleg dafür sei auch die strikte Weigerung von Burger gewesen, von vorneherein die Möglichkeit auszuschließen, dass die vermeintlichen Schussgeräusche auch von dem Schläger herrühren könnten.

Die Aussage von Johan Stipp, der nur 80 Meter von Pistorius entfernt wohnte, müsse ebenfalls als »unzuverlässig« eingestuft werden – in diesem Fall »aufgrund der zeitlichen Abfolge des Geschehens«. Die Richterin kritisierte allerdings Roux für die Unterstellung, dass Stipp seine Darstellung bewusst auf die Version der Anklage abgestimmt habe. Sie wies darauf hin, dass Stipp keinerlei Resentiments gegenüber Pistorius gezeigt habe – im Gegenteil: Er habe ja gesagt, der Angeklagte sei »völlig aufgelöst« gewesen, als er ihn in seinem Haus dabei antraf, wie »er versuchte, die Verstorbene wiederzubeleben«.

Was die entscheidende Frage betraf, ob die Schreie von einem Mann oder einer Frau stammten, stellte die Richterin fest, dass eine eindeutige Unterscheidung eine »knifflige« Angelegenheit sei. »Niemand der Zeugen hat je den Angeklagten schreien gehört – schon gar nicht in Panik. Bereits das stellt ein Problem dar, da die Zeugen keinerlei Vergleichsmöglichkeiten hatten, als sie in den frühen Morgenstunden die Schreie hörten. Selbst Miss Samantha Taylor, die sich sicher gewesen ist, dass der Angeklagte auch in einer Stress-Situation wie ein Mann und nicht wie eine Frau klinge, hat einräumen müssen, dass sie ihn nie in einer lebensbedrohlichen Situation erlebt hat. Die Aussage des Akustik-Experten Mr. Lin lässt es jedenfalls als hochgradig zweifelhaft erscheinen, ob Zeugen in einer Entfernung von 80 beziehungsweise 177 Metern wirklich zwischen dem Schrei eines Mannes und dem einer Frau unterscheiden können – vor allem wenn dieser aus einer Toilette mit geschlossenem Fenster kommt.«

Barry Roux, der sich an früheren Verhandlungstagen oft genug gelangweilt auf seinem Stuhl herumfläzt hatte, saß nun kerzengerade hinter seinem Pult und lauschte aufmerksam jedem Wort der Richterin. Gerrie Nel hörte Masipa nicht weniger konzentriert zu.

Bis hierher schien eigentlich alles in Pistorius' Sinne zu laufen, doch als die Richterin damit begann, Reevas Verletzungen zu beschreiben, zeigte er wieder heftige Gefühlsausbrüche wie schon bei früheren Anlässen. »Die Verletzung am Arm war besonders schlimm«, sagte die Richterin – und Pistorius' Gesicht lief bereits wieder rot an. »Jemand, dem so eine Wunde zugefügt wird, dürfte eigentlich gar nicht mehr in der Lage sein, noch irgendeine bewusste Entscheidung zu treffen. Er oder sie wird vermutlich auch auf der Stelle das Bewusstsein verlieren.« Pistorius schloss die Augen, während in seinem Nacken ein Muskel zu zucken begann.

»Dazu kamen die Schädigungen am Hirn und an der Schädelbasis, wohingegen nur wenig Blut in den Atemwegen festgestellt wurde. Das scheint darauf hinzudeuten, dass die Verstorbene, nachdem ihr die Verletzungen zugefügt worden waren, wohl nur noch wenige Sekunden atmete.«

Wieder einmal rannen Tränen aus Pistorius' Augen, wieder einmal schien er kurz vor einem Zusammenbruch zu stehen. Und an diesem Zustand sollte sich auch nichts ändern, als die Richterin die Erkenntnisse zu den nächtlichen Schreien resümierte – die sie offenkundig zu seinen Gunsten interpretierte. »Die Schüsse wurden unmittelbar hintereinander abgefeuert«, sagte sie, »und das bedeutet meiner Meinung nach, dass die Verstorbene nicht mehr in der Lage war, laut zu schreien – zumindest nicht in der Art und Weise, wie sie von den Zeugen beschrieben wurde. Und die Zeugen bestehen ja auf ihrer Aussage, mehrfach eine weibliche Stimme gehört zu haben. Die einzige andere Stimme aber, die noch in Frage kommt, ist die des Angeklagten.«

Normalerweise hätte man nun von Pistorius eine Geste der Erleichterung oder Freude erwartet, doch immer wenn von Reevas Verletzungen die Rede war, bekam er seine reflexhaften Emotionen nicht unter Kontrolle. Mit Tränen in den Augen rang er um Fassung und zog auch den grünen Eimer näher an sich heran, da er wohl Angst hatte, sich wieder übergeben zu müssen. Später behaupteten seine Familienangehörigen allerdings, dass es diesmal mehr gewesen sei als nur ein körperlicher Reflex. Die Tränen wären auch geflossen, weil er von einer großen Last befreit worden sei – weil er zum ersten Mal in 19 Monaten hoffen durfte, von dem Mordvorwurf freigesprochen zu werden. Als die Verhandlung eine Stunde später unterbrochen wurde, lief Aimée zu ihm hinüber und umarmte ihn. Auch sie schien Hoffnung auf ein mildes Urteil zu haben.

Nach der Unterbrechung widmete sich Richterin Masipa Beweisen, die in ihren Augen verlässlicher waren als die »bezweifelbaren« Aussagen der Nachbarn. »Glücklicherweise – und die nachfolgende Chronologie der Ereignisse wird das bestätigen – ist das Gericht im Besitz objektiver Beweise. Wir verdanken sie einer Technologie, die zuverlässiger ist als die menschliche Wahrnehmung und Erinnerung – und die uns zudem als Korrektiv für alle anderen Beweise zur Verfügung steht. Die Protokolle der Telefongesellschaft enthalten detaillierte Angaben dazu, wer wann wen angerufen hat, welches Handy dazu benutzt wurde und wie lange das Gespräch dauerte. Wir sind im Besitz dieser Protokolle und haben sie ausgiebig ausgewertet. Interessanterweise wurde zwar das Gros dieser Aufzeichnungen von der Staatsanwaltschaft vorgelegt, doch es war die Verteidigung, die die chronologischen Abläufe analysierte und das Gericht über die Ergebnisse in Kenntnis setzte.«

Richterin Masipa bezog sich dabei auf den Kernpunkt aus Roux's Schlussplädoyer, in dem er eine detaillierte zeitliche Abfolge des Tathergangs zu rekonstruieren versuchte. Roux's Team hatte bis zur Erschöpfung an diesem Zeitplan gearbeitet. Einer der beteiligten Anwälte räumte später ein, dass man 38 Versionen durchgespielt habe, bis man sich schließlich auf die plausibelste Variante festgelegt hatte. Dass die Telefonprotokolle von der Anklage vorgelegt worden seien, die ausführliche Analyse aber von der Verteidigung stamme, verdiene laut Masipa eine besondere Erwähnug. Wichtiger aber noch sei die Tatsache, dass die Staatsanwaltschaft die von der Verteidigung rekonstruierte chronologische Abfolge nicht in Frage stelle.

Die Richterin wie nachdrücklich darauf hin, dass sie Nel gefragt habe, ob er gegen den Zeitablauf der Verteidigung etwas einzuwenden habe. Nel habe geantwortet, dass er die faktisch belegbaren Zeiten nicht anzweifle, wohl aber die Schlussfolgerungen in Frage stellen werde. Tatsächlich aber, so Masipa, habe Nel nie eine eigene Interpretation der Chronologie geboten – was bei ihr zu dem Eindruck geführt habe, »dass von Seiten der Anklage kein Versuch unternommen werde, die nachfolgende Chronologie infrage zu stellen«.

»Doch unabhängig davon«, fuhr sie fort, »liefern uns die Daten der Telefonate, die zwischen 3:15:31 Uhr und 3:17 Uhr getätigt wurden, fundierte Informationen über den Zeitpunkt der Schüsse, den Zeitpunkt der Schreie und den Zeitpunkt, an dem mit dem Cricketschläger gegen die Tür geschlagen wurde. Darüber hinaus stehen uns auch die gesamten Telefondaten des Angeklagten zur Verfügung.«

Richterin Masipa begann damit, die Chronologie der Ereignisse mit ihren 23 Fixpunkten vorzutragen, beginnend um 2:20 Uhr, als ein Mitarbeiter des Sicherheitsdienstes am Haus von Pistorius vorbeikam und keine besonderen Vorkommnisse bemerkte. Die Auflistung endet mit dem Eintreffen der Polizei um 3:55 Uhr. Die entscheidenden Hinweise liefern die Daten zu den fünf Minuten zwischen den Schüssen und Pistorius' erstem telefonischen Hilferuf. Auf diese Abfolge stützte sich Masipa bei ihren Ausführungen:

- Ungefähr zwischen 3:12 und 3:14 Uhr wurden erste verdächtige Geräusche gehört. Es handelte sich um die Schüsse.
- Ungefähr zwischen 3:14 und 3:15 Uhr hörte man die Hilferufe des Angeklagten.
- Im Zeitraum zwischen 3:12 und 3:17 Uhr wurden Schreie gehört.
- Um etwa 3:15 Uhr sah ein Zeuge, wie der Angeklagte das Badezimmer betrat.
- Um 3:15:51 Uhr rief Dr. Stipp den Sicherheitsdienst Silver Lakes Security an. Der Anruf dauerte 16 Sekunden.
- Um 3:16 Uhr telefonierte Mr. Johnson für 58 Sekunden mit der Sicherheitsfirma Strubenkop.
- Um 3:16:13 Uhr versuchte Michael Nhlengethwa den Sicherheitsdienst anzurufen, doch die Leitung war besetzt.

- Um 3:16:36 Uhr versuchte es Michael Nhlengethwa ein zweites Mal, kam diesmal durch und sprach 44 Sekunden mit dem Sicherheitsdienst.
- Dr. Stipp versuchte, den Notruf 10111 zu erreichen.
- Um 3:17 Uhr hörte man wieder Geräusche. Diesmal vom Cricketschläger, mit dem auf die Tür geschlagen wurde.
- Um 3:19:03 Uhr telefonierte der Angeklagte mit Johan Stander. Das Gespräch dauerte 24 Sekunden.

»Diese Chronologie«, so die Richterin, »vermittelt uns einen Eindruck davon, in welchen Punkten die Aussagen der verschiedenen Zeugen übereinstimmen und in welchen sie sich widersprechen. Anhand dieser Chronologie wird das Gericht auch zu entscheiden haben, ob die Anklage zweifelsfrei nachweisen kann, dass der Angeklagte die Absicht und den konkreten Vorsatz hatte, die Verstorbene zu töten.«

Ein zentraler Punkt in Gerrie Nels Argumentation basierte auf den Aussagen der von ihm geladenen Zeugen, die glaubten, Schreie von Reeva Steenkamp kurz vor ihrem Tod gehört zu haben – Schreie, die – so Michelle Burger – »einem durch Mark und Bein gingen«. Daher müsste Pistorius gewusst haben, dass es Reeva war, auf die er schoss. Die Richterin erschütterte Nels Hypothese gleich zweifach: Zum einen behauptete sie, dass die ersten von den Nachbarn gehörten Geräusche die Schüsse und nicht die Schreie waren – und zum anderen sei »ebenfalls offensichtlich, dass die Schreie, die kurz nach den Schüssen und vor dem zweiten Geräusch – das von dem Cricketschläger stammte – gehört wurden, nicht von der Verstorbenen stammen konnten, weil sie zu diesem Zeitpunkt bereits extrem folgenschwere Verletzungen erlitten hatte.«

Mit anderen Worten: Es gab keinen eindeutigen Beweis dafür, dass Reeva überhaupt geschrien hatte. Diese Schlussfolgerung, so die Richterin, werde weiter durch die Aussage von Mr. und Mrs. Nhlengethwa, Pistorius' unmittelbaren Nachbarn, bestätigt, die nach den Schüssen die Schreie eines Mannes gehört hatten. »Diese Version«, so Masipa, »scheint von allen die plausibelste zu sein.«

Pistorius' Version des Tathergangs, die mit den Schlägen seines Cricketschlägers endet, schien die Richterin auch noch in einem anderen Punkt zu überzeugen: »Die Anzahl der lauten Schläge passt im chronologischen Zusammenhang zu der Aussage des Angeklagten, dass er in dem Moment, als ihm klar wurde, die Person hinter der Tür könne die Verstorbene sein, auf den Balkon lief, um laut nach Hilfe zu rufen, dann mit dem Cricketschläger zurück zum Bad lief, um dort drei Mal auf die Tür einzuschlagen.«

Roux hörte ihr weiterhin so konzentriert zu, als sei er ein Jagdhund, der Witterung aufgenommen hat. Nel schaute auf den Boden oder zur Seite, schien aber in jedem Fall vermeiden zu wollen, die Richterin direkt anzusehen. Pistorius weinte zwar nicht mehr, folgte aber ausdruckslos Masipas Ausführungen, obwohl er mit dem bisherigen Verlauf eigentlich sehr zufrieden sein konnte.

Eine Frage stand allerdings noch im Raum – und zwar die Behauptung des Staatsanwalts, dass es vor den tödlichen Schüssen eine lautstarke Auseinandersetzung zwischen Pistorius und Steenkamp gegeben habe. Die Anklage brachte für diese »Theorie«, wie die Richterin es nannte, vier verschiedene Indizienbeweise vor: dass die Verstorbene ihr Handy mit auf die Toilette nahm, die sie dann von innen verriegelte; die diversen WhatsApp-Mitteilungen, die sich die Verstorbene und der Angeklagte geschrieben hatten; die nur teilweise verdauten Essensreste, die bei der Obduktion im Körper der Verstorbenen nachgewiesen wurden (was bedeute, dass Pistorius gelogen habe, denn Steenkamp sei sehr wohl nach 21 Uhr noch einmal aufgestanden); schließlich auch der laute Streit, den Estelle van der Merwe gehört habe, als sie um 1:56 Uhr – also rund 75 Minuten vor den tödlichen Schüssen – von dessen Lärm geweckt wurde.

Dass Reeva mit ihrem Handy zur Toilette gegangen war und die Tür von innen abschloss, hatte viele Beobachter von Anfang an vermuten lassen, dass sie vor Pistorius geflohen war. Das Handy habe sie mitgenommen, um Hilfe zu rufen, während sie die Tür verschlossen habe, um sich vor ihm in Sicherheit zu bringen. Pistorius' Behauptung, sie habe die ganze Zeit keinen Laut von sich gegeben, selbst als er sie bat, die Polizei zu rufen, schien einfach keinen Sinn zu ergeben.

Monate vor dem Prozess hatten Roux's Anwälte eine Theorie entwickelt, die möglicherweise erklären konnte, warum sie sich auf der Toilette einschloss und auf Pistorius' Fragen nicht reagierte. Roux hatte sich allerdings entschieden, die Theorie nicht vor Gericht vorzutragen. Sie basierte auf einem Vorfall, der sich fünf Jahre vor ihrem Tod abgespielt hatte. Reeva und ihre Mutter waren in ihrem Haus in Port Elizabeth, als Diebe einbrachen und 15 Minuten lang das Haus durchstöberten, während sich die beiden Frauen im von innen verschlossenen Schlafzimmer versteckten. Die Anwälte hielten es für möglich, dass dieses traumatische Ereignis Reevas Verhalten, als Pistorius sie auf die vermeintlichen Einbrecher aufmerksam machte, beeinflusst haben könnte. Die Theorie hätte die gesamte Argumentation der Verteidigung sicher stimmig abgerundet, doch Barry Roux sah auch das Problematische dabei: Man hätte entweder June Steenkamp oder Reevas damaligen Freund in den Zeugenstand rufen müssen – und beide wären »feindliche Zeugen« gewesen, die mit Nels Hilfestellung möglicherweise weitere Aussagen gemacht hätten, die nicht im Sinne der Verteidigung gewesen wären.

Richterin Masipa war daher nicht in der Lage, eine schlüssige Erklärung dafür zu finden, warum sich Reeva einschloss und – zumindest nach Pistorius' Darstellung – keinen Laut von sich gab. Zusammen mit einigen anderen Details, so verkündete sie, könne diese Frage nicht abschließend geklärt werden und bleibe »der reinen Spekulation« überlassen.

Sie hielt allerdings fest, dass es von Seiten der Verteidigung »diverse Argumente« gebe, warum Reeva das Telefon mit auf die Toilette nahm. »Einer der möglichen Gründe ist, dass die Verstorbene das Handy als Lichtquelle benutzte, weil die Lampe in der Toilette defekt war.«

Mit der Würdigung der Textnachrichten, die sowohl die Anklage als auch die Verteidigung als Beweise vorgelegt hatten, hielt sich die Richterin nicht lange auf: »Die eingereichten Beweise sollten belegen, dass die Beziehung zwischen dem Angeklagten und der Verstorbenen auf einem Tiefpunkt angelangt war – und der Angeklagte durchaus ein Motiv hatte, die Verstorbene zu töten. Um das Gericht vom Gegenteil zu überzeugen, machte der Angeklagte beziehungsweise die Verteidigung weitere Textnachrichten zugänglich, die das Bild eines liebenden Paares zeichnen sollten.

In meinen Augen beweist sowohl das von der einen, wie auch das von der anderen Seite eingereichte Material allerdings gar nichts. In Beziehungen geht es gewöhnlich mal rauf und mal runter, sie sind dynamisch, da Menschen nun einmal unbeständige, von Stimmungen und Launen abhängige Wesen sind. Weder die Beweismittel, die zum Beleg einer vollkommen glücklichen Liebesbeziehung gedacht sind, noch die Beweismittel, die das genaue Gegenteil belegen sollen, können diesem Gericht die Frage beantworten, ob der Angeklagte die erforderliche Absicht hatte, die Verstorbene zu töten. Aus diesem Grund lehnt es das Gericht ab, aufgrund dieses Materials irgendwelche Rückschlüsse zu ziehen.«

Im gleichen Tempo hakte Masipa die unverdauten Essensreste in Reevas Magen ab wie auch den lautstarken Streit, den Estelle van der Merwe vor den Schüssen gehört haben wollte. Mit dem Verweis auf die Einschätzung von Ernährungswissenschaftlern, dass die »Entleerung des menschlichen Magens keine exakte Wissenschaft« sei, maß Masipa dem Argument keine übermäßige Bedeutung zu: Selbst wenn sie davon ausgehen würde, dass die Verstorbene kurz vor ihrem Tod noch etwas gegessen hat, so wäre »die einzig mögliche Schlussfolgerung« sicher nicht, dass der Angeklagte gelogen habe. »Möglicherweise verließ sie das Schlafzimmer und holte sich etwas zu essen, während der Angeklagte schlief.«

Und was den vermeintlichen Streit betraf, den Van der Merwe gehört zu haben meinte, konstatierte Masipa, dass die Staatsanwaltschaft wohl die Tatsache übersehen habe, dass die Zeugin »keine Angaben machen konnte, woher die Stimmen gekommen seien, welche Sprache gesprochen wurde oder worum es bei dem Streit überhaupt gegangen sei. Daraus folgt«, so die Richterin, »dass die Aussage von Ms. van der Merwe nichts enthält, was den vermeintlichen Streit mit dem tödlichen Vorfall im Haus des Angeklagten in Verbindung bringt.«

Masipa hatte die Argumente der Staatsanwaltschaft so weit zerpflückt, dass eigentlich nur noch ein Urteil möglich schien: Sie würde Pistorius vom vorsätzlichen Mord an Reeva Steenkamp freisprechen müssen. Sie hatte keine Beweise für einen Streit finden können, keine Beweise für von Reeva unmittelbar vor ihrem Tod ausgestoßene Schreie – und hielt auch die Probleme in ihrer Beziehung für nicht so gravierend, dass daraus ein Mordmotiv ableitbar war.

Sie wandte sich nun der Argumentation der Verteidigung zu, die – wie sie unmissverständlich klarmachte – überwiegend auf Pistorius' eigener Darstellung der Ereignisse basierte. In seinem Schlussplädoyer hatte auch Gerrie Nel darauf hingewiesen, dass die Zeugenaussage von Pistorius der Schwachpunkt in der Argumentation der Verteidigung sei – und hatte dieses Manko weidlich geschildert. Pistorius, so Nel, sei ein »abstoßender Zeuge« gewesen, ein »arglistiger Zeuge«, einer der »schlimmsten Zeugen, denen er je begegnet« sei. Seine Aussage sei voll von »krassen Widersprüchen« gewesen und habe »den eklatanten Mangel an auch nur einer Spur von Wahrhaftigkeit« offenbart. Nel widerstand nicht der Versuchung, unbedingt rhetorisch glänzen zu wollen, sodass es dazu kam, dass er den Prozess mit einem Staffellauf verglich, in dem Pistorius »den Stab der Wahrheit fallen ließ« und »eine Lawine von Lügen« losgetreten habe.

Bis zu einem gewissen Grad teilte die Richterin Nels Meinung, dass Pistorius »ein dürftiger Zeuge« gewesen sei, dessen Aussage einige Ungereimtheiten enthalten habe. Sie ging ausführlich auf die Zeugenaussage von Pistorius ein und wies darauf hin, dass er einmal »Ich schoss … bevor ich einen klaren Gedanken fassen konnte« gesagt habe, ein anderes Mal aber »Ich schoss ... weil ich überzeugt war, dass jemand aus der Toilette kommen und mich angreifen würde«. Auf die Frage von Nel, ob sich die Schüsse ohne Absicht gelöst hätten, habe er geantwortet: »Ich feuerte ohne nachzudenken, Euer Ehren. Ich dachte, dass jemand aus der Toilette kommen würde. Die Geräusche auf der

Toilette ließen mich glauben, dass jemand aus der Toilette kommen würde, der mich angreifen oder umbringen wollte.«

Zu einem späteren Zeitpunkt hatte Pistorius ausgesagt, dass er nicht geschossen habe, um jemanden zu töten. In diesem Fall hätte er höher gezielt. Die Richterin erkannte darin einen klaren Widerspruch: »Diese Behauptung ist unvereinbar mit der Aussage, dass er ohne nachzudenken abgedrückt habe.«

Masipa konnte sich die Anmerkung nicht verkneifen, dass dieser Widerspruch auch in Barry Roux's Schlussplädoyer unaufgelöst blieb. Pistorius, so habe Roux dort gesagt, »feuerte nicht gezielt in die Richtung der Toilette« – und doch habe er »im gleichen Atemzug« behauptet, dass »der Angeklagte zwar mit der Absicht zur Toilette gegangen sei, sich selbst zu schützen, dass dies aber nicht bedeute, dass der Angeklagte die Absicht hatte, ohne Anlass zu schießen«.

Sie wies auch auf die Tatsache hin, dass Dr. Merryl Vorster erst mit der psychologischen Begutachtung beauftragt worden sei, nachdem Pistorius ausgesagt habe – und widmete sich dann den Ergebnissen der Expertise, mit denen das »seltsame Verhalten« des Angeklagten im Zeugenstand erklärt werden sollte.

Die Frage, die durch Dr. Vorsters Aussage, durch die vierwöchige Untersuchung in der psychiatrischen Klinik Weskoppies als auch durch die Aussage von Dr. Wayne Derman im Raum stehe, sei doch, ob Pistorius' Schuldfähigkeit in irgendeiner Form durch seine mentale Disposition eingeschränkt gewesen sei. Die Verteidigung habe in aller Ausführlichkeit das Argument vorgebracht, dass die tödlichen Schüsse durch einen unkontrollierbaren Reflex ausgelöst worden seien – und dass Pistorius deswegen auch weder wegen Mordes noch wegen fahrlässiger Tötung verurteilt werden könne.

Die Richterin wollte davon nichts wissen. »Der Angeklagte hatte keine Gedächtnislücken und keinen Anfall plötzlicher Verwirrtheit«, sagte sie. »Wie er selbst schilderte, sei er zunächst zusammengezuckt und habe sich dann entschlossen, seine Waffe zu holen und damit ins Badezimmer zu gehen. Mit anderen Worten: Er traf eine bewusste Entscheidung. Er wusste, wo seine Pistole war, er wusste, wo sein Badezimmer war. Er bemerkte, dass das Fenster im Badezimmer geöffnet war – was ihn darin bestätigte, zuvor ein Geräusch gehört zu haben, wie es beim Öffnen des Fensters entsteht. Das alles passt nicht mit verminderter Schuldfähigkeit zusammen.«

Masipa sezierte die psychologischen Argumente der Verteidigung genauso unerbittlich, wie sie zuvor die Position der Anklage auseinandergenommen hatte, die auf die Zeugenaussagen der Nachbarn gesetzt hatte. Zu Roux's Enttäuschung zeigte sie sich auch wenig beeindruckt von der These, dass Pistorius wegen seiner Behinderung anders reagiere als normale Menschen – was auch bei der juristischen Beurteilung seines Verhaltens berücksichtigt werden müsse.

»Es ist durchaus nachvollziehbar, wenn eine Person mit einer Behinderung sich angesichts einer Gefahr als besonders wehrlos empfindet«, sagte sie. »Ich möchte allerdings auch gleich anfügen, dass der Angeklagte in dieser Beziehung über kein Alleinstellungsmerkmal verfügt. Frauen, Kindern, Älteren und allen Menschen, die in ihrer Beweglichkeit eingeschränkt sind, geht es ebenso. Aber wäre es angemessen, wenn sie alle gleich zur Waffe greifen würden, wenn sie sich einer Gefahr ausgesetzt sähen? Ich denke nicht. Jeder einzelne Fall kann nur beurteilt werden im Hinblick auf seine spezifischen Umstände.«

Die Richterin hatte sich also in diesem Punkt dem Standpunkt der Anklage angeschlossen. Pistorius' Verhalten konnte einfach nicht als angemessen bezeichnet werden – womit auch die äußerst vage Hoffnung begraben werden musste, die vielleicht irgendwo in seinem Hinterkopf noch schlummerte: Dass er nämlich eventuell von allen Anschuldigungen freigesprochen werden könnte. Er hatte in vollem Bewusstsein und aus freien Stücken die Schüsse abgefeuert – was zwangsläufig zu einer Verurteilung führen musste. Die Frage war nur, ob das Urteil auf vorsätzlichen Mord lauten würde oder auf eines der weniger schwerwiegenden Tötungsdelikte.

»Die Absicht zu schießen«, fuhr die Richterin fort, »ist nicht gleichzusetzen mit der Absicht zu töten. Je nachdem kann ein Angeklagter für *Dolus Eventualis* oder aber für fahrlässige Tötung verurteilt werden.« Mit anderen Worten: Die Absicht zu schießen war fahrlässige

Tötung, die Absicht zu töten war *Dolus Eventualis*. Die Frage war nun, ob die Richterin im weiteren Verlauf ihrer bereits zweistündigen Urteilsverkündung die Meinung vertreten würde, dass Pistorius geschossen habe, um zu töten.

»In diesem Fall gibt es eigentlich nur eine strittige Frage – und zwar diese: Hatte der Angeklagte die notwendige *Mens Rea*, die Verstorbene zu töten, als er den Abzug drückte? Mit anderen Worten: Handelte er mit Vorsatz? Oder bestehen nach Anhörung aller Zeugenaussagen an der Schuld des Angeklagten noch immer berechtigte Zweifel?«

Die Richterin ging erneut auf Pistorius' Zeugenaussage ein, wiederholte, dass er »ein sehr dürftiger Zeuge« gewesen sei, und bemängelte diesmal auch seine »ausweichenden« Antworten. »Der Angeklagte war offensichtlich nicht ehrlich, als er behauptete, nicht die Absicht gehabt zu haben, auf jemanden zu schießen – obwohl er doch die geladene Waffe in der Hand hielt und zum Schießen bereit war.« Nichtsdestotrotz erlaube »eine unehrliche Zeugenaussage noch nicht die Schlussfolgerung, dass der Angeklagte schuldig ist«. Und obwohl es einige Aspekte in diesem Fall gebe, die »keinen Sinn ergeben« und »nur Gegenstand von Mutmaßungen« sein könnten – etwa die Tatsache, dass Reeva nicht geantwortet habe, als Pistorius sie bat, die Polizei anzurufen; warum Pistorius nicht nachsah, wo sie sich aufhielt, bevor er auf den Abzug drückte; warum er nicht einen, sondern vier Schüsse abfeuerte –, schreibe das Gesetz nun einmal vor, im Zweifelsfall an die Unschuld des Angeklagten zu glauben.

»Die Beweislast liegt bei der Staatsanwaltschaft, die zweifelsfrei darlegen muss, dass der Angeklagte tatsächlich des Verbrechens schuldig ist, für das er angeklagt wurde. Sollte die Version des Angeklagten auch nur im Geringsten glaubwürdig erscheinen, muss er freigesprochen werden.«

Womit Masipa zu der Entscheidung kam, ob Pistorius wegen vorsätzlichen Mordes verurteilt werden könne oder nicht. Und sie ließ keinen Zweifel daran, dass die Rechtslage in ihren Augen mehr als eindeutig war: »Beim ersten Anklagepunkt basiert die Beweislage auf einem reinen Vermutungstatbestand … Schaut man sich die Beweislage zur Gänze an, so lässt sich in keiner Form nachweisen, dass der Angeklagte die erforderliche Absicht – oder gar den eindeutigen Vorsatz – hatte, die Verstorbene zu töten. Die Anklage hat nicht zweifelfrei nachweisen können, dass sich der Angeklagte eines vorsätzlichen Mordes schuldig gemacht hat. Es gibt einfach zu wenig Beweise, die diese Hypothese stützen könnten.«

Innerhalb von zwei Stunden hatte es Masipa geschafft, die Frage zu beantworten, die seit dem Valentinstag 2013 alle Beobachter beschäftigt hatte: Hatte Pistorius seine Freundin vorsätzlich erschossen oder nicht? Viele Prozessbeobachter waren auch weiterhin davon überzeugt, auch wenn das Gerichtsurteil anders ausgefallen war. Es war eine bittere Niederlage für die Anklage, auch wenn sie nicht wirklich überraschend kam. Mitglieder aus dem Team des Staatsanwalts hatten schon vor der Urteilsverkündung durchsickern lassen, dass sie mit dieser Entscheidung rechneten. Die Indizien fügten sich nicht zu einem glaubhaften Beweis zusammen, der über jeden Zweifel erhaben war. Die Frage war nun, für welche der beiden verbleibenden Möglichkeiten sich die Richterin entschieden hatte.

Eine *Dolus Eventualis*-Verurteilung war das, worauf Nel, wenn schon nicht gehofft, so doch seine höchsten Erwartungen gesetzt hatte. Das Team der Anklage war davon überzeugt, stichhaltig nachweisen zu können, dass Pistorius die Person hinter der Toilettentür töten wollte. Ein Anwalt aus Nels Team ging sogar noch weiter: Barry Roux habe unverantwortlich gehandelt, als er Pistorius nicht davon überzeugt habe, ein *Dolus Eventualis*-Geständnis zu akzeptieren. Mit diesem Geständnis hätte sich die Staatsanwaltschaft aller Voraussicht nach zufrieden gegeben – was den gesamten Prozess überflüssig gemacht hätte. Wenn Roux seinen Mandanten davon überzeugt hätte, wäre das Urteil vermutlich milder ausgefallen als nun. Der fragliche Anwalt hatte Roux sogar unterstellt, diese Strategie nur zu verfolgen, um ein astronomisches Honorar aus Pistorius herauspressen zu können.

Dass sich ein Mitglied der Staatsanwaltschaft dazu hinreißen ließ, ohne Beweise derartige Unterstellungen zu verbreiten, warf ein bezeichnendes Licht auf die wachsende Verbitterung, die sich zwischen den beiden Kontrahenten breitgemacht hatte. Und es gab auch Verleumdungen: Vom Team des Verteidigers konnte man hören, dass Gerrie Nel ein dubioser Karrierist sei, den nur sein krankhafter Ehrgeiz dazu verleitet habe, Pistorius wegen vorsätzlichen Mordes anzuklagen. Er habe zu hoch gepokert und sei nun gedemütigt worden – worüber sich das Team der Verteidigung unverhohlen freute.

Und was die Frage anging, ob Roux ein *Dolus Eventualis*-Geständnisses hätte anstreben sollen, so konnte dies nur jemand verlangen, der Pistorius nicht kannte: Selbst in Momenten tiefster Depression hatte er sich immer an das Motto seiner Mutter gehalten, das für so viele seiner Lebensentscheidungen bestimmend war und das seinen Charakter entscheidend geprägt hatte: »Der wahre Verlierer ist nicht derjenige, der als Letzter durchs Ziel geht. Der wahre Verlierer ist derjenige, der danebensitzt und sich dem Wettbewerb erst gar nicht stellt.«

Roux hätte Pistorius niemals zu einem Mordgeständnis überreden können. Und selbst einzugestehen, dass er sich einer fahrlässigen Tötung schuldig gemacht habe, wäre für Pistorius wohl nicht akzeptabel gewesen. Denn das war die Option, die Roux eigentlich bevorzugt hätte. Das Problem war nur, dass sich Nel nie und nimmer darauf eingelassen hätte.

Als an diesem 11. September die Mittagspause näher rückte, stellte sich also die Frage, ob die Richterin nun auch den *Dolus Eventualis* zurückweisen würde. Sie tat es – und wieder mit Worten, die an Deutlichkeit nichts zu wünschen übrig ließen: »Die Beweise, die diesem Gericht vorgelegt wurden, reichen nicht aus, um die Behauptung der Anklage zu untermauern, dass es sich um einen Fall von *Dolus Eventualis* handeln könnte.«

Pistorius reagierte nicht so, wie man es hätte erwarten können. Obwohl die Richterin seit eineinhalb Stunden Reevas Wunden mit keinem Wort erwähnt hatte, zitterte er wieder und biss sich auf die Lippe. Diesmal waren es allerdings Freudentränen, mit denen er zu kämpfen hatte.

Roux ließ sich nichts anmerken, war insgeheim aber sehr erleichtert. Nel hingegen, der sich während der gesamten Urteilsverkündung unbeteiligt gab, konnte nicht mehr an sich halten und schüttelte heftig den Kopf.

Als reagiere sie auf den Unmut des Staatsanwalts, stellte die Richterin nun ihr eigenes Urteil auf den Prüfstand. Zu einem nicht unerheblichen Grad basiere es auf der Reaktion, die Pistorius gleich nach den Schüssen gezeigt habe. »Die Beweislage legt nahe, dass der Angeklagte zunächst überzeugt war, dass – in dem Moment, als er die Schüsse abgab – die Verstorbene noch immer im Schlafzimmer war, während sich die mutmaßlichen Einbrecher auf der Toilette befanden. Dies sagte er jedenfalls kurz nach den Schüssen gleich mehreren Zeugen.«

Zu diesen Zeugen zählten in chronologischer Reihenfolge Johan Stander, der Manager der Wohnanlage, den Pistorius um 3:19 Uhr angerufen hatte – also fünf bis sieben Minuten nach den Schüssen –, dann drei Minuten später Standers Tochter Carice, wenig später Dr. Johan Stipp, und schließlich, gegen 4 Uhr, die Polizei.

»Wie die Verteidigung zu Recht feststellte, ist es in höchstem Maße unwahrscheinlich, dass sich der Beklagte in der Kürze der Zeit diese Erklärung ausdenken konnte und sie dann auch widerspruchsfrei wiederholte – bis zur Kautionsverhandlung. Zu diesem Zeitpunkt war er mit den Ermittlungen von Polizei und Staatsanwaltschaft bekanntlich noch nicht vertraut.

Die Frage ist nun: War dem Angeklagten die mögliche Todesfolge bewusst, ohne ihn aber von seinem aggressiven Vorgehen abzuhalten? Berücksichtigt man die Umstände dieses Falles, kann die Antwort nur ›Nein‹ lauten.

Wusste der Angeklagte, dass die von ihm abgefeuerten Schüsse die Verstorbene töten würden? Offensichtlich zog er nicht die Möglichkeit in Betracht, die Person hinter der Tür zu töten – schon gar nicht die Verstorbene, die er ja noch in seinem Schlafzimmer vermutete.

Diese Darstellung in Frage zu stellen, würde bedeuten, dass die Reaktion des Angeklagten nur inszeniert gewesen sei, dass er den Hinzugeeilten etwas vorspielte, um sie in die Irre zu führen.

Doktor Stipp, der wenige Minuten nach dem Vorfall Pistorius' Haus betrat, gab zu Protokoll, dass der Angeklagte sichtlich verzweifelt aussah, dass er laut zu Gott betete und den Arzt anflehte, Reeva zu retten. Es liegen keine Erkenntnisse vor, die dieser Beobachtung widersprechen würden. Es gibt in den Augen dieses Gerichts daher auch keinen Grund, an ihrer Richtigkeit zu zweifeln.«

Pünktlich zur Mittagspause unterbrach die Richterin ihren Vortrag und erhob sich von ihrem Platz. June Steenkamp schüttelte den Kopf, Barry Steenkamp verzog keine Miene. Eine Cousine von Reeva brach in Tränen aus, ebenso ihre beste Freundin Gina Myers. Pistorius, der reglos auf seiner Bank saß, weinte ebenfalls. Die Tränen, die er so oft zurückgehalten hatte, bahnten sich nun ihren Weg – als verstünde er erst jetzt die Tragweite von Masipas Worten. Aimée lief nach vorne, nahm ihn in die Arme und küsste ihn. Zum ersten Mal sah man in ihrem Gesicht so etwas wie ein Lächeln.

Gerrie Nel sei beim Verlassen des Gerichtssaals am Boden zerstört gewesen, erzählten Mitglieder aus seinem Team. Auf den Zuschauerrängen war man zwar überzeugt, dass er früher oder später gegen das Urteil Berufung einlegen werde, doch momentan musste er sich eingestehen, dass sich einer seiner Zeugen als Geheimwaffe der Verteidigung entpuppt hatte. Johan Stipp hatte nicht nur die Argumentation der Staatsanwaltschaft unterminiert, als er die Reihenfolge der Geräusche genauso beschrieb, wie es Pistorius dargestellt hatte – er hatte auch die Aufmerksamkeit auf die Szene gelenkt, in der ihn Pistorius verzweifelt angefleht hatte, zu versuchen, Reeva noch zu retten.

Roux, der am Abend zuvor noch von der Möglichkeit einer *Dolus Eventualis*-Verurteilung gesprochen hatte, konnte seine Freude kaum verbergen. »Wie kriegen die Fahrlässige«, flüsterte er euphorisch seinen Vertrauten zu, »wir kriegen die Fahrlässige.«

Wie der Zufall es wollte, begegneten sich Roux und Nel während der Mittagspause auf dem Flur vor dem Richterzimmer. In den 15 Minuten, die sie dort auf die Wiederaufnahme der Verhandlung warteten, wechselten sie kein Wort miteinander.

Um 14:16 Uhr wurde die Verhandlung fortgesetzt. »Ich wende mich nun der Frage der Schuld in Fällen fährlässiger Tötung zu«, sagte die Richterin. »Um zu entscheiden, ob der Angeklagte schuldhaft gehandelt hat, muss das Gericht das Hilfsmittel des *Reasonable Man* zu Rate ziehen.«

Die Richterin lieferte im Folgenden ein hypothetisches Beispiel dafür, wie im Normalfall eine »angemessene« Reaktion eines *Reasonable Man* – also eines besonnenen Menschen – auf eine potenzielle Bedrohung aussehen könnte: »Wenn der Angeklagte beispielsweise mitten in der Nacht aufgewacht wäre und in der Dunkelheit eine Silhouette gesehen hätte, weshalb er dann in Panik zu seiner Waffe gegriffen und abgedrückt hätte – nur um anschließend festzustellen, dass es die Verstorbene war, die er gerade erschossen hat –, dann wäre sein Verhalten nachvollziehbar und vielleicht auch entschuldbar gewesen.«

Auf der Suche nach Erklärungen und Entschuldigungen hatte Roux weit ausgeholt, um vor allem in Pistorius' nicht ganz einfacher Kindheit fündig zu werden. Nicht zuletzt der Einfluss der Mutter habe seine primäre Wahrnehmung der Umwelt als bedrohlich und kriminell entscheidend geprägt. Doch die Richterin ließ dieses Argument nicht gelten. »Unbestritten ist, dass der Angeklagte in einer Gegend mit hoher Kriminalitätsrate aufwuchs und von einer paranoiden Mutter maßgeblich geprägt wurde, die eine Waffe stets griffbereit hatte. Das würde das Verhalten des Angeklagten in jener Nacht erklären. Wie die Verteidigung ausgeführt hat, gab er Schüsse auf jemanden ab, den er für einen Einbrecher hielt.

Ich stimme dem zu, dass man den Angeklagten vielleicht besser versteht, wenn man sich seine Herkunft vergegenwärtigt. Andererseits ist eine Erklärung seiner Handlungsweise nicht mehr als … eine Erklärung. Sie erklärt, aber sie entschuldigt nicht das Verhalten des Angeklagten. Viele Menschen in diesem Land sind direkt oder indirekt von Kriminalität betroffen. Viele wurden Opfer von Gewaltverbrechen, was sie aber nicht dazu verleitet hat, sich dauerhaft eine Pistole unters Kopfkissen zu legen.«

Ebenso schnell wischte Masipa das Argument beiseite, dass man mit Pistorius aufgrund seiner Behinderung besonders nachsichtig sein müsse. Schließlich gäbe es »Millionen Südafrikaner«, die sich Verbrechern gegenüber als ebenso wehrlos empfänden wie Pistorius. »Der Angeklagte hatte ausreichend Gelegenheit, seine Situation zu reflektieren und angemessen zu handeln. Ich bin nicht davon überzeugt, dass ein besonnener Mensch mit den Behinderungen des Angeklagten unter den gleichen Umständen vier Schüsse auf die Toilettentür abgegeben hätte. Angesichts der Größe der Toilette und der Durchschlagskraft der verwendeten Munition hätte ein besonnener Mensch mit der Möglichkeit rechnen müssen, dass die Person in der Toilette ihren Verletzungen erliegen könnte.«

Schritt für Schritt näherte sie sich der Schlussfolgerung, die den letzten Akt des Dramas einläuten sollte. »Ich komme nun zu den entscheidenden Fragen. Erstens: Wäre ein besonnener Mensch unter den gleichen Umständen zur Überzeugung gelangt, dass die Person hinter der Tür von vier Schüssen möglicherweise tödlich getroffen wird? Und zweitens: Hätte ein besonnener Mensch etwas unternommen, um diese Möglichkeit auszuschließen? Die Antwort auf beide Fragen lautet: ja.

Und schließlich die letzte Frage: Verzichtete der Angeklagte auf angemessene Maßnahmen, um die tödliche Konsequenz seines Tuns zu vermeiden? Und wieder ist die Antwort: ja. Er unternahm nichts, um den Tod der Person hinter der Tür zu vermeiden. Ich bin daher der Auffassung, dass der Angeklagte voreilig handelte und in exzessivem Maße Gewalt anwendete. Unter diesen Umständen liegt es auf der Hand, dass sein Verhalten als fahrlässig einzustufen ist.«

Und damit erklärte Masipa die Verhandlung für beendet. Am kommenden Morgen würde sie das formale Urteil verlesen, doch wollte sie vorher noch einmal abschließend die drei Anklagen wegen Verstoßes gegen das Waffengesetz studieren. Was den Hauptanklagepunkt betraf, konnte es aber keinen Zweifel mehr geben, dass das Urteil auf fahrlässige Tötung lauten würde.

Wohl selten dürfte ein Mann, der gerade für schuldig befunden worden war und nach menschlichem Ermessen mit einer Gefängnisstrafe rechnen musste, eine derartige Erleichterung verspürt haben. Pistorius, auf dessen Gesicht nun keine Tränen mehr zu sehen waren, erhob sich, als die Richterin ihren Platz verließ. Und er blieb stehen, um sich von Aimée, Arnold, Carl und anderen Verwandten umarmen zu lassen. Die Steenkamps verließen den Gerichtssaal ohne einen Kommentar abzugeben, während sich Pistorius noch einmal zu Wort meldete: »Mir ist die Höhe des Strafmaßes völlig egal«, bemerkte er zu Roux. »Hauptsache, ich bin kein Mörder.«

Einige Wochen später, als Masipa das Strafmaß verkündete, dürfte er das vermutlich anders gesehen haben, doch im Moment empfand er vor allem Genugtuung. Von Anfang an, schon sieben Minuten nach den tödlichen Schüssen, hatte er behauptet, dass es ein Unfall war, dass er Reeva nicht umbringen wollte – und eine Richterin des Obersten Gerichts hatte seine Darstellung nun bestätigt. Ein riesiges Gewicht war ihm von den Schultern gefallen – und an diesem Abend, beim Barbecue mit Freunden, konnten sich auch Außenstehende von seinem Stimmungswandel überzeugen. Es gab noch immer Momente, in denen er verschlossen war und geistesabwesend wirkte, doch für den größten Teil des Abends plauderte er entspannt und stand gelegentlich auch auf, um das Fleisch auf dem Grill zu wenden. Pistorius legte jedenfalls eine Gelassenheit an den Tag, die ihm 19 Monate lang gefehlt hatte. Zwar verließ er die Party früh, doch sagte vor seinem Abschied noch einen bezeichnenden Satz: Er werde heute Abend erstmals in Frieden mit sich selbst zu Bett gehen können.

Um 9:35 Uhr am nächsten Morgen setzte Richterin Masipa die Urteilsbegründung fort und widmete sich gleich dem zweiten Anklagepunkt: dass Pistorius im September 2010 angeblich einen Schuss durch das Schiebedach eines fahrenden Autos abgegeben habe. In diesem Fall stand seine Aussage gegen zwei andere: Sein früherer Freund Darren Fresco und seine Exfreundin Samantha Taylor behaupteten, sie hätten gesehen, wie er geschossen habe, während er die Tat abstritt.

Frescos Aussage bezeichnete die Richterin als wenig glaubwürdig. Sie bezeichnete ihn als einen »nicht überzeugenden« und »unehrlichen Zeugen«, der offensichtlich vor Gericht gelogen habe. Sie erwähnte, dass er nicht in der Lage gewesen sei, zu beschreiben, wo genau auf der Straße der Schuss gefallen sei, obwohl er selbst hinter dem Steuer des Autos gesessen habe. Dass Fresco zudem behauptete, Pistorius habe den Schuss ohne Vorwarnung abgegeben, bezeichnete sie als »ziemlich unwahrscheinlich«.

Samantha Taylor bezichtigte sie zwar nicht der Unehrlichkeit, hielt es aber immerhin für erwähnenswert, dass ihre Beziehung zu Pistorius ein unschönes Ende gefunden habe. »Die Aussage von Miss Taylor machte deutlich, dass sie sich durch die Art und Weise, wie die Beziehung beendet wurde, persönlich verletzt gefühlt hat.« Was aber »keinesfalls bedeuten muss, dass sie den Angeklagten nun zu Unrecht beschuldige«. Nichtsdestotrotz sollte man Taylors Aussage mit einem »gewissen Maß an Vorsicht« zur Kenntnis nehmen. Sie räumte ein, dass ihre Darstellung des Vorfalls glaubwürdiger zu sein scheine als die von Fresco – unter anderem auch deswegen, weil sie ein zusätzliches Detail erwähnt habe: Bevor der Schuss fiel, habe Pistorius mit Fresco darüber gewitzelt, aus Jux auf eine Ampel zu schießen. Fakt sei aber, dass ihre Version des Tathergangs nicht mit Frescos Version übereinstimme, der ja beteuerte, der Schuss sei aus heiterem Himmel gefallen. Insofern halte sie auch Taylor für eine »dürftige Zeugin« – und da sie bereits Pistorius mit den gleichen Worten beschrieben hatte, habe es das Gericht hier »gleich mit drei dürftigen Zeugen« zu tun. Da es aber – wie schon im Falle der Mordanklage – nicht an Pistorius sei, seine Unschuld zu beweisen, müsse die Staatsanwaltschaft ihm seine Schuld nachweisen. Und das sei nicht der Fall geschehen.

»Die Zeugen der Anklage widersprachen sich in elementaren Punkten – wie etwa den Umständen, unter denen der Schuss fiel, wann das war und wo sie sich zu diesem Zeitpunkt befanden. Die Beweise, die dem Gericht präsentiert wurden, genügten nicht den allgemeinen Kriterien für eine Verurteilung in einem Strafverfahren. So komme ich zu dem Schluss, dass es die Anklage nicht vermocht hat, die Schuld des Angeklagten zweifelsfrei zu beweisen. Aus diesem Grund wird der Angeklagte in diesem Punkt freigesprochen.«

Der dritte Anklagepunkt betraf den Vorfall im Januar 2013, als Pistorius im Restaurant Tasha's in Johannesburg versehentlich einen Schuss aus einer Pistole abgefeuert hatte. Die Richterin stellte fest, dass ihm niemand unterstelle, dort absichtlich geschossen zu haben. Was aber nichts an der zu klärenden Frage ändere, nämlich ob der Angeklagte fahrlässig gehandelt habe.

»Relevant ist die Tatsache, dass sich der Angeklagte in einem voll besetzten Restaurant in den Besitz einer Waffe brachte – und sich der Schuss dann unabsichtlich löste. Doch auch wenn er nicht absichtlich den Abzug drückte, so benutzte er doch fahrlässig eine Waffe und gefährdete die Sicherheit der anwesenden Personen. Er traf nicht die angemessenen Sicherheitsvorkehrungen, um diese Gefahr auszuschließen.«

Die Richterin befand ihn in diesem Punkt für schuldig. Der Staatsanwalt habe zweifelsfrei nachgewiesen, dass Pistorius gegen das Waffengesetz verstoßen habe, als er in einem gut besuchten Restaurant darum gebeten habe, ihm eine Waffe zu geben – was er ja zugegeben habe –, um dann unterm Tisch mit ihr herumzuspielen.

Punkt vier war das harmloseste Vergehen, das Pistorius zur Last gelegt wurde – nämlich Munition bei sich zu Hause aufbewahrt zu haben, für die er keine Genehmigung besaß. Pistorius hatte ausgesagt, dass er die Munition für seinen Vater aufbewahrt habe und keine Absicht hatte, sie selbst »zu besitzen«. Diese Behauptung sei zwar nicht erhärtet worden, andererseits habe der Staatsanwalt aber auch nicht das Gegenteil beweisen können. Die Richterin kam daher zügig zu ihrer Schlussfolgerung: »Die Anklage hat nicht nachweisen können, dass der Angeklagte die notwendige Absicht gehabt habe, die Munition zu besitzen. Er kann daher in diesem Punkt nicht für schuldig befunden werden.«

Um 10:19 Uhr, eine Dreiviertelstunde nach Eröffnung der Sitzung, wandte sich die Richterin zu dem Angeklagten. »Mr. Pistorius, bitte erheben Sie sich.« Er stand auf, faltete die Hände vor seinem Körper und schaute sie an. »Das einstimmige Urteil dieses Gerichtes lautet wie folgt.« (»Einstimmig« war das Urteil deshalb, weil ihm die zwei

Beisitzer, die Masipa hatte – Janet Henzen-du Toit und Themba Mazibuko –, zugestimmt hatten.)

Zum ersten Anklagepunkt sagte sie: »Was den Vorwurf des Mordes gemäß Paragraf 51(1) des Criminal Law Amendment Act von 1997 betrifft, wird der Angeklagte für nicht schuldig befunden und von dem Vorwurf freigesprochen. Er wurde jedoch der fahrlässigen Tötung für schuldig befunden.« Bezüglich des zweiten Anklagepunkt wurde er »für nicht schuldig befunden und freigesprochen«, bezüglich des dritten für »schuldig«, und bezüglich des vierten für »nicht schuldig und freigesprochen«.

Die Gerichtsordnung der südafrikanischen Justiz sieht vor, dass sich Staatsanwalt und Verteidiger weder positiv noch negativ äußern dürfen, solange sich der Richter auf seinem Platz befindet. Insofern ging der spektakuläre Prozess mit den unspektakulärsten Gefühlsäußerungen zu Ende, die man sich nur vorstellen konnte: Barry Roux erhob sich und sprach die traditionelle Floskel »As the court pleases« (dt.: »Wie es dem Gericht gefällt«).

Gerrie Nel blieb nichts anderes übrig, als diese Phrase tonlos zu wiederholen.

21

Die sogenannte Persönlichkeit eines Menschen ist nichts anderes als eine lächerliche und beliebige Maskerade von Kräften, die völlig im Dunkel bleiben.

JOSEPH CONRAD, *Brief an einen Freund*

Da der Fall noch nicht abgeschlossen war, blieb Masipa nach der Urteilsverkündung auf ihrem Platz sitzen. Pistorius war eines Kapitalverbrechens für schuldig befunden worden, doch über das Strafmaß war noch nicht entschieden worden. Auch wenn diese Entscheidung nicht umgehend gefällt werden würde, so musste doch heute noch eine wichtige Frage geklärt werden: Würde Pistorius die Zeit bis zur Verkündung des Strafmaßes hinter Gittern verbringen müssen oder nicht? Für Gerrie Nel konnte es darauf nur eine Antwort geben – und er lieferte der Richterin gleich zwei Argumente, warum sie die vorübergehende Freilassung auf Kaution nun beenden sollte.

Zunächst einmal, weil »eine längere Gefängnisstrafe wahrscheinlich« sei. Das zweite Argument war etwas überraschender und stützte sich auf Beweismittel, die Nel nur zu gerne schon für sein Plädoyer verwendet hätte (aber schweren Herzens darauf verzichtet hatte, da sie für den Fall »nicht relevant« waren). Es ging um einen Vorfall, der sich zwei Monate zuvor – also noch vor den Schlussplädoyers – ereignet hatte. Dabei hatte Pistorius einmal mehr unter Beweis gestellt, dass er schnell aus der Haut fahren und die Kontrolle über sich verlieren konnte – ein Wesenszug, dem Nels Meinung nach im Prozess viel zu wenig Beachtung geschenkt worden war. Zugetragen hatte sich der fragliche Vorfall im Johannesburger Nachtclub VIP Room, den Pistorius am 12. Juli mit einem Cousin besucht hatte. Laut Medienberichten sei der »angetrunkene und aggressive« Oscar Pistorius mit dem südafrikanischen Rennfahrer Jared Mortimer, den er an jenem Abend erst kennengelernt hatte, aneinandergeraten. Nach einem verbalen Schlagabtausch, so Mortimer, habe ihm Pistorius einen Schlag vor die Brust gegeben und seinen Nacken nach unten gedrückt – worauf Bodyguards die beiden getrennt hätten. (Laut Mortimer habe Pistorius bei dieser Gelegenheit auch mit abfälligen Äußerungen den südafrikanischen Präsidenten Jacob Zuma beleidigt.) Wie Nel weiter berichtete, habe man Pistorius daraufhin aufgefordert, den Club zu verlassen.

Wie so oft bei Vorfällen, an denen Pistorius beteiligt war, war es schwer, sich Klarheit über das wirklich Vorgefallene zu verschaffen. Der Geschäftsführer des Nachtclubs wurde mit den Worten zitiert, dass das Geschehen von den Medien maßlos aufgebauscht worden sei und Pistorius den Club aus freien Stücken und »wie ein normaler Besucher« verlassen habe.

Dennoch bemühte sich Pistorius am nächsten Tag um Schadensbegrenzung, indem er versuchte, den Vorfall herunterzuspielen. Nach fünfmonatiger Abstinenz meldete er sich gleich drei Mal auf Twitter zu Wort – zunächst mit einem Psalm aus der Bibel: »Der Herr ist nahe denen, die gebrochenen Herzens sind.« Der zweite Tweet enthielt ein Foto von ihm mit behinderten Kindern und die Zeile »Es liegt an dir, das Leben eines Anderen zu verändern. Manchmal sind es gerade die einfachen Dinge, die man sagt oder tut, die das Leben eines Anderen verbessern oder inspirieren können.« In der dritten Twitter-Nachricht zitierte er aus dem Buch *Der Mensch vor der Frage nach dem Sinn* des Holocaust-Überlebenden Viktor E. Frankl: »Ich lernte verstehen, wie ein Mann, dem nichts auf dieser Welt geblieben ist, in der Erinnerung an einen geliebten Menschen dennoch einen kurzen Augenblick des reinen Glücks empfinden kann.«

Zwei Tage später veröffentlichte die Familie Pistorius ein Statement, das dem Vorfall im VIP Room noch eine größere Bedeutung verlieh, als er wohl eigentlich besaß: »Auch wenn es von Oscar sicher unüberlegt war, sich im gegenwärtigen Stadium des Prozesses in die Öffentlichkeit zu begeben, haben seine nächsten Verwandten doch auch mitbekommen, wie sehr sein Gefühl, einsam und ausgeschlossen zu sein, in den letzten Monaten zugenommen hat. Wir sind überzeugt, dass sich sein selbstzerstörerisches Verhalten zum großen Teil dadurch erklären lässt. Als seine engsten Angehörigen bemühen wir uns, ihm in diesen Momenten der Isolation mit Rat und Tat zur Seite zu stehen.«

Doch als Nel vor Gericht die Beendigung der Freilassung auf Kaution forderte, dürften sich die Mitglieder der Familie Pistorius über ihre Wortwahl geärgert haben. Der Staatsanwalt hatte sich nämlich an dem Ausdruck »selbstzerstörerisches Verhalten« festgebissen und argumentierte, dass Pistorius möglicherweise Selbstmord begehen könnte, wenn er nicht unter Aufsicht gestellt werde. Und natürlich ließ sich Nel die Gelegenheit nicht nehmen, Pistorius einmal mehr als egomanischen, rücksichtslosen Menschen zu charakterisieren.

In seiner Antwort auf Nels Vorwürfe stellte Roux zunächst einmal fest, dass sich der Vorfall im Nachtclub nicht so abgespielt habe wie von Nel dargestellt. Er wolle aber zum jetzigen Zeitpunkt nicht weiter darauf eingehen. Mit dem Ausdruck »selbstzerstörerisches Verhalten« habe die Familie auch keine akute Suizidgefahr zum Ausdruck bringen wollen, sondern vielmehr die Tatsache, dass Pistorius, wenn er sich zum jetzigen Zeitpunkt in die Öffentlichkeit begibt, nur unnötige Probleme heraufbeschwört. Doch sein Hauptargument, so Roux, habe mit der Nachtclubepisode überhaupt nichts zu tun. Er erinnerte vielmehr daran, dass Pistorius bereits vor eineinhalb Jahren auf Kaution entlassen wurde – wobei die Anklage damals auf Mord gelautet habe, »ein weitaus gravierenderer Vorwurf als fahrlässige Tötung«. Davon abgesehen habe Pistorius die Kautionsauflagen immer gewissenhaft erfüllt.

Masipa unterbrach die Verhandlung und zog sich für zwei Stunden zurück, um ihre Entscheidung zu überdenken. Auf Nels Betreiben musste Pistorius die Zeit in einer Arrestzelle im Gerichtsgebäude verbringen, wo ihm Kenny Oldwadge Gesellschaft leistete.

Richterin Masipa kehrte zurück und verwies wieder einmal auf die Beweispflicht der Anklage, die sie in diesem Falle von der »juristischen Notwendigkeit überzeugen« müsse, die Gewährung der Freilassung auf Kaution nicht zu verlängern. Sie sei zu der Überzeugung gelangt, dass die Staatsanwaltschaft in dieser Beziehung keinen triftigen Beweis vorgelegt habe. Was die Auseinandersetzung im Nachtclub anging, befand sie, dass man die Kautionslösung überdenken werde, wenn es künftig weitere Vorfälle dieser Art geben sollte. Das Gericht behalte sich entsprechende Schritte vor. Nichtsdestotrotz »habe ich mich diesmal zugunsten des Angeklagten entschieden. Ich gewähre die Fortführung der Freilassung auf Kaution zu den gleichen Konditionen wie bisher.«

Und noch ein letzter Punkt stand auf der Agenda: die Festsetzung des Termins, an dem das Strafmaß verkündet werden sollte. Nach südafrikanischem Recht handelte es sich dabei keineswegs um eine formale Prozedur. Die Verteidigung würde die Gelegenheit erhalten, Argumente zur Verringerung der Strafe vorzubringen, die von der Anklage dann infrage gestellt werden würden. Die Verteidigung würde dabei vor allem auf Pistorius' positive Charaktereigenschaften verweisen, um die Richterin zu einem milderen Urteil zu bewegen. Bei fahrlässiger Tötung hatte die Richterin bei der Strafmaßfestsetzung einen relativ großen Entscheidungsspielraum: Von gemeinnütziger Arbeit über eine Bewährungstrafe bis hin zu 15 Jahren Gefängnis war alles möglich.

Masipa legte als Termin für die Strafmaßfestsetzung den 13. Oktober fest. Es wurde allgemein erwartet, dass es dann drei- oder viertägige Beratungen geben würde – woraufhin sich die Richterin erneut zurückziehen würde, um schließlich das Strafmaß zu verkünden.

Richterin Masipa stand auf, verneigte sich und verließ den Saal. Pistorius konnte endlich seiner Freude freien Lauf lassen. Aimée war als Erste bei ihm – und ihr folgten alle Onkel, Tanten und Neffen, die sich vorne in einer Reihe anstellten, um ihn zu umarmen. Der Letzte in der Reihe war Henke Pistorius. Vater und Sohn waren einander seit sechs Jahren völlig entfremdet – und als sie sich vier Wochen zuvor im Gericht zum ersten Mal wiedergesehen hatten, sah man schon an ihrer Körpersprache, wie verkrampft beide waren. Doch diesmal war alles anders: Ihre Umarmung wirkte spontan und herzlich und schien Ausdruck einer echten Versöhnung zu sein.

Eine Gruppe junger Männer und Frauen jubelte ihm zu, als Pistorius das Gerichtsgebäude verließ, doch die Kommentare in den sozialen Netzwerken ließen keinen Zweifel daran, dass die Mehrheit der Leute mit Masipas Richterspruch nicht zufrieden war. Nach wie vor waren viele, die den Prozess verfolgt hatten, überzeugt davon, dass Pistorius einen Mord begangen hatte. Zu ihnen zählte allen voran die Familie Steenkamp, die am Tage der Urteilsverkündung dem amerikanischen Fernsehsender NBC ein Interview gab. »Ich habe nicht das Gefühl, dass heute die Gerechtigkeit gesiegt hat«, sagte June Steenkamp. »Sie glauben seiner Darstellung, während ich sie nicht glaube … Er schoss durch die Tür – und ich kann einfach nicht nachvollziehen, wie sie daraus einen Unfall konstruieren können.« Barry Steenkamp fügte an, dass ihre Fassungslosigkeit »von der ganzen Welt geteilt wird«.

Nicht von der ganzen Welt, aber immerhin von zahlreichen südafrikanischen Journalisten – und auch die Kommentare auf Twitter zeigten, dass die Fassungslosigkeit der Steenkamps in der Tat von vielen geteilt wurde. Im Zentrum der teils heftigen Kritik stand natürlich Richterin Masipa. Selbst der US-Milliardär Donald Trump stimmte in den Empörungschor auf Twitter ein und zog Vergleiche zum umstrittenen O. J.-Simpson-Prozess, wobei er sich nicht nur im Ton vergriff, sondern auch Probleme hatte, den Namen Pistorius richtig zu schreiben: »Die Richterin im Oscar-Pistorious-Fall ist komplett schwachsinnig. Behauptet, er habe sich nicht wie ein typischer Killer verhalten! Das ist ein weiteres O. J.-Desaster!«

In den Onlineforen wurde Masipa nicht nur wegen ihrer vermeintlichen geistigen und körperlichen Defizite beleidigt (»Sie ist blind und taub«), sondern es wurde auch gegen sie gehetzt, weil sie eine Frau und obendrein eine Farbige war. Ein Tweet zeigte ein Foto einer mit Äxten und Speeren bewaffneten Jugendbande, dazu die Worte: »Treffpunkt heute Abend vor ihrem Haus. Wir möchten nur ein paar Dinge klarstellen.« Nachdem sich derartige Äußerungen häuften, reagierte die Polizei und postierte eine Wache vor ihrem Haus.

Zwei Tage nach dem Urteil meldeten sich drei angesehene südafrikanische juristische Verbände zu Wort, die die Beleidigungen Masipas entschieden zurückwiesen. »Aufgrund der Prominenz des Angeklagten«, hieß es in ihrem Statement, »ist es nur natürlich, dass sich viele Menschen eine dezidierte Meinung über den Fall und das Urteil bilden – in Südafrika wie auch im Rest der Welt.« Es seien jedoch zwei grundverschiedene Dinge, das Urteil zu kritisieren oder den Richter zu verunglimpfen – und Letzteres könne man nur »in aller Form verurteilen«. »Richterin Masipa anzufeinden und zu bedrohen, weil sie eine Farbige ist oder eine Frau, kann nicht akzeptiert werden in einer Gesellschaft, für die die Prinzipien der Gleichheit und Diskriminierungsfreiheit von grundlegender Bedeutung sind.«

Die persönlichen Angriffe und Drohungen, aber auch die kritischen Stimmen zu ihrem Urteil kamen überwiegend aus Kreisen, deren Rechtsverständnis durch die südafrikanischen Medien geprägt worden war – und die wiederum waren in ihrer ablehnenden Haltung gegenüber Pistorius so verbohrt, dass ihnen die Ungereimtheiten der Anklage ebenso wenig auffielen wie die zweifelhaften Aussagen der Nachbarn, die mageren ballistischen Erkenntnisse oder die nichtssagende WhatsApp-Korrespondenz.

Es gab allerdings auch Juristen – von denen einige den Prozess live für den »Oscar-Kanal« im Fernsehen kommentierten –, die Vorbehalte gegen die Richterin hatten. Martin Hood etwa, ein Anwalt, der sich auf Waffendelikte spezialisiert hatte, wurde ausgiebig in der nationalen und internationalen Presse zitiert. Er äußerte, von dem Urteil »enttäuscht und schockiert« gewesen zu sein. »Ich glaube, dass die

Richterin aufgrund der Beweislage einige falsche Schlüsse gezogen hat und dementsprechend auch zu einigen falschen juristischen Bewertungen gekommen ist.« Bereits zwei Monate vor Masipas Urteil sei er zu der Erkenntnis gelangt, dass man es mit einem »vorsätzlichen Mord« zu tun habe, der auf rasende Eifersucht zurückzuführen sei. »Masipa hätte den Vorsatz herausarbeiten müssen und wäre dann auch in der Lage gewesen, ihn des vorsätzlichen Mordes schuldig zu sprechen«, sagte er – um noch abschätzig anzufügen: »Aber leider Gottes hat sie den Durchblick verloren.«

Einige Kommentatoren, die vom Prozessausgang überrascht worden waren, versuchten bloß, von ihren falschen Prognosen abzulenken. Doch Geltungssucht oder Eitelkeit waren nicht das Einzige, was sich in der Kritik an Masipa niederschlug. Ihre Entscheidung, einen Eventualvorsatz, der zu einer Verurteilung wegen Mordes hätte führen müssen, nicht ernsthaft in Erwägung zu ziehen, löste eine durchaus sachliche und legitime Debatte aus. So schrieb der an der Universität von Kapstadt lehrende Verfassungsrechtler Pierre de Vos in seinem Blog: »Angesichts der ausführlich belegten Tatsache, dass Pistorius sich mit Waffen bestens auskannte und auch die Wirkung der Munition einschätzen konnte, ist es extrem unwahrscheinlich, dass ihm nicht bewusst war, dass er die Person hinter der Tür (die er möglicherweise für einen Einbrecher hielt) mit seinen Schüssen umbringen würde.« De Vos räumte ein, dass die Staatsanwaltschaft es nicht vermocht habe, für ihre auf vorsätzlichen Mord lautende Anklage überzeugende Beweise zu finden, hielt eine Verurteilung aufgrund des *Dolus Eventualis* aber in jedem Fall für angemessener als das von Masipa gefällte Urteil der fahrlässigen Tötung. »In meinen Augen hat sich die Richterin nicht intensiv genug mit dieser Frage beschäftigt – und konnte deshalb auch nicht überzeugend darlegen, warum in ihren Augen Pistorius nicht den Eventualvorsatz hatte, die unbekannte Person hinter der Tür zu töten.«

Die Position von de Vos wurde von den meisten südafrikanischen Juristen geteilt. Für sie war es – selbst wenn man Pistorius' eigene Darstellung des Tathergangs zugrunde legte – offenkundig, dass er schoss, um zu töten.

In juristischen Kreisen gab es aber auch Unterstützung für Masipa. Zum Beispiel von der Strafrechtlerin Kelly Phelps, die an der Universität von Kapstadt lehrte und in einem Radiointerview den südafrikanischen Medien vorwarf, »nichts als Fehlinformationen« zu verbreiten und dadurch völlig falsche Erwartungen an das Urteil geweckt zu haben. Den Grund sah sie zum einen bei den Kommentatoren, die nicht genügend Ahnung vom Strafrecht hätten und sich »durch die Berichterstattung persönliche Publizität versprachen«; zum anderen machte sie aber auch die Staatsanwaltschaft dafür verantwortlich, der sie vorwarf, gezielte Fehlinformationen an Journalisten weitergegeben zu haben. Zu diesen Indiskretionen zählte sie Reportagen, die kurz nach der Tat in den südafrikanischen Zeitschriften kursierten und in denen davon die Rede war, dass Pistorius Reeva bei einem Testosteron-induzierten Amoklauf getötet habe. Das Resultat, so Phelps, sei »eine massive Zunahme verzerrter Wahrnehmung in der breiten Öffentlichkeit« gewesen. »Und es lieferte der Anklage eine willkommene Ausrede: Sollte sie vor Gericht eine Schlappe einstecken, könnte die Staatsanwaltschaft immer noch darauf verweisen, dass nicht sie es war, die den Prozess verloren hat, sondern dass es schlicht an der Richterin lag, die das falsche Urteil gesprochen habe.«

Folglich war laut Phelps die Verurteilung wegen »fahrlässiger Tötung« nicht nur »vorhersehbar«, sondern auch »korrekt«. »Genau aus diesem Grunde werden vergleichbare Fälle gewöhnlich nicht als Mord verfolgt, sondern enden mit ›fahrlässiger Tötung‹«, sagte sie. »Und wenn in diesem Fall der Staatsanwalt von vorneherein auf ›fahrlässige Tötung‹ gegangen wäre, hätten wir uns alle einen Prozess ersparen können, der Unsummen an Steuergeldern verschlungen hat.«

In einem Punkt stimmten die meisten Beobachter mit Phelps überein – unabhängig davon, ob sie mit dem Urteil einverstanden waren oder nicht: Richterin Masipa hatte Rückgrat bewiesen. Hätte sie sich für eine Verurteilung wegen Mordes aufgrund eines *Dolus Eventualis* entschieden, wäre ihr das lautstarke Gezeter der Pistorius-Gegner – und vermutlich auch der Personenschutz zu ihrer Sicherheit – erspart geblieben. Andererseits wäre der Aufschrei vermutlich noch lauter gewesen, wenn ein weißer, männlicher Richter Pistorius wegen fahrlässiger Tötung verurteilt hätte. Ein weißer Richter, der automatisch Rassismusvorwürfen wegen Ungleichbehandlung ausgesetzt gewesen wäre, hätte diese zu erwartende Reaktion möglicherweise – wenn auch nur unbewusst – in seine Bewertung einfließen lassen, indem er tendenziell eher auf Mord plädiert hätte. So gesehen war es für Pistorius – anders als von seinen Verteidigern befürchtet – keineswegs von Nachteil, dass Thokozile Masipa den Prozess führte. Ganz im Gegenteil: Da eine farbige Frau das Urteil gesprochen hatte, hatte es mehr Gewicht als der Richterspruch eines weißen Mannes. Und das bedeutete nicht zuletzt, dass Pistorius ein bisschen mehr hoffen durfte, sich eines Tages wieder völlig rehabilitieren zu können. Wobei das einige seiner schärfsten Gegner natürlich für völlig ausgeschlossen hielten.

Auch wenn Masipa explizit darauf hingewiesen hatte, dass es keine Indizien für einen vorsätzlichen Mord an Reeva Steenkamp gab, wollten diejenigen Stimmen nicht verstummen, die von vornherein davon überzeugt waren, dass es sich um ein geschlechtsspezifisches Verbrechen handelte. Für die Vorsitzende der ANC Women's League Angie Motshekga, die gleichzeitig als Ministerin der südafrikanischen Regierung angehörte, war das Urteil eine »bittere Enttäuschung«, weil es den Frauen den Eindruck vermittle, vom Gesetz nicht geschützt zu werden.

Die Enttäuschung aufseiten der radikalfeministischen Aktivistinnen war umso größer, als die Women's League und andere Frauenorganisationen gerade in diesem Punkt von Masipa ein richtungsweisendes Signal erwartet hatten. Ranjeni Munusamy vom Onlinemagazin *Daily Maverick* schrieb: »Da Richterin Masipa eine farbige Frau ist, war man davon ausgegangen, dass sie sehr sensibel sei, was das gesellschaftliche Ungleichgewicht zwischen Männern und Frauen, aber auch die Gewalt gegen Frauen anbelangt.«

Derartige Vorwürfe machten einmal mehr deutlich, wie sehr breite Teile der Bevölkerung davon überzeugt waren, dass Pistorius einen Mord begangen hatte, und wie sehr sie ein entsprechendes Urteil erwarteten. Diese Überzeugung hatte sich so weit verselbstständigt, dass man sogar unstrittige Aspekte des Urteils – vor allem den, dass es keine Beweise für die These gab, dass Pistorius hinter der Tür seine Freundin vermutete – schlichtweg ignorierte. Das Urteil basierte auf der plausibelsten Erklärung – und die war nun mal, dass Pistorius auf einen männlichen Einbrecher zu schießen glaubte. In früheren Prozessen war Masipa durchaus rigoros mit Männer verfahren, die Frauen Gewalt angetan hatten. Noch im Mai 2013, also drei Monate nach Reevas Tod, hatte sie einen Mann zu einer lebenslangen Gefängnisstrafe verurteilt, der sich vor Gericht für drei Vergewaltigungen verantworten musste. Doch selbst wenn sie sich bei Pistorius zu einer Verurteilung wegen Mordes aufgrund eines Eventualvorsatzes durchgerungen hätte, hätte die Frage nach der geschlechtsspezifischen Gewalt überhaupt keine Rolle gespielt. Masipa hatte also gar nicht die Möglichkeit, im Rahmen dieses Prozesses das Zeichen zu setzen, das die Kritikerinnen von ihr erwarteten.

Egal wie das Urteil ausgefallen wäre: Die Kontroversen darüber waren vorprogrammiert. Pistorius war nun einmal die einzige Person, die genau wusste, ob er Reeva umbringen wollte oder nicht – und auch wenn es keine Beweise für seine Absicht gab, so würde der Verdacht doch immer bleiben, dass er vor Gericht gelogen hatte. Doch vielleicht wusste Pistorius ja selbst nicht, ob er in diesen Bruchteilen von Sekunden, als er die vier Schüsse abgab, tatsächlich die Absicht hatte, einem Menschen das Leben zu nehmen. Vielleicht wusste er es damals so wenig wie eineinhalb Jahre später – und vermutlich würde er auch in Zukunft diese Frage nie zweifelsfrei beantworten können. Die Richterin stand vor der außerordentlich schwierigen und letztlich unlösbaren Aufgabe, Pistorius' Gedanken in den Sekunden vor den tödlichen Schüssen zu rekonstruieren – Gedanken, die – und daran konnte es nach den Zeugenaussagen keine Zweifel geben – von Panik und extremem Stress beherrscht wurden.

Monate vor Prozessbeginn hatte Barry Roux einmal im privaten Kreis die Meinung geäußert, dass ein Richter bei dieser Beweislage zu zwei völlig unterschiedlichen Urteilen kommen könne, die aber beide logisch nachvollziehbar seien. Er wäre enttäuscht, aber nicht überrascht gewesen, wenn sich Masipa für die *Dolus Eventualis*-Variante entschieden hätte. Roux wäre in Berufung gegangen – so wie man jetzt von Nel erwartete, dass er gegen das Urteil Rechtsmittel einlegen würde. Der Fall war trotz der langen Verhandlung immer noch so wenig eindeutig, dass man durchaus damit rechnen musste, dass ein Berufungsgericht zu einem anderen Urteil käme. Wie Masipa würden auch die neuen Richter ihre Argumente mit Präzedenzfällen begründen und die Beweismittel von ihrer Warte aus interpretieren. Aber wie immer ihr Urteil aussehen würde: Es würde ebenfalls Kontroversen auslösen, weil es in diesem Fall einfach kein unstrittiges Urteil geben kann.

Das Verfahren zur Festsetzung des Strafmaßes begann wie geplant am 13. Oktober – und wieder saßen die Familienmitglieder der Steenkamps und der Pistorius' im Zuschauerraum. Roux, der diesmal den Vortritt hatte, wollte die Richterin natürlich davon überzeugen, sich für die mildeste aller möglichen Strafen zu entscheiden. Letztlich ging es ihm in diesem Miniprozess darum, Pistorius eine Haftstrafe zu ersparen.

Roux rief mit der Psychologin Lore Hartzenberg seine erste Zeugin auf, die dem Gericht gleich zu Beginn miteilte, dass Pistorius bei ihr seit dem 25. Februar 2013 in Therapie sei. Die Verteidigung hatte sie bestellt, um bezeugen zu lassen, dass der Schmerz und die Reue, die Pistorius vor Gericht beteuert und gezeigt hatte, tatsächlich echt waren. Hartzenberg las aus ihrem vorbereiteten Bericht vor und erklärte, dass Pistorius seit den Schüssen permanent unter Schuldgefühlen leide. Er fühle sich wertlos und sehne sich nach der Frau, die durch ihn zu Tode kam. Die »bösartigen« Berichte in der Presse hätten seinen Zustand noch verschlimmert.

Sie ging dann näher auf die Symptome seiner Depressionen und posttraumatischen Belastungsstörung ein: »akute Stressphasen«, »plötzlich auftretende, quälende Flashbacks und Erinnerungsfetzen, die ihn wohl sein Leben lang begleiten werden«, und das niederschmetternde Gefühl eines unwiderbringlichen Verlusts. Laut Hartzenberg habe er große Pläne mit Reeva geschmiedet: Er wollte mit ihr ein neues Zuhause finden und plante eine gemeinsame Zukunft. »Von einem Heilungsprozess kann bislang keine Rede sein«, resümierte sie. »Wir haben es hier mit einem gebrochenen Mann zu tun, der absolut alles verloren hat.«

Und wieder einmal musste Pistorius mit anhören, wie eine Psychologin vor der Öffentlichkeit seine intimsten Geheimnisse preisgab. Er fühlte sich nackt und verraten, senkte den Kopf und kämpfte mit den Tränen.

Roux hatte die Absicht, die Richterin durch Hartzenbergs Aussage davon zu überzeugen, dass Pistorius bereits genug gestraft sei, dass er sehr leide und dies bis an sein Lebensende tun werde – ob im Gefängnis oder anderswo. Im Kreuzverhör wies Gerrie Nel darauf hin, dass Pistorius keineswegs ein gebrochener Mann sei, sondern genau dort weiterzumachen gedenke, wo sein Leben durch die tödlichen Schüsse unterbrochen wurde. Unter anderem, so Nel, wolle er auch seine sportliche Karriere fortsetzen. Hartzenberg antwortete, dass ihr das neu sei. Pistorius habe stattdessen ihr gegenüber erwähnt, dass er in der Dorfschule in Mozambique arbeiten wolle, die sein Onkel Arnold finanzierte.

Darüber hinaus versuchte Nel, Hartzenberg zu der Aussage zu bewegen, dass Pistorius Reeva nur oberflächlich geliebt habe – und dass er keinesfalls, wie von ihm behauptet, echte Liebe für sie empfunden habe. Hartzenberg widersprach vehement. »Er hatte das Gefühl, endlich die Richtige gefunden zu haben«, sagte sie. »Er ist in ein tiefes Loch gefallen, seit sie nicht mehr da ist. Er hat einen riesigen Verlust erlitten, denn sie war für ihn die Frau, auf die er sein Leben lang gewartet hatte.«

Nel verhehlte seine Zweifel nicht und konnte sich auch ein paar sarkastische Bemerkungen nicht verkneifen, doch machten seine Argumente auf Hartzenberg keinen großen Eindruck. Mit Ausnahme von Aimée war sie vermutlich die einzige Frau, die wirklich wusste, was in Pistorius' vorging. Sie rückte von ihrer Position keinen Millimeter ab – und als Nel das Kreuzverhör beendete, war sich das Publikum einig, dass diese Runde eindeutig an Pistorius gegangen war.

Roux's zweiter Zeuge war der Sozialarbeiter Joel Maringa, der im Strafvollzug arbeitete und wie Nel ein Staatsbediensteter war. Nachdem er die Prozessakten ausgiebig studiert habe, so Maringa, habe er einen Bericht angefertigt, in dem er empfehle, in Pistorius' Fall komplett auf eine Gefängnisstrafe zu verzichten. Als Ersttäter solle er besser für drei Jahre unter Hausarrest gestellt werden und monatlich 16 Stunden in einer sozialen Einrichtung arbeiten – davon abgesehen aber auch die Möglichkeit erhalten, sein Training wieder aufzunehmen und auch an Wettkämpfen teilzunehmen.

Gerade die letzte Empfehlung sorgte im Gerichtssaal für einige Unruhe. Barry Steenkamp, der aufmerksam zugehört hatte, stützte seine Arme auf die Bank vor ihm und starrte ungläubig ins Leere. Seine Gesichtszüge versteinerten, als Maringa seine Empfehlungen begründete: »Es darf hier nicht nur um Vergeltung gehen. Wir müssen den Angeklagten auch zu einem besseren Menschen machen und wieder in die Gesellschaft eingliedern.«

Als Nel mit dem Kreuzverhör begann, sprach er aus, was wohl auch Barry Steenkamp gedacht haben dürfte: Er nannte die Empfehlungen des Sozialarbeiters »schockierend unangemessen«. Zudem stellte sich schnell heraus, dass Maringa alles andere als gut vorbereitet vor Gericht erschienen war. Auf eine Frage von Nel behauptete er zwar, das Urteil gelesen zu haben, doch schien er dessen Essenz nicht begriffen zu haben. Laut Maringa habe es im Urteil geheißen, dass Pistorius' verängstigte Reaktion auf die Geräusche hinter der Tür »verständlich« gewesen sei – was Masipa so aber nicht gesagt hatte. Noch entlarvender war, dass er Masipa so interpretierte, als habe Pistorius überhaupt nicht die Absicht gehabt, die Schüsse abzugeben. Als Nel nachbohrte, wiederholte er: »Der Angeklagte hatte nicht die Absicht zu schießen.«

Dass das definitiv nicht der Fall war, machte ihm Nel unmissverständlich klar. »Wie können Sie Ihren Bericht auf ein Gerichtsurteil gründen, das Sie offensichtlich überhaupt nicht verstanden haben?«, fragte er. Maringa murmelte, dass er das Urteil durchaus nicht missverstanden habe, doch diesmal hatte – wie selbst die Familie Pistorius zugeben musste – Nel die Fakten eindeutig auf seiner Seite. Maringa lief noch ein weiteres Mal Nel ins offene Messer, als er betonte, man dürfe das Leben von Pistorius nicht einfach »zerstören«. Nel erwiderte, dass das Leben, das bereits zerstört worden sei, das der Familie Steenkamp sei. Ob er das nicht besser in seine Überlegungen mit einbeziehen sollte? Als Nel das Kreuzverhör beendete, war Roux klug genug, Maringa nicht noch ein weiteres Mal zu befragen.

Roux's nächster Zeuge war Peet van Zyl, Pistorius' Manager. Seine Aufgabe bestand darin, Pistorius als Menschenfreund und Wohltäter darzustellen, der nun mehr denn je Veranlassung habe, den Armen dieser Welt zu helfen. Van Zyl zählte eine Reihe von karitativen Organisationen auf – darunter auch Unicef –, denen sich Pistorius ehrenamtlich zur Verfügung gestellt hatte. Er sprach von seinen Plänen, eine eigene Wohltätigkeitsorganisation zu gründen und mit dem World Food Programme zu kooperieren, aber auch von den Initiativen für Kriegsversehrte, die im Irak oder in Afghanistan Gliedmaßen verloren hatten.

Ob diese Schilderungen auf die Richterin einen nachhaltigen Eindruck machten, konnte man schwer beurteilen. Wesentlich wichtiger waren ohnehin die Aussagen, die am nächsten Tag die vierte und letzte Zeugin der Verteidigung machte. Annette Vergeer war eine Bewährungshelferin, die über 28 Jahre Berufserfahrung verfügte. Monat für Monat landeten 25 neue Fälle auf ihrem Schreibtisch. Die Verteidigung hatte sie darum gebeten, einen Bericht zu erstellen, in dem sie die Strafmöglichkeiten vorstellte, die im Fall Pistorius angemessen und empfehlenswert seien. Roux bat sie, ihren Report vorzulesen.

Anders als Joel Maringa hatte Vergeer den Prozess tatsächlich aufmerksam verfolgt und während der Abfassung ihres Berichts sogar Gerrie Nel kontaktiert. Der Staatsanwalt habe ihr gesagt, dass Pistorius' Behinderung nicht als Entschuldigung geltend gemacht werden könne und er deshalb eine Gefängnisstrafe verdient habe. Vergeer teilte diese Meinung nicht. Sie schrieb in ihrem Report, dass Pistorius Schuld und Reue empfände, dass er mit Depressionen zu kämpfen habe und im Laufe des Prozesses »öffentlich gedemütigt« worden sei.

Dann beschrieb sie die Zustände in einem typischen südafrikanischen Gefängnis, das »seinen körperlichen wie psychischen Bedürfnissen in keiner Weise gerecht werden kann« – was angesichts von Problemen wie Überbelegung, Bandenbildung, grassierenden Krankheiten und sexuellen Übergriffen die Verhältnisse eher beschönigte. Darüber hinaus, so Vergeer, gebe es keine speziellen Einrichtungen für Behinderte.

Es werde Pistorius schwerfallen, mit seinen amputierten Beinen auf den rutschigen Gefängnisböden überhaupt gehen zu können. Es gebe keine Duschen und Bäder mit Griffen, an denen er sich festhalten könne, er würde sich gegen Angriffe und sexuelle Übergriffe nicht richtig wehren können, wobei man auch bedenken müsse, dass das Aids-Risiko in solch einem Umfeld enorm hoch sei. »Im Gefängnis müsste er unter erschwerten Bedingungen versuchen, klarzukommen, was durch seine Behinderung und seine Phobien nur noch schwieriger würde. Eine Gefängnisstrafe hätte verheerende Folgen. Sie würde den Angeklagten innerlich nur noch weiter zerbrechen und ist daher als unangemessen abzulehnen.«

Davon abgesehen, so Vergeer, sei Pistorius auch ein nützliches Mitglied der Gesellschaft und als solches in der Lage, anderen Menschen mit Behinderungen zu helfen. Aus diesem Grund schloss sie sich Maringas Empfehlung an, dass Hausarrest die angemessenste Strafe sei. »Er ist ein Mensch, der wieder in die Gesellschaft integriert werden sollte.«

Vergeers Empfehlung an die Richterin war eindeutig. Während ihrer Aussage hatte sie bemerkenswerterweise auch ein frappierendes Detail angesprochen, das der Öffentlichkeit bislang unbekannt war. Es ging um eine Abmachung zwischen Pistorius und der Familie Steenkamp: Seit dem Tod ihrer Tochter hatte Pistorius monatlich 6000 Rand (ca. 420 Euro) an die Steenkamps überwiesen. Als die Zahlung erwähnt wurde, rutschten Barry und June Steenkamp, sichtlich beschämt, unruhig auf ihren Sitzen hin und her. Roux ging auf das Thema nicht weiter ein, doch Nel hakte im Kreuzverhör nach. Er konnte diesbezüglich sogar selbst mit einer Neuigkeit aufwarten: Pistorius habe den Eltern eine einmalige Entschädigung in Höhe von 375 000 Rand (26 500 Euro) angeboten, die aus dem Verkauf seines Autos stammen sollten. Die Eltern, so Nel, hätten die Zahlung aber als »Blutgeld« bezeichnet und abgelehnt.

Das »Blutgeld« war am nächsten Tag natürlich das beherrschende Thema in den Zeitungen – und nicht wenige Journalisten stellten die Frage, ob die monatlich 6000 Rand, die Pistorius in den letzten 20 Monaten gezahlt hatte, denn nicht ebenfalls »Blutgeld« seien. Als habe er diese Frage vorwegnehmen wollen, verkündete Nel im Gericht, dass sich die Steenkamps entschlossen hätten, das Geld »bis auf den letzten Cent« an Pistorius zurückzuzahlen. Er erwähnte auch, dass sie sich nach Gesprächen mit ihrem Anwalt Dup de Bruyn entschieden hätten, auf eine zivilrechtliche Klage gegen Pistorius zu verzichten. Mit anderen Worten: Die Steenkamps würden von Pistorius keine Entschädigungszahlung fordern, sondern sogar die bislang erhaltenen 120 000 Rand komplett zurückzahlen.

Noch im November 2013 hatte de Bruyn Journalisten erklärt, dass die Steenkamps »mittellos« seien und nur gegen Honorar Interviews geben würden. Mittlerweile ließ de Bruyn die staunenden Gerichtsreporter wissen, dass die Steenkamps, was ihre finanzielle Lage anbelange, »vergleichsweise sorgenfrei« seien. Die Journalisten, die sehr wohl wussten, dass die Steenkamps mit ihren Interviews mehr Geld verdient hatten als je in ihrem Leben zuvor, fragten de Bruyn scheinheilig, wie sie denn zu dem neuen Wohlstand gelangt seien. »Ich hab halt ein paar Deals für sie eingefädelt«, antwortete de Bruyn lächelnd.

Ob die »Blutgeld«-Geschichte auf Masipas Entscheidungsfindung irgendeinen Einfluss hatte, lässt sich nicht sagen. Nel fand es ohnehin wichtiger, in seinem Kreuzverhör mit Vergeer ihre grundsätzliche Behauptung in Frage zu stellen, dass Pistorius im Gefängnis nicht sicher sei und angemessen betreut werden könne. Nel erinnerte daran, wie sich Pistorius – vor den tödlichen Schüssen – präsentiert hatte, nämlich als heroischen, fast mythischen »Blade Runner« und damit als das genaue Gegenteil des deprimierten, behinderten, verängstigten Häufchen Elends, als das ihn Vergeer dargestellt hatte. Nel behauptete, dass Pistorius keinerlei Probleme im Gefängnis haben werde – das im Übrigen auch keineswegs die von Vergeer beschriebene Hölle sei. Nachdem er auch ihre Hausarrestempfehlung als »schockierend unangemessen« abqualifiziert hatte, gelang es ihm sogar, Vergeer schlampige Recherchemethoden nachzuweisen. Er konnte belegen, dass einige der deprimierenden Beschreibungen des Gefängnisalltags nicht etwa auf eigener Anschauung basierten, sondern aus fragwürdigen Quellen im Internet stammten. Gleichwohl beharrte Vergeer darauf, dass eine Gefängnisstrafe unangemessen sei. Das Urteil solle sich nicht nur an seiner Tat in jener Nacht orientieren, sondern »die Gesamtheit« seines Lebens und Charakters berücksichtigen. Und genau das war es, was Roux der Richterin ans Herz legen wollte.

Vergeer wurde am Mittag des dritten Verhandlungstags aus dem Zeugenstand entlassen – womit der Fall aus Sicht der Verteidigung abgeschlossen war. Als erste Zeugin der Anklage wurde nach der Mittagspause Kim Martin aufgerufen, eine von Reevas Cousinen. Sie war zwölf Jahre älter und seit frühester Kindheit mit ihr befreundet gewesen. Martin schickte vorweg, dass Barry und June Steenkamp einverstanden wären, dass sie aussage, da sie selbst unfähig seien, sich im Zeugenstand zu ihrer verstorbenen Tochter befragen zu lassen – »Onkel Barry sagte mir, dass er durchdrehen würde«, so Martin. Insofern lag es nun an ihr, für die ganze Familie zu sprechen. Mit ihrer Berufung in den Zeugenstand schien sich Gerrie Nel erstmals Roux's Taktik, durch emotionale Aussagen an das Herz der Richterin zu appellieren, zu eigen machen zu wollen.

Martin beschrieb Reeva als freundlichen, zuvorkommenden Menschen, dessen Eltern ständig mit Geldproblemen zu kämpfen hatten, es durch harte Arbeit aber dennoch geschafft hätten, ihr Jurastudium an der Nelson Mandela University in Port Elizabeth zu finanzieren. Sie sprach über den »emotionalen Missbrauch« durch Reevas ersten Freund, den Jockey Wayne Agrella, deutete aber auch an, dass es in ihrer Beziehung zu Pistorius ähnliche Probleme gegeben haben müsse.

Sie habe »Oz«, wie Reeva ihn nannte, nur einmal kennengelernt, bei einem Frühstück in Kapstadt am 2. Januar 2013. Martins Tochter im Teenageralter sei ebenfalls anwesend gewesen. Sie selbst habe Pistorius zunächst als scheu empfunden, aber nachdem er sich mit ihrer Tochter über die Vor- und Nachteile des Internatslebens unterhalten habe, habe sie gedacht, dass er »ein sehr netter Mensch« sei. Später sei Pistorius vom Tisch aufgestanden, weil er ein Telefonat annehmen wollte. Als sie dann allein waren, habe sie Reeva gefragt, ob sie in ihrer Beziehung glücklich sei. »Sie zog ihre Schultern hoch und sagte: ›Ja, schon, aber ich muss mit dir noch mal in Ruhe darüber reden.‹« Martin sagte, dass sich dazu nie mehr eine Gelegenheit ergeben habe.

Diese Anekdote dürfte auf Richterin Masipa kaum mehr Eindruck gemacht haben als die WhatsApp-Nachrichten, mit denen die Anklage versucht hatte zu beweisen, dass es in der Beziehung zwischen Steenkamp und Pistorius gekriselt habe. Weit berührender war, als Martin erzählte, wie die Familie am Valentinstag 2013 von Reevas Tod erfuhr.

Martin konnte die Tränen nicht zurückhalten, als sie sich an den Moment erinnerte. »Alle liefen heulend herum und schrien verzweifelt: ›Warum? Warum? Warum Reeva?‹« Im Gerichtssaal schaute June Steenkamp zu Pistorius hinüber, um in seinem Gesicht eine Antwort zu finden, doch auch der konnte seine Tränen nicht unterdrücken.

Martin erzählte, sie sei von Kapstadt nach Port Elizabeth gefahren, um Onkel Barry und Tante June beizustehen. »Tante June hatte Beruhigungsmittel bekommen, war aber trotzdem völlig hysterisch. Onkel Barry saß in der Ecke und weinte nur. Reeva bedeutete ihnen alles.«

Aimée wischte sich ihre Tränen fort, als Martin mit ihrer Schilderung fortfuhr und dem Gericht plastisch vor Augen führte, dass Pistorius nicht der Einzige war, der psychologische Hilfe benötigte. Sie selbst, so Martin, habe Trauerseelsorge in Anspruch genommen – und auch ihre Kinder, die Reeva immer bewundert hatten, seien therapeutisch betreut worden.

Eine halbe Stunde vor dem geplanten Ende der Verhandlung bat Nel um Vertagung, da er den letzten Teil ihrer Aussage mit der Zeugin noch einmal durchsprechen müsse. Richterin Masipa, die den langwierigen Prozess endlich abschließen wollte, gab dem Antrag widerwillig statt.

Und so trat am nächsten Morgen um 9:30 Uhr Martin erneut in den Zeugenstand. Doch bevor er mit seiner Befragung fortfuhr, gab es laut Nel noch ein anderes Thema, das er ansprechen müsse. Er wandte sich lächelnd dem Richterstuhl zu und sagte ungewohnt charmant: »Bevor wir anfangen, habe ich die dankbare Aufgabe, Ihnen zum Geburtstag zu gratulieren und Ihnen alles Gute zu wünschen. Wir werden uns bemühen, Ihren Ehrentag so erfreulich wie möglich zu gestalten.«

Masipa lächelte und bedankte sich für die Glückwünsche zu ihrem 67. Geburtstag. Das Publikum auf den Zuschauerrängen applaudierte spontan. Außerhalb des Gerichtssaals mochte Masipa angefeindet werden, doch diejenigen, die den Prozess vor Ort verfolgt hatten, waren übereinstimmend der Meinung, dass sie dem Gericht mit der gebotenen Souveränität und Würde vorgesessen habe. Man hatte den Eindruck, als gelte der Applaus nicht nur ihrem Geburtstag, sondern auch ihrer ebenso geschickten wie unaufgeregten Prozessführung.

Zum Abschluss ihrer Zeugenaussage legte Martin ihre Auffassung – und damit wohl die der ganzen Familie Steenkamp – zum Thema angemessene Strafe dar. Es sollte der wichtigste Teil ihrer Aussage sein, da sich die Richterin diesen Überlegungen mit Sicherheit nicht verschließen würde.

Zunächst fragte Nel, was sie von der an die Steenkamps gerichteten Entschuldigung gehalten habe, die Pistorius sechs Monate zuvor – als er zum ersten Mal in den Zeugenstand getreten war – ausgesprochen habe. Martin antwortete spontan, ohne nachdenken zu müssen: »Ich hatte nicht das Gefühl, dass sie ehrlich gemeint war.«

Was sie empfinde, wenn sie den Angeklagten heute sehe, wollte Nel wissen.

»Ich habe große Angst vor dem Angeklagten«, antwortete Martin. »Ich habe mich bemüht, nicht mehr an ihn zu denken und seinen Namen in unserem Haus nicht mehr zu erwähnen.«

Nel fragte sie, was sie für eine angemessene Strafe halte?

»Ich bin der Meinung, dass Mr. Pistorius für seine Tat zahlen muss«, sagte sie. »In unserer Familie gibt es niemanden, der auf Rache sinnt. Wir glauben allerdings, dass jemand, der durch eine Toilettentür einen wehrlosen Menschen erschießt, eine angemessene Strafe verdient hat. Ich bin fest davon überzeugt, dass Mr. Pistorius zahlen sollte für das, was er Reeva angetan hat – und meinem Onkel, meiner Tante und der ganzen Familie.«

Sie fügte hinzu, dass das Strafmaß auch eine Botschaft an die Gesellschaft aussenden müsse, dass man so etwas nicht ungestraft tun könne. Was die Empfehlung betraf, ihm Hausarrest statt einer Gefängnisstrafe aufzuerlegen, war ihr Standpunkt eindeutig: »Eine solche Strafe würde der Schwere des Verbrechens in keiner Weise gerecht werden.«

Roux war sich der Wirksamkeit ihrer Aussage bewusst und beschränkte das Kreuzverhör auf ein Minimum. Es ging ihm eigentlich nur um einen einzigen Punkt: Er wolle offiziell den »sehnlichsten« Wunsch seines Mandanten zum Ausdruck bringen, die Chance zu erhalten, sich bei den Steenkamps auch privat zu entschuldigen – »wann und wo immer das auch möglich sein könnte«.

Wie so vieles, das in den letzten Tagen zur Sprache gekommen war, wurde auch diese Bemerkung weniger an die Richterin denn an die Öffentlichkeit adressiert. Allerdings dürfte Masipa nicht entgangen sein, dass Kim Martin gerade das emotional bezwingendste Zeugnis abgelegt hatte, das sie im ganzen Prozess gehört hatte.

Der zweite und letzte Zeuge der Anklage war Zach Modise, der Direktor der südafrikanischen Strafvollzugsbehörde. Sein Auftritt erinnerte allerdings mehr an eine Werbeveranstaltung für das nationale Gefängnissystem als an eine ernsthafte Zeugenaussage in einem Strafprozess. Nel hatte ihn natürlich als Korrektiv in den Zeugenstand berufen, um Annette Vergeers Beschreibung der apokalyptischen Zustände in südafrikanischen Haftanstalten eine realistischere Schilderung von berufener Seite entgegenzusetzen. Doch Modise verfiel prompt ins andere Extrem und zeichnete ein Bild des südafrikanischen Gefängnissystems, das Assoziationen an ein aufregendes Ferienlager weckte. Er pries die Sportmöglichkeiten, vor allem die zahleichen Fitnessräume, die hohen Hygienestandards und die erstklassige Krankenversorgung, aber auch die vorbildliche spirituelle Betreuung, die von Psychologen und Priestern geleistet würde. Anders als von Vergeer beschrieben, sei das Kgosi-Mampuru-Gefängnis in Pretoria (in das Pistorius im Fall einer Gefängnisstrafe überstellt würde) in jeder nur denkbaren Beziehung behindertengerecht. Es verfüge selbstverständlich über Duschen und Bäder mit Haltegriffen, aber auch über Einzelzellen, wenn eine solche Unterbringung aus Sicherheitsgründen gewünscht sein sollte.

Im Kreuzverhör konfrontierte Roux Modise mit Statistiken, die eine Zunahme von Gewalttaten und sexuellen Übergriffen in südafrikanischen Gefängnissen belegten. Roux referierte dann über die auch in der Presse viel diskutierte Macht krimineller Gefängnisgangs und widmete sich im Besonderen dem Kgosi-Mampuru-Häftling Khalil Subjee, der im Gefängnis nur unter seinem Spiznamen »Der General« bekannt war. Schenkte man diversen Presseberichten Glauben, so hatte Subjee bereits angekündigt, Pistorius »aus dem Verkehr zu ziehen«, wenn er nach Kgosi Mampuru käme. Modise wollte davon nichts gehört haben und geriet, je länger Roux bohrte, in eine immer ungemütlichere Lage.

Sollte Roux die Absicht gehabt haben, Modise in eine Falle zu locken, so war sein Plan voll aufgegangen. Als Roux ihn fragte, ob Pistorius im Fall einer Gefängnisstrafe eine Sonderbehandlung zugestanden werden müsse, wollte Modise nicht widersprechen und gab damit indirekt zu, dass es in Gefängnissen insbesondere für Behinderte gefährlich sein könne. Roux brachte Modise am Ende sogar dazu, zu empfehlen, Pistorius nicht zu den normalen Gefangenen zu stecken, sondern im angeschlossenen Krankenhaus unterzubringen. Roux wiederholte seine Frage, um auch wirklich sicherzugehen, dass Masipa die Antwort gehört habe: Wollte der Direktor der staatlichen Strafvollzugsbehörde damit sagen, dass das Gefängniskrankenhaus der angemessene Platz sei, um Pistorius im Fall einer Verurteilung zu einer Haftstrafe unterzubringen? »Ja«, sagte Modise, »so könnte man das wohl zusammenfassen.«

Damit hatte Roux einen bemerkenswerten Coup gelandet: Im schlimmsten Falle würde sich sein Mandant im Gefängnis mit Gegebenheiten arrangieren müssen, die wohl eher an ein Hotel denn an einen Knast erinnern würden.

Fünf Tage später, am 17. Oktober, als die Schlussplädoyers gehalten wurden, unterstrich Roux noch einmal, dass er es für angemessen halte, Pistorius nur mit Hausarrest zu bestrafen. In einem emotionalen Appell an die Richterin erinnerte er sie daran, dass sie sich dagegen ausgesprochen habe, die Schüsse auf Reeva Steenkamp als das Ergebnis einer bewussten Entscheidung zu betrachten. Darüber hinaus sei sein Mandant schon genug gestraft und habe bereits reichlich gelitten – zum einen durch seine persönliche Misere, zum anderen durch die bösartigen Anfeindungen, denen er sich in der Öffentlichkeit ausgesetzt sah. »Mit dem gebotenen Respekt weisen wir das Hohe Gericht darauf hin, dass es unserer Überzeugung nach in der Geschichte noch nie einen Angeklagten gab, der derart verunglimpft, erniedrigt und verhöhnt wurde wie Oscar Pistorius – noch nie hat sich ein Angeklagter so vielen falschen und unverantwortlichen Anschuldigungen ausgesetzt gesehen. Eine Bestrafung für die Tat würde nur wenig daran ändern, dass die Schäden, die die desinformierte und sensationsgierige Meute angerichtet hat, irreparabel sind.«

Pistorius' menschliches Drama sei ebenso deprimierend wie beispiellos gewesen. »Er war für sehr, sehr viele Südafrikaner eine Ikone – und verlor dann alles«, so Roux. »Er verlor die Frau, die er liebte, sein Selbstbild, seinen Selbstrespekt, seine Würde, seine Karriere, seinen guten Ruf und sein gesamtes Vermögen. Es gibt absolut nichts, das ihm noch geblieben ist. Und er ist nicht nur mittellos, sondern auch ein gebrochener Mann. Er hat nicht mal mehr das Geld, um seinen Anwalt zu bezahlen. Er hat nichts.«

Und doch würden seine gemeinnützigen Aktivitäten beweisen, dass er ein wertvolles Mitglied der Gesellschaft sein könne. »Er möchte Wiedergutmachung leisten, soweit es ihm möglich ist. Und aus diesem Grund«, so Roux, »sollte auch eine gemeinnützige Tätigkeit in Betracht gezogen werden, damit aus dieser Tragödie zumindest noch etwas Gutes erwachsen kann.«

In seiner Replik wiederholte Nel zum dritten Mal innerhalb einer Woche, dass die Idee einer Hausarreststrafe »schockierend unangemessen« sei. Gleichzeitig nahm er jedoch davon Abstand, 15 Jahre Haft zu fordern, was die Höchststrafe bei fahrlässiger Tötung ist. »Das Minimum, mit dem die Gesellschaft leben kann, sind zehn Jahre Gefängnis«, sagte er. »Wir haben es hier mit einem schwerwiegenden Verbrechen zu tun. Die Form der Fahrlässigkeit, die der Angeklagte an den Tag gelegt hat, verwischt die Grenze zum Vorsatz. Zehn Jahre sind das Minimum.«

Und wieder konnte Pistorius seine Tränen nicht zurückhalten, als Nel einmal mehr Reevas letzte Augenblicke heraufbeschwor. »Die Verstorbene beendete ihr Leben in einer kleinen Kabine hinter verschlossener Tür. Drei Kugeln durchschlugen ihren Körper … Es muss grauenhaft gewesen sein.«

Nel bemerkte, dass einige Zeugen gefordert hätten, den Angeklagten nicht psychisch zu brechen. Das Gericht dürfe allerdings auch nicht vergessen, dass Pistorius eine ganze Familie zu psychisch gebrochenen Menschen gemacht habe. Roux's Argument, dass Pistorius Opfer einer bösartigen Medienkampagne geworden sei, konnte er nicht im Geringsten nachvollziehen, ja, er machte sich sogar über Pistorius' vermeintliche Weinerlichkeit lustig: »Ich bin ein Opfer, habt Mitleid mit mir. Als mir die Medien nützlich waren, um über meine tollen sportlichen Erfolge zu berichten, hab ich sie hofiert und geliebt. Jetzt, da sie über meinen Prozess schreiben, sind sie nur böse und unfair.«

Ebenso scharf verurteilte Nel auch Pistorius' Versuch, zur Strafminderung seine Behinderung ins Feld zu führen. »Ich finde es schon sehr irritierend, dass ein Mann, der den Wettkampf mit den besten gesunden Konkurrenten gesucht hat, nun schamlos seine Behinderung einsetzt, um für sich ein milderes Urteil herauszuschlagen.«

Mit Nachdruck forderte Nel eine Gefängnisstrafe und gestand, dass er in diesem Prozess oft genug Probleme hatte, seine Gefühle im Zaum zu halten. »Wir haben eine Verpflichtung gegenüber den Eltern, und wir haben eine Verpflichtung gegenüber der Gesellschaft. Denn die Gesellschaft darf nicht das Vertrauen in die Justiz verlieren.«

Und damit beendete Nel seinen Appell an die Richterin, die die Verhandlung auf Dienstag, den 21. Oktober, vertagte. An diesem Tag würde sie endlich das Strafmaß verkünden.

Am 49. Verhandlungstag, der auch der letzte sein sollte, trafen die Mitglieder der Familie Pistorius um kurz nach 9 Uhr im Gericht ein. Aimée und Carl erzählten den Reportern, die hinter ihnen saßen, dass sie ihrem Bruder beistehen würden, wie immer das Urteil ausfallen würde – dass er aber wohl nie wieder der Alte sein werde. June und Barry Steenkamp sagten, dass auch ihr Leben ohne Reeva nicht mehr das gleiche sein werde. Pistorius betrat den Gerichtssaal – wie immer in dunklem Anzug, mit weißem Hemd und schwarzer Krawatte, diesmal aber auch mit einem Strauß weißer Rosen, die ihm ein Fan auf der Straße vor dem Gerichtsgebäude in die Hand gedrückt hatte. Der grüne Plastikeimer stand auch heute wieder auf dem Boden neben ihm, doch diesmal schien er ihn nicht zu brauchen. Er saß auf der Anklagebank, ruhig und konzentriert, und ließ keine Gefühlsregung erkennen. Ihm war bewusst, dass er die kommende Nacht sehr wahrscheinlich nicht mehr in dem komfortablen Bett verbringen würde, das im luxuriösen Gartenhaus seines Onkels stand. Nach 20 Monaten würde er vermutlich wieder im Gefängnis landen, wo nicht nur seine Dämonen auf ihn warteten, sondern auch ganz gewöhnliche Kriminelle. Wie lang würde er es dort aushalten müssen?

Die Richterin nahm Platz, resümierte die beiden Vergehen, deren er für schuldig befunden worden war – die fahrlässige Tötung und der Schusswaffengebrauch in der Öffentlichkeit – und erklärte: »Die Entscheidung ist meine und allein meine.« (Ihre beiden Beisitzer spielten bei der Strafmaßfestsetzung keine Rolle.) Es lag allein an ihr, abzuwägen, welche Aspekte bei der Urteilsfindung wie gewichtet würden: Strafe, Vergeltung, Abschreckung und Resozialisierung. »Die richtige Balance«, sagte sie, müsse auch im Interesse der Gesellschaft gefunden werden. Sie räumte aber auch ein, dass ihre Urteilsfindung zwangsläufig »unwissenschaftlich« sei – was bedeute, dass vernünftige Menschen auch zu einem anderen Schluss kommen könnten.

Pistorius saß kerzengerade, starrte die Richterin an und zeigte noch immer keine Gefühlsregung. Er schien sich mental auf jedes Urteil einstellen zu wollen, das er gleich aus ihrem Mund vernehmen würde. Doch je länger Masipas Verlesung dauerte, je mehr Grund hatte Pistorius, sich auf das Schlimmste gefasst zu machen.

Nach 20 Minuten kam sie auf das Thema Hausarrest zu sprechen, äußerte sich aber so negativ, dass diese Möglichkeit ausgeschlossen schien. Zu der Hausarrestbefürworterin Annette Vergeer sagte sie, »ihre Beweisführung war schludrig und insgesamt enttäuschend, was sich negativ auf ihre Glaubwürdigkeit als Zeugin auswirkte.« Im Gegensatz dazu seien die Argumente, die der Direktor der Strafvollzugsbehörde Zach Modine vorgetragen habe, sehr überzeugend gewesen. Modine sei ein glaubwürdiger Zeuge gewesen – und auch wenn jedem bewusst sei, dass der Strafvollzug nicht optimal sei, werde er doch »professionell und nach fortschrittlichen Leitgedanken« durchgeführt. »Ich bin jedenfalls davon überzeugt, dass die Strafvollzugsbehörde in ausreichendem Maße die Voraussetzungen dafür geschaffen hat, um auch Menschen mit Behinderung adäquat betreuen zu können.«

Sie ließ keinen Zweifel daran, dass sie sich »unwohl« gefühlt habe angesichts des »übertriebenen Nachdrucks«, mit dem die Verteidigung Pistorius' Verwundbarkeit herausgestellt habe. Sie habe vielmehr den Eindruck gewonnen, dass der Angeklagte »eine stark ausgeprägte Fähigkeit besitze, Herausforderungen anzunehmen und zu meistern«. Sie sehe keinen Anlass, aus diesem Grund ein besonders mildes Urteil zu fällen – und fügte an, »dass es ein trauriger Tag für dieses Land wäre, wenn der Eindruck entstünde, dass es ein Gesetz für die Armen und Benachteiligten gibt und ein anderes für die Reichen und Prominenten«.

Noch entmutigender musste für Pistorius gewesen sein, dass sie in einem zentralen Punkt der Anklage folgte: dass sein Verhalten in jener Nacht so »grob fahrlässig« gewesen sei, dass es »an *Dolus Eventualis* grenzte«. Indem sie diese feine Linie zwischen Totschlag und Mord noch einmal betonte, schien sie die Art – und eventuell auch die Dauer – der Strafe anzudeuten. Pistorius Gesichtszüge entgleisten. Als er seinen Blick von der Richterin abwandte und zu Boden senkte, wirkte er ängstlich und schuldbewusst.

Die Richterin würdigte immerhin seine Reue, besonders aber sein Verhalten direkt nach der Tat, mit dem er bewiesen habe, dass »er die Verstorbene unbedingt am Leben erhalten wollte«. In ihrem Urteil würde sie auch seine Behinderung und die daraus resultierenden Minderwertigkeitskomplexe durchaus berücksichtigen. Die von Vergeer und dem Sozialarbeiter Joel Maringa empfohlene Strafe »ist diesem Fall aber mit Sicherheit nicht angemessen. Ich bin der Ansicht, dass ein derartiges Urteil das falsche Signal an die Gesellschaft aussenden würde.«

Eine Gefängnisstrafe war also unausweichlich – die Frage war nur noch, wie lange diese dauern sollte. Doch bevor sie diese Frage beantwortete, richtete Thokozile Masipa zunächst tröstende Worte an die Mitglieder der Familie Steenkamp. »Liebenswürdig, intelligent und lebensfroh … eine vielversprechende junge Frau, die sich vorbildlich um ihre Familie kümmerte, die voller Hoffnung in die Zukunft blickte und das Leben in vollen Zügen genoss. Dass sie ihr Leben verloren hat, kann nicht rückgängig gemacht werden. Nichts, was ich heute tue und sage, kann rückgängig machen, was der Verstorbenen und ihrer Familie angetan wurde. Ich kann nur hoffen, dass dieses Urteil der Familie die Möglichkeit gibt, dieses Kapitel zu schließen und ihr Leben fortzuführen.«

Dann forderte Masipa Pistorius auf, sich zu erheben und das Urteil entgegenzunehmen. Für den Verstoß gegen das Waffengesetz: drei Jahre Haft, die zur Bewährung ausgesetzt wurden. Für die fahrlässige Tötung: fünf Jahre Haft.

Es gab im Gerichtssaal kein Aufstöhnen, kein Kopfschütteln, nicht einmal Anzeichen irgendeiner Bewegung. Selbst Pistorius schien erstarrt. Auch sein Gesicht zeigte keine Regung, als die Richterin zum letzten Mal langsam und unsicheren Schrittes den Gerichtssaal verließ. Er setzte sich und wusste nun, dass er so schnell nicht wieder in sein sicheres und komfortables Gartenhaus zurückkehren würde. Bevor ihn zwei Polizisten zu der Arrestzelle unterhalb des Sitzungssaals abführten, drehte er sich noch einmal um und streckte – den Blick zu Boden gerichtet – beide Arme in Richtung von Onkel Arnold und Tante Lois aus.

Er konnte jetzt nur eines tun – und zwar das, was er auf Geheiß seiner Mutter oder seines Bruders tun musste, wenn er auf der Schule von anderen Kindern gehänselt wurde; das, was er morgens tat, wenn seine wund gescheuerten Beine so schmerzten, dass er nicht auftreten konnte; das, was er zu Highschoolzeiten tat, wenn er an einem glühend heißen Tag weiter durch den Busch lief, obwohl ihm seine Prothesen bereits ins Fleisch schnitten: Er musste sich zusammenreißen und ein richtiger Mann sein.

Gegen das Urteil Berufung einzulegen, stand für Barry Roux nicht zur Diskussion. Er hatte für seinen Mandanten bereits das Optimum herausgeholt, daran ließ er keinen Zweifel. Um irgendwann einmal wieder von der Gesellschaft angenommen zu werden – so dies denn möglich sei –, werde Pistorius ein unmissverständliches Signal an ebendiese Gesellschaft senden, indem er ohne Murren die Strafe antrat. Davon abgesehen, hatte Roux aber durchaus positive Nachrichten für seinen Mandanten: Er gehe davon aus, dass die Strafe bereits nach zehn Monaten in Hausarrest umgewandelt werde. (Für Roux selbst sollte der Prozess weniger positiv enden: Pistorius war nicht mehr in der Lage, sein Honorar zu zahlen – und wie Roux durchblicken ließ, ging er davon aus, auf seinen Forderungen sitzen zu bleiben.)

Draußen vor dem Gerichtsgebäude verlas Arnold Pistorius im Namen seiner Familie ein Statement: »Mit dem heutigen Tag beginnt ein neues Kapitel für uns – und nicht nur für uns, sondern auch für die Familie Steenkamp. Es waren qualvolle 20 Monate. Wir alle sind emotional ausgelaugt und erschöpft. Wir akzeptieren das Urteil. Oscar wird die Gelegenheit nutzen, um seine Schulden gegenüber der Gesellschaft zu begleichen.

Lassen Sie mich an dieser Stelle noch ein Wort als sein Onkel sagen: Während wir alle einen Schritt Richtung Normalität zu machen versuchen, hoffe ich, dass auch Oscar wieder seelisch gesunden wird.

Als seine Familie stehen wir bereit, ihn während seiner Haft zu unterstützen, wann immer er unsere Hilfe braucht.«

Die Frage war, wie die Steenkamps auf dieses Friedensangebot reagieren würden. Sollten sie sich ebenso abweisend verhalten wie nach der Urteilsverkündung sechs Wochen zuvor, würde die öffentliche Kontroverse mit der gleichen Heftigkeit weitergeführt wie bisher – und Nel sähe sich womöglich gezwungen, allein schon aus diesem Grund in Berufung zu gehen.

Als sich der Saal leerte und nur noch die weißen Rosen und der grüne Eimer an Pistorius erinnerten, war es der Steenkamp-Anwalt Dup de Bruyn, der als Erster die Frage beantwortete. Er sagte, Reevas Eltern seien mit dem Urteil »zufrieden«. Kurz darauf meldete sich auch Barry Steenkamp zu Wort und betonte, man sei sogar »sehr zufrieden«. Wozu June Steenkamp müde lächelte und »Das stimmt« sagte. Mit dem Urteil sei in gewisser Weise »ein Schlussstrich« gezogen, wobei natürlich ein wirklicher Abschluss ohne Reeva nicht möglich sei – »es sei denn, jemand kann sie wieder herbeizaubern«.

Als Genugtuung empfanden es die Steenkamps, dass einen Tag später das Internationale Paralympische Komitee bekanntgab, Pistorius bis 2019 – also bis zum Ende seiner offiziellen Strafe – zu keinem Wettbewerb zuzulassen. Da er zu diesem Zeitpunkt 33 Jahre alt sein würde, war seine Karriere de facto beendet. Zudem waren auch all seine Verträge mit Nike und anderen Sponsoren längst gekündigt worden. Die Strafe hätte zwar erheblich härter ausfallen können – und war mit Sicherheit milder, als er selbst, aber auch die Öffentlichkeit erwartet hatte –, und doch hatte Barry Roux Recht, als er in seinem Plädoyer am letzten Freitag festhielt, dass Pistorius »völlig mittellos und gebrochen« sei. Von dem früheren Nationalhelden war nichts mehr übrig.

Eine Stunde nach der Urteilsverkündigung wurde Pistorius von Polizisten durch einen Seitenausgang des Gerichts zu einem gepanzerten Wagen geführt, der ihn zum Kgosi-Mampuru-Gefängnis bringen sollte. Die Haftanstalt war gerade einmal 20 Autominuten von dem Haus in Silver Woods entfernt, das ihm schon gar nicht mehr gehörte – jenem Haus, wo er in einem unkontrollierten Moment nicht nur Reevas Leben beendet, sondern auch sein eigenes Schicksal besiegelt hatte.

Das Gerichtsdrama war für Pistorius damit jedoch noch nicht zu Ende. Mit dem Urteil und dem Strafmaß war er äußerst glimpflich davongekommen. Seinen größten Triumph hatte er nicht auf dem Sportplatz, sondern im Gerichtssaal errungen. Zu Beginn des Prozesses hätte er sich keinen besseren Ausgang wünschen können, als wegen Totschlags zu fünf Jahren Haft verurteilt zu werden. Für Gerrie Nel hätte es wiederum nicht schlimmer kommen können. Der Prozess hatte ihm vor Gericht die bitterste Niederlage seines Lebens beschert. Aber Nel war unerbittlich, und solange er noch die geringste Chance sah, zurückzuschlagen, etwas von seinem angekratzten Stolz zu retten und Pistorius Steine in den allzu leichten Weg zu legen, würde er sie ergreifen. Er legte Berufung ein, gegen das Urteil und gegen das Strafmaß.

Nach südafrikanischem Recht musste er seinen Berufungsantrag zunächst der Richterin vorlegen, gegen deren Urteil er Rechtsmittel einlegte. Sie hatte darüber zu entscheiden, ob dem Antrag stattgegeben wurde oder nicht. Nel musste also fundierte juristische Gründe für seine Zweifel an ihrem Urteil vorbringen. Sollte es ihm gelingen, sie zu überzeugen, würde sie den Fall dem Obersten Gerichtshof zu einer Neubewertung vorlegen.

Am 9. Dezember 2014 stand Nel daher wieder vor Masipa. Diesmal ritt er allerdings keine Attacke gegen Pistorius, sondern gegen sie selbst. Nichtsdestotrotz blickte die Richterin äußerst gelassen von ihrer erhöhten Position hinter dem Richterpult auf den Staatsanwalt hinab, der erklärte, dass die fünfjährige Haft für Pistorius eine viel zu milde Strafe sei.

»Der Angeklagte hat vier Schüsse abgegeben. Er wusste, dass jemand in der Toilette war und keine Möglichkeit hatte herauszukommen … Er hat nicht blind drauflosgeschossen. Er wusste, wo sich die Person befand.«

Nel war empört darüber, dass »das Gericht« – und damit meinte er natürlich die Richterin – Pistorius die geringstmögliche Strafe auferlegt hatte. Er blickte Masipa direkt an, als er sagte: »Das Strafmaß ist in Anbetracht dessen, was der Angeklagte getan hat, nicht angemessen. Es steht in keinem Verhältnis zu dem Verbrechen, das begangen wurde. Die Aussichten, dass ein Berufungsgericht zu dem Schluss kommt, dass die geringstmögliche Haftstrafe in einem Fall wie diesem unangemessen ist, stehen sehr gut, Euer Ehren.«

Auch gegen Masipas Urteil hatte Nel Einwände. Das Gericht, so Nel, hat bei seiner Auslegung des *Dolus Eventualis* einen schwerwiegenden Fehler gemacht. Pistorius hätte wissen müssen, dass er mit den vier Schüssen, die er auf die Tür abgefeuert hatte, jemanden töten würde. Doch das hat ihn nicht abgehalten.

»Es ist unvorstellbar, dass er irgendetwas anderes im Sinn gehabt hat, als die Person hinter der Türe zu töten, oder dass er ihren Tod zumindest in Kauf genommen hat. Von daher muss hier der *Dolus Eventualis* zur Anwendung kommen.«

Insgesamt, so erklärte Nel, habe die Richterin schwerwiegende Fehler begangen, die sich zugunsten des Angeklagten ausgewirkt hätten – »angesichts der Beweislage gehen wir davon aus, dass es hier mit der Gnade deutlich übertrieben wurde«. Die Staatsanwaltschaft forderte daher eine Neubewertung des Falls, in Form eines sowohl »strengeren Urteils als auch eines höheren Strafmaßes«.

Ihre Entscheidung über die Zulassung des Berufungsverfahrens verkündete Masipa einen Tag später, am 10. Dezember 2014. Mit einem bewundernswerten Maß an Selbstkritik gab sie zu, dass Nel vielleicht nicht ganz Unrecht habe, dass er auf »juristische Fragen« aufmerksam gemacht habe, die vor einem anderen Gericht möglicherweise anders beantwortet worden wären. »Ich kann nicht behaupten«, gestand sie, »dass die Erfolgsaussichten vor dem Obersten Gerichtshof gering wären.«

Wie lange es bis zum Abschluss der Neubewertung des Falls und damit einem endgültigen Urteil für Pistorius dauern kann, ist jedoch ungewiss. Die durchschnittliche Wartezeit bei Berufungsverfahren beträgt ein Jahr. Sollte Pistorius wegen guter Führung nach zehn Monaten vorzeitig entlassen und unter Hausarrest gestellt werden, müsste er somit im Falle einer Revision des Urteils eventuell erneut ins Gefängnis. Sicher ist, dass das Berufungsgericht unter Ausschluss der Öffentlichkeit in einem altehrwürdigen Gebäude in Bloemfontein tagen wird. Ein Gremium aus mehreren Richtern wird das Transkript des von Masipa geleiteten Prozesses studieren und anschließend darüber entscheiden, ob das Gesetz bei der Urteilsfindung und der Festsetzung des Strafmaßes ordnungsgemäß angewandt wurde.

Das Pistorius-Drama hatte allerdings noch einen weiteren Schauplatz. Kaum waren die Schüsse gefallen, machte der Fall weltweit Schlagzeilen und stieß auf ein gewaltiges Interesse. Die meisten hatten sich schnell eine Meinung gebildet – und den Prozess nur noch verfolgt, um diese bestätigt zu sehen. Nur wenige Menschen hatten persönliche Gründe, die eine oder andere Version glauben zu wollen. Zu ihnen zählten Pistorius' Familie sowie Freunde wie Ebba Guðmundsdóttir und ihre Mutter Hanna Jóhannesdóttir, auf der anderen Seite die Familie Steenkamp und Reevas Freunde, die ein verständliches Interesse daran hatten, dass der Schuldige bestraft wurde. Alle anderen, die kein wirklich persönliches Interesse am Ausgang des Prozesses hatten, bevorzugten die Version, die ihnen half, im Chaos des Lebens so etwas wie einen Sinn und Gerechtigkeit zu entdecken. Für die einen war Reevas Tod nur dadurch zu erklären, dass Pistorius ein Mörder war – die anderen sahen in ihm einen strahlenden Helden, der durch eine einzige Kurzschlussreaktion einen unfassbaren Absturz erlebte.

Interessanterweise wird Pistorius von der Weltöffentlichkeit als genauso polarisierend wahrgenommen wie sein Heimatland Südafrika. Dessen politische Entwicklung wird mit Interesse verfolgt, da seine Fortschritte möglicherweise Aufschluss über die Zukunft der gesamten Menschheit bieten können. Während der Zeit des Apartheidregimes ähnelte Südafrika einem antiken Drama, in dem die Rollen der Guten und der Bösen eindeutig verteilt waren. Selbst die beiden sich im Kalten Krieg feindlich gegenüberstehenden Machtblöcke waren einhellig der Meinung, dass »Apartheid ein Verbrechen an der Menschheit« sei.

In dieser moralischen Parabel fiel Nelson Mandela die Rolle des fast schon religiösen Erlösers zu. Als er 1994 die Macht übernahm, war er der überlebensgroße Held, mit dem ins Unermessliche gesteigerte Erwartungen verbunden waren: Südafrika würde fortan nicht nur Hort der sozialen Gerechtigkeit sein und die hässlichen Narben des Rassismus vergessen machen, sondern auch die Fundamente einer mustergültigen Demokratie legen. Es war Südafrikas mythisches Heldenzeitalter, eine Ära voller Harmonie und Versöhnung, wie sie diese Welt nur selten erlebt. Doch Mandelas Nachfolger hatten es nicht geschafft, auch nur annähernd diesen Erwartungen gerecht zu werden. Im Gegenteil: Plötzlich grassierte überall die Korruption. Politiker ohne Visionen übernahmen die Macht, anstelle des alten Idealismus trat Egoismus und Raffgier. In den Augen der Weltöffentlichkeit sah es so aus, als sei das ambitionierte Projekt in Gänze gescheitert. Was so euphorisch und hoffnungsvoll begonnen hatte, sollte sich als gigantische Enttäuschung erweisen.

Und genauso verhielt es sich mit Pistorius. Er war einmal der Märchenprinz, ebenso attraktiv wie charmant. Eine Geschichte wie seine hatte es in den Annalen des Sports noch nie gegeben. Obwohl ihm als Kind die Beine amputiert worden waren, repräsentierte er als Sprinter sein Land bei den Olympischen Spielen. Die von ihrer politischen Führung enttäuschten Südafrikaner – gleich welcher Hautfarbe und Abstammung – sahen in ihm eine neue Lichtgestalt, eine neue Identifikationsfigur, die vielleicht in Mandelas Fußstapfen treten konnte. Seine weltweiten Erfolge machten sie wieder stolz, Südafrikaner zu sein – und das war ein Gefühl wie zu Mandelas Zeiten.

Nach den tödlichen Schüssen war so mancher versucht, in Pistorius nun nicht mehr das Aushängeschild des hoffnungsfrohen Südafrikas zu sehen, sondern ein Sinnbild des gewalttätigen, kriminellen, abgründigen. Doch wie auch das Urteil von Richterin Masipa zeigen sollte, wäre diese Schlussfolgerung dann doch etwas voreilig gewesen. Pistorius bleibt weiterhin eine Symbolfigur Südafrikas, aber die eines komplexen, ambivalenten Südafrikas, das seinen Kredit auf der Weltbühne verspielt hat. Das Spiegelbild des Landes, das Oscar Pistorius lieferte, war anno 2014 jedenfalls glaubhafter und realistischer als der auf Verklärung beruhende Mythos der Mandela-Ära.

Im Laufe des langen Prozesses hatte das Gericht einen Zeugen gehört, der von der Existenz »zweier Oscars« berichtet hatte. Genauso gut hätte er auch von den beiden Südafrikas sprechen können: Das eine ist inspirierend, das andere bedrückend, in dem einen leben außergewöhnlich freundliche, großzügige, positive und mutige Menschen, im anderen rüpelhafte, labile, gewalttätige und unbeherrschte Subjekte.

Wenn Pistorius' Lebenslauf nur symptomatisch gewesen wäre für das Land, in dem er geboren wurde, so wäre die Geschichte seines Aufstiegs und Falls vermutlich nicht annähernd so faszinierend gewesen. Erst dadurch, dass er den Helden und Antihelden in sich vereint, ist er ein menschlicher Archetyp, den man auf der ganzen Welt kennt. Er ist ein extremes Beispiel für jemanden, der das Beste aus seinen Möglichkeiten macht, gleichzeitig aber auch frühzeitig die Schwächen aufblitzen lässt, denen er letztlich zum Opfer fällt.

Seine Geschichte ist auch beispielhaft für die menschliche Existenz im Allgemeinen und die Rolle, die das Schicksal bzw. der Zufall spielt. Das Leben hatte ihm schlechte Karten auf die Hand gegeben, gleichzeitig aber auch ein paar heimliche Asse. Es sollte ihm nicht vergönnt sein, auf eigenen Füßen laufen zu können, doch weil seine Eltern eine mutige Entscheidung trafen (die andere Eltern vielleicht nicht getroffen hätten), weil ihm das Schicksal eine extrem ehrgeizige Mutter zur Seite gestellt hatte – und weil seine Großmutter eines Tages eine Telefonnummer wählte, die ihn zu einem jungen Prothetiker führte (der eigentlich Bauer werden sollte), war Pistorius plötzlich einer der umjubeltsten Sportler der Welt.

Doch der Zufall sorgte nicht nur für positive Wendungen. Nachdem seine Mutter gestorben war, hatte es niemanden in seinem Leben gegeben, der über die Autorität und Lebenserfahrung verfügte, um ihn davor zu bewahren, abzuheben. Er hätte dringend jemanden gebraucht, der ihm klarmachte, dass er ein Opfer seines eigenen Erfolges war, dass er endlich seine Behinderung und die damit verbundenen

Einschränkungen akzeptieren musste – was ihm seine Mutter immer ausgeredet hat. Er blieb in seiner Entwicklung stecken – zu unreif, um erkennen zu können, wie ihm Ruhm und Geld zu Kopf stiegen. Er war ein Teenager im Körper eines Erwachsenen, er hatte eine Schwäche für Frauen, in denen er seine Mutter suchte, er war unverantwortlich in seinem unbesonnenen Umgang mit Waffen und schnellen Autos.

Doch das war noch immer nicht die ganze Geschichte. Pistorius war auch beeindruckend weltmännisch in der Art und Weise, wie er in der Öffentlichkeit auftrat, er konnte unglaublich freundlich, verständnisvoll und mitfühlend sein – wie Haflidi, der Junge aus Island, oder die paralympischen Schwimmer Tadgh Slattery und Samkelo Radebe oder seine Freunde und Bewunderer in Gemona del Friuli jederzeit bestätigen würden.

Gleich zu Beginn des Prozesses erzählte der Moderator eines Johannesburger Radiosenders, dass ihm ein pensionierter Richter erzählt habe, dass es zwei verschiedene Wahrheiten gebe: »die juristische Wahrheit und die wahre Wahrheit«. Was Pistorius' vielschichtigen Charakter betraf, so blieb die juristische Wahrheit eindimensional und nichtssagend. Samkelo, der Pistorius nach dem Freispruch vom Mordvorwurf gratuliert hatte, sagte später einmal, dass es ungerecht sei, ein ganzes Leben nach juristischen Kriterien beurteilen zu wollen, wenn diese Kriterien eigentlich nur zur Beurteilung eines Verbrechens geeignet seien, das er innerhalb weniger wahnhafter Sekunden begangen hatte. Die »wahre Wahrheit« war die, dass Pistorius letztlich ein großes Rätsel war, ein Mann mit vielen Masken.

»Gefängnis ist nicht das Ende«, hatte einer seiner jugendlichen Fans auf die Bushaltestelle vor dem Gerichtsgebäude geschrieben. In der Stille seiner Zelle wird Pistorius vielleicht die Zeit und Gelegenheit finden, um sich selbst darüber klar zu werden, wer er ist, wer er sein will und welche Maske am besten zu ihm passt.

Danksagung

Viele Menschen haben zum Zustandekommen dieses Buches beigetragen. Ohne ihre Zeit, ihr Engagement und ihr Entgegenkommen würde es *Oscar Pistorius: Die Suche nach der Wahrheit* nicht geben. Während der Arbeit daran habe ich mit so vielen Menschen gesprochen, dass es einfach unmöglich ist, sich an jeden einzelnen von ihnen zu erinnern. Nichtsdestotrotz gilt ihnen allen mein Dank, und ich entschuldige mich vielmals bei denen, die ich hier vergesse zu erwähnen.

Als Erstes gilt mein Dank meinem alten Freund Paul Greengrass. Er war es, der mich überhaupt erst auf die Idee gebracht hat, dieses Buch zu schreiben, und der mich, während ich daran schrieb, immer wieder unterstützte und für den nötigen Ansporn sorgte. Seine Ratschläge zu Aufbau, Perspektive und dem – wie er es nennt – »narrativen Puls« der Geschichte waren unschätzbar wertvoll. Ich kann ihm gar nicht genug dafür danken.

Gleiches gilt für David Hirshey, meinem Lektor bei HarperCollins. Seine stilistische Sorgfalt, sein Auge für Details und sein enormer Arbeitseinsatz waren von unschätzbarem Wert für dieses Buch.

Meine Agentin Anne Edelstein tat – wie so oft – wesentlich mehr, als von ihr erwartet wurde. Ihre kritischen Anmerkungen zu meinen ersten Entwürfen waren ebenso wertvoll wie die Therapie, die sie mir verordnete, wenn mich wieder einmal Verzweiflung und Lustlosigkeit überkamen.

Auch Shelagh Frawley hat mit ihrem geschulten Blick für grammatikalische Feinheiten meine Texte kritisch unter die Lupe genommen. Auch bei Lauren Jacobson, die meine Texte aus juristischer Sicht überprüfte und mir ansonsten ganz allgemein ein positives Feedback zu meiner Arbeit gab, möchte ich mich bedanken.

Die überall und jederzeit engagierte, motivierende und hilfsbereite Sue Edelstein war mein Fels in der Brandung und eine weitere gewissenhafte Testleserin.

Devon Koen hat ganz entscheidenden Anteil an der diesem Buch zugrunde liegenden Recherche. Er hat immer schnell Ergebnisse geliefert, und es war eine große Freude, mit ihm zu arbeiten.

Hannia, Tracey, Bella und Frans trugen dazu bei, dass ich mich im Ilali, meinem zeitweiligen Quartier in Johannesburg, der allerbesten Bed-and-Breakfast-Pension der Stadt, fast wie zu Hause fühlte. Meinen Freunden Aspasia Karras und Mark Phillips danke ich für Kost und Logis sowie für die vielen, das Buch betreffende Inspirationen. Dasselbe gilt für Indra De Lanerolle und Nicola Galombik.

Debora Patta hat mich einigen wichtigen Personen vorgestellt. Sie hatte immer ein offenes Ohr für meine Anliegen und war mir eine wunderbare Freundin. Besonders danke ich ihr auch für ihren schnellen und verlässlichen Fahrdienst auf der Strecke Johannesburg–Pretoria.

Ich kann nicht alle Menschen aufzählen, die mich in Südafrika, den USA, Italien, Island und Großbritannien bei der Arbeit an diesem Buch unterstützt haben, hoffe jedoch, ihnen durch die Erwähnung ihrer Namen in diesem Buch meine Anerkennung und Wertschätzung zum Ausdruck gebracht zu haben. An dieser Stelle noch einmal ein ganz herzliches Danke an alle. Ganz besonders herausstellen möchte ich allerdings die Unterstützung von Samkelo Radebe. Er hat mir wirklich einzigartige Denkanstöße gegeben und aufschlussreiche Einblicke gewährt.

Des Weiteren danke ich Greg Nott, Leila Amanpour, Reine Malan und Familie, Anneliese Burgess, Antony Altbeker, Riaan Labuschagne,

Leon van Niekerk, Carolyn Raphaely und Natalie Holland. Natalie war die Erste, die ich bei meinen Recherchen interviewte; sie malte ein äußerst ausdrucksvolles, unvollendetes Porträt von Oscar Pistorius.

Zuletzt möchte ich all denen danken, die zur Fertigstellung dieses Buches beigetragen haben. Das wären beispielsweise die Mitarbeiter der internationalen Verlage, die die Lizenzen für dieses Buch erworben haben. Die meisten von ihnen kenne ich nicht namentlich, hoffe jedoch, einige in absehbarer Zeit persönlich kennenzulernen. Eine besondere Anerkennung gebührt den fleißigen Übersetzern, die meine Texte in die unterschiedlichsten Sprachen übertragen haben. Ein ebenso besonderes Dankeschön verdient James Nightingale, mein geduldiger und bewundernswert gut organisierter Lektor bei Atlantic Books. Darüber hinaus danke ich Margaret Stead, Fran Owen und David Atkinson von Atlantic Books, dem unbeugsamen Sydney Pierce von HarperCollins, David Figueras von Planeta, Nathalie Fiszman von Seuil – und nicht zu vergessen Toby Mundy.

Oktober 2014

»Erst durch meine Amputation habe ich erkannt, was Glück bedeutet.« *Wojtek Czyz*

»Vom Kreismeister zum Weltmeister und Olympiasieger. Wenn man das mit einem halben Bein weniger hinbekommt, dann sollte das im übertragenen Sinn doch für jeden möglich sein! Ich danke dir, dass du deine Geschichte aufgeschrieben hast und uns allen die Chance gibst, aus deinen Erfahrungen zu lernen. Ich werde dein Buch nicht nur lesen. Ich werde es verleihen und verschenken und jedem davon erzählen, den ich treffe.« *Aus dem Vorwort von Jürgen Klopp*

Wojtek Czyz mit Andreas Erb
Wie ich mein Bein verlor und so zu mir selbst fand
Die unglaubliche Geschichte eines Goldmedaillengewinners

240 Seiten, Hardcover mit Schutzumschlag
19,95 € (D) / 20,60 € (A)
ISBN 978-3-8419-0249-8

facebook.com/edelsportbooks

»So spannend wie ein Hard-Boiled-Krimi! ***11 Freunde***

Sein Doppelleben als Fußballprofi und Alkoholiker konnte Uli Borowka vor der Öffentlichkeit jahrelang verheimlichen. Erst vier Jahre nach seinem Abschied aus der Bundesliga gelang dem ehemaligen Nationalspieler im Jahr 2000 nach viermonatiger stationärer Therapie der Ausstieg aus der Alkoholsucht. Borowka berichtet in seiner typisch direkten und kompromisslosen Art von Alkohol und Fußball, Freunden und Feinden, Enttäuschungen und Abstürzen. Und über seinen hart erkämpften Weg zurück ins Leben.

Uli Borowka mit Alex Raack

Volle Pulle

Mein Doppelleben als Fußballprofi und Alkoholiker

320 Seiten, zahlreiche Fotos, Taschenbuch

9,95 € (D) / 10,30 € (A)

ISBN 978-3-84190-333-4

John Carlin wuchs in Argentinien und in Großbritannien auf und lebte in Spanien, Nicaragua, Mexiko und den USA. Von 1989 bis 1995 war er Korrespondent in Südafrika. Er schreibt u. a. für die *Times*, den *Observer*, die *Sunday Times* und die *New York Times* und arbeitete für die BBC.

Neben *Oscar Pistorius – Die Suche nach der Wahrheit* veröffentlichte er u. a. *Der Sieg des Nelson Manela. Wie aus Feinden Freunde wurden* (2008), das Clint Eastwood als Vorlage für seinen Film *Invictus* diente (der den Hauptdarstellern Matt Damon und Morgan Freeman eine Oscar-Nominierung einbrachte), sowie *Knowing Mandela* (2013). Zuletzt erschien von ihm bei Edel die Rafael-Nadal-Biografie *Auf dem Weg an die Spitze.*

Edel Books
Ein Verlag der Edel Germany GmbH

First published 2014 in the US by Harper Collins

Neumühlen 17, 22763 Hamburg
www.edel.com

Übersetzung: Sonja Kerkhoffs, Bernd Gockel
Lektorat: Alexander Kerkhoffs, Print & Screen Productions, Köln
Layout und Satz: Print & Screen Productions, Köln | www.print-and-screen.de
Projektkoordination: Dr. Marten Brandt

Printed in Germany

ISBN 978-3-8419-0347-1